O APOIO JUDICIÁRIO

SALVADOR DA COSTA
Juiz Conselheiro

O APOIO JUDICIÁRIO

7.ª EDIÇÃO ACTUALIZADA E AMPLIADA

O APOIO JUDICIÁRIO

AUTOR
SALVADOR DA COSTA

EDITOR
EDIÇÕES ALMEDINA, SA
Avenida Fernão de Magalhães, n.º 584, 5.º Andar
3000-174 Coimbra
Tel.: 239 851 904
Fax: 239 851 901
www.almedina.net
editora@almedina.net

PRÉ-IMPRESSÃO • IMPRESSÃO • ACABAMENTO
G.C. – GRÁFICA DE COIMBRA, LDA.
PALHEIRA – ASSAFARGE
3001-453 COIMBRA
producao@graficadecoimbra.pt

Janeiro, 2008

DEPÓSITO LEGAL
270519/08

Os dados e as opiniões inseridos na presente publicação
são da exclusiva responsabilidade do(s) seu(s) autor(es).

Toda a reprodução desta obra, por fotocópia ou outro qualquer processo,
sem prévia autorização escrita do Editor,
é ilícita e passível de procedimento judicial contra o infractor.

ADENDA

"O APOIO JUDICIÁRIO"

SALVADOR DA COSTA
Juiz Conselheiro

Setembro de 2008

I – À GUISA DE INTRODUÇÃO

Esta adenda é motivada pela alteração da Portaria n.° 10/2008, de 3 de Janeiro, relativa à regulamentação do sistema de acesso ao direito, pela Portaria n.° 210/2008, de 29 de Fevereiro, no que concerne aos artigos 3.°, 12.°, 14.° e 15.°, 21.° e 22.°, 24.° a 26.°, 28.°, 32.°, 35.° e 37.°.

Reformular-se-á o texto da anotação no que concerne às novas normas dos referidos artigos, manter-se-á a anotação aos artigos que não foram objecto de alteração, e inserir-se-á a Portaria n.° 1386/2004, de 10 de Novembro, concernente aos honorários devidos aos causídicos que participam no sistema de acesso ao direito, por ter agora sido salvaguardada a sua vigência.

II – MOTIVAÇÃO OFICIAL DA ALTERAÇÃO

É a seguinte a síntese da motivação oficial expressa no exórdio da Portaria n.° 210/2008, de 29 de Fevereiro.

Refere-se, por um lado, que a alteração tem em conta o entendimento alcançado entre o Ministério da Justiça e a Ordem dos Advogados sobre as condições da prestação das defesas oficiosas por advogados em matéria de acesso ao direito.

E, por outro, que se permite, com o acordo, a conciliação de três factores: o alargamento da prestação social de apoio judiciário a mais cidadãos, a sustentabilidade financeira do sistema do acesso ao direito e a introdução do rigor financeiro acrescido, que passa a ter especiais garantias em matéria de auditabilidade, transparência e fiscalização das contraprestações pagas.

Diz-se que a sustentabilidade financeira conseguida com o acordo permite manter os aspectos essenciais do novo regime de acesso ao direito de que beneficiam os cidadãos, bem como a manutenção do aumento do número dos beneficiários da prestação social de apoio judiciário e o seu alargamento à utilização de meios de resolução alternativa de litígios, designadamente os sistemas de mediação e os centros de arbitragem.

Acentuou-se, por um lado, que se mantinha um incentivo à célere resolução dos litígios, por virtude de o patrono oficioso poder receber um prémio no caso de se resolverem antes do julgamento por meios extrajudiciais, e que o acordo assentava ainda na manutenção do sistema de lotes de processos de cinquenta, trinta, vinte e dez, os primeiros facultativos.

E, por outro, quanto à reformulação do modelo de pagamento dos honorários, o abandono do pagamento periódico ao longo de todo o processo, o pagamento de provisão inicial de trinta por cento, e, a final, do remanescente, com base nos valores constantes da Portaria n.° 1386/2004, de 10 de Novembro.

Finalmente, expressou-se que a implementação do novo sistema de nomeação e informático permitindo a desmaterialização do procedimento desde o pedido de nomeação de patrono ou defensor até ao processamento do respectivo pagamento, justificava o adiamento da entrada em funcionamento da totalidade do novo sistema até ao dia 1 de Setembro.

III – PRODUÇÃO DE EFEITOS E ENTRADA EM VIGOR

A Portaria n.° 210/2008, de 29 de Fevereiro, entrou em vigor e passou a produzir efeitos no dia 1 de Março de 2008 (artigos 3.° e 4.°).

Todavia, os n.os 1 a 3 do artigo 1.°, 5.° a 7.° do artigo 3.°, e 2.° do artigo 7.°, e os artigos 10.°, 12.° a 16.°, 18.° a 26.° e 28.° a 33.°, apenas entraram em vigor no dia 1 de Setembro de 2008 (artigo 37.°, n.° 2).

IV – NORMAS REVOGADAS

Na primitiva versão deste diploma só havia uma norma revogatória, ou seja, a da Portaria n.° 1386/2004, de 10 de Novembro, mas cuja entrada em vigor só ocorria no dia 1 de Março de 2008, o que não chegou a acontecer, porque o normativo revogatório foi objecto de revogação pela alínea b) do artigo 2.°da Portaria em análise.

Além disso, temos agora normas revogatórias, por um lado, de parte da mencionada Portaria n.° 1386/2004, de 10 de Novembro, designadamente, os n.os

3 e 4 do artigo 2.º, os artigos 3.º, 4.º, 6.º e 7.º, os n.ᵒˢ 11 e 12 da Tabela Anexa e as notas 1 e 3 desta Tabela.
E, por outro, do n.º 4 do artigo 3.º, do n.º 4 do artigo 15.º, do n.º 2 do artigo 20.º e dos n.ᵒˢ 2, 5 e 8 do artigo 25.º, todos deste diploma.

V – NOVO TEXTO DA LEI

A) Artigo 3.º – (Nomeação para diligências urgentes)

"1. ....
2.
3. A nomeação, efectuada nos termos deste artigo é sempre comunicada à Ordem dos Advogados.
....
5. A nomeação é efectuada nos termos deste artigo é mantida para as restantes diligências do processo quando:

a) Não exista mandatário constituído ou defensou nomeado, salvo se o arguido afirmar pretender constituir mandatário para as restantes diligências do processo;

b) Exista defensor nomeado e este tenha faltado a diligência em que devesse estar presente.

6. A nomeação efectuada nas situações referidas na alínea b) do número anterior implica a substituição do defensor anteriormente nomeado, aplicando-se, com as necessárias adaptações, o disposto no n.º 3 do artigo 15.º.
7. Havendo mandatário constituído, a nomeação efectuada nos termos do n.º 1 é feita apenas para a diligência em causa."

No que concerne ao disposto no n.º 3, a modificação é de natureza formal, na medida em que se limitou a substituir a expressão *A nomeação efectuada nos termos deste artigo deve ser comunicada à Ordem dos Advogados,* pela expressão *A nomeação efectuada nos termos deste artigo é sempre comunicada à Ordem dos Advogados.*

Com a revogação do n.º 4 deste artigo, deixou a manutenção da nomeação referida nos números anteriores para as restantes diligências do processo de depender da confirmação da Ordem dos Advogados, e de se considerar a eventual inscrição do defensor em lote de processos, nos termos do artigo 22.º.

E com a revogação tácita do disposto no n.º 5 deste artigo deixou de relevar a circunstância de haver mandatário constituído ou defensor nomeado, ou de o

defensor não se encontrar inscrito em lote de processos, ou seja, que a nomeação feita nos termos do n.º 1 é feita apenas para a diligência em causa.
Ao invés, por virtude do que agora se estabelece no n.º 5, alíneas a) e b), deste artigo, a nomeação efectuada nos termos dos números anteriores é mantida para as restantes diligências do processo, verificados que sejam os seguintes pressupostos não cumulativos: inexistência de mandatário constituído ou defensor nomeado, salvo se o arguido quiser constituir mandatário para as restantes diligências do processo; ou existência de defensor nomeado que faltou à diligência em que devesse estar presente.
Refere-se o n.º 6 deste artigo à nomeação efectuada na situação prevista na alínea b) do n.º 5, ou seja, quando, na altura da nomeação para diligências urgentes, exista defensor nomeado que tenha faltado a diligência em que devesse estar presente, caso em que a primeira das referidas nomeações implica a substituição do defensor primeiramente nomeado.
Nesse caso, determinará a Ordem dos Advogados os termos em que deve processar-se a repartição entre os causídicos em causa das quantias entregues.
Reporta-se o n.º 7 deste artigo à situação em que o causídico que faltou era mandatário constituído, e estatui, como é natural, que a nomeação de defensor se limita à diligência que implicou a nomeação.

B) Artigo 12.º – (Advogados estagiários)

"1. Sem prejuízo das competências estatutárias que lhes estão cometidas, os advogados estagiários podem participar no sistema de acesso ao direito, mediante acompanhamento por parte do seu patrono, em todas as diligências e processos a este atribuídos.
2. A Ordem dos Advogados define os termos da participação dos advogados estagiários, em diligências e processos que não estejam atribuídos ao seu patrono".

Esta alteração implicou a revogação tácita deste artigo, que constava de corpo único. Os advogados estagiários podiam, a título individual, conforme as suas competências estatutárias, sem acompanhamento do patrono, inscrever-se em lotes para escalas de prevenção, para designação isolada para escalas e designação para consulta jurídica.
Ademais, mediante acompanhamento por parte do respectivo patrono, podiam participar em todos os processos e diligências que ao último fossem atribuídos.
Agora, por via da referida alteração, no âmbito das suas competências estatutárias, por um lado, podem os advogados estagiários participar no sistema de acesso ao direito, sob condição de acompanhamento por parte do respectivo

patrono, em todas as diligências e processos que ao último sejam atribuídos, e, por outro, é a Ordem dos Advogados que define os termos da sua participação em diligências e processos que não estejam atribuídos ao respectivo patrono.

Assim, quanto à participação dos advogados estagiários no sistema de acesso ao direito, o primeiro limite é o da respectiva competência decorrente do respectivo Estatuto, o segundo é o que decorre de só poderem participar nos processos atribuídos ao respectivo patrono sob o acompanhamento deste, e o terceiro, fora desta última situação, depender tal participação de definição da Ordem dos Advogados.

C) Artigo 14.º – (Exclusão do sistema de acesso ao direito)

"**1.** ....
2. O Juiz e o Ministério Público devem informar a Ordem dos Advogados da inobservância, por parte de um profissional forense, das regras de exercício do patrocínio e da defesa oficiosas."

A alteração deste artigo, que incidiu sobre o n.º 2, limitou-se à eliminação do segmento normativo relativo aos órgãos de polícia criminal, no que concerne à respectiva faculdade de informação à Ordem dos Advogados da inobservância, por parte dos profissionais forenses, das regras de exercício do patrocínio ou da defesa oficiosas.

D) Artigo 15.º – (Saída do sistema de acesso ao direito)

"**1.** ....
2. ....
3. Compete à Ordem dos Advogados a determinação dos termos em que se deve processar a integral substituição num lote referida no número anterior, bem como a forma de repartição entre os profissionais forenses das quantias entregues."

A alteração deste artigo incidiu sobre o n.º 3, por via do acrescentamento da expressão *bem como a forma de repartição entre os profissionais forenses das quantias entregues,* e sobre o n.º 4, neste caso através da sua revogação.

Em virtude da revogação do n.º 4 deste artigo, deixou a integral substituição dos causídicos a quem foi atribuído um lote de processos de implicar o reinício da contagem dos prazos relevantes para efeitos de determinação do facto determinante da compensação.

Ademais, em caso de integral substituição num lote dos referidos no n.º 2 deste artigo, também à Ordem dos Advogados, para além de determinar os termos em que ela se deve processar, passou a competir a determinação da repartição, entre os causídicos envolvidos, das quantias entregues.

F) Artigo 21.º – (Preenchimento dos lotes)

"1. ....
2. ....
3. ....
4. ....
5. ....
6. ....
7. **Para todos os efeitos, é contabilizada em duplicado a escala de prevenção que, em virtude do número de diligências ou da particular complexidade de uma ou de alguma ou de algumas, implique a permanência no local das diligências por período superior a seis horas.**
8. **Sem prejuízo do disposto no n.º 3 do artigo 26.º, a nomeação para as restantes diligências do processo, nos termos do n.º 5 do artigo 3.º, não obsta à contabilização dessa diligência para efeitos de preenchimento do lote de escalas de prevenção.**"

Decorreu da revogação tácita, por substituição, do n.º 7 deste artigo, a substituição da expressão *período superior 12 horas* pela expressão *período superior a seis horas*, o mesmo é dizer que se reduziu em metade o pressuposto temporal de permanência dos causídicos no local das diligências, por seu turno fundamento de contabilização em dobro da escala de prevenção.

A segunda vertente da alteração deste artigo consistiu na inserção do novo n.º 8, que também se reporta ao preenchimento dos lotes de escala de prevenção.

Salvaguarda-se, em primeiro lugar, o disposto no n.º 3 do artigo 26.º, que se refere à situação em que é mantida ao causídico a nomeação para as restantes diligências do processo, nos termos do n.º 5 do artigo 3.º, para o que estatui ser apenas devida compensação relativa ao processo.

Todavia, estabelece-se que a circunstância de o causídico ser nomeado para as restantes diligências do processo penal não é obstativa da contabilização da diligência que realizou, para efeito de preenchimento do lote de escalas de prevenção.

G) Artigo 22.º – (Regras especiais de preenchimentos dos lotes)

"1. Caso o profissional forense se encontre inscrito para lotes de processos, a nomeação efectuada nos termos do n.º 5 do artigo 3.º é contabilizada para efeitos de preenchimento do lote, mesmo que isso signifique o aumento temporário do número de processos correspondentes ao seu lote.
2. ....
3. Se o profissional forense não se encontrar inscrito para lote de processos, a nomeação efectuada nos termos do n.º 5 do artigo 3.º é considerada, para todos os efeitos, como nomeação isolada para o processo, nos termos da alínea b) do n.º 1 do artigo 18.º"."

A alteração deste artigo pelo artigo 1.º da Portaria n.º 210/2008, de 29 de Fevereiro, incidiu sobre o n.º 1 e no acrescentamento do n.º 3.

O primeiro dos referidos normativos salvaguardava o disposto no n.º 5 do artigo 3.º, ou seja, a manutenção da nomeação para as restantes diligências do processo, verificadas as condições previstas nas suas alíneas a) e b).

Prevê o n.º 1 o profissional forense inscrito para lotes de processos, e estatui que a nomeação efectuada nos termos do n.º 5 do artigo 3.º é contabilizada para efeitos de preenchimento do lote, mesmo que tal signifique o aumento temporário do número de processos correspondente ao seu lote.

Assim, a referida nomeação de qualquer causídico, que esteja inscrito para lotes de processos, para diligências urgentes de processo penal, implica que ela seja contabilizada para efeitos de preenchimento do lote, independentemente de isso implicar ou não o aumento temporário do número de processos correspondente ao respectivo lote.

Conexionado com o que se prescreve no n.º 1, prevê o n.º 3 deste artigo a nomeação efectuada nos termos do n.º 5 do artigo 3.º de causídico não inscrito para lote de processos, e estatui dever ser considerada, para todos os efeitos, como nomeação isolada para processo, nos termos da alínea b) do n.º 1 do artigo 18.º.

Trata-se de um dos casos especiais a que se reporta o n.º 2 do artigo 24.º deste diploma.

H) Artigo 24.º – (Nomeações e designações isoladas)

"1. ....
2. ....
3. Salvo nos casos especialmente previstos, não se considera nomeação isolada para um processo a nomeação para uma diligência durante uma escala de prevenção.

4. ....

A alteração deste artigo pela Portaria n.º 210/2008, de 29 de Fevereiro, apenas incidiu sob o n.º 3, por via da inclusão da expressão de salvaguarda *Salvo nos casos especialmente previstos*.
Um dos casos especiais a que alude este normativo é o que consta do n.º 3 do artigo 22.º deste diploma.

I) **Artigo 25.º – (Tabela de compensações pelas nomeações para processos)**

"**1. Os valores das compensações devidas aos profissionais forenses pela inscrição em lotes de processos ou pela nomeação isolada para processo são os estabelecidos na Portaria n.º 1386/2004, de 10 de Novembro.**
....
3. Sem prejuízo do disposto no número seguinte, caso o profissional forense se encontre inscrito em lote de processos, o pagamento da compensação é efectuado nos seguintes moldes:

a) **Pagamento de 30% do valor, tendo em conta apenas o procedimento em 1ª instância, de cada processo inserido no lote, no momento da atribuição do lote;**
b) **Pagamento do remanescente da compensação devida pelo processo específico, quando ocorra o trânsito em julgado do processo ou a constituição de mandatário;**
c) **Aplica-se o disposto na alínea a) sempre que haja a entrada de um novo processo para o lote.**

4. Acresce à remuneração referida no n.º 1 duas unidades de referência após a resolução do litígio que ponha termo ao processo, se esta ocorrer antes da audiência de julgamento, e, tratando-se de processo penal, desde que tenha havido acusação.
....
6. Nas nomeações isoladas para processos, o pagamento da compensação é efectuado quando ocorra o trânsito em julgado do processo ou a constituição de mandatário.
7. No caso previsto na alínea a) do n.º 3, tendo o processo de apoio judiciário por finalidade a propositura de uma acção ou instauração de um processo e vindo a concluir-se pela inexistência de fundamento para a pretensão, é devida apenas ao patrono nomeado uma compensação correspondente ao montante de uma unidade de referência.

9. Sem prejuízo do disposto n.ᵒˢ 1, 3 e 6, nos casos em que a nomeação referida nos n.ᵒˢ 1 e 2 do artigo 3.° resulte da não comparência de mandatário constituído, o arguido suporta a quantia prevista para o caso de nomeação para diligência isolada em processo, que entra em regra de custas.
10. Sem prejuízo do disposto nos n.ᵒˢ 1, 3 e 6, o disposto no n.° 7 aplica-se aos caso em que o disposto na alínea a) do n.° 5 do artigo 3.° não é aplicável porque o arguido afirmou pretender constituir mandatário para as restantes diligências do processo."

A alteração deste artigo pela Portaria n.° 210/2008, de 29 de Fevereiro, incidiu na revogação expressa dos n.ᵒˢ 2, 5 e 8, na revogação tácita do disposto nos n.ᵒˢ 1, 3, 4, 6 e 7, e na inclusão dos novos n.ᵒˢ 9 e 10.

É a alteração mais profunda do diploma, o que é natural, porque se trata da tabela de remuneração dos causídicos que participam no sistema de acesso ao direito.

Prevê o n.° 1 os valores da compensação devidas aos profissionais forenses pela nomeação isolada para processo, e estatui que são os estabelecidos na Portaria n.° 1386/2004, de 10 de Novembro.

Substituiu-se a tabela de pagamento faseado por referência a lotes com determinada composição, que era a base essencial do novo regime remuneratório pensado para o novo sistema de acesso ao direito.

Recuperou-se a velha tabela, enquadrada em diverso regime de compensação dos serviços de patrocínio e de defesa oficiosa, mas expurgada dos seus n.ᵒˢ 11 e 12, das suas notas 1 e 3, bem como dos n.ᵒˢ 3 e 4 do artigo 2.° e dos artigos 3.°, 4.°, 6.° e 7.°.

Prevê o n.° 3, depois de salvaguardar o disposto no número seguinte, a compensação dos causídicos que se encontrem inscritos em lote de processos, e estatui os moldes do respectivo pagamento, em conformidade com o disposto nas suas alíneas a) a c).

Perceberão, no momento da atribuição do lote, por cada processo inserido no lote, ou quando ocorra a entrada nele de novo processo, trinta por cento do valor, referenciado ao procedimento na primeira instância, e haverão o remanescente logo que ocorra o trânsito em julgado da causa ou a constituição de mandatário por quem pediu o apoio judiciário na modalidade de patrocínio.

Os valores referidos são, pois, os constantes da referida tabela, que estão concretizados por via da chamada unidade de referência, que não têm em conta a natureza nem complexidade do serviço de patrocínio prestado pelos causídicos no âmbito de cada um dos processos atribuídos.

Prevê o n.° 4 a resolução do litígio que ponha termo ao processo antes da audiência de julgamento, ou, no caso de processo penal, apenas no caso de ter havido acusação, e estatui que os causídicos têm direito a perceber mais o equivalente a duas unidades de referência previstas na tabela, isto é, independentemente da sua contribuição concreta para aquele desfecho do processo.

Prevê o n.º 6 o pagamento da compensação correspondente às nomeações isoladas para processos, e estatui ser o mesmo efectuado aquando do trânsito em julgado da causa ou a constituição de mandatário.

O quantitativo da mencionada compensação deve ser determinado, à míngua de outro critério, nos termos da tabela aprovada pela Portaria n.º 1386/2004, de 10 de Novembro.

Prevê o n.º 7 o caso previsto na alínea a) do n.º 3, ter o processo de apoio judiciário por finalidade a propositura de uma acção ou a instauração de um processo e a inexistência de fundamento para a pretensão do beneficiário, e estatui ser apenas devida ao causídico a compensação correspondente a uma unidade de referência.

O processo de apoio judiciário a que este normativo se reporta é o procedimento administrativo que culminou com a sua afectação a determinado causídico para intentar acção ou procedimento de natureza civilística.

Tem este normativo por pressuposto, ao que parece, a possibilidade de o patrono pedir escusa no caso de se lhe afigurar a manifesta improcedência da pretensão formulada pelo requerente do apoio judiciário.

Dele decorre que, no caso de improcedência da pretensão formulada pelo requerente do apoio judiciário, para além dos referidos trinta por cento do valor previsto na tabela, o causídico só tem direito a perceber o correspondente a uma unidade de referência, ou seja, a um quarto de uma unidade de conta.

Prevê o n.º 9, depois de salvaguardar o disposto nos 1, 3 e 6, a nomeação mencionada nos n.ºs 1 e 2 do artigo 3.º motivada pela falta de comparência de mandatário constituído, e estatui, por um lado, dever o arguido suportar a quantia prevista para o caso de nomeação para diligência isolada em processo, e, por outro, dever entrar em regra de custas.

A referida ressalva tem a ver com os valores das compensações devidas aos causídicos inscritos para lotes de processos ou que sejam nomeados isoladamente para processos. A falta de comparência de mandatário constituído refere-se, por seu turno, à assistência ao primeiro interrogatório de arguido detido, à audiência em processo sumário ou para outras diligências urgentes de processo penal.

É para esta situação que rege o normativo em análise de débito ao arguido na liquidação em processo penal, mas sem a afectação do direito do causídico nomeado de perceber o valor correspondente à prestação do serviço que efectivamente realizou.

Prevê o n.º 10, depois de salvaguardar o que se prescreve nos n.ºs 1, 3 e 6, o disposto no n.º 7, e estatui aplicar-se aos casos em que o disposto na alínea a) do n.º 5 do artigo 3.º não é aplicável por virtude de o arguido ter afirmado pretender constituir mandatário para as restantes diligências do processo.

A referida ressalva tem a ver com os valores das compensações devidas aos causídicos inscritos para lotes de processos ou que sejam nomeados isoladamente para processos.

A alínea a) do .º 5 do artigo 3.º reporta-se aos casos em que o causídico é nomeado para as referidas diligências em processo penal, sem que o arguido tivesse defensor nomeado ou constituído, salvo se o último declarar pretender constituí-lo para os restantes actos processuais.

Ora, parece decorrer deste normativo que, não se aplicando o disposto na alínea a) do n.º 5 do artigo 3.º, por virtude de o arguido declarar constituir mandatário para as restantes diligências do processo, tem o que foi nomeado defensor direito a perceber, para além do que decore do n.º 6, da compensação correspondente a uma unidade de referência.

J) Artigo 26.º – (Tabelas de compensações pelas designações para escalas de prevenção

"**1. Os valores das compensações devidas aos profissionais forenses pela inscrição em lotes de escalas de prevenção ou pela designação isolada para escalas de prevenção são os estabelecidos na Portaria n.º 1386/2004, de 10 de Novembro.**
2. As compensações das escalas de prevenção previstas no número anterior são devidas após a realização da escala de prevenção com efectiva deslocação ao local da diligência.
3. Se o profissional forense for nomeado para as restantes diligências do processo, nos termos do n.º 5 do artigo 3.º, apenas é devida compensação pelo processo."

A alteração deste artigo pela Portaria n.º 210/2008, de 29 de Fevereiro, incidiu na revogação tácita dos n.ºs 1 e 2 e no acrescentamento do n.º 3.

Integra a vertente revogatória mais relevante deste diploma, a par da relativa ao artigo 25.º, porque se trata também da tabela de remuneração dos causídicos que participam no sistema de acesso ao direito.

Substituiu-se a remuneração periódica dos serviços relativos a lotes de escalas de prevenção ou para designação, regressando-se ao regime da Portaria n.º 1386/2004, de 10 de Novembro.

A compensação pelo serviço judiciário prestado no âmbito das mencionadas escalas de prevenção, bem como para as nomeações isoladas para as mesmas é agora prevista na tabela anexa à Portaria n.º 1386/2004, de 10 de Novembro.

É devida após a realização da concernente escala, com efectiva deslocação ao local da diligência, se o causídico não for nomeado para as restantes diligências do processo.

Não é nomeado, ou melhor, não é mantida a nomeação, se, não existindo mandatário constituído ou defensor nomeado, o arguido declarar constituir mandatário para as restantes diligências.

Mas se a manutenção da nomeação do causídico se mantiver para as restantes diligências do processo, então a sua remuneração é aferida em função do processo globalmente considerado.

L) Artigo 28.º (Processamento e meio de pagamento da compensação)

"1. ....

2. Para efeitos do disposto no número anterior, os factos determinantes da compensação são os seguintes:

a) **No caso previsto na alínea a) do n.º 3 do artigo 25.º, a atribuição de um lote de processos;**

b) **No caso previsto na alínea b) do n.º 3 e no n.º 6 do artigo 25, o trânsito em julgado ou a constituição de mandatário;**

c) **No caso previsto na alínea c) do n.º 3 do artigo 25.º, a entrada de um novo processo no lote;**

d) **No caso previsto no n.º 1 do artigo 26.º, a realização da escala de prevenção com efectiva deslocação ao local da diligência;**

e) **Na consulta jurídica, a sua realização.**

3. O pagamento é sempre efectuado por via electrónica, tendo em conta a informação remetida pela Ordem dos Advogados ao IGFIJ, I.P.

4. O IGFIJ, I.P. pode realizar auditorias ao sistema de acesso ao direito e aos tribunais, bem como solicitar informação aos tribunais e à entidades referidas no n.º 2 do artigo 3.º, para efeitos de confirmação da informação remetida pela Ordem dos Advogados."

A alteração deste artigo pelo artigo 1.º da Portaria n.º 210/2008, de 29 de Fevereiro, incidiu quase integralmente sobre o conteúdo das suas alíneas a) a f) e dos n.ºs 3 e 4, a qual foi implicada, por seu turno, pela alteração do inovador sistema de remuneração dos causídicos que constava dos artigos 25.º e 26.º deste diploma.

Trata-se do elenco legal dos factos determinantes da compensação dos causídicos envolvidos no sistema de acesso ao direito.

Em conformidade, o facto determinante do pagamento de trinta por cento do valor previsto na tabela adoptada, em relação a cada processo, é a atribuição de um lote de processos, o do pagamento do remanescente da compensação relativa ao processo específico é o trânsito em julgado da decisão da causa ou da constituição de mandatário, conforme os casos, o da de entrada de novo processo para o lote, o de inscrição em lotes de escalas de prevenção, a sua realização com efectiva deslocação ao local da diligência, e, quanto à consulta jurídica, a sua realização.

Os n.ᵒˢ 3 e 4 deste artigo reportam-se, por seu turno, ao meio de realização do mencionado pagamento e às auditorias a realizar pelo Instituto de Gestão Financeira e de Infra-Estruturas da Justiça, IP.

O meio exclusivo de pagamento é efectuado por via electrónica, face à informação remetida pela Ordem dos Advogados. Foi suprimida deste normativo a confirmação pelas secretarias dos tribunais, serviços do Ministério Público e órgãos de polícia criminal. Mas foi inserida no número seguinte.

Mantém-se, n.º 4, a possibilidade de o Instituto de Gestão Financeira e de Infra-Estruturas da Justiça, IP realizar auditorias ao sistema de acesso ao direito.

E, conforme já se referiu, inseriu-se aqui a faculdade de aquele Instituto solicitar informação aos tribunais, ao Ministério Público e aos órgãos de polícia criminal, para efeitos de confirmação da aludida informação remetida pela Ordem dos Advogados.

M) Artigo 32.º – (Comissão de acompanhamento do sistema do acesso ao direito)

"**1.** ....
2. ....
3. ....
4. O primeiro relatório de monitorização, acompanhado de propostas de aperfeiçoamento do sistema, deve ser apresentado ao membro do Governo responsável pela área da justiça até ao dia 1 de Setembro de 2009".

A alteração deste artigo pelo artigo 1.º da Portaria n.º 210/2008, de 29 de Fevereiro, incidiu apenas sobre a data da apresentação do primeiro relatório, que passou de 2 de Março para 1 de Setembro de 2009.

Foi motivada pela circunstância de a aplicação integral do novo regime haver sido adiado por seis meses.

N) Artigo 35.º (Aplicação no tempo e direito transitório)

"**1.** ....
2. Até ao dia 31 de Agosto de 2008 mantêm-se em vigor as regras relativas à selecção e participação dos profissionais forenses envolvidos no acesso

ao direito, bem como as relativas ao pagamento dos honorários e à compensação das despesas.
3. . . . ."

A alteração deste artigo pelo artigo 1.º da Portaria n.º 210/2008, de 29 de Fevereiro, apenas incidiu sob o seu n.º 2.
Onde antes se referia a data limite de 29 de Fevereiro de 2008, passou a referir-se a data de 31 de Agosto de 2009.
A alteração foi motivada pela circunstância de a aplicação integral do novo regime haver sido adiado por seis meses. Todavia, o pagamento das remunerações aos causídicos vai continuar a ser tributária da velha Portaria n.º 1386/2004, de 10 de Novembro.

O) **Artigo 37.º – (Entrada em vigor)**

"1. . . . .
2. Os n.ºs 1 a 3 do artigo 1.º, 5 a 7 do artigo 3.º e 2 do artigo 7.º e os artigos 10.º, 12.º a 16.º, 18.º a 26.º e 28.º a 33.º entram em vigor no dia 1 de Setembro de 2008."

A alteração deste artigo por via do artigo 1.º da Portaria n.º 210/2008, de 29 de Fevereiro, apenas incidiu sobre o n.º 2.
No que concerne à identificação de artigos ocorre divergência, porque anteriormente se referenciavam os n.ºs 4 e 5 do artigo 3.º, e agora a referência é aos n.ºs 5 a 7 do mesmo artigo, e excluiu-se o artigo 36.º, todos deste diploma.
O artigo 36.º era revogatório da Portaria n.º 1386/2004, de 10 de Novembro, que cessou de integrar o desiderato revogatório, motivo pelo qual deixou de constar do normativo em análise. E o n.º 4 do artigo 3.º foi objecto de revogação, e o seu n.º 3 foi alterado, razão pela qual deixou de constar do normativo em análise.
Finalmente, enquanto no normativo revogado se estabelecia a entrada em vigor no dia 1 de Março de 2008, no revogatório estabelece-se a entrada em vigor no dia 1 de Setembro de 2008.

P) Portaria n.º 1386/2004, de 10 de Novembro

I – ARTICULADO NORMATIVO

ARTIGO 1.º

É aprovada a tabela de honorários dos advogados, advogados estagiários e solicitadores pelos serviços que prestem no âmbito da protecção jurídica, a qual é publicada em anexo à presente portaria, de que faz parte integrante.

ARTIGO 2.º

1. São devidos aos advogados, pelos serviços que prestem no âmbito da protecção jurídica, os honorários constantes da tabela em anexo.
2. Os honorários devidos aos advogados estagiários são os constantes da tabela em anexo reduzidos a dois terços.

ARTIGO 5.º

1. Quando, no mesmo período da manhã ou da tarde, o advogado, advogado estagiário ou solicitador intervier em mais de um processo, os honorários são limitados ao montante da remuneração mais elevada prevista para os processos em que nesse período tiver intervindo, qualquer que tenha sido o número efectivo de intervenções.
2. Quando, durante um mesmo dia, todas as intervenções se limitarem a processos sumários, sumaríssimos, de transgressão ou contravenção de natureza penal, os honorários são limitados ao montante da remuneração mais elevada prevista para estes processos, qualquer que tenha sido o número efectivo de intervenções, acrescido da rubrica prevista no n.º 10 da tabela anexa, quando o número de intervenções for igual ou superior a quatro.

ARTIGO 8.º

1. Para efeito de reembolso de despesas pelos serviços prestados, nos termos do artigo 41.º da Lei n.º 34/2004, de 29 de Julho, o advogado, advogado estagiário ou solicitador apresenta nota de despesas realizadas seguidamente ao acto ou diligência para que foi nomeado.

2. Nos restantes casos, o advogado, advogado estagiário ou solicitador deve apresentar a nota de despesas no prazo de cinco dias contados da decisão que seja proferida no processo.

ARTIGO 9.º

É revogada a Portaria n.º 150/2002, de 19 de Fevereiro.

ARTIGO 10.º

A presente portaria entra em vigor no dia seguinte ao da sua publicação, produzindo efeitos desde o dia 1 de Setembro de 2004.

II – TABELA ANEXA

Tabela de honorários para a protecção jurídica

1 — Processo civil:	Valor da acção (em euros)	Unidade de referência (UR = 1/4 da UC)
1.1 — Acção declarativa:		
1.1.1 — Processo ordinário:		
1.1.1.1 — Com variação de valores entre	14 963,91 a 24 939,85	21,00
1.1.1.2 — Com variação de valores entre	24 939,86 a 49 879,70	24,00
1.1.1.3 — Com variação de valores entre	49 879,71 a 149 639,10	32,00
1.1.1.4 — Com variação de valores entre	149 639,11 a 399 037,60	57,00
1.1.1.5 — Com variação de valores entre	399 037,61 a 598 556,40	90,00
1.1.1.6 — Com variação de valores entre	Superior a 598 556,40	126,00
1.1.2 — Processo sumário:		
1.1.2.1 — Com variação de valores entre	3 740,98 a 5 985,56	8,00
1.1.2.2 — Com variação de valores entre	5 985,57 a 9 975,94	10,00
1.1.2.3 — Com variação de valores entre	9 975,95 a 14 963,91	14,00
1.1.3 — Processo sumaríssimo e acção especial para cumprimento de obrigações pecuniárias		7,00
1.1.4 — Procedimento de injunção que não dê lugar a acção especial para cumprimento de obrigações pecuniárias		3,00
1.2 — Acção executiva:		
1.2.1 — Com dedução de oposição e/ou liquidação		Os valores aplicáveis às acções declarativas n.os 1.1.1.1 a 1.1.2.3
1.2.2 — Sem dedução de oposição		7,00
1.2.3 — Mandado de despejo		4,00
1.3 — Recursos:		
1.3.1 — Apelação e revista		9,00
1.3.2 — Agravo		4,00
1.3.3 — Outros		8,00
2 — Processo de trabalho:		
2.1 — Acção declarativa:		
2.1.1 — Com variação de valores entre	Até 5 985,56	8,00
2.1.2 — Com variação de valores entre	5 985,57 a 24 939,85	12,00
2.1.3 — Com variação de valores entre	Superior a 24 939,85	16,00
2.2 — Acção executiva		7,00
2.3 — Processos especiais		8,00
2.4 — Recursos:		
2.4.1 — Apelação e revista		8,00
2.4.2 — Agravo		4,00
3 — Processo penal:		
3.1 — Processo penal:		
3.1.1 — Processo comum:		
3.1.1.1 — Crimes da competência do tribunal colectivo:		
3.1.1.1.1 – Puníveis com pena superior a oito anos		16,00
3.1.1.1.2 — Puníveis com pena até oito anos		13,00
3.1.1.2 — Crimes da competência do tribunal singular		11,00
3.1.2 — Processo abreviado		9,00
3.1.3 — Processo sumário		8,00
3.1.4 — Processo sumaríssimo		7,00
3.1.5 — Transgressão e contravenção		3,00
3.1.6 — Julgamento com a intervenção do júri		21,00
3.2 — Pedido de indemnização civil		Os valores aplicáveis às acções declarativas n.os 1.1.1.1 a 1.1.2.3
3.3 — Execução de pedido de indemnização civil		Os valores aplicáveis às acções executivas n.os 1.2.1 e 1.2.2
3.4 — Recursos:		
3.4.1 — Ordinários		9,00
3.4.2 — Extraordinários		4,00

4 — Processos especiais e outros:		
4.1 — Divórcio e separação de pessoas e bens:		
4.1.1 — Acção litigiosa		21,00
4.1.2 — Mútuo consentimento		10,00
4.2 — Jurisdição de menores		21,00
4.3 — Inventário		Os valores aplicáveis às acções declarativas n.os 1.1.1.1 a 1.1.2.3, em função do quinhão
4.4 —Insolvência		20,00
4.5 — Constitucional		13,00
4.6 — Administrativo e fiscal:		
4.6.1 — Administrativo:		
4.6.1.1 — Acção administrativa especial		13,00
4.6.1.2 — Acção administrativa comum		Os valores aplicáveis às acções declarativas n.os 1.1.1.1 a 1.1.2.3
4.6.2 — Fiscal		13,00
4.6.3 — Recurso de decisões jurisdicionais		4,00
4.7 — Contra-ordenações		13,00
5 — Incidentes processuais, procedimentos cautelares, meios processuais acessórios e pedidos de suspensão de eficácia do acto		8,00
6 — Intervenção ocasional em acto ou diligência isolada do processo, designadamente em diligências deprecadas		5,00
7 — Assistência a arguido preso ou junto de entidades policiais		5,00
8 — Por cada deslocação do patrono/defensor a estabelecimento prisional para conferência com o patrocinado preso ou detido, com um máximo de três deslocações		3,00
9 — Quando a diligência comporte mais de duas sessões, por cada sessão a mais		3,00
10 — Por cada presença, período da manhã ou da tarde, no âmbito das escalas de urgência, desde que não tenha sido efectuada qualquer diligência		3,00
13 — Outras intervenções de patronos oficiosos		8,00

Notas

1 — Considera-se haver lugar a nova sessão sempre que o acto ou diligência sejam interrompidos, excepto se tal interrupção ocorrer no mesmo período da manhã ou da tarde.

2 — Considera-se ocasional a intervenção num acto ou diligência isolados no processo.

3 — Em caso de substituição do patrono no decurso do processo, os honorários serão individualizadamente pagos a todos os intervenientes, em função da repartição de honorários que tenha sido definida, sempre com o limite dos honorários que seriam devidos ao nomeado por aplicação da tabela.

4 – Os honorários devidos por aplicação do disposto no nº 4.1.2, quando o divórcio por mútuo consentimento tenha lugar na conservatória do registo civil, são pagos pelo Cofre Geral dos Tribunais; o pedido é dirigido ao Instituto de Gestão Financeira e Patrimonial da Justiça, mas apresentado junto da respectiva conservatória.

5 — Os honorários devidos por aplicação do disposto no n.º 10 são pagos pelo Cofre Geral dos Tribunais, a pedido do interessado, apresentado na Secção Central ou na Secretaria-Geral do Tribunal, quando exista; nos restantes casos, o pedido é dirigido ao Instituto de Gestão Financeira e Patrimonial da Justiça, mas apresentado junto das entidades respectivas.

À GUISA DE INTRODUÇÃO

Empreendemos, no domínio do velho regime legal da assistência judiciária, com vista à facilitação da própria tarefa, a recolha e sistematização de vários elementos de informação, sobretudo de origem jurisprudencial.

Confrontados com a tarefa quotidiana da aplicação das normas relativas ao sistema de acesso ao direito e aos tribunais decorrente dos Decretos-Leis n.ᵒˢ 387-B/87, de 29 de Dezembro, e 391/88, de 26 de Outubro, e com a dificuldade envolvente, continuámos a recolher elementos vários, jurisprudenciais e doutrinais, de origem nacional e estrangeira, reflectimos sobre eles e fizemos publicar a primeira edição, e esgotada esta, a segunda.

Entretanto, ocorreu a primeira alteração dos diplomas acima referidos por via da Lei n.º 46/96, de 3 de Setembro, e do Decreto-Lei n.º 133/96, de 13 de Agosto, e mais tarde, através do Decreto-Lei n.º 231/99, de 24 de Junho.

Quando a segunda edição deste trabalho estava praticamente esgotada, nova e profunda alteração foi operada em relação ao regime do acesso ao direito e aos tribunais, por via da Lei n.º 30-E/2000 e da Portaria n.º 1200-C/2000, ambas de 20 de Dezembro, atribuindo aos serviços de segurança social a apreciação dos pedidos de concessão do apoio judiciário, o que implicou a feitura da terceira edição deste trabalho.

Foram, depois disso, publicadas as novas Portarias n.ᵒˢ 140/2002, de 12 de Fevereiro, e 150/2002, de 19 de Fevereiro, relativas ao requerimento de apoio judiciário e aos honorários no quadro do apoio judiciário, respectivamente e, esgotada a terceira edição em pouco mais de um ano, levámos a termo a quarta.

Em meados de 2004, foi publicada a Lei n.º 34/2004, de 29 de Julho, assumindo carácter inovador em aspectos relevantes, o que implicou a feitura da 5ª edição.

Entretanto, no primeiro trimestre de 2005, ocorreu a transposição para a ordem jurídica interna da Directiva n.º 2003/8/CE do Conselho, de 27 de Janeiro, relativa à melhoria do acesso à justiça nos litígios transfronteiriços, por via do Decreto-Lei n.º 71/2005, de 17 de Março, bem como a alteração da Portaria n.º 1085-A/2004, de 31 de Agosto, pela Portaria n.º 288/2005, de 21 de Março.

Por isso, esgotada que ficou a 5ª edição deste trabalho no fim do ano de 2007, publicou-se, em Maio de 2007, a 6ª edição.

Acontece, porém, que, no dia 28 de Agosto de 2007, foi publicada a Lei n.º 47/2007, que alterou significativamente a lei n.º 34/2004, de 29 de Julho, o que implicou a revogação da Portaria n.º 1386/2004, de 10 de Novembro, e a sua substituição pela Portaria n.º 10/2008, de 3 de Janeiro.

Como o novo regime o acesso ao direito e aos tribunais, decorrente da Lei n.º 47/2007, de 28 de Agosto, e a mais relevante portaria que a regulamenta, entraram em vigor no dia 1 de Janeiro de 2008, entendemos por bem publicar a 7ª edição do nosso trabalho.

Foi pensada, tal com as anteriores edições, como uma modesta contribuição para a facilitação da tarefa de aplicação do novo regime legal da informação jurídica, da consulta jurídica e do apoio judiciário, este nas suas modalidades de assistência judiciária e de patrocínio judiciário, incluindo a respectiva vertente financeira, pelos diversos profissionais judiciários – magistrados, advogados, solicitadores, oficiais de justiça, juristas e as próprias partes.

Oxalá a imperfeição que necessariamente caracteriza este modesto trabalho, voltado para a prática, e desta tributária em grande parte, não constitua obstáculo à concretização daquilo que foi o nosso desígnio.

Janeiro de 2008

A) LEI DO APOIO JUDICIÁRIO

I – CONCEPÇÃO E OBJECTIVOS

1. Fins e meios do sistema de acesso ao direito e aos tribunais

Aos fins e meios do sistema de acesso ao direito e aos tribunais reporta-se o artigo 1.º da Lei do Apoio Judiciário, do seguinte teor:

"**1. O sistema de acesso ao direito e aos tribunais destina-se a assegurar que a ninguém seja dificultado ou impedido, em razão da sua condição social ou cultural, ou por insuficiência de meios económicos, o conhecimento, o exercício ou a defesa dos seus direitos.
2. Para concretizar os objectivos referidos no número anterior, desenvolver-se-ão acções e mecanismos sistematizados de informação jurídica e de protecção jurídica**".

1. O apoio jurídico na modalidade de nomeação de patrono ou de defensor, base histórica do moderno instituto em apreço, tem raízes no devir do tempo, e tem a ver com a pobreza, entendida como fenómeno resultante da escassez de recursos para fazer face às necessidades básicas e padrão de vida em determinado estádio da sociedade.

A cidade Estado de Atenas designava dez advogados para a defesa dos pobres, e, na antiga Roma, a defesa dos indigentes era assegurada, com base na normatividade derivada do costume, pela espontânea colaboração dos advogados.

No velho direito romano, o patrocínio das partes em juízo pelos advogados ou patronos era gratuito. Entretanto, contrariando a proibição de cobrança de honorários pelos advogados, desenvolveu-se a prática de as partes gratificarem, através de dádivas ou mercês, os causídicos que as patrocinavam.

A referida prática foi-se institucionalizando e, no tempo de Tibério Cláudio Nero Druso Germânico, durante os anos 41 a 54, já a advocacia se configurava como profissão remunerada.

O *Codex Theodosianus,* vigente desde 1 de Janeiro de 439, e o *Codex Justinianus Primus*, a partir do ano de 529, bem como o Digesto, que vigorou desde o ano de 533, já regulavam a matéria de custas e previam a nomeação, pelo pretor ou pelo proconsul, de advogado às partes que para o efeito não dispusessem de recursos económicos, que deveriam comunicar-lhes: *Si non habebis advocatum ego dabo.*

O instituto da assistência jurídica aos indigentes sofreu certo retrocesso durante o regime político-administrativo e económico-social que se desenvolveu na Europa a partir do século IX, conhecido por feudalismo, em que toda a vida social girava à volta do grande senhor ou terra-tenente.

Depois, pouco a pouco, à medida em que progredia a chamada centralização do poder real, a doutrina e a lei foram alicerçando os contornos do instituto em apreço.

Na velha Inglaterra, em Junho de 1215, João Sem Terra assumiu o compromisso de que a ninguém venderia, denegaria ou retardaria o direito ou a justiça.

O jurisconsulto francês Ferdinand de Roux escreveu, em 1278, *Le livre de justice e de plet*, que na época significou o mais importante tratado sobre o patrocínio *aos pobres, órfãos, fracos de juízo e aos que não sabiam pedir o direito que lhes assistia.*

Jácome ou Jacobo Ruíz, em tratado datado do século XIII, designado por *Flores de las Leys,* recomendava aos juizes que se alguma parte quisesse advogado para defender o seu direito, lho dessem, sobretudo aos pobres, órfãos e àqueles que não soubessem *razoar.*

O Concílio de Toulose de 1229, por seu turno, recomendou aos juízes eclesiásticos a nomeação de advogado aos indigentes.

Carlos V de França decretou, em 1364, que os advogados e procuradores de pessoas miseráveis fizessem por Deus seus requerimentos e mais peças com a maior diligência, concisos e entregues com brevidade.

Henrique IV de França decretou, em 6 de Março de 1610, a criação de advogados dos pobres, pagos pelo tesouro público.[1]

O Inquisidor, que funcionava junto do Tribunal da Santa Inquisição, nomeava, salvo no caso do crime de heresia, advogado ao réu que o não constituísse, e o Santo Ofício pagava àquele que defendia os indigentes.[2]

---

[1] Ctaviano de Sá, *Conferência*, Revista da Ordem dos Advogados, Ano 4, n.os 1 e 2.
[2] Fortunato de Almeida, "História da Igreja em Portugal", Tomo III, Parte II.

Em Portugal, a assistência jurídica a quem dela carecia foi, em regra, deixada sem contrapartida remuneratória aos profissionais do foro, mas certas normas do direito antigo já previam sobre situações relativas ao acesso ao tribunal dos indigentes.

As pessoas miseráveis tinham o privilégio de escolher juiz entre os corregedores da Corte e juízes das acções novas na Casa do Porto, e os corregedores da Corte dos feitos cíveis conheciam das causas desta natureza das viúvas, órfãos e pessoas miseráveis.[3]

Em meados do século XVII, a lei prescreveu que as pessoas miseráveis, demandadas por censos, escolhessem o juiz da terra ou de fora mais vizinho, se a causa não fosse com privilegiado.[4]

No início do século XVIII estabeleceu-se que, para o efeito de trazerem os seus contendores à Corte, os religiosos mendicantes não eram pessoas miseráveis, ainda que tivessem bens em comum.[5]

No fim do século XVIII estabeleceu-se que os réus em processos atrasados de uma para outra das audiências gerais fossem ouvidos de facto e de direito por seis juízes da Relação e se lhes nomeasse advogado do Número da Casa da Suplicação ou Portaria que os defendesse para breve, e que, em Lisboa, os réus pobres só pagariam metade dos salários no caso de separação de culpas que determinasse a remessa do traslado a outro juízo, designadamente nas querelas, devassas e sumários.[6]

Em finais do século XIX, a lei determinou que o defensor oficiosamente nomeado em processo criminal levaria os emolumentos que o juiz lhe atribuísse na sentença final.[7]

2. O ideário da revolução francesa propunha que a justiça fosse gratuita, a Lei de 3 de Setembro de 1791 acolheu esse princípio, mas dele apenas ficou consagrado, na maioria dos países, o instituto da assistência judiciária.

Questiona-se sobre se a justiça deverá ou não ser gratuita, defendendo uns que a colectividade deverá suportar o custo da justiça através da

---

[3] "ORDENAÇÕES AFONSINAS, Livro 3, Título 4, parágrafo segundo; e ORDENAÇÕES FILIPINAS, Livro 3, Título V, pág. 3.
[4] Alvará de 16 de Fevereiro de 1699.
[5] Assento de 7 de Abril de 1607.
[6] Alvará de 9 de Março de 1790, n.os 8 e 11.
[7] Artigo 27.º da Tabela de Emolumentos e Salários Judiciais de 1896.

qual o Estado realiza o fim social de reintegração do direito, e outros que os cidadãos que recorrem aos tribunais, tendo originado o litígio ou dele tirado proveito, é que devem suportar o respectivo custo.

A gratuitidade da justiça facilita a jurisdicionalização das *bagatelas* e, por isso, dificulta, nos casos prementes, a pronta e necessária intervenção judicial.

O Estado realiza, com efeito, além do mais, a reintegração do direito nas vertentes da segurança e certeza, mas os cidadãos não utilizam permanentemente o serviço judicial, cujo uso pontual é, não raro, imputável ao utente individualmente considerado ou se traduz para ele em vantagem económico-financeira.

O princípio da equidade postula, assim, que o serviço de justiça seja custeado, numa parte pela colectividade através dos impostos, e noutra pelos respectivos utentes, através do pagamento de taxa de justiça. O referido sistema não afecta a defesa judicial dos direitos dos cidadãos que para o efeito não disponham de suficientes meios económico-financeiros, desde que o Estado lhes garanta, independentemente do processo ou jurisdição, o acesso ao direito e aos tribunais, através do apoio judiciário e do patrocínio oficioso em processo penal.

Em cumprimento do dever constitucional de facultar aos cidadãos o acesso ao direito e aos tribunais, cabe ao Estado garantir que os profissionais forenses prestem a assistência técnica na necessária demanda judicial a quem não dispõe para tal dos meios económico-financeiros suficientes.

Não tem sido uniforme a forma de cumprimento pelos Estados da referida obrigação. A França, em 1972, e a Áustria, em 1973, estabeleceram que o Estado deve suportar o custo da assistência judiciária, e a Suécia, a Holanda e a Alemanha consagraram, por seu turno, um sistema ecléctico baseado no tradicional empenhamento dos profissionais do foro e no modelo da actividade consultiva e defesa por serviços públicos.[8]

3. A nossa primeira lei sobre assistência judiciária foi publicada, sob proposta de José Maria de Alpoim, em 31 de Julho de 1899, e inspirou-se nos projectos de lei de 29 de Fevereiro de 1860, 23 de Dezembro de 1883, 9 de Julho de 1887 e de 27 de Janeiro de 1897, apresentados na Câmara de

---

[8] NICOLÓ TROCKER, "Asstenza Jiudiziaria ai non Abbienti e Prospecttive di Rifroma, *Revista Trimestrale di Diritto de Procedura Civile*, XXXIII, n.º 1, Março de 1979.

Deputados por Martens Ferrão, Júlio de Vilhena, Veiga Beirão e António Azevedo de Castelo Branco, respectivamente, por seu turno inspirados na lei francesa de 1851, que não chegaram a ser discutidos.[9]

O regime de assistência judiciária consagrado naquela lei passou, com alteração, a integrar o Estatuto Judiciário, aprovado pelo Decreto n.º 13 809, de 22 de Junho de 1927, modificado pelo Decreto n.º 15 334, de 10 de Abril de 1928.

Através do Decreto-Lei n.º 33 548, de 23 de Fevereiro de 1944, foi estruturado autonomamente o regime de assistência judiciária, abrangente do duplo benefício do patrocínio gratuito e dispensa do pagamento prévio de custas, sem prejuízo da sua contagem, e, no processo penal, a favor dos ofendidos e acusadores particulares (artigo 1.º).

Mais tarde, foi consagrado um novo regime de assistência judiciária, através da Lei n.º 7/70, de 9 de Junho, regulamentada pelo Decreto n.º 562/70, de 18 de Novembro, e pelo Decreto-Lei n.º 44/77, de 2 de Fevereiro.

4. A Declaração Universal dos Direitos do Homem estabelece que toda a pessoa tem direito ao recurso efectivo às jurisdições nacionais competentes contra actos que violem os direitos fundamentais reconhecidos pela Constituição ou pela lei (artigo 8.º).

A Convenção Europeia dos Direitos do Homem, que Portugal ratificou através da Lei 65/78, de 13 de Outubro, refere, por seu turno, que o acusado tem direito a defender-se a si próprio ou a ter a assistência de um defensor da sua escolha e, se não tiver meios para o remunerar, a poder ser assistido gratuitamente por um defensor oficioso quando os interesses da justiça o exigirem, e a fazer-se assistir gratuitamente por intérprete se não compreender ou não falar a língua usada no processo (artigo 6.º, n.º 3, alíneas c) e e)).

Assim, o direito ao apoio judiciário em processo civil não é, em si mesmo, garantido pela Convenção.[10]. Todavia, o referido normativo já foi

---

[9] Discurso do Ministro da Justiça, ALMEIDA COSTA, de 26 de Janeiro de 1970, *Separata do Boletim do Ministério da Justiça*, n.º 198.

[10] IRENEU CABRAL BARRETO, "A Convenção dos Direitos do Homem Anotada", Coimbra, 1999, págs. 167 a 172.

interpretado no sentido da aplicação nos processos cíveis quando o exijam os interesses da justiça.[11]

5. A Constituição da República Portuguesa, inspirada no artigo 8.° da Declaração Universal dos Direitos do Homem, estabelece que a todos é assegurado o acesso ao direito e aos tribunais para defesa dos seus direitos e interesses legalmente protegidos e que a justiça não pode ser denegada por insuficiência de meios económicos.

Prescreve, ademais, que todos têm direito, nos termos da lei, à informação e consulta jurídicas, ao patrocínio judiciário e a fazer-se acompanhar por um advogado perante qualquer autoridade (artigo 20.°, n.os 1 e 2).

Consagra, assim, por um lado, a garantia da via judiciária em relação à defesa dos direitos e interesses legítimos dos cidadãos e, por outro, o acesso ao direito que abrange a informação e a protecção jurídica, e esta a consulta jurídica e o apoio judiciário.[12]

O acesso ao direito e aos tribunais é um direito fundamental de natureza análoga aos direitos, liberdades e garantias, ou seja, um direito fundamental potestativo envolvente de prestações positivas e dependente de um acto de avaliação positiva.

O estatuído na referida disposição constitucional tem estreita conexão com o princípio da igualdade a que se reporta o artigo 13.° da Constituição, segundo o qual as situações iguais devem ser tratadas por igual e as desiguais por desigual.

O referido princípio, especialmente dirigido aos cidadãos face à lei, não exige o tratamento igual de todas as situações, antes implica que sejam tratados igualmente os que se encontrem em situações iguais, e desigualmente os que estejam em situações desiguais, de forma a que não sejam criadas discriminações arbitrárias, o mesmo é dizer que se proíbe o arbítrio e a discriminação, isto é, as diferenciações de tratamento sem fundamento material bastante.[13]

---

[11] Acs. do Tribunal Europeu dos Direitos do Homem, n.os 27 715/95 e 30 209/96, de 20 de Junho de 2002, Berlinsky contra a Polónia.

[12] GOMES CANOTILHO e VITAL MOREIRA, "Constituição da República Portuguesa Anotada", Coimbra, 1993, pág. 180.

[13] Acórdãos do Tribunal Constitucional, n.os 143/88, de 16 de Junho de 1988, e 155/88, de 29 de Junho de 1988, *BMJ*, n.° 378, págs. 183 e 208, respectivamente.

6. Os cidadãos poderão acautelar, através do pagamento de um reduzido prémio de seguro, a respectiva protecção jurídica.

O contrato de seguro de protecção jurídica, praticado actualmente em vários países europeus, que começou a ser utilizado em França no início do século passado, traduz-se, essencialmente, no pagamento de um prémio pelo segurado a uma seguradora para que esta, em caso de litígio com terceiros, lhe assegure o pagamento do custo concernente a fazer valer os seus direitos.

A delimitação do conceito de litígio no âmbito deste contrato tem suscitado dificuldades, designadamente no que concerne à determinação do momento desde o qual deverá ter-se por verificada a sua existência.

Este contrato de seguro não garante às pessoas, como é natural, nos termos da exigência do artigo 20.°, n.° 2, da nossa Constituição, o acesso ao direito e aos tribunais, desde logo porque é insusceptível de abranger todas as pessoas e todos os seus direitos ou situações juridicamente protegidas.[14]

Mas como é susceptível de cobrir os encargos com processos judiciais relativos a lesões de pessoas ou coisas emergentes de acidentes rodoviários, a direitos dos locatários ou dos consumidores, a protecção e segurança de pessoas e bens e a conflitos de vizinhança no âmbito dos direitos reais, assume o relevo de constituir uma alternativa individual à realização pelo Estado do princípio do pleno acesso ao direito e aos tribunais.

7. O sistema da assistência judiciária no Tribunal de Justiça e no Tribunal de Primeira Instância da União Europeia é, face à natureza dos sujeitos que a ele têm acesso, extremamente simplificado, certo que se lhe reporta apenas o artigo 76.°, nos termos seguintes:

"1. Se uma parte se encontrar na impossibilidade de fazer face, total ou parcialmente, às despesas do processo, pode a todo o tempo pedir o benefício da assistência judiciária. O pedido será acompanhado de prova de que o requerente se encontra em situação de necessidade, nomeadamente de um atestado da autoridade competente, comprovativo da sua falta de meios.

---

[14] Cfr. a Directiva n.° 87/344/CEE, e os artigos 15.° e 16.° do Decreto-Lei n.° 176/95, de 26 de Julho.

2. Se o pedido for apresentado antes de recurso que o requerente se proponha interpor, indicará sumariamente o objecto desse recurso. O pedido não exige patrocínio de advogado.

3. O presidente designa um juiz relator. A secção de que este faz parte decide, consideradas as observações escritas da outra parte e ouvido o advogado geral, se deve conceder, na totalidade ou em parte, ou recusar, o benefício da assistência judiciária. A assistência judiciária deve ser recusada quando a acção careça manifestamente de fundamento. A secção decide mediante despacho não fundamentado e insusceptível de recurso.

4. A secção pode a todo o tempo, quer oficiosamente, quer a pedido, retirar o benefício da assistência judiciária se as condições que determinaram a sua concessão se modificarem no decurso da instância.

5. No caso de concessão do benefício da assistência judiciária o Cofre do Tribunal adiantará os fundos necessários para fazer face às despesas. Na decisão sobre custas o Tribunal pode determinar o pagamento ao cofre do Tribunal da totalidade ou parte das quantias adiantadas a título de assistência judiciária. O escrivão diligenciará por obter o reembolso destas quantias da parte condenada ao seu pagamento."

Como nos referidos tribunais não há lugar a pagamento de taxa de justiça, o apoio judiciário na modalidade de assistência judiciária limita-se aos encargos, ou seja, segundo a nossa terminologia, aos preparos para despesas.

A sua concessão depende, porém, da constatação de que a pretensão judicial em relação à qual é pedido o apoio judiciário não é manifestamente improcedente.

Trata-se, por outro lado, de um sistema restritivo, certo que não abrange o apoio judiciário na modalidade de patrocínio judiciário.

No que concerne à assistência judiciária no Tribunal Europeu dos Direitos do Homem, os pressupostos da sua concessão constam no Capítulo X, artigos 91.º a 96.º, do respectivo Regulamento, aprovado pela Assembleia Plenária daquele Tribunal no dia 3 de Novembro de 1998.

O seu artigo 91.º expressa, por um lado, que o presidente da secção pode, seja a pedido do particular que apresentou a queixa nos termos do artigo 34.º da Convenção, seja oficiosamente, conceder a assistência judiciária ao requerente para a defesa da sua causa, depois da Parte contratante requerida ter apresentado, por escrito, nos termos do artigo 54.º, n.º 3, alínea b), as suas observações sobre a admissibilidade da queixa ou quando o prazo fixado para a sua apresentação tenha expirado (n.º 1).

E, por outro que, salvo o disposto no artigo 96.°, quando o requerente obteve assistência judiciária para a sua defesa perante a secção, mantém-na perante o tribunal pleno (n.° 2).

O artigo 92.° estabelece, por seu turno, que a assistência judiciária só pode ser concedida se o presidente da secção constatar que a sua concessão é necessária para a boa condução do caso perante a secção e que o requerente não dispõe de meios financeiros suficientes para fazer face no todo ou em parte às despesas necessárias.

O artigo 93.° prescreve, por um lado, que para determinar se o requerente dispõe ou não de meios financeiros suficientes para fazer face a toda ou a parte das despesas, é convidado a preencher um formulário de declaração indicando os seus rendimentos, bens e os encargos financeiros para com as pessoas a seu cargo ou qualquer outra obrigação de carácter financeiro e que a declaração deve ser certificada pela ou pelas autoridades internas competentes (n.° 1).

E, por outro, que a Parte contratante requerida é convidada a apresentar, por escrito, as suas observações (n.° 2).

E, finalmente, que depois de ter recolhido as informações referidas nos n.ᵒˢ 1 e 2, o presidente da secção decide da concessão ou da recusa da assistência judiciária e que o *greffier* comunica a decisão às partes interessadas (n.° 3).

O artigo 94.° estabelece, por um lado, que os honorários só podem ser pagos a um advogado ou à pessoa designada nos termos do artigo 36.°, n.° 4, do Regulamento e que eles podem, se for caso disso, cobrir os serviços de um ou mais dos representantes assim definidos (n.° 1).

E, por outro, que a assistência judiciária pode cobrir, para além dos honorários, as despesas de deslocação e de estadia, assim como outras despesas correntes necessárias, apresentadas pelo requerente ou pelo seu representante designado (n.° 2).

O artigo 95.° expressa que uma vez concedida a assistência judiciária, o *greffier* fixa o montante dos honorários que deverão ser pagos, de acordo com as tabelas de assistência judiciária em vigor e o montante das despesas a pagar.

Finalmente prescreve o artigo 96.° que o presidente da secção implicada, se se convencer de que as condições enunciadas no artigo 92.° deixam de estar reunidas, pode a qualquer momento retirar ou modificar o benefício da assistência judiciária.

8. Na sequência das normas e princípios sobre o acesso ao direito e aos tribunais decorrentes do artigo 20.° da Constituição e de convenções a que Portugal passou a estar internacionalmente vinculado nesta matéria, no fim da década de setenta do século passado foi pensado um novo regime legal ordinário de protecção jurídica.

Os respectivos trabalhos preparatórios tendentes à elaboração da lei sobre a matéria começaram no último trimestre de 1978.[15]

Na sequência dos trabalhos da Comissão que foi nomeada para o efeito, a Ordem dos Advogados apresentou um anteprojecto de articulado que, em meados de 1981, remeteu ao Ministro da Justiça, mas que não teve imediato seguimento.[16]

Uma nova Comissão foi nomeada ministerialmente no início do ano de 1986, encarregada de efectuar o levantamento e a concretização das diversas vertentes de uma política de acesso ao Direito, do que resultaram a Lei de Autorização Legislativa n.° 41/87, de 23 de Dezembro, e os Decretos-Leis n.os 387-B/87, de 29 de Dezembro, e 391/88, de 26 de Outubro, com a consequente revogação da Lei n.° 7/70, de 9 de Junho, e do Decreto n.° 562/70, de 18 de Novembro.[17]

Entretanto, no último quadrimeste de 1996, ocorreu a alteração dos Decretos-Leis n.os 387-B/87, de 29 de Dezembro, e 391/88, 26 de Outubro, e, em meados de 1999, a alteração do último dos referidos diplomas.[18]

A referida comissão considerou, nos seus trabalhos, além do mais, os textos elaborados pela comissão anterior, o anteprojecto elaborado pela Ordem dos Advogados acima referido e dois relevantes projectos de lei apresentados pelo Partido Comunista Português na Assembleia da República, o último no dia 15 de Janeiro de 1987.

No termo do século XX e do milénio II, sob a motivação de descongestionamento dos tribunais, foi substancialmente reformulado o regime decorrente dos Decretos-Leis n.os 387-B/87, de 29 de Dezembro, e 391/88,

---

[15] Despacho do Ministro da Justiça, n.° 22/78, *Diário da República*, II Série, n.° 237, de 14 de Outubro de 1978.

[16] O texto respectivo está publicado no *Boletim da Ordem dos Advogados*, Suplemento ao n.° 17, Agosto de 1981.

[17] Despacho do Ministro da Justiça, n.° 61/86, *Diário da República*, II Série, n.° 142, de 24 de Janeiro de 1986.

[18] A referida alteração foi implementada pela Lei n.° 46/96, de 3 de Setembro, e pelo Decreto-Lei n.° 231/99, de 24 de Junho.

26 de Outubro, através da Lei n.º 30-E/2000, de 20 de Dezembro, e das Portarias n.os 1200-C/2000, de 20 de Dezembro, e 1223-A/2000, de 29 de Dezembro, atribuindo aos serviços da segurança social a apreciação dos pedidos de concessão de apoio judiciário.

Está por demonstrar a vantagem para os cidadãos da última das referidas alterações do sistema, a mais radical dos últimos trinta anos, tudo apontando no sentido contrário.

Na realidade, deixaram de funcionar os critérios de julgamento da matéria com o rigor minimamente exigível, passou-se, sem qualquer fundamento, para um sistema de deferimento tácito dos pedidos de apoio judiciário ao fim de trinta dias sobre a data do respectivo requerimento, deixou de ser ponderada na decisão de concessão da assistência judiciária a natureza e o valor das causas respectivas, aumentaram exponencialmente os custos da burocracia, passou a ideia de estarmos perante um serviço nacional de justiça sem critério rigoroso, informação ou ponderação de meios, duplicaram os pedidos de apoio judiciário, triplicaram os seus custos em termos incompatíveis com os recursos deste País, empobrecido desde a sua fundação, sob o alheamento de que a maioria dos cidadãos não recorre aos tribunais e cobre, por via de impostos, o custo do seu funcionamento.

Pouco mais de um ano depois, ocorreu a primeira alteração ao aludido regime por via da substituição das Portarias n.os 1200-C/2000, de 20 de Dezembro, e 1223-A/2000, de 29 de Dezembro, pelas Portarias n.os 140/2002, de 12 de Fevereiro, e 150/2002, de 19 de Fevereiro, concernentes aos modelos de requerimento de apoio judiciário e aos honorários no quadro de apoio judiciário.

Menos de dois anos depois, isto é, em meados de 2004, nova e significativa alteração ocorreu nesta matéria, sob o principal desiderato de introduzir rigor na concessão das modalidades de protecção jurídica e de reforço das vertentes da informação e consulta jurídica e articular o texto da lei com a criação do Instituto de Acesso ao Direito, destinado a assegurar a informação jurídica, a consulta jurídica e o patrocínio oficioso.

Em alternativa à proposta de lei apresentada pelo Governo à Assembleia da República, o Grupo Parlamentar do Partido Comunista Português apresentou, sem êxito, um projecto de lei relativo à criação do instituto do serviço público de acesso ao direito, com profissionais liberais do quadro de serviço público – advogados, advogados estagiários e solicitadores – à margem do modelo do patrono público ou advogado do Estado.

Os referidos profissionais seriam remunerados segundo tabelas, suplementos e ajudas de custo anualmente fixados por portaria e o requerente do apoio judiciário na modalidade de patrocínio poderia escolher o patrono de entre aqueles causídicos.

Nele se previa, o estabelecimento de uma rede tendente à informação e consulta jurídica, a decisão dos incidentes do apoio judiciário pelos tribunais, o prosseguimento das causas paralelamente com aqueles incidentes e a existência de presunções de insuficiência económica.

Em relação ao regime de pretérito, deixaram, além do mais, de se prever expressamente, por um lado, o apoio judiciário na modalidade de assistência judiciária relativamente a preparos para despesas, com vista a exames médico forenses a realizar no âmbito do processo judicial, designadamente os relativos a acidentes de viação, de trabalho e de doenças profissionais e, por outro, as presunções de insuficiência económica.

Ademais, por um lado, deixou o juiz do tribunal criminal de ter competência para conhecer do incidente de apoio judiciário pedido pelos arguidos, e substituiu-se o apoio judiciário na vertente específica de deferimento do pagamento de pagamento de taxa de justiça inicial, subsequente e de preparos para despesas pela vertente de pagamento faseado.

E, por outro, deixou de ser atendível a indicação pelo requerente do apoio judiciário de causídico quando este declarasse aceitar a prestação dos serviços requeridos e não houvesse motivos que obstassem a essa atendibilidade.

Decorridos pouco mais de três anos, nova alteração do sistema de acesso ao direito e aos tribunais ocorreu, por via da publicação da Lei n.º 47/2007, de 28 de Agosto, na sequência de dois projectos de lei, um apresentado pelo Partido Comunista, outro pelo Partido Bloco de Esquerda, e de uma proposta de Lei apresentada pelo Governo, única que foi aprovada.

A motivação declarada que esteve na origem da mencionada proposta de lei, além do desiderato de substituição da designação *pagamento de honorários a patrono* pela designação *compensação*, foi essencialmente a seguinte:

– clarificação do conceito de insuficiência económica, passando a referir-se expressamente os elementos objectivos respeitantes ao requerente e ao seu agregado familiar para o cálculo do rendimento relevante para efeitos de protecção jurídica, ou seja, o rendimento,

o património e a despesa permanente, e revisão dos critérios da sua apreciação e a sua inserção no texto da lei;
– elevação dos valores de referência do rendimento relevante para efeitos de protecção jurídica e faculdade de o requerente, em caso de litígio com um ou mais elementos do seu agregado familiar, solicitar que seja tomado em linha de conta apenas ou seu rendimento, património ou despesa permanente ou o dele e de algum ou alguns elementos daquele agregado;
– possibilidade de decisão do dirigente máximo dos serviços de segurança social competente, por despacho especialmente fundamentado, de forma diversa da que resultaria da aplicação dos critérios legais gerais, se destes resultasse, no caso concreto, manifesta negação do acesso ao direito e aos tribunais;
– definição de regras mínimas relativas à prova da insuficiência económica, no essencial por via de portaria;
– possibilidade de o dirigente máximo da segurança social que aprecie o pedido de protecção jurídica, em caso de dúvida sobre a situação de insuficiência económica do requerente, solicitar-lhe autorização escrita para o acesso a informação e documentos bancários e a sua exibição perante esses serviços e, quando necessário, perante a Administração Tributária;
– indeferimento do pedido sem a notificação da decisão ao requerente se este não tiver procedido à apresentação de todos os documentos no prazo de dez dias contado da data da sua notificação para o efeito;
– atribuição do dever de informação jurídica ao Ministério da Justiça em colaboração com todas as entidades interessadas;
– eliminação da concessão de protecção jurídica às pessoas colectivas com fins lucrativos e aos estabelecimentos individuais de responsabilidade limitada;
– cancelamento do apoio judiciário na modalidade de pagamento faseado no caso de omissão de pagamento no prazo concedido de uma prestação e da multa de igual montante;
– supressão da consulta jurídica para apreciação prévia da inexistência de fundamento legal da pretensão enquanto acto autónomo para efeito de nomeação de patrono;
– explicitação de que a consulta jurídica se destina ao esclarecimento técnico sobre o direito aplicável;

- possibilidade de a consulta jurídica, gratuita ou sujeita ao pagamento prévio de uma taxa, consoante o rendimento relevante para efeitos de protecção jurídica, ser prestada em escritórios de advogados que adiram ao sistema de acesso ao direito e aos tribunais;
- eliminação da concessão de apoio judiciário nas modalidades de dispensa parcial de taxa de justiça e demais encargos com o processo, de pagamento efectivo ou faseado da remuneração de solicitador de execução designado, e estabelecimento da atribuição ao requerente do apoio judiciário de agente de execução oficial de justiça;
- extensão do regime do apoio judiciário a estruturas de resolução alternativa de litígios, e subdelegação da competência para a decisão sobre a concessão ou não de protecção jurídica;
- conversão da proposta de decisão de indeferimento total ou parcial do pedido formulado em decisão definitiva, sem nova notificação ao requerente, quanto este, notificado para se pronunciar em sede de audiência prévia obrigatória, nada disser;
- irrecorribilidade da decisão judicial que decida a impugnação do pedido de protecção jurídica.[19]

9. As normas da Lei n.º 34/2004, de 29 de Julho, alteradas pela Lei n.º 47/2007, de 28 de Agosto, continuam a estar compartimentadas, para além do enunciado sobre a concepção e objectivos do sistema de acesso ao direito e aos tribunais, sob os títulos de informação jurídica, protecção jurídica, disposições especiais sobre processo penal e disposições finais e transitórias.

É regulamentada por três novos diplomas, um relativo à protecção jurídica propriamente dita, outro concernente à instrução dos pedidos, e outro destinado a assegurar a exequibilidade das modalidades de pagamento faseado.

10. Prevê o n.º 1 deste artigo os objectivos do sistema do acesso ao direito e aos tribunais, e estatui que ele se destina a promover que a ninguém seja dificultado ou impedido, em razão da sua condição social ou cultural, ou por insuficiência de meios económicos, de conhecer, fazer valer ou defender os seus direitos.

---

[19] *Diário da Assembleia da República*, II Série-A, n.º 73, de 5 de Maio de 2007, ou 31 de Julho de 2007?

Em jeito programático, a lei declara o objectivo visado com o sistema de acesso ao direito e aos tribunais, reconhecendo-se que não são apenas os obstáculos de natureza económica que impedem ou dificultam o acesso ao direito e aos tribunais, mas também os que derivam da degradação sócio-cultural ou psicológica.

Na realidade, os obstáculos ao acesso à justiça são de ordem económica, social e cultural. Para além dos custos da justiça que o Estado suporta, os cidadãos que a ela recorrem também suportam custos, uns de natureza económica, como é o caso dos honorários de advogados, da taxa de justiça e dos encargos com os processos, e outros de natureza psicológica, envolvidos pelo inerente desgaste num quadro de litigiosidade num tribunal e, porventura, de morosidade da concernente decisão final.

O acesso à justiça e aos tribunais tem uma dupla dimensão: por um lado, a de garantia de defesa de direitos e, por outro, a de imposição ao Estado do dever de assegurar a que ninguém fique impedido de aceder à justiça para essa defesa por insuficiência de meios económicos, em termos que respeitem o princípio fundamental da igualdade, sob a configuração de direito de natureza social a prestações materiais do Estado.

Ele não implica, porém, a gratuitidade da justiça, cabendo ao legislador, na observância desses e de outros princípios, como o da proporcionalidade, definir os custos correspondentes à utilização da máquina da justiça e, como não é gratuito o recurso à justiça, não tem a protecção jurídica de ser concedida a todos os cidadãos.[20]

Ao referir-se ao conhecimento do direito, a lei está a considerar englobados no sistema de acesso ao direito e aos tribunais a informação jurídica, e, ao mencionar o propósito de fazer valer e defender direitos, está a incluir nessa abrangência a consulta jurídica e o apoio judiciário.

Dir-se-á que o sistema de acesso ao direito e aos tribunais visa proteger não só os economicamente mais débeis, mas também os que, por circunstâncias ocasionais, se colocaram ou foram colocados em situações de desigualdade quanto ao recurso aos tribunais.[21]

---

[20] Ac. do Tribunal Constitucional, n.º 247/99, de 29.4.99, *Diário da República*, II Série, de 13 de Julho de 1999.
[21] Ac. da Relação de Évora, de 16.2.95, *BMJ*, n.º 444, pág. 725.

11. O n.º 2 deste artigo prevê a concretização dos objectivos a que alude o n.º 1 e estatui, também em jeito programático, que para o efeito se desenvolverão as acções e mecanismos sistematizados de informação jurídica e de protecção jurídica.

Portanto, o binómio do acesso ao direito e aos tribunais consubstancia-se, por um lado na informação jurídica e, por outro, na protecção jurídica.

A protecção jurídica desenvolve-se, por seu turno, nas vertentes da consulta jurídica e do apoio judiciário, e a informação jurídica e a consulta jurídica dependem, naturalmente, de acções da Administração e das organizações profissionais forenses.[22]

Pela sua estrutura e fins, a informação jurídica e a consulta jurídica assumem-se como indispensáveis à regulação da vida em sociedade, além do mais, para obstar a litígios inúteis.

12. A lei contempla em normas específicas, sobretudo de natureza profissional, algumas situações de apoio judiciário, naturalmente de estrutura, motivação e finalidade diversas daquelas que resultam da Lei do Apoio Judiciário.

No sector da administração pública a lei prevê várias situações de apoio judiciário fora do quadro da referida lei, porque o regime geral em análise não é aplicável aos funcionários e agentes do Estado e de outras entidades públicas, quando demandados, acompanhados ou não daquele, por factos praticados no exercício das suas funções ou por causa dele.[23]

O Estatuto dos Eleitos Locais estabelece, que constituem encargos a suportar pelas autarquias respectivas as despesas provenientes de processos judiciais em que os eleitos locais sejam parte, desde que tenham tido como causa o exercício das respectivas funções e não se prove dolo ou negligência por parte deles (artigo 21.º).[24]

No âmbito da Polícia Judiciária, a lei prescreve que "em casos devidamente justificados pode o director-geral da Polícia Judiciária providen-

---

[22] O Conselho Consultivo da Procuradoria-Geral da República foi de parecer que entre as atribuições das autarquias locais podem incluir-se a informação jurídica e a consulta jurídica, mas que a criação e o funcionamento dos gabinetes devem fazer-se em coordenação com o Estado (Parecer, n.º 85/92, de 20 de Abril de 1993).

[23] Parecer do Conselho Consultivo da Procuradoria-Geral da República, n.º 119/87, de 26 de Maio.

[24] O Estatuto dos Eleitos Locais foi aprovado pela Lei n.º 29/87, de 30 de Junho.

ciar pela contratação de advogado para assumir a defesa de funcionários demandados criminalmente por actos praticados em serviço".[25]

No que concerne aos serviços prisionais, prescreve a lei que os elementos do pessoal do corpo da guarda prisional que sejam arguidos em processos judiciais por actos cometidos ou ocorridos no exercício e por causa das suas funções têm direito a ser assistidos por advogado, retribuído a expensas do Estado, indicado pela Direcção-Geral dos Serviços Prisionais, ouvidos os interessados.[26]

E quanto ao pessoal da carreira de guarda-florestal da Região Autónoma da Madeira, a lei estabelece: "1. O elemento do pessoal da carreira de guarda florestal que seja arguido em processo judicial por actos cometidos ou ocorridos no exercício e por causa das suas funções tem direito a ser assistido por advogado a expensas da Direcção Regional de Florestas, bem como a transporte e ajudas de custo, quando a localização do tribunal ou das entidades policiais o justifique.

2. O advogado referido no número anterior é indicado pela Direcção Regional de Florestas, ouvido o interessado".[27]

No que concerne a algumas associações públicas, também foi consagrada essa prática, como é o caso do Estatuto da Ordem dos Médicos, que prescreve: "para defesa dos membros em todos os assuntos relativos ao desempenho das respectivas funções, quer se trate de responsabilidades que lhes sejam exigidas, quer de ofensas contra eles praticadas, pode a Ordem dos Médicos conceder-lhes patrocínio em processos penais ou civis" (artigo 98.º, n.º 2, do Estatuto da Ordem dos Médicos, aprovado pelo Decreto-Lei n.º 282/77, de 5 de Julho).

Idêntico regime vigora para o pessoal da Polícia de Segurança Pública, segundo o qual: "1. O pessoal com funções policiais tem direito a assistência e patrocínio judiciário em todos os processos-crime em que seja arguido por factos ocorridos por motivo de serviço. 2. A assistência e o patrocínio judiciário são concedidos por despacho do director nacional, mediante requerimento do interessado, devidamente fundamentado.

---

[25] É o que consta do artigo 104.º, n.º 4, da Lei Orgânica da Polícia Judiciária, aprovada pelo Decreto-Lei n.º 295-A/90, de 21 de Setembro.
[26] Trata-se da previsão do artigo 22.º do Decreto-Lei n.º 174/93, de 12 de Maio, alterado pelos Decretos-Leis n.os 100/96, de 23 de Julho, e 33/2001, de 8 de Fevereiro.
[27] Artigo 17.º do Decreto Regulamentar Regional n.º 1/99 M, de 22 de Janeiro.

3. No despacho referido no número anterior é fixada a modalidade em que a assistência e o patrocínio são concedidos, podendo consistir no pagamento dos honorários do advogado proposto pelo interessado ou na contratação de advogado pela PSP" (artigo 103.° do Decreto-Lei n.° 321/94, de 29 de Dezembro).

Também os militares têm *jus,* independentemente da respectiva situação económica, ao apoio judiciário na modalidade de assistência judiciária para defesa dos direitos e do seu bom nome e reputação afectados por causa do serviço que prestem às Forças Armadas e no âmbito deste (artigo 23.° do Decreto-Lei n.° 34-A/90, de 24 de Janeiro).

Ademais, a lei garante, a requerimento do interessado, relativamente a todas as obrigações de pagamento decorrentes de nomeação de patrono a partir de 1 de Janeiro de 2000, salvaguardando a restituição automática das quantias entretanto pagas:

– o patrocínio judiciário dos membros do Governo, quando demandados em virtude do exercício das suas funções, podendo ser assegurado pelos consultores do Centro Jurídico da Presidência do Conselho de Ministros ou por advogados contratados em regime de avença por aquele Centro, especificamente para a prática daquele patrocínio;

– o patrocínio judiciário dos directores-gerais, secretários gerais, inspectores-gerais e equiparados para todos os efeitos legais, e encarregados de missão a que se refere o artigo 37.° da Lei n.° 49/99, de 22 de Junho (artigos 2.° e 3.° do Decreto-Lei n.° 148/2000, de 19 de Julho).

O regime de assistência judiciária e de patrocínio judiciário enunciado em último lugar também é aplicável aos titulares de cargos dirigentes (artigo 33.° da Lei n.° 2/2004, de 15 de Janeiro).

2. Responsabilidade e cooperação no sistema do acesso ao direito e aos tribunais

Sobre a responsabilidade e cooperação no sistema de acesso ao direito e aos tribunais, sob a epígrafe de *promoção,* rege o artigo 2.° da Lei do Apoio Judiciário, do seguinte teor:

"1. O acesso ao direito e aos tribunais constitui uma responsabilidade do Estado, a promover, designadamente, através de dispositivos de cooperação com as instituições representativas das profissões forenses.
2. O acesso ao direito compreende a informação jurídica e a protecção jurídica".

1. Prevê o n.º 1 deste artigo o acesso ao direito e aos tribunais e estatui, por um lado, que ele é da responsabilidade do Estado e, por outro, que é promovido designadamente através de dispositivos de cooperação com as instituições representativas das profissões forenses.

As instituições representativas das profissões forenses são, naturalmente, a Ordem dos Advogados e a Câmara dos Solicitadores.

O disposto neste normativo é o lógico corolário da opção do Estado, na actuação do preceituado no artigo 20.º, n.ºs 1 e 2, da Constituição, pela não criação do serviço nacional de protecção jurídica, enveredando pelo estabelecimento, para o efeito, da garantia remuneratória aos profissionais do foro que cooperem no acesso dos cidadãos ao direito e aos tribunais.

A referida opção assentou no receio da crise das regras éticas da profissão forense, da degradação do seu nível técnico, do efeito negativo da burocracia e na ideia do desenvolvimento do princípio da independência dos advogados e solicitadores, em termos de salvaguarda da inexistência de vínculos susceptíveis de conduzir à sua funcionalização.

Entendeu-se que a solução do advogado público era incompatível com a independência da advocacia e com o tipo ideal de relação entre o advogado e o respectivo cliente, que se afirmou dever assentar num vínculo de confiança total e íntima.

A referida cooperação faz parte das normas estatutárias das profissões de advogados e solicitadores, certo que Ordem dos Advogados e a Câmara dos Solicitadores têm, além do mais, por atribuição, a promoção do acesso ao conhecimento e a aplicação do direito.

Com efeito, a primeira têm por atribuição, além do mais, assegurar o acesso ao direito nos termos da Constituição e promover o acesso ao conhecimento e a aplicação do direito e colaborar no acesso a este (artigos 3.º, alíneas b) e h) g), e 85.º, n.º 2, alínea f), do Estatuto da Ordem dos Advogados).

E a segunda, por seu turno, está vinculada a colaborar na administração da justiça (artigo 4.º, alínea a), do Estatuto da Câmara dos Solicitadores).

Como os advogados e os solicitadores, que detêm o monopólio do mandato forense, têm o dever, salvo motivo justificado, de aceitar o patrocínio oficioso, cabe-lhes colaborar com o Estado no acesso ao direito e aos tribunais, no cumprimento do dever social de assegurar aos cidadãos o direito constitucionalmente consagrado de protecção jurídica.[28]

2. Prevê o n.º 2 deste artigo as vertentes em que se desenvolve o acesso ao direito e aos tribunais, e estatui que ele compreende a informação jurídica e a protecção jurídica.

Estas duas vertentes do acesso ao direito e aos tribunais constam dos capítulos II e III desta Lei, respectivamente, a que adiante se fará detalhada referência.

3. Qualidade e eficácia do patrocínio e garantia remuneratória

Sobre a garantia remuneratória e a eficácia dos serviços de patrocínio realizados por advogados e solicitadores no âmbito do acesso ao direito e aos tribunais rege o artigo 3.º da Lei do Apoio Judiciário, do seguinte teor:

"1. O sistema de acesso ao direito e aos tribunais funcionará por forma que os serviços prestados aos seus utentes sejam qualificados e eficazes.

2. O Estado garante uma adequada remuneração bem como o reembolso das despesas realizadas aos profissionais forenses que intervierem no sistema de acesso ao direito e aos tribunais.

3. É vedado aos profissionais forenses que prestem serviço no âmbito do acesso ao direito em qualquer das suas modalidades auferir, com base neles, remuneração diversa da que tiverem direito nos termos da presente lei e da portaria referida no n.º 2 do artigo 45.º.

1. O disposto no n.º 1 deste artigo não sofreu alteração por via da Lei n.º 47/2007, de 28 de Agosto, mas o que se prescreve nos seus n.ºs 2 e 3 foi por ela alterado.

No n.º 2 substitui-se a expressão *remuneração* pela expressão *compensação* e eliminou-se a referência ao reembolso das despesas realizadas

---

[28] Ac. do Tribunal Constitucional, n.º 433/87, de 4.11.87, *BMJ*, n.º 371, pág. 145.

e à portaria conjunta dos Ministros das Finanças e da Justiça relativa à fixação daquela remuneração e reembolso.

No que concerne ao n.º 3 deste artigo, a alteração por via da mencionada Lei apenas se traduziu na substituição da expressão *no número anterior* pela expressão *no n.º 2 artigo 45.º*.

2. Prevê o n.º 1 o funcionamento do sistema de acesso ao direito e aos tribunais, e estatui que ele deve ocorrer por forma a que os serviços prestados aos seus utentes sejam qualificados e eficazes.

É claro que se trata apenas de um objectivo, cuja consecução não é viável apenas por virtude de um normativo de cariz programático, pois não depende apenas do Estado, mas de variados condicionalismos, uns ordem objectiva, outros de ordem subjectiva.

É óbvio que não basta à consecução do referido desiderato a vertente remuneratória que o Estado ora garante, certo que a qualificação e a eficácia mencionadas dependem da preparação técnico-científica de quem presta o serviço, da sua disponibilidade temporal e do empenho e zelo posto no exercício da função.

O controlo da referida eficácia e qualidade não se configura nem fácil nem eficaz, dado que o serviço é prestado por profissionais liberais em mero regime de cooperação.

Os termos da participação dos profissionais forenses no acesso ao direito e aos tribunais constam actualmente no n.º 1 do artigo 45.º desta Lei, a que adiante, no lugar próprio, se fará detalhada referência.

3. Prevê o n.º 2 a adequada compensação aos profissionais forenses que intervierem no sistema de acesso ao direito e aos tribunais, e estatui que o Estado lha garante.

Trata-se de um normativo de carácter geral relativo aos causídicos susceptíveis de intervir no sistema de acesso ao direito e aos tribunais – informação jurídica, consulta jurídica e patrocínio judiciário – em regra advogados e muito raramente solicitadores, que traduz a ruptura do regime que vigorou até finais de 1988, segundo o qual, na decisão final da acção fixavam-se os honorários do advogado e ou do solicitador do assistido e este era o responsável pelo seu pagamento, quer fosse vencido, quer fosse vencedor.[29]

---

[29] Base IX, n.º 1, da Lei n.º 7/70, de 9 de Junho.

Embora o espírito do sistema envolva que os mencionados serviços devam ser prestados por advogados experientes nas matérias em causa, na prática constata-se que parte significativa deles tem sido operada por advogados estagiários, situação que a nova lei não exclui.

Isso não significa, porém, que todos os referidos causídicos possam, em concreto, independentemente da natureza do objecto da acção em causa, cooperar no exercício do patrocínio judiciário.

Em regra, só podem praticar actos próprios da advocacia os licenciados em direito com inscrição em vigor na Ordem dos Advogados, seja como advogados, seja como advogados estagiários (artigos 61.º, n.º 1 e 189.º do Estatuto da Ordem dos Advogados)

Paralelamente, apenas os solicitadores com inscrição em vigor na Câmara podem praticar actos próprios da profissão, designadamente o exercício do mandato judicial, nos termos da lei de processo, em regime de profissão liberal remunerada (artigo 99.º, n.º 1, do Estatuto da Câmara dos Solicitadores).

A gratuitidade da assistência jurídica aos cidadãos que para o efeito não dispõem de meios económicos já não é, considerando os padrões de desenvolvimento sócio-económico vigentes na nossa comunidade, um princípio deontológico ou de ética fundamental relativo às profissões forenses.

Diz-se que num sistema de advocacia liberal, como é o caso português, não é razoavelmente exigível aos profissionais do foro, apesar do esforço nesse sentido desenvolvido pela sua maioria, a eficácia da defesa judicial dos direitos dos cidadãos a título praticamente gratuito.

Consciente disso, veio o Estado, em 1987, pela primeira vez, garantir aos causídicos que interviessem no acesso ao direito e aos tribunais, a adequada remuneração, postulada, além do mais, pelo princípio da igualdade dos cidadãos perante a lei.

Todavia, como são os advogados e os solicitadores que têm o monopólio do patrocínio judiciário e beneficiam na sua formação permanente com a sua própria actividade de patrocínio no quadro da protecção jurídica e da informação jurídica, não podem reivindicar do Estado, ou seja, de todos os cidadãos, remunerações, como se estivessem no domínio do ajuste de serviços de patrocínio com os clientes que os procuram nos respectivos escritórios para o efeito.

Na prática, apesar de o Estado ter acedido às sucessivas exigências dos órgãos representativos das profissões forenses no que concerne à remuneração dos causídicos que prestem serviços de consulta jurídica e de patrocínio judiciário, essa prestação, não raro, continua a ser realizada por quem não está juridicamente preparado para o efeito.

Daí que, a exemplo do que ocorre já em outros países, deveria ser implementada a ideia de se formarem associações de advogados, com os mais bem preparados deles, com vista a prestarem aos seus concidadãos mais carenciados, com empenho solidário e qualidade, a informação jurídica, a consulta jurídica e o patrocínio judiciário.[30]

4. Prevê o n.º 3 o âmbito remuneratório dos profissionais forenses que prestem serviços em qualquer das modalidades do acesso ao direito e aos tribunais, e estatui a proibição de auferirem, com base neles, remuneração diversa da prevista nesta Lei e no respectivo regulamento, ou seja, a portaria prevista no n.º 2 do artigo 45.º

O âmbito subjectivo de aplicação deste normativo abrange, pois, todos os causídicos que podem intervir no sistema de acesso ao direito e aos tribunais – advogados e solicitadores.

As modalidades do acesso ao direito e aos tribunais a que este normativo se reporta são, tendo em conta o disposto no n.º 2 do artigo 2.º, a informação jurídica e a protecção jurídica, esta nas modalidades de consulta jurídica e de apoio judiciário, e este na vertente de patrocínio judiciário.

A lei a que se reporta é, naturalmente, o diploma em análise e o respectivo regulamento, designadamente a portaria ministerial a que alude, ou seja, conforme resulta do n.º 2 do artigo 45.º desta Lei que por ela deverá ser regulamentada a admissão dos profissionais forenses ao sistema de acesso ao direito, a nomeação de patrono e de defensor e o pagamento da respectiva compensação.

Visa essencialmente este artigo, com o escopo de moralização, proteger os utentes da informação jurídica e da protecção jurídica nas modalidades de consulta jurídica e de patrocínio judiciário da ilegal exigência remuneratória por parte dos causídicos que lhas prestem.

---

[30] É o caso, por exemplo, da advocacia voluntária no Brasil, conhecida por *advocacia pro bono*, que atende gratuitamente em várias organizações não governamentais (JOSÉ EDUARDO FARIA, "Acesso ao Direito e à Justiça", Comunicação ao Congresso da Justiça, Lisboa, 19 de Dezembro de 2003).

Os causídicos que violarem o disposto nesta disposição são, naturalmente, passíveis de responsabilidade disciplinar no âmbito da Ordem dos Advogados ou da Câmara dos Solicitadores, conforme os casos.[31]

5. Conforme resulta das alíneas b) e e) do n.º 1 do artigo 16.º desta Lei, continua a consagrar-se a proibição de concessão do patrocínio judiciário por via do mero pagamento dos serviços do advogado constituído pelo requerente.[32]

O novo sistema remuneratório do serviço de patrocínio judiciário também deixou de colocar as dúvidas que se punham no domínio da lei anterior sobre a cumulação dos honorários devidos aos patronos pelo serviço prestado na acção que correu termos na 1ª instância e os devidos pela sua intervenção no recurso da decisão nela proferida e quanto ao cálculo de honorários nos casos em que o mesmo causídico intervinha na mesma causa, num primeiro momento como advogado estagiário e num segundo momento já como advogado.[33]

---

[31] O Conselho-Geral da Ordem dos Advogados, em parecer, concluiu pela proibição de os advogados oficiosamente nomeados exigirem ou cobrarem honorários aos patrocinados (Parecer de 12 de Dezembro de 1967).

[32] Ac. da Relação do Porto, de 21.2.2003, CJ, Ano XXVII, Tomo 1, pág. 193.

[33] Ac. da Relação de Évora, de 27.9.2001, CJ, Ano XXVI, Tomo 4, pág. 261.

II – INFORMAÇÃO JURÍDICA

1. Incumbência da divulgação jurídica

Sobre a incumbência da divulgação jurídica rege, sob a epígrafe *dever de informação*, o artigo 4.º da Lei do Apoio Judiciário, nos termos seguintes:

"**1. Incumbe ao Estado realizar, de modo permanente e planeado, acções tendentes a tornar conhecido o direito e o ordenamento legal, através de publicação e de outras formas de comunicação, com vista a proporcionar um melhor exercício dos direitos e o cumprimento dos deveres legalmente estabelecidos.
2. A informação jurídica é prestada pelo Ministério da Justiça, em colaboração com todas as entidades interessadas, podendo ser celebrados protocolos para esse efeito.**

1. O disposto neste artigo, conexo com o n.º 2 do artigo 20.º da Constituição, só diverge do que se prescrevia antes da Lei n.º 47/2007, de 28 de Agosto, na medida em que o corpo do artigo passou a integrar o n.º 1 e foi introduzido o texto do n.º 2.

Revogado que foi o artigo 5.º deste diploma, deixou de se prever que no âmbito das acções tendentes à informação jurídica seriam criados serviços de acolhimento nos tribunais e serviços judiciários bem como a competência da Ordem dos Advogados, com a colaboração do Ministério da Justiça, para prestar a informação jurídica no âmbito da protecção jurídica nas modalidades de consulta jurídica e de apoio judiciário.

A propósito da informação jurídica, importa considerar que o Conselho da Europa recomendou aos seus Estados-Membros, por um lado, a tomada de medidas apropriadas para informar o público sobre a localização e a competência dos tribunais, bem como sobre a forma de neles accionar e apresentar a defesa.

E, por outro, que as informações deviam poder ser obtidas junto dos tribunais ou de outros organismos competentes, designadamente, sobre formalidades de procedimento que não comportem conselhos jurídicos sobre o mérito da causa, a forma como pode ser interposto um recurso e prazo respectivo, as regras de procedimento a observar e documentos necessários para o efeito, os meios pelos quais as decisões podem ser executadas e, se possível, o custo respectivo.[34]

Ademais recomendou-lhes, com vista à informação jurídica, que o ensino dos direitos e liberdades fundamentais fosse integrado no sistema educativo inicial e permanente a todos os níveis.[35]

2. Prevê o n.º 1 deste artigo as acções tendentes a tornar conhecido o direito e o ordenamento legal, e estatui que incumbem ao Estado realizá-las de modo permanente através de publicação e de outras formas de comunicação, com vista a proporcionar um melhor exercício dos direitos e o cumprimento dos deveres legalmente estabelecidos.

O seu objectivo é, pois, o conhecimento da lei e do direito, por parte dos cidadãos em geral, o meio a comunicação e o Estado-Comunidade a entidade a quem tal tarefa incumbe.

A realização ou a defesa dos direitos dos cidadãos depende, com efeito, do conhecimento da respectiva existência e/ou violação, bem como dos instrumentos legais de que podem usar com vista ao respectivo acautelamento, e a informação jurídica, patamar da entrada na chamada via judiciária, visa, por isso, o referido objectivo.

O fim da informação jurídica a que este normativo se reporta é, pois, o de proporcionar um melhor exercício dos direitos e o cumprimento dos deveres legalmente estabelecidos, e os meios, legalmente enunciados a título exemplificativo, são as publicações e outras formas de comunicação. A mera publicação de textos jurídicos ou a comunicação veiculada pelos chamados *mass media*, porém, conforme resulta da experiência, não assumirá significativa eficácia.

O conteúdo da informação jurídica é susceptível de abranger, por um lado, as disposições e os procedimentos relativos à própria consulta jurí-

---

[34] Recomendação n.º R(81)7, adoptada pelo Comité de Ministros, de 14 de Maio de 1981.

[35] Resolução n.º (78) 41, de 25 de Outubro, citada por MÁRIO RAPOSO, *Discurso*, BMJ, n.º 297, pág. 15.

dica e ao apoio judiciário, e, por outro, as disposições legais tendentes à protecção dos direitos e interesses dos cidadãos.

A sua problemática compreende vários aspectos específicos, designadamente os que se prendem com o seu conteúdo, método, meios de implementação e objectivos.

O fim da informação jurídica consubstancia-se, em suma, na elevação da forma cívica e na promoção do exercício dos direitos e do cumprimento dos deveres previstos na Constituição e na lei.

Qualquer acção a empreender entre nós neste domínio deve ter em conta que ainda é significativo o chamado *analfabetismo literal* – ausência de conhecimento da comunicação escrita – e relativamente extenso o *analfabetismo funcional* – dificuldade de retirar utilidade prática da escrita e da leitura através da interpretação dos textos.

Impõe-se, com efeito, que o público em geral conheça o essencial do seu sistema de justiça e que o direito se torne acessível a todos os que a ele estão sujeitos, sem que isso signifique que ao Estado incumba o ónus jurídico de informar.

3. Prevê o n.º 2 deste artigo a prestação da informação jurídica, e estatui, por um lado, que a mesma deverá ser levada a cabo pelo Ministério da Justiça, em colaboração com todas as entidades interessadas, e, por outro, poderem ser celebrados protocolos para esse efeito.

Teve-se em linha de conta a prática positivamente relevante existente em Portugal, que tem tido êxito e proveito para os cidadãos mais carenciados, de diversas instituições públicas e privadas lhes prestarem informação jurídica.

Tem sido, com efeito, significativa a informação jurídica prestada pelo Instituto de Desenvolvimento e Inspecção das Condições de Trabalho, por algumas autarquias locais e juntas de freguesia, por associações patronais, sindicais e cívicas, como é o caso das de defesa de consumidores e de apoio a vítimas.

O Estado deve, naturalmente, continuar a incrementar as actividades de informação jurídica de entidades públicas e apoiar as associações particulares que a prestem às pessoas de proximidade que dela careçam e que tantas são.

No fundo, o disposto neste normativo traduz o reconhecimento de que a informação jurídica constitui tarefa que, dada a quantidade e complexidade normativa, nenhum governo, como órgão administrativo central do Estado, ainda que em cooperação com os organismos representativos das profissões forenses, conseguirá realizar, salvo quanto a situações normativas especiais mais significativas.

Ela é susceptível de ser prestada a um interessado ou a um reduzido grupo de interessados que solicitem à Administração Pública o esclarecimento sobre determinado caso concreto, ou a um número indeterminado de pessoas, por iniciativa daquela entidade, através de campanhas de divulgação.

São várias as entidades interessadas na informação jurídica a que este normativo abstractamente se reporta. É o caso, por exemplo, das universidades, do Centro de Estudos Judiciários, da Ordem dos Advogados, da Câmara de Solicitadores e de editores de publicações jurídicas.

Os meios instrumentais da informação ou divulgação jurídica são, naturalmente, a palavra oral ou escrita e a imagem, mas é utópico pensar em informação em termos de globalidade da ordem jurídica, e os respectivos métodos são variáveis, podendo a informação jurídica ser integrada no sistema educativo permanente e geral, ou implementada por acções pontuais dirigidas à comunidade dos cidadãos ou por via da associação de ambos os métodos.

4. Alguns serviços da Administração Pública exercem a actividade de informação jurídica útil dirigida a determinado universo de pessoas que dela carece.

É o caso da Direcção-Geral dos Impostos onde, a nível central, tem funcionado um serviço com a incumbência de divulgar o conteúdo das leis tributárias, difundindo as informações que transmitem aos contribuintes o conhecimento das suas obrigações fiscais e o modo mais cómodo de lhes dar cumprimento, e de coordenar a divulgação da informação pelos serviços de apoio ao contribuinte, assegurando a uniformidade de procedimentos, promovendo a realização de campanhas informativas e de estudos de opinião e a boa imagem da administração tributária junto dos contribuintes, sensibilizando-os para o sentido social e económico das medidas de política fiscal.

Ademais, aos postos daquele organismo que funcionam nas lojas do cidadão, compete, além do mais, prestar informações de natureza fiscal, verbais ou telefónicas, sem carácter vinculativo, sobre a correcta situação tributária de pessoas singulares, habilitando-as, de forma cómoda e segura, a cumprir as suas obrigações fiscais, bem como a conhecer os direitos e garantias que lhes assistem (artigo 4.º, n.º 1, alínea a), do Decreto-Lei n.º 187/99, de 2 de Junho).

Na mesma linha, à Direcção de Serviços de Migrações e Apoio Social, serviço central da Direcção-Geral dos Assuntos Consulares e Comunidades Portugueses, compete, além do mais, prestar o apoio social e jurídico que se revele necessário aos cidadãos portugueses residentes no estrangeiro (artigo 9.º, n.º 1, alínea j), do Decreto-Lei n.º 53/94, de 24 de Fevereiro).

III – PROTECÇÃO JURÍDICA

1. Modalidades e âmbito da protecção jurídica

Sobre as modalidades e âmbito da protecção jurídica, sob a epígrafe *âmbito de protecção*, rege o artigo 6.º da Lei do Apoio Judiciário, do seguinte teor:[36]

**"1. A protecção jurídica reveste as modalidades de consulta jurídica e de apoio judiciário.
2. A protecção jurídica é concedida para questões ou causas judiciais concretas ou susceptíveis de concretização em que o utente tenha um interesse próprio e que versem sobre direitos directamente lesados ou ameaçados de lesão.
3. Lei própria regulará os esquemas destinados à tutela dos interesses colectivos ou difusos e dos direitos só indirecta ou reflexamente lesados ou ameaçados de lesão.
4. No caso de litígio transfronteiriço, em que os tribunais competentes pertençam a outro Estado da União Europeia, a protecção jurídica abrange ainda o apoio pré-contencioso e os encargos específicos decorrentes do carácter transfronteiriço do litígio, em termos a definir por lei".**

1. O disposto nos n.ºˢ 1 a 3 deste artigo corresponde ao que prescreviam os artigos 6.º, 8.º e 9.º da Lei 30-E/2000, de 20 de Dezembro.

---

[36] O artigo 5.º deste diploma foi revogado pelo artigo 5.º, alínea a), da Lei n.º 47/2007, de 28 de Agosto.

O seu n.º 4 assume em relação aquela Lei carácter inovador, motivado pelo desiderato de transposição da Directiva n.º 2003/8/CE do Conselho, de 27 de Janeiro de 2003, relativa à melhoria do acesso à justiça nos litígios transfronteiriços através do estabelecimento de regras mínimas relativas ao apoio judiciário no âmbito desses litígios.

Por seu turno, a nova Lei n.º 47/2007, de 28 de Agosto, manteve, sem alteração, a redacção anterior deste artigo.

2. Prevê o n.º 1 as modalidades de protecção jurídica, e estatui que ela se desenvolve na dupla vertente da consulta jurídica e do apoio judiciário.

Conforme acima se referiu, o sistema de acesso ao direito e aos tribunais, tal como é delineado no diploma em apreço, comporta a dupla vertente da informação jurídica e da protecção jurídica.

A vertente da protecção jurídica, que é a mais relevante, compreende as modalidades de consulta jurídica e de apoio judiciário.

O apoio judiciário abrange, por seu turno, o patrocínio judiciário – nomeação e pagamento da compensação de patrono, pagamento e compensação de defensor oficioso, nomeação e pagamento faseado da compensação de patrono, pagamento faseado da compensação de defensor oficioso e atribuição de agente de execução –, e a assistência judiciária – dispensa de taxa de justiça e demais encargos com o processo e pagamento faseado da taxa de justiça e demais encargos com o processo.

3. Prevê o n.º 2 o âmbito objectivo e finalístico da protecção jurídica, e estatui que ela visa questões concretas ou susceptíveis de concretização, pressupondo o interesse próprio do requerente e que as questões ou causas judiciais versem sobre direitos directamente lesados ou ameaçados de lesão.

Reporta-se, pois, aos limites objectivos da concessão do benefício da protecção jurídica, e conforma-se com o facto de o instituto do acesso ao direito e aos tribunais afectar, pelo seu custo, toda a comunidade de contribuintes, não podendo, por isso, deixar de estar envolvida pela necessidade estrita de recurso a juízo aquando da violação ou da ameaça de violação do direito substantivo, incluindo a área dos interesses legalmente protegidos.

Não se afasta do entendimento de instâncias internacionais de defesa dos direitos fundamentais, segundo o qual, para a apreciação do pedido de assistência judiciária poderem as autoridades examinar se, atentas as circunstâncias excepcionais do caso, é razoável desencadear ou defender-se num processo.[37]

A protecção jurídica abrange, como já se referiu, a consulta jurídica e o apoio judiciário, este na dupla vertente da assistência judiciária e do patrocínio judiciário, sendo que a lei não a prevê para a prevenção da litigiosidade nem para a litigância temerária.

Não há, pois, acesso à protecção jurídica para satisfazer a mera curiosidade de interpretação normativa ou para propor acções manifestamente inviáveis ou para deduzir contestações ou oposições de improcedência indubitável, embora, quanto a este último ponto, o sistema careça de um normativo específico que o declare.

A sua concessão depende da titularidade pelo requerente de um direito que, face à respectiva lesão ou ameaça dela, importe fazer valer ou defender em juízo, sendo o interesse próprio o que é susceptível de se repercutir na respectiva esfera jurídica.

A titularidade do interesse apenas reflexamente protegido a que se reporta o artigo 483.º, n.º 1, do Código Civil, garante, verificados os respectivos pressupostos, o acesso à protecção jurídica, sendo a referência legal à ameaça de lesão esclarecedora no sentido da concessão da protecção jurídica no caso das providências cautelares.

4. Prevê o n.º 3, a título complementar do disposto no número anterior, os esquemas de tutela dos interesses colectivos ou difusos e dos direitos apenas indirecta ou reflexamente lesados ou ameaçados de lesão, e estatui que lei própria os regulará.

Enquanto no número anterior se estabelece que a protecção jurídica é concedida nas causas concretas ou concretizáveis em que o requerente tenha um interesse próprio e versem sobre direitos directamente lesados ou ameaçados de lesão, neste remete-se para acto legislativo futuro o regime de protecção jurídica relativo à tutela dos interesses colectivos ou difusos e dos direitos apenas indirecta ou reflexamente lesados ou ameaçados de lesão.

Reporta-se, assim, a esquemas de tutela, no quadro do acesso ao direito e aos tribunais, com vista à defesa dos interesses difusos, ou seja,

---

[37] Deliberação do Comité de Ministros do Conselho da Europa de 2 de Março de 1978.

daqueles que se não reportam a pessoas individualmente consideradas nem a grupos definidos, na medida em que estes são encabeçados por entidades representativas de interesses supra-individuais.

Dir-se-á que se trata de interesses concernentes às pessoas, mas não individualmente determinadas, e, por isso, por elas não apropriados ou subjectivados, como é o caso dos interesses relativos à protecção da saúde, do ambiente, do património cultural e dos consumidores em geral.[38]

Noutra perspectiva, em termos objectivos, os interesses difusos são os relativos a grupos de extensão indeterminada, que se estruturam em termos de supra-individualidade, pertencentes a todos, mas onde há também o interesse de cada um, pelo facto de pertencer à pluralidade de sujeitos a que se referem as normas que os tutelam.[39]

É neste sentido que a lei se refere a direitos só indirecta ou reflexamente ameaçados de lesão. Na verdade, a poluição atmosférica e sonora, o envenenamento das águas dos rios, a construção clandestina, o abate indiscriminado da floresta, o perigo de desertificação e a composição artificial de produtos alimentares constituem problemas candentes nas sociedades industrializadas do nosso tempo.

É nesta área de interesses colectivos ou difusos, em que a acção ou a omissão causal nem sempre afecta directamente os cidadãos, que o artigo em análise anuncia a regulamentação relativa à concessão de protecção jurídica.

Este normativo já constava da primitiva versão do regime do acesso ao direito e aos tribunais que entrou em vigor em 1987. Mas depois do início da sua vigência, aprofundaram-se constitucionalmente os direitos em causa, estabeleceram-se normas sobre a legitimidade para intentar e intervir em acções para a tutela de interesses difusos e sobre o direito de participação procedimental e de acção popular civil e administrativa (artigos 52.º, n.º 3, alínea a), da Constituição, 26.º-A do Código de Processo Civil e Lei 83/95, de 31 de Agosto).

Todavia, quanto aos esquemas de tutela em sede de protecção jurídica ou de informação jurídica relativamente aos interesses difusos nada foi concretamente legislado.

A eficácia do conteúdo desta disposição depende, pois, de acto legislativo, que ainda não foi implementado, mas isso não impede que os cida-

---

[38] Luís LINGLAU SILVEIRA, "A Acção Popular", Separata do BMJ, n.º 446, pág. 19.
[39] Ac. do STJ, de 6.1.88, *BMJ,* n.º 373, pág. 499.

dãos individualmente afectados de lesão na sua esfera jurídica ou dela ameaçados no quadro dos interesses difusos usem das medidas gerais de protecção jurídica previstas nos artigos 7.º, n.ºs 1, 2 e 4, 14.º, e 16.º, n.º 1, alíneas a) a f), desta Lei.

5. Prevê o n.º 4 a protecção jurídica em litígios transfronteiriços da competência de tribunais dos vários Estados-Membros da União Europeia, e estatui que ela também abrange o apoio pré-contencioso e os encargos específicos decorrentes do seu carácter específico em termos a definir por lei.

Este normativo está conexionado, conforme acima já se referiu, com a Directiva 2003/8/CE do Conselho, de 27 de Janeiro de 2003, relativa à melhoria do acesso à justiça nos litígios transfronteiriços através do estabelecimento de regras comuns mínimas relativas ao apoio judiciário.

Aquela Directiva está, por seu turno, conexionada com o disposto no artigo 65.º, alínea c), do Tratado, que se reporta a medidas destinadas a eliminar os obstáculos à boa tramitação das acções cíveis e à promoção, se necessária, da compatibilidade das normas de processo civil aplicáveis nos Estados-Membros.

No fundo, o que resulta deste normativo é que o benefício do apoio judiciário abrange a cobertura dos encargos específicos do carácter transfronteiriço dos litígios envolventes, mas os respectivos termos foram remetidos para a lei a publicar, para completar a transposição para a nossa ordem jurídica daquela Directiva, o que ocorreu por via do Decreto-Lei n.º 71/2005, de 17 de Março, a que adiante se fará detalhada referência.

Para os efeitos previstos neste normativo, deve entender-se por litígio transfronteiriço aquele em que a parte requerente de apoio judiciário tem domicílio ou residência habitual num Estado-Membro diferente do do foro ou daquele em que a decisão deve ser executada (artigo 6.º, n.º 1, da Directiva).

Para se determinar se uma parte tem domicílio no território do Estado--Membro a cujos tribunais é submetida a questão, deve o juiz aplicar o disposto na sua lei interna (artigos 2.º, n.º 2, da Directiva e 59.º, n.º 1, do Regulamento (CE) n.º 44/2001, do Conselho, de 22 de Dezembro de 2000).

Quando a parte não tiver domicílio no Estado-Membro a cujos tribunais a questão foi submetida, o juiz, para determinar se a parte tem domicílio noutro Estado-Membro, aplica a lei desse Estado-Membro (artigos 2.º, n.º 2, da Directiva e 59.º, n.º 2, do Regulamento (CE) n.º 44/2001, do Conselho, de 22 de Dezembro de 2000).

O apoio pré-contencioso é o que tem em vista um acordo prévio a uma eventual acção judicial (artigo 3.º, n.º 2, alínea a), da Directiva).

Os encargos directamente relacionados com o carácter transfronteiriço do litígio são, por seu turno, os que se reportam, por um lado, à interpretação e à tradução dos documentos exigidos pelo tribunal ou pela autoridade competente e apresentados pelo beneficiário, que sejam necessários à resolução do litígio.

E, por outro, a despesas de deslocação a suportar pelo requerente, na medida em que a lei ou o tribunal desse Estado-Membro exija a presença física na audiência das pessoas a ouvir e o tribunal decida que estas não podem ser ouvidas satisfatoriamente por quaisquer outros meios (artigo 7.º da Directiva).

O Estado-Membro em que o requerente do apoio judiciário tem domicílio ou residência habitual deve prestar-lhe o apoio judiciário que abranja, além do mais, as despesas suportadas nesse Estado-Membro com a assistência de um advogado local ou outra pessoa habilitada por lei a prestar aconselhamento jurídico até à apresentação do pedido de apoio judiciário no Estado-Membro do foro e a tradução do pedido e dos documentos comprovativos da apresentação do pedido às autoridades desse Estado-Membro (artigo 8.º da Directiva).

Se for prestado apoio pré-contencioso, pode ser recusado ou retirado qualquer apoio judiciário suplementar por motivos relacionados com o mérito da causa, desde que o acesso à justiça esteja garantido (artigo 6.º, n.º 2, da Directiva).

2. Beneficiários e limites da protecção jurídica

Sobre os beneficiários da protecção jurídica e seus limites, sob a epígrafe *âmbito pessoal*, rege o artigo 7.º da Lei do Apoio Judiciário, do seguinte teor:

"1. Têm direito a protecção jurídica, nos termos da presente lei, os cidadãos nacionais e da União Europeia, bem como os estrangeiros e os apátridas com título de residência válido num Estado-Membro da União Europeia, que demonstrem estar em situação de insuficiência económica.

2. Aos estrangeiros sem título de residência válido num Estado-

-Membro da União Europeia é reconhecido o direito a protecção jurídica, na medida em que ele seja atribuído aos portugueses pelas leis dos respectivos Estados.

3. As pessoas colectivas com fins lucrativos e os estabelecimentos individuais de responsabilidade limitada não têm direito a protecção jurídica.

4. As pessoas colectivas sem fins lucrativos têm apenas direito à protecção jurídica na modalidade de apoio judiciário, devendo para tal fazer a prova a que alude o n.° 1.

5. A protecção jurídica não pode ser concedida às pessoas que alienaram ou oneraram todos ou parte dos seus bens para se colocarem em condições de a obter, nem, tratando-se de apoio judiciário, aos cessionários do direito ou objecto controvertido, quando a cessão tenha sido realizada com o propósito de obter aquele benefício.

1. No passado mais longínquo, a assistência judiciária só era concedida aos pobres, considerando a lei como tais os indivíduos que não possuíssem bens ou rendimentos suficientes para ocorrer às normais despesas do pleito, mas em termos de acto de magnanimidade do Estado.[40]

Mais tarde, a lei abandonou a concepção de que a assistência judiciária consistia em acto de magnanimidade do Estado prestado aos cidadãos economicamente débeis, passando a assentar na ideia de garantir o princípio da igualdade das partes no processo decorrente do princípio mais geral da igualdade de todos perante a lei.[41]

A alteração deste artigo por via da Lei n.° 47/2007, de 28 de Agosto, consistiu na inserção do novo n.° 3 e na passagem do n.° 3 a n.° 4, mas com o acrescentamento da expressão *sem fins lucrativos* referida às pessoas colectivas.

Assim, resultou desta adequada alteração a exclusão da concessão do apoio judiciário às pessoas colectivas em geral, incluindo as sociedades, desde que tenham fins lucrativos, bem como aos estabelecimentos individuais de responsabilidade limitada.

---

[40] Era isso que ocorria no domínio do Estatuto Judiciário, aprovado pelo Decreto-Lei n.° 22 779, de 29 de Junho de 1943, e no do Decreto-Lei n.° 33 548, de 3 de Fevereiro de 1944.

[41] Foi o caso da Lei n.° 7/70, de 6 de Junho, e Decreto n.° 562/70, de 15 de Novembro.

2. Prevê o n.º 1 os cidadãos com direito a protecção jurídica, e estatui que a têm, nos termos da presente lei, os cidadãos nacionais e da União Europeia, bem como os estrangeiros e os apátridas com título de residência válido num Estado da União Europeia, que demonstrem estar em situação de insuficiência económica.

Este normativo é inspirado no artigo 4.º da Directiva n.º 2003/8/CE do Conselho, de 27 de Janeiro de 2003, segundo o qual, os Estados- -Membros devem conceder apoio judiciário, sem discriminação, aos cidadãos da União e aos nacionais de países terceiros em situação regular de residência num dos Estados-Membros.[42]

Os princípios que devem prevalecer nesta área, sobretudo no âmbito do processo civil em geral, são, por um lado, o de que o instituto da protecção jurídica visa colocar ambas as partes na situação de igualdade face ao suporte das despesas globais do litígio e, por outro, os da proporcionalidade e da razoabilidade.

Cidadãos portugueses são as pessoas que como tal sejam consideradas pela lei interna ou por convenção internacional, e estrangeiros as pessoas que não provem ter a nacionalidade portuguesa (artigos 4.º da Constituição e 1.º da Lei n.º 23/2007, de 4 de Julho).

O conceito de apátrida, de origem grega, designa, por seu turno, a pessoa sem pátria, isto é, sem nacionalidade, ou seja, sem ligação a qualquer Estado por um vínculo de nacionalidade.

Considera-se, por seu turno, residente legal o cidadão com título de residência em Portugal, de validade igual ou superior a um ano (artigo 3.º, alínea p), da Lei n.º 23/2007, de 4 de Julho).

A residência é o sítio preparado para servir de base a uma pessoa singular, e paradeiro o sítio em que ela se encontra em certo momento.[43]

Em Portugal, o local de residência habitual é o do domicílio geral (artigo 82.º, n.º 1, do Código Civil).

A autorização de residência compreende a temporária e a permanente, a primeira válida por um ano a partir da data da emissão do respectivo título, renovável por períodos sucessivos de dois anos, sem prejuízo de o título dever ser renovado sempre que se verifique a alteração dos ele-

---

[42] Jornal Oficial n.º L 026, de 31 de Janeiro de 2003, pág. 41.
[43] JOÃO DE CASTRO MENDES, "Teoria Geral (Lições), vol. 1.º, Lisboa, 1967, pág. 228.

mentos de identificação nele registados, e a segunda sem limite de validade, sem prejuízo de o título ser renovado de cinco em cinco anos ou sempre que se verifique a alteração dos elementos de identificação nele registados (artigos 74.º, n.º 1, 75.º e 76.º da Lei n.º 23/2007, de 4 de Julho).[44]

A protecção jurídica a que se reporta este normativo abrange a dupla vertente da consulta jurídica e do apoio judiciário, este na modalidade de patrocínio e de assistência judiciária.

Nesta regra geral sobre o âmbito subjectivo da protecção jurídica não se incluem nem as pessoas colectivas nem as sociedades, isto é, ela só abrange as pessoas singulares, incluindo os comerciantes em nome individual nas causas que se não reportem ao exercício do seu comércio.

É condição necessária à concessão do referido benefício que as pessoas singulares em causa demonstrem os factos reveladores da sua insuficiência económica, conceito que no artigo 8.º. deste diploma se pretende densificar.

Assim, não deve ser concedida a protecção jurídica a quem não demonstre, por via de prova directa, a sua situação de insuficiência económica para custear as normais despesas do processo, da acção, do incidente ou do recurso.

A referida condição de demonstração por parte dos cidadãos da sua insuficiência económica implica que eles tenham, em regra, como é natural, o ónus de alegação e de prova dos factos concernentes, designadamente os relativos à composição e rendimentos do agregado familiar, à origem desses rendimentos, aos bens de que sejam proprietários e às despesas gerais daquele agregado.

Os meios disponíveis pelo Estado para cumprir o desiderato constitucional de garantia do acesso ao direito e aos tribunais são, naturalmente, escassos, e não há um sistema nacional de acesso ao direito, como o é o

---

[44] O Tribunal Constitucional decidiu, no dia 24 de Março de 2004, no Acórdão n.º 17/2004, no domínio da vigência do n.º 2 do artigo 7.º da Lei n.º 30-E/2000, de 20 de Dezembro, julgar inconstitucional, por violação do artigo 20.º, n.º 1, da Constituição, a norma que se extraía daquele preceito quando interpretado em termos de conduzir à recusa da concessão do apoio judiciário para a propositura de acção laboral a trabalhador estrangeiro economicamente carenciado que, residindo efectivamente em Portugal, disponha de autorização de residência válida e aqui trabalhe (*Diário da República*, II Série, n.º 112, de 13 de Maio de 2004, págs. 7371 e 7372).

sistema nacional de saúde, pelo que o normativo em análise deve ser interpretado no sentido de se reportar a situações de carência económica.

Nesta perspectiva, a mera onerosidade ou dificuldade no pagamento da taxa de justiça e dos encargos com o processo e ou dos honorários de um advogado não justificam o deferimento do pedido de protecção jurídica, porque o nosso sistema de acesso ao direito e aos tribunais não comporta a solução regra de as pessoas nessa situação que recorram aos tribunais não suportem o custo respectivo.

Dir-se-á, em suma, que apenas os cidadãos que, dada a sua falta de meios económico-financeiros, não fora a dispensa de pagamento de taxa de justiça e dos demais encargos com o processo e ou a nomeação de patrono e pagamento da respectiva compensação, não podiam fazer valer em tribunal os seus direitos subjectivos ou interesses legalmente protegidos.

O correcto e desejável juízo de concessão ou não do benefício de protecção jurídica não pode prescindir da verificação da natureza da causa para a qual é requerido – cível em geral, criminal, administrativa, tributária, constitucional –, nem da previsibilidade da simplicidade ou complexidade dos respectivos termos, bem como da sua provável duração.

No que concerne às causas de natureza cível, o seu valor processual, dado o seu relevo para efeitos de custas, assume significativa importância para ajuizar da verificação ou não dos pressupostos de concessão de apoio judiciário na modalidade de assistência judiciária.[45]

A natureza e o fim da prestação de protecção jurídica deveria implicar que na decisão respectiva se tivesse sempre em linha de conta a situação económico-financeira do requerente ao tempo da formulação do concernente pedido, sem olvidar que a impossibilidade e insuficiência económica são conceitos de conteúdo não absolutamente coincidente, e que basta para a sua concessão a verificação da última das mencionadas situações.

Nesse juízo deveriam relevar o rendimento próprio e do respectivo agregado familiar, o património e respectiva estrutura, o respectivo estrato social, o padrão das necessidades básicas, os sinais exteriores de riqueza e o nível económico médio da população da região de referência e do país em geral.

---

[45] Acs. da Relação de Lisboa, de 29.6.77, *CJ*, Ano II, Tomo 3, pág. 676, e da Relação do Porto, de 15.12.98, BMJ, n.º 482, pág. 296.

Todavia, no que concerne aos órgãos de segurança social, a decisão de concessão ou não de protecção jurídica ao requerente está, em regra, limitada por rígidos critérios legais envoltos de fórmulas matemáticas, a que adiante se fará detalhada referência.

A referência à concessão da protecção jurídica nos termos desta lei implica que não possa ser concedido o apoio judiciário na modalidade de patrocínio judiciário para pagamento de compensação a causídicos constituídos pelo requerente.

O direito a protecção jurídica a que este normativo se refere, concernente aos cidadãos portugueses e da União Europeia, aos estrangeiros e apátridas com título de residência válido num Estado da União Europeia, apenas se reporta às pessoas singulares.

Os cidadãos estrangeiros não nacionais de um Estado da União Europeia e os apátridas que residam no território de um dos Estados da União Europeia, ainda que a título não permanente, têm direito a protecção jurídica, desde que disponham de título de residência válido.

Decorrentemente, os cidadãos de países terceiros em relação à União Europeia que não residam em algum dos seus Estados-Membros não têm em Portugal direito a protecção jurídica.

Deixaram de vigorar as regras no sentido de que a concessão do direito à protecção jurídica a estrangeiros e apátridas dependia da sua permanência regular e continuada em Portugal não inferior a um ano. Mas nesta matéria importa considerar as disposições constantes de convenções e ou tratados internacionais outorgados pela República Portuguesa que ainda a vinculem.

Aos cidadãos dos países de língua portuguesa podem ser atribuídos, mediante convenção internacional e em condições de reciprocidade, alguns direitos não concedidos a estrangeiros (artigo 15.°, n.° 2, da Constituição).

Os portugueses no Brasil e os brasileiros em Portugal, beneficiários do estatuto de igualdade, gozam dos mesmos direitos e ficam sujeitos aos mesmos deveres dos nacionais desses Estados (artigo 12.° do Tratado de Amizade, Cooperação e Consulta entre a República Portuguesa e a República Federativa do Brasil).[46]

---

[46] Assinado em Porto Seguro, no dia 22 de Abril de 2000, aprovado para ratificação pela Resolução da Assembleia da República, n.° 83/2000, de 14 de Dezembro de 2000.

Portugal e Cabo Verde também convencionaram, para efeito de concessão de apoio judiciário, serem equiparados aos seus os nacionais do outro (artigo 14.º do Acordo Judiciário de 16 de Fevereiro de 1976).

Por seu turno, Portugal e São Tomé e Príncipe convencionaram, para efeito de concessão de apoio judiciário, serem equiparados aos seus os nacionais do outro (artigo 14.º do Acordo Judiciário de 23 de Março de 1976).

A Constituição garante o direito de asilo aos estrangeiros e aos apátridas perseguidos ou gravemente ameaçados de perseguição em consequência da sua actividade em favor da democracia, da libertação social e nacional, da paz entre os povos, da liberdade e dos direitos da pessoa humana, remetendo para a lei ordinária o estatuto do refugiado político (artigo 33.º, n.ᵒˢ 7 e 8).

O regime legal do direito de asilo e o estatuto de refugiado constam na Lei n.º 15/98, de 26 de Março, que confere ao respectivo beneficiário o estatuto de refugiado, sujeitando-o ao preceituado nesta lei, sem prejuízo do disposto nos tratados e convenções internacionais a que a República Portuguesa esteja vinculada, com efeitos extensivos a diversos familiares, verificadas determinadas condições (artigos 2.º e 4.º).

A concessão do direito de asilo confere ao beneficiário o estatuto de refugiado previsto na lei, sem prejuízo do disposto em tratados ou convenções internacionais a que a República Portuguesa esteja vinculada (artigo 2.º).

Os refugiados gozam dos direitos e estão sujeitos aos deveres dos estrangeiros residentes em Portugal que não contrariem o disposto na lei, na Convenção de Genebra de 1951 e no Protocolo de Nova Iorque de 1967, cabendo-lhe um título de identidade comprovativo da sua qualidade (artigo 6.º).

Os processos de concessão ou de perda do direito de asilo e de expulsão são isentos de selo, gratuitos e de carácter urgente (artigo 38.º).

Daí que, nesta matéria, os interessados só tenham interesse no pedido de concessão do benefício do apoio judiciário na modalidade de patrocínio judiciário, isto é, para nomeação de patrono com dispensa de pagamento de compensação e despesas concernentes.[47]

---

[47] Cfr., porém, o Acórdão do Supremo Tribunal de Justiça, de 15.1.92, *BMJ*, n.º 413, pág. 603.

Importa, nesta matéria, ter ainda em atenção o que dispõe o artigo 16.º da Convenção de Genebra Relativa ao Estatuto dos Refugiados, que vincula a República Portuguesa, segundo o qual todos os refugiados, nos territórios dos Estados contratantes, terão livre e fácil acesso aos tribunais e os refugiados; no Estado Contratante onde têm residência habitual, beneficiarão do mesmo tratamento que os nacionais no que diz respeito ao acesso aos tribunais, incluindo a assistência judiciária e a isenção de caução *judicatum solvi*; e no respeitante às questões mencionadas em segundo lugar beneficiarão do mesmo tratamento que os nacionais do país no qual têm residência habitual.[48]

Assim, o requerente de asilo beneficia de apoio judiciário nos termos gerais (artigo 52.º, n.º 3, da Lei n.º 15/98, de 26 de Março).

Decorrentemente, os requerentes de asilo beneficiam do apoio judiciário nos mesmos termos dos cidadãos dos Estados-Membros da União Europeia residentes em Portugal.

3. Prevê o n.º 2 deste artigo, em excepção ao disposto no n.º 1, o direito à protecção jurídica dos estrangeiros não cidadãos da União Europeia e residentes num dos Estados da União sem título válido de residência, e estatui que o têm desde que os cidadãos portugueses residentes nos Estados de que esses estrangeiros são nacionais também o tenham, segundo as leis respectivas, nas mesmas circunstâncias.

Portanto, o âmbito subjectivo da concessão da protecção jurídica aos estrangeiros que residam em Portugal ou em algum outro país da União Europeia sem título válido de residência depende do que estabelecer a sua lei nacional em relação aos portugueses residentes no território desses Estados sem título válido para o efeito, de harmonia com o princípio da igualdade ou equiparação.

Trata-se, de algum modo, de um normativo harmónico com o que a lei prescreve quanto ao gozo em Portugal por cidadãos estrangeiros de direitos civis, segundo a qual, sem prejuízo de disposição em contrário, são equiparados aos nacionais, salvo quanto aos direitos que, sendo atribuídos pelo respectivo Estado aos seus nacionais, o não sejam aos portugueses em igualdade de circunstâncias (artigo 14.º do Código Civil).

---

[48] Esta Convenção é de 29 de Junho de 1951 e o seu Protocolo Adicional de 31 de Janeiro de 1967, os quais foram aprovados por adesão de Portugal através dos Decretos-Leis n.os 43 021, de 1 de Outubro de 1960, e 207/75, de 17 de Abril.

Dir-se-á que o mencionado normativo consagra o princípio da reciprocidade limitado sob a envolvência da derrogação da pura equiparação, à luz de um critério de justiça. O princípio da igualdade é, pois, limitado pelo princípio da retaliação, no que concerne aos direitos que o respectivo Estado conceda aos seus nacionais e negue aos portugueses em igualdade de circunstâncias.

Pedindo um cidadão não nacional de um dos Estados da União Europeia, num desses Estados residente sem título válido de residência, a protecção jurídica e alegando que no seu país é concedida a portugueses residentes em Portugal, deve prová-lo e, se não o fizer no requerimento em que formula o respectivo pedido, deve o órgão decisor notificá-lo para o efeito (artigo 348.º, n.º 1, do Código Civil).

Importa, porém, ter em conta a previsão constitucional no sentido de que os estrangeiros e os apátridas que se encontrem ou residam em Portugal gozam dos direitos e estão sujeitos aos deveres do cidadão português (artigo 15.º, n.º 1, da Constituição).

Decorrentemente, é susceptível de se questionar a constitucionalidade do normativo em análise no confronto com o referido preceito, designadamente quanto a estrangeiros que residam e trabalhem em Portugal sem título de residência válido que sejam arguidos ou pretendam exercer direitos laborais.[49]

---

[49] O Tribunal Constitucional declarou a inconstitucionalidade da antiga norma, segundo a qual, aos estrangeiros não residentes em Portugal era reconhecido o direito a protecção jurídica, na medida em que o mesmo fosse atribuído aos portugueses pelas leis dos respectivos Estados, por violação dos artigos 20.º, n.ºs 1 e 2, e 32.º, n.º 1, da Constituição, se interpretada em termos de conduzir à recusa da concessão do apoio judiciário na modalidade de dispensa de pagamento de taxa de justiça e dos demais encargos com o processo a estrangeiro não residente em Portugal, economicamente carenciado e arguido em processo penal pendente perante os tribunais portugueses (Ac. n.º 433/2003, de 29.9.2003, "Diário da República", II Série, de 10 de Novembro de 2003, pág. 16 809).

E julgou inconstitucional, por violação do conjunto normativo dos artigos 13.º, n.º 1, 20.º e 268.º, n.º 4, da Constituição, a norma do n.º 2 do artigo 7.º do Decreto-Lei n.º 387-B/87, de 29 de Dezembro, interpretada no sentido de negar a possibilidade de concessão do apoio judiciário ao cidadão angolano que, alegando ter perdido a nacionalidade portuguesa com a descolonização, pretendia efectivar jurisdicionalmente em Portugal, onde não residia, o direito à aposentação com fundamento em ter sido funcionário da antiga administração pública ultramarina (Acórdão n.º 365/2000, de 5 de Julho, *Diário da República*, II Série, n.º 263, de 14 de Novembro de 2000).

4. Prevê o n.º 3 deste artigo as pessoas colectivas com fins lucrativos e os estabelecimentos individuais de responsabilidade limitada, e estatui que essas entidades não têm direito a protecção jurídica.

É claro que as referidas entidades, como é natural, por maioria de razão, também não têm direito à vertente do acesso ao direito e aos tribunais relativa á informação jurídica.

O conceito de pessoa colectiva está aqui utilizado em sentido amplo, em termos de abranger não só as sociedades em geral como também outras pessoas colectivas que visem o lucro, designadamente as cooperativas e as fundações que especialmente prossigam esse desiderato.

Trata-se de um normativo inovador, fundado na realidade das coisas, e nos fins do acesso ao direito e aos tribunais, sem vício de inconstitucionalidade que importasse superar, designadamente a violação do princípio da igualdade, harmónico com o regime vigente nos restantes Estados-Membros da União Europeia.[50]

O princípio da igualdade que resulta da Constituição implica, por um lado, que todos os cidadãos têm a mesma dignidade social e são iguais perante a lei, e, por outro, que ninguém pode ser privilegiado, beneficiado, prejudicado ou privado de qualquer direito em razão da sua situação económica (artigo 13.º).

O que o princípio da igualdade proíbe são as discriminações não razoáveis, ou seja, ele comporta a ideia de que deve ser tratado por igual o que é igual e de modo diferente o que diferente for, e o direito de acesso à justiça e aos tribunais é essencialmente um direito individual da pessoa singular, isto é, dos cidadãos em geral.

No plano do acesso ao direito e aos tribunais existe significativa diferença entre quem tem de aceder a juízo no exercício de uma actividade organizada em termos de obtenção de lucro, em que os custos são repercutidos no preço do produto final, e aqueles que o fazem a outro título, ou seja, a generalidade dos cidadãos.

---

[50] Veja-se, a título de exemplo, relativamente ao Reino de Espanha, o artigo 2.º da Lei n.º 1/1996, de 10 de Janeiro, donde resulta que as sociedades não têm direito a apoio judiciário. Na União Europeia só a lei portuguesa permite a concessão de apoio judiciário às sociedades (Guia da Consulta Jurídica e Assistência Judiciária no Espaço Europeu, Edição da Comissão Europeia, Luxemburgo, Serviço de Publicações Oficiais das Comunidades Europeias, 1998, pág. 141).

A condição específica de agentes económicos com fins lucrativos, em termos de razoabilidade justificava a distinção de tratamento em matéria de apoio judiciário entre, por um lado as sociedades, os comerciantes em nome individual relativamente a causas integradas nessa actividade e os estabelecimentos individuais de responsabilidade limitada, e, por outro, as pessoas morais e os cidadãos em geral.

A ideia que está ínsita nesta diferenciação é a de que, no limite, ou seja, quando as referidas entidades não tiverem fundos para constituir advogado ou pagar a taxa de justiça e os encargos dos processos respectivos, inexiste válido motivo para sustentar a sua viabilidade porque, na verdade, estão a prejudicar a economia global.[51]

É que ao Estado também incumbe assegurar o funcionamento eficiente dos mercados, de modo a garantir uma equilibrada concorrência entre as empresas, o que é contrariado se adoptar políticas de protecção jurídica tendentes a dispensar as sociedades comerciais em situação económica difícil do pagamento da taxa de justiça e dos encargos com os processos e a suportar os custos dos honorários dos advogados nomeados no quando do apoio judiciário.

Noutra perspectiva, dir-se-á que o Estado, ao assumir a opção legislativa de pôr a cargo da comunidade de contribuintes parte dos custos da actividade de uma pessoa jurídica que se constituiu para gerar riqueza, actua fora do plano de igualdade perante os encargos públicos.[52]

Tem sido discutida a questão de saber se as entidades sem personalidade jurídica, a que a lei atribui personalidade judiciária, como é o caso da herança jacente, dos patrimónios autónomos semelhantes sem titular determinado, das associações sem personalidade jurídica, das comissões especiais, designadamente a administração conjunta das áreas urbanas de génese ilegal e o condomínio resultante da propriedade horizontal, têm ou não direito a requerer o apoio judiciário na modalidade de assistência judiciária ou de patrocínio judiciário

---

[51] Comunicação do Secretário de Estado Adjunto do Ministro da Justiça à Assembleia da República aquando do debate parlamentar sobre a alteração do Decreto-Lei n.º 387-B/87, de 29 de Dezembro, e motivação subjacente à Proposta de Lei n.º 52/VII (*Diário da Assembleia da República*, II Série A, n.º 94, de 11 de Julho de 1996, págs. 3216 a 3224).

[52] Acs. do Tribunal Constitucional, n.os 97/99, de 10.2.99, "Diário da República", II Série, de 10 de Abril de 1999, e 167/99, de 10.3.99, *Diário da República,* II Série, de 17 de Fevereiro de 2000, pág. 3289.

Sempre entendemos que a resposta à mencionada questão deveria ser negativa, porque a concessão de protecção jurídica a pessoas colectivas já constitui um desvio ao sistema de acesso ao direito e aos tribunais, que se dirige, essencialmente, a pessoas singulares.[53]

Todavia, o Tribunal Constitucional, numa acção em que foi negado o apoio judiciário na modalidade de assistência judiciária a uma comissão de administração conjunta de área urbana de génese ilegal, julgou inconstitucional, por violação do artigo 20.°, n.° 1, da Constituição, o normativo a este antecedente quando interpretado em termos de excluir do apoio judiciário as entidades sem fins lucrativos, sem personalidade jurídica, com mera personalidade judiciária, de modo a poderem exercer ou a ver contra si exercitados os meios de tutela jurisdicional existentes.[54]

A referida decisão assentou na ideia de que, sendo o apoio judiciário uma forma de possibilitar o acesso, sem indevidas discriminações, aos meios de tutela judiciária existentes, o decisivo para a sua obtenção não é tanto a personalidade jurídica do ente, ou seja, a susceptibilidade de ser, ele próprio, titular de relações jurídicas substantivas, mas a personalidade judiciária, isto é, susceptibilidade de, em nome próprio, exercitar aqueles meios de tutela jurisdicional.

Na realidade, no limite, apenas as pessoas morais, isto é, as associações e as fundações, sem fins lucrativos, que provem os factos integrantes da sua situação de insuficiência económica, é que devem ter direito a protecção jurídica.[55]

---

[53] Acs. da Relação de Lisboa, de 21.1.99, *CJ*, Ano XXIV, Tomo 1, pág. 87; de 18.1.2000, *CJ*, Ano XXV, Tomo 1, pág. 77, e da Relação de Coimbra, de 20.2.2001, *CJ*, Ano XXVI, Tomo 1, pág. 40.

[54] Ac. do Tribunal Constitucional n.° 89/2003, de 6.3.2003, "Diário da República", II Série, de 27 de Março de 2003, pág. 4281.

[55] Todavia, o Tribunal Constitucional, pela primeira vez, por maioria, não obstante o que resulta do direito comunitário, bem expresso na Directiva n.° 2003/8/CE, do Conselho, de 27 de Janeiro, decidiu julgar inconstitucional, por violação do artigo 20.°, n.os 1, parte final, e 2, da Constituição, a norma ínsita no n.° 5 do artigo 7.° do Decreto-Lei n.° 387-B/87, de 29 de Dezembro, na interpretação segundo a qual veda a concessão do patrocínio judiciário às sociedades, ainda que provem que os seus custos são consideravelmente superiores às suas possibilidades económicas e que se trata de acções alheias à sua actividade económica normal (Ac. n.° 106/2004, de 11 de Fevereiro de 2004, "Diário da República", II Série, n.° 71, de 24 de Março de 2004).

5. Prevê o n.º 4 deste artigo o direito à protecção jurídica das pessoas colectivas sem fins lucrativos, e estatui que ele apenas abrange o apoio judiciário, naturalmente se provarem estarem em situação de insuficiência económica.

Não têm, pois direito a informação jurídica nem a consulta jurídica, mas apenas a apoio judiciário nas modalidades de assistência judiciária e de patrocínio a que se reporta o artigo 16.º n.º 1, deste diploma.

O conceito de pessoa colectiva a que se reporta este normativo abrange as pessoas morais, associações e fundações, cujo fim estatutário não seja a obtenção de lucros, designadamente as associações de mera utilidade pública, as instituições particulares de solidariedade social e as pessoas colectivas de utilidade pública administrativa.

A relevância deste normativo está, porém, limitada, visto que as referidas entidades vão passar a gozar de isenção de pagamento de custas nas causas relativas ao exercício das funções estatutárias que lhes são próprias.

6. Prevê o n.º 5 deste artigo, por um lado, as pessoas que alienaram ou oneraram todos os parte dos seus bens para se colocaram em condições de obter a protecção jurídica, e, por outro, os cessionários do direito ou objecto controvertido cuja cessão tenha sido realizada com o propósito de obter o benefício do apoio judiciário.

E estatui, para as primeiras, a proibição de concessão de protecção jurídica – consulta jurídica e apoio judiciário nas modalidade de assistência judiciário ou de patrocínio judiciário – e, para as últimas, a proibição da concessão de apoio judiciário em qualquer das mencionadas modalidades.

A primeira parte deste normativo é inspirada no princípio do abuso do direito à protecção jurídica, na vertente designada por *venire contra factum proprium*, e visa obstacular a que alguém, de modo censurável do ponto de vista ético-jurídico, consiga uma vantagem resultante da situação concreta em que voluntariamente se colocou.[56]

Já não basta, ao invés do que antes ocorria, para negação da protecção jurídica, a *fundada suspeita* de alienação de património para se colo-

---

[56] A doutrina tem entendido que o instituto do abuso do direito rege para as situações concretas em que é clamorosa, sensível e evidente a divergência entre o resultado da aplicação do direito subjectivo e algum dos valores impostos pela ordem jurídica para a generalidade dos direitos ou dos direitos de certo tipo (ANTUNES VARELA, *Revista de Legislação e Jurisprudência*, Ano 128.º, pág. 241).

car na posição de obtenção da protecção jurídica, com a vantagem da salvaguarda do princípio da segurança jurídica, mas a normalidade das coisas não aponta para a verificação dos referidos *actos de disposição* com o mero escopo de obtenção da protecção jurídica.

Reporta-se a segunda parte deste normativo à proibição da concessão do apoio judiciário aos cessionários do direito ou objecto controvertido quando a cessão tenha sido realizada com o propósito de obter aquele benefício, tendo sido eliminada a anterior expressão *ainda que a cessão seja anterior ao litígio, quando tenha havido fraude*.[57]

De qualquer modo, a situação de cessão patrimonial com o escopo de obter o benefício da protecção jurídica não poderá deixar de ser qualificada como fraudulenta, na medida em que se traduziu em acção astuciosa promovida de má fé para ocultação da verdade ou fuga ao cumprimento do dever ou, noutra perspectiva, porque visou, segundo o plano dos sujeitos respectivos, a lesão do interesse do Estado.

O conceito de cessão a que se reporta este normativo está utilizado em sentido amplo, abrangendo, além do mais, a cessão da posição contratual, do direito de hipoteca, da posição de arrendatário, de direitos de crédito, de quotas, de rendas ou alugueres, do direito de penhor, do grau hipotecário, do direito do lesado face à obrigação de indemnizar e de bens aos credores (artigos 577.º a 588.º, 676.º, 727.º e 728.º, 831.º, 995.º, 1058.º e 1120.º do Código Civil).

É controvertido o objecto em relação ao qual dois ou mais sujeitos se arrogam direitos subjectivos incompatíveis.

O procedimento administrativo em que é apreciado o pedido de protecção jurídica não é, porém, o meio adjectivo adequado à verificação do mencionado desiderato que, em regra, só é susceptível de ser declarado no termo da acção ou do procedimento em que é formulado.

É, pois, insignificante o relevo prático do normativo em apreço face ao escopo desejável de obstacular à viabilização de uma posição insustentável do ponto de vista ético-jurídico.

---

[57] Na discussão da Lei de 1899, o Deputado ADRIANO ANTERO justificou normativo idêntico ao actual nos termos seguintes: "Evita-se que um indivíduo que tivesse meios de fortuna e portanto não pudesse obter a assistência judiciária cedesse ou fingisse ceder os seus direitos a qualquer mendigo, a qualquer desgraçado e que este fosse obter aquele benefício, em proveito do mesmo cedente, encapotado através dele". Cfr. A. LÚCIO VIDAL, "Assistência Judiciária nos Tribunais Ordinários", Coimbra, 1971, pág. 36.

3. Insuficiência económica

Sobre o conceito de insuficiência económica, sob a epígrafe com a mesma designação, rege o artigo 8.º da Lei do Apoio Judiciário, do seguinte teor:

"1. Encontra-se em situação de insuficiência económica aquele que, tendo em conta o rendimento, o património e a despesa permanente do seu agregado familiar, não tem condições objectivas para suportar pontualmente os custos de um processo.
2. O disposto no número anterior aplica-se, com as necessárias adaptações, às pessoas colectivas sem fins lucrativos."

1. Reporta-se este artigo ao conceito de insuficiência económica, que foi objecto de alteração pela Lei n.º 47/2007, de 28 de Agosto.

A referida alteração consistiu, por um lado, na revogação dos seus n.ºs 3 a 5, que se reportavam à insuficiência económica das sociedades, dos comerciantes em nome individual nas causas relativas ao exercício do comércio e dos estabelecimentos individuais de responsabilidade limitada, à solicitação a quem requereu o acesso a informação e a documentos bancários e aos critérios específicos de prova e de apreciação da insuficiência económica.

E, por outro, na eliminação, no n.º 1, da expressão *factores de natureza económica e a respectiva capacidade contributiva*, e na sua substituição pela expressão o *rendimento, o património e a despesa permanente do seu agregado familiar*, e, quanto ao n.º 2, na substituição da expressão final *não referidas no número anterior* pela expressão *sem fins lucrativos*

Todavia, o que se prescrevia no n.º 4 deste artigo passou a integrar o n.º 2 do artigo 8.º-B deste diploma, relativo à prova da insuficiência económica, a que adiante se fará referência.

Trata-se, de qualquer modo, de um artigo motivado, por um lado, pela Directiva 2003/8/CE do Conselho, de 27 de Janeiro de 2003, segundo a qual, a situação económica de uma pessoa deve ser avaliada pela autoridade competente do Estado-Membro do foro, tendo em conta diferentes elementos objectivos, como o rendimento, o património ou a situação familiar, incluindo os recursos das pessoas que dependam financeiramente do requerente (artigo 5.º, n.º 2).

E, por outro, pela ideia, confirmada na prática, de ser frequente o recurso à protecção jurídica, sobretudo na modalidade de apoio judiciário, por cidadãos e pessoas colectivas sem para o efeito terem necessidade efectiva, justificando o que é eticamente injustificável por via da ocultação dos seus meios patrimoniais.

Muitos são, com efeito, os que reivindicam a mais ampla e melhor protecção jurídica, mas da fraude ou omissão de dados fiscais usam para não pagar os devidos impostos, transferindo para os contribuintes cumpridores o custo daquilo de que usam e abusam.

2. Prevê o n.º 1 deste artigo o conceito de insuficiência económica com vista à obtenção da protecção jurídica, e estatui que se considera nessa situação a pessoa que, tendo em conta o rendimento, o património e a despesa permanente do seu agregado familiar, não tem condições objectivas de suportar o pagamento pontual dos custos de um processo.

Abandonou-se, pois, a genérica referência aos factores de natureza económica e à capacidade contributiva, e passou-se a prever, em termos de melhor concretização, o rendimento, o património e a despesa permanente do agregado familiar do requerente da protecção jurídica.

Trata-se de uma de delimitação do conceito de insuficiência económica previsto no artigo 20.º, n.º 1, da Constituição, que não tem correspondência com o de pobreza, entendida como fenómeno resultante da escassez de recursos para fazer face às necessidades básicas e ao padrão de vida da sociedade actual.

A inserção do conceito de insuficiência económica em causa, envolvido de alguma objectividade, dando relevância à ponderação do património, do rendimento e da despesa permanente visa, por um lado, a eliminação de dúvidas que se têm suscitado nesta matéria, em termos de obviar à heterogeneidade de critérios na apreciação dos pedidos de protecção jurídica.

E, por outro, permitir que os diversos centros de decisão de pedidos de protecção jurídica procedam aproximadamente da mesma forma na respectiva apreciação, evitando-se que similares situações de insuficiência económica justifiquem decisões de sentido diverso.

A definição do rendimento relevante para efeitos de protecção jurídica e do agregado familiar consta nos n.ºs 2 e 3 do artigo seguinte, tal como, nos n.ºs 6 e 7, a delimitação excepcional do agregado familiar para efeito de determinação do rendimento, do património e da despesa permanente ao próprio requerente ou a ele e a alguns outros dos seus elementos.

Por seu turno, constam no anexo desta Lei as regras relativas ao cálculo do rendimento relevante para efeitos de protecção jurídica.

Mas a lei dispensa, porém, dado o sistema de decisão, o confronto com o referencial do custo do processo, nas vertentes de patrocínio, de taxa de justiça e de custas, ou seja, a consideração do valor processual e tributário da causa, assim desvirtuando, contra o rigor dos princípios do instituto do acesso ao direito e aos tribunais, a realidade das coisas.

3. Prevê o n.º 2 deste artigo a situação de insuficiência económica das pessoas colectivas sem fins lucrativos, e estatui aplicarem-se, na espécie, as normas do n.º 1 com as necessárias adaptações.[58]

As pessoas colectivas a que este normativo se reporta são as pessoas colectivas *stricto sensu*, ou seja, as chamadas pessoas morais, isto é, as associações em geral, designadamente as pessoas colectivas de mera utilidade pública, as instituições particulares de solidariedade social, as pessoas colectivas de utilidade pública administrativa e as fundações.

Face ao disposto neste normativo, são de considerar em situação de insuficiência económica, as referidas pessoas colectivas *lato sensu* que, face ao seu património, rendimento e despesa permanente, à luz do respectivo relatório de contas, não tenham condições objectivas para suportar pontualmente os custos de um processo.

4. Apreciação da insuficiência económica

Sobre o regime da apreciação da insuficiência económica, sob a epígrafe com a mesma designação, rege o artigo 8.º-A da Lei do Apoio Judiciário, do seguinte teor:

"**1. A insuficiência económica das pessoas singulares é apreciada de acordo com os seguintes critérios:**

***a*) O requerente cujo agregado familiar tenha um rendimento relevante para efeitos de protecção jurídica igual ou inferior a três quartos do indexante de apoios sociais não tem condições objectivas para suportar qualquer quantia relacionada com os custos de um pro-**

---

[58] Os n.ºs 3 a 5 deste artigo foram revogados pela alínea a) do artigo 5.º da Lei n.º 47/2007, de 28 de Agosto.

cesso, devendo igualmente beneficiar de atribuição de agente de execução e de consulta jurídica gratuita;

b) O requerente cujo agregado familiar tenha um rendimento relevante para efeitos de protecção jurídica superior a três quartos e igual ou inferior a duas vezes e meia o valor do indexante de apoios sociais tem condições objectivas para suportar os custos de uma consulta jurídica sujeita ao pagamento prévio de uma taxa, mas não tem condições objectivas para suportar pontualmente os custos de um processo e, por esse motivo, beneficia de apoio judiciário nas modalidades de pagamento faseado e de atribuição de agente de execução;

c) Não se encontra em situação de insuficiência económica o requerente cujo agregado familiar tenha um rendimento relevante para efeitos de protecção jurídica superior a duas vezes e meia o valor do indexante de apoios sociais.

2. O rendimento relevante para efeitos de protecção jurídica é o montante que resulta da diferença entre o valor do rendimento líquido completo do agregado familiar e o valor da dedução relevante para efeitos de protecção jurídica e calcula-se nos termos previstos no anexo à presente lei.

3. Considera-se que pertencem ao mesmo agregado familiar as pessoas que vivam em economia comum com o requerente de protecção jurídica.

4. O valor da taxa devida pela prestação da consulta jurídica a que se refere a alínea *b)* do n.º 1 é fixado por portaria do membro do Governo responsável pela área da justiça.

5. Se o valor dos créditos depositados em contas bancárias e o montante de valores mobiliários admitidos à negociação em mercado regulamentado de que o requerente ou qualquer membro do seu agregado familiar sejam titulares forem superiores a 24 vezes o valor do indexante de apoios sociais, considera-se que o requerente de protecção jurídica não se encontra em situação de insuficiência económica, independentemente do valor do rendimento relevante para efeitos de protecção jurídica do agregado familiar.

6. O requerente pode solicitar, excepcionalmente e por motivo justificado, que a apreciação da insuficiência económica tenha em conta apenas o rendimento, o património e a despesa permanente próprios ou dele e de alguns elementos do seu agregado familiar.

**7. Em caso de litígio com um ou mais elementos do agregado familiar, a apreciação da insuficiência económica tem em conta apenas o rendimento, o património e a despesa permanente do requerente ou dele e de alguns elementos do seu agregado familiar, desde que ele o solicite.
8. Se, perante um caso concreto, o dirigente máximo dos serviços de segurança social competente para a decisão sobre a concessão de protecção jurídica entender que a aplicação dos critérios previstos nos números anteriores conduz a uma manifesta negação do acesso ao direito e aos tribunais pode, por despacho especialmente fundamentado e sem possibilidade de delegação, decidir de forma diversa daquela que resulta da aplicação dos referidos critérios."**[59]

1. Reporta-se este artigo, inserido pela Lei n.º 47/2007, de 28 de Agosto, aos critérios de apreciação da insuficiência económica das pessoas singulares, tendo em conta o rendimento relevante para efeitos de protecção jurídica do agregado familiar do requerente ou dele e de algum ou alguns dos seus outros membros, bem como a excepção de apreciação daquela situação à margem da consideração do património, do rendimento e da despesa permanente.

A caracterização do rendimento relevante para efeitos de protecção jurídica consta no n.º 2 deste artigo e da pertença ao agregado familiar consta do seu n.º 3.

2. Prevê a alínea a) do n.º 1 deste artigo o critério de apreciação da insuficiência económica do requerente de protecção jurídica cujo agregado familiar tenha um rendimento relevante para efeitos de protecção jurídica igual ou inferior a três quartos do indexante de apoios sociais, e estatui não ter condições objectivas para suportar qualquer custo de um processo e dever beneficiar de atribuição de agente de execução e de consulta jurídica gratuita.

Ao invés do que ocorria no regime de pretérito, em que o referencial era a igualdade ou a inferioridade a um quinto do salário mínimo nacional, caso em que não tinha condições objectivas para suportar qualquer quantia relacionada com o custo de um processo, a actual referência consubs-

---

[59] A portaria a que se reporta o n.º 4 deste artigo tem o n.º 10/2008, de 3 de Janeiro.

tancia-se na igualdade ou inferioridade do rendimento relevante para efeitos de protecção jurídica face a três quartos do indexante de apoios sociais, com a faculdade de poder beneficiar de atribuição de agente de execução e de consulta jurídica.

3. Prevê a alínea b) do n.º 1 deste artigo o critério de apreciação da insuficiência económica do requerente de protecção jurídica cujo agregado familiar tenha um rendimento relevante para efeitos de protecção jurídica superior a três quartos e igual ou inferior a duas vezes e meia o indexante de apoios sociais, e estatui ter condições objectivas para suportar o custo de uma consulta jurídica, mas não os custos de um processo e beneficiar de apoio judiciário nas modalidades de pagamento faseado e de atribuição de agente de execução.

Outrora, o requerente cujo agregado familiar tivesse um rendimento relevante para efeitos de protecção jurídica superior a metade e igual ou menor do que duas vezes o valor do salário mínimo nacional tinha condições para suportar o custo da consulta jurídica, mas não para suportar pontualmente o custo de um processo, e beneficiar do apoio judiciário na modalidade de pagamento faseado da taxa de justiça e demais encargos com o processo, de honorários de patrono nomeado e de remuneração de solicitador de execução nomeado.

4. Prevê a alínea c) do n.º 1 deste artigo o critério de apreciação da insuficiência económica do requerente de protecção jurídica cujo agregado familiar tenha um rendimento relevante para efeitos de protecção jurídica duas vezes e meia superior ao indexante de apoios sociais, e estatui não se encontrar em situação de insuficiência económica.

Outrora, o requerente cujo agregado familiar tivesse um rendimento relevante para efeitos de protecção jurídica superior a duas vezes o valor do salário mínimo nacional não se encontrava em situação de insuficiência económica.[60]

---

[60] No regime de pretérito havia ainda a vertente relativa ao requerente cujo agregado familiar tivesse um rendimento relevante para efeitos de protecção jurídica superior a um quinto e igual ou menor do que metade do salário mínimo nacional, o qual tinha condições objectivas para suportar o custo da consulta jurídica e dever beneficiar do apoio judiciário.

O valor do indexante dos apoios sociais para o ano de 2008 é de € 407,41.

5. Prevê o n.º 2 deste artigo o rendimento relevante para efeitos de protecção jurídica, e estatui, por um lado, que ele se consubstancia na diferença entre o valor do rendimento líquido completo do agregado familiar e o valor da dedução relevante para aqueles efeitos, e, por outro, que ele se calcula nos termos previstos no anexo.[61]

No referido anexo, que adiante se analisará, consta o regime de cálculo do rendimento relevante para efeitos de protecção jurídica, a partir do rendimento líquido completo do agregado familiar, da dedução relevante para aqueles efeitos, a fórmula respectiva, incluindo a relativa à renda financeira implícita.

Importa, porém, ter em linha de conta a excepção relativa à irrelevância do rendimento relevante para efeitos de protecção jurídica com vista à determinação da suficiência ou insuficiência económica a que se reporta o n.º 5 deste artigo.

6. Prevê o n.º 3 deste artigo as pessoas incluídas no mesmo agregado familiar do requerente da protecção jurídica, e estatui deverem considerar-se para esse efeito aquelas que com ele vivam em economia comum, em termos de presunção *iure et de iure*.

São de considerar sob economia comum as pessoas que vivam com o requerente da protecção jurídica em comunhão de mesa e habitação e tenham estabelecido uma vivência em comum de entreajuda ou partilha de recursos.

Com efeito, o conceito de economia comum envolve comunhão de vida familiar, moral e social, em quadro de ligação entre as pessoas em causa e de economia doméstica comum, contribuindo todos ou alguns para os gastos comuns.

7. Prevê o n.º 4 deste artigo o valor da taxa devida pela prestação da consulta jurídica a que se refere a alínea *b*) do n.º 1 deste artigo, e estatui dever ser fixado por portaria do membro do Governo responsável pela área da justiça.

Assim, pela primeira vez, para o caso de a protecção jurídica concedida não abranger a consulta jurídica, prevê a lei o pagamento pelos uten-

---

[61] No regime de pretérito, a determinação do rendimento relevante para efeitos de protecção jurídica constava nos artigos 6.º a 10.º da Portaria n.º 1085-A/2004, de 31 de Agosto, revogados pelo artigo 5.º, alínea b), desta Lei.

tes do serviço de consulta jurídica de determinada taxa, que será de € 25, após a realização da consulta.

8. Prevê o n.º 5 deste artigo o valor superior a vinte e quatro vezes o valor do indexante de apoios sociais dos créditos depositados em contas bancárias ou dos valores mobiliários admitidos à negociação em mercado regulamentado, da titularidade do requerente da protecção jurídica ou de qualquer membro do seu agregado familiar, e estatui considerar-se que o primeiro, independentemente do valor do rendimento relevante para efeitos de protecção jurídica do agregado familiar, não se encontrar em situação de insuficiência económica.

O referencial deste normativo para excluir a insuficiência económica, independentemente do rendimento relevante para efeitos de protecção jurídica do agregado familiar do requerente daquela protecção é, pois, o montante dos depósitos bancários ou dos valores mobiliários negociados em bolsa superior a vinte e quatro vezes o valor do indexante de apoios sociais.

Trata-se de uma presunção *iure et de iure* de suficiência económica, que se traduz em excepção ao regime que consta do n.º 1 deste artigo, susceptível de ser desencadeada nos termos previstos no n.º 2 do artigo 8.º-B deste diploma.

O montante dos mencionados valores mobiliários deve ser aferido pelo que resultar da cotação da bolsa no dia anterior ao da apresentação do requerimento de protecção jurídica

9. Prevê o n.º 6 deste artigo a apreciação da insuficiência económica do requerente de protecção jurídica, e estatui que para esse efeito ele pode solicitar, excepcionalmente e por motivo justificado, que a sua apreciação apenas tenha em conta o seu rendimento, o seu património e a sua despesa permanente ou também o de algumas elementos do seu agregado familiar.

Por interpretação extensiva deste normativo pode o requerente, excepcionalmente, invocando motivo justificado, requerer que seja considerado o rendimento, património e despesa permanente próprios ou estes e o de alguma das pessoas integrantes do respectivo agregado familiar.

Uma das situações susceptíveis de justificar a formulação da mencionada pretensão ocorre quando o requerente da protecção jurídica não usufrui do rendimento de algum ou de alguns dos membros do respectivo agregado familiar.

Trata-se, pois, de situações em que o requerente de protecção jurídica não frui, de facto, o rendimento de pessoa ou pessoas que integram a economia comum.

Teve este normativo por motivação, não só a Recomendação n.º 2/B/2005, de 12 de Outubro, do Provedor de Justiça, e o Acórdão do Tribunal Constitucional n.º 654/2006, de 28 de Novembro, por via do qual foi julgado inconstitucional, por violação do n.º 1 do artigo 20.º da Constituição, o Anexo à Lei n.º 34/2004, de 29 de Julho, conjugado com os artigos 6.º a 10.º da Portaria n.º 1085-A/2004, de 31 de Agosto, na parte em que impunha que o rendimento relevante para efeitos de concessão do benefício do apoio judiciário fosse necessariamente determinado a partir do rendimento do agregado familiar, independentemente de o requerente de protecção jurídica o auferir.[62]

10. Prevê o n.º 7 deste artigo o litígio com um ou mais elementos do agregado familiar, e estatui que a apreciação da insuficiência económica apenas deve ter em conta o rendimento, o património e a despesa permanente do requerente ou dele e de alguns elementos do seu agregado familiar, sob a condição de o solicitar, isto é, de o requerer.

Trata-se de situações em que ocorrem interesses conflituantes das pessoas que integram a economia comum, inclusive quanto ao objecto do processo, como é caso, por exemplo, do divórcio litigioso ou de mera separação de bens, em que se dilui a usufruição em proveito comum dos rendimentos do conjunto do agregado familiar.

Assenta, ademais, na consideração de que algumas ou alguma das pessoas que integram a economia comum podem não estar juridicamente vinculadas a suportar as despesas do requerente da protecção jurídica com o recurso aos tribunais.

11. Prevê o n.º 8 deste artigo a situação em que a aplicação dos critérios de aferição da insuficiência económica ao caso concreto se traduz em manifesta negação do acesso ao direito aos tribunais, e estatui que o dirigente máximo dos serviços de segurança social competente para a decisão sobre a concessão de protecção jurídica pode, por despacho espe-

---

[62] Tratou-se de um caso em que o requerente do apoio judiciário era estudante, auferindo uma pensão de sobrevivência de € 100, vivendo com a avó, que auferia uma pensão de sobrevivência líquida no montante de € 776,59 e que provia ao sustento dele.

cialmente fundamentado, sem possibilidade de delegação, decidir de forma diversa daquela que resultaria da sua aplicação.

No regime de pretérito, se os serviços de segurança social, perante um caso concreto, entendessem não dever aplicar o resultado da apreciação da insuficiência económica à luz dos critérios legalmente estabelecidos, deviam remeter o pedido, acompanhado de informação, a determinada comissão integrada por quatro individualidades.[63]

Agora, se o órgão decisor da segurança social, quando lhe for apresentado o parecer dos respectivos serviços, verificar a incompatibilidade dos critérios legais com o direito de acesso ao direito e aos tribunais, pode ele próprio, isto é, sem possibilidade de subdelegação, decidir da concessão ou não da protecção jurídica ou, no caso afirmativo, do seu âmbito.

A expressão *pode,* a que se refere este normativo, significa o dever funcional do órgão decisor, ou seja, não se trata de mera faculdade ou de discricionariedade.

A expressão da lei no sentido de o dirigente máximo dos serviços da segurança social entender não aplicar os critérios de decisão a que se reporta o anexo à presente lei, deve ser interpretada no sentido de a aludida devolução decisória só dever ocorrer quando os factos considerados assentes, no confronto com as normas concernentes aos mencionados critérios, revelarem, em termos objectivos, a incongruência da decisão sobre a concessão ou não da protecção jurídica ou da sua medida.

É o caso, por exemplo de dos elementos considerados resultar que a alguém, cujo único rendimento é o mínimo garantido, só pode ser concedido o apoio judiciário na modalidade de pagamento faseado.

Trata-se, pois, de situações em que os critérios decisórios constantes desta Lei, no que concerne à determinação da insuficiência económica das pessoas singulares, se não adequam ao caso concreto, potenciando decisão de negação do direito de acesso ao direito aos tribunais.

Previne-se, assim, a aplicação das normas a que se reportam os mencionados critérios em violação do disposto no artigo 20.º, n.º 1, da Constituição.

Na referida decisão deve o órgão decisor determinar a situação de insuficiência económica do requerente da protecção jurídica, face aos factos assentes e aplicar as normas e os princípios pertinentes.

---

[63] Artigo 20.º, n.º 2, da Lei.

Os princípios que regem nesta matéria não exigem aos economicamente carecidos impossíveis ou difíceis sacrifícios, pelo que nem só os pobres ou os indigentes têm direito a protecção jurídica; mas importa, por outro lado, ter em linha de conta que é tão injusto e ilegal conceder a protecção jurídica a quem dela não carece, como negá-la a quem dela efectivamente necessita.

Em mera perspectiva de rendimento de pessoas singulares, dir-se-á constituir suficiência económica bastante para suportar, no todo ou em parte, as despesas legais inerentes ao pleito, o rendimento líquido que não cerceie gravemente a cobertura normal dos encargos monetários com a subsistência diária do agregado familiar do requerente, em nível compatível com a dignidade humana.

O conceito de insuficiência económica não é absoluto, mas relativo, e a que justifica a concessão de protecção jurídica deve ser aferida tendo em conta os custos concretos de cada acção e a disponibilidade da parte que a solicita, só devendo ser concedida a cidadãos com capacidade económica superior à média em casos realmente excepcionais.

Na apreciação do pedido de protecção jurídica deve atender-se aos rendimentos do requerente, ao valor do seu património, à potencialidade deste para os produzir, aos seus encargos pessoais e familiares e aos impostos que paga.[64]

No caso de o requerente da protecção jurídica ser casado e viver com o cônjuge em economia comum e o último auferir rendimentos de trabalho ou de outra fonte, no juízo decisório sobre a concessão ou não da protecção jurídica devem ser considerados como se fossem rendimentos próprios do primeiro.[65]

Para o efeito, deve ter-se em linha de conta a concreta situação económico-financeira do requerente ao tempo do pedido, ou seja, a sua disponibilidade financeira, designadamente tendo em conta o valor processual da causa, condicionante do valor das custas respectivas e, não raro, da própria complexidade do processo.

Relevam essencialmente o rendimento auferido pelo requerente e as suas despesas pessoais e de família, mas não pode desprezar-se o valor do seu património e os seus sinais exteriores de riqueza.[66]

---

[64] Ac. do STJ, de 13.7.92, *BMJ*, n.º 419, pág. 644.
[65] Ac. do STA, de 27.2.92, *BMJ*, n.º 414, pág. 600.
[66] Ac. da Relação de Coimbra, de 20.6.90, *CJ*, Ano XV, Tomo 3, pág. 59.

Percebendo o requerente vencimento consideravelmente superior à média das pessoas, só circunstâncias excepcionais justificarão a concessão de protecção jurídica. Mas esse critério nem sempre tem sido seguido pelo respectivo órgão decisor.

A indisponibilidade de meios económicos para custear os encargos normais de uma causa judicial deve ser apurada no confronto com a repercussão que o pagamento de honorários e custas tem ou virá a ter na satisfação das necessidades básicas do requerente e do seu agregado familiar, tendo em conta os rendimentos das pessoas que o integram, a respectiva disponibilidade monetária, o património e o rendimento.

Embora residual e excepcional e, por isso, aquém do desejável, a solução implementada por este normativo é assaz positiva.

5. Prova da insuficiência económica

Sobre o regime de prova da insuficiência económica, sob a epígrafe com a mesma designação, rege o artigo 8.º-B da Lei do Apoio Judiciário, do seguinte teor:

"**1. A prova da insuficiência económica é feita nos termos a definir por portaria conjunta dos ministros responsáveis pelas áreas da justiça e da segurança social.
2. Em caso de dúvida sobre a verificação de uma situação de insuficiência económica, pode ser solicitado pelo dirigente máximo do serviço de segurança social que aprecia o pedido que o requerente autorize, por escrito, o acesso a informações e documentos bancários e que estes sejam exibidos perante esse serviço e, quando tal se justifique, perante a administração tributária.
3. Se todos os elementos necessários à prova da insuficiência económica não forem entregues com o requerimento de protecção jurídica, os serviços da segurança social notificam o interessado, com referência expressa à cominação prevista no número seguinte, para que este os apresente no prazo de 10 dias, suspendendo-se o prazo para a formação de acto tácito.
4. No termo do prazo referido no número anterior, se o interessado não tiver procedido à apresentação de todos os elementos de prova necessários, o requerimento é indeferido, sem necessidade de proceder a nova notificação ao requerente.**"

1. Reporta-se este artigo, introduzido pela Lei n.º 47/2007, de 28 de Agosto, à prova da situação de insuficiência económica nos casos normais, em situações de dúvida, e à consequência da não entrega tempestiva dos elementos necessários à pretendida apreciação da situação de suficiência ou de insuficiência económica do requerente da protecção jurídica.

2. Prevê o n.º 1 deste artigo a prova da insuficiência económica, e estatui que ela é feita nos termos a definir por portaria conjunta dos ministros responsáveis pelas áreas da justiça e da segurança social.

A portaria a que se refere este normativo, face ao que se dispõe no artigo 4.º da Lei Preambular, n.º 47/2007, de 27 de Agosto, deve ser aprovada no prazo máximo de 60 dias, contado da data da sua entrada em vigor.

A referida portaria, que se referirá à instrução do pedido de protecção jurídica, versará sobre a apresentação de documentos relativos aos rendimentos e aos activos patrimoniais.[67]

3. Prevê o n.º 2 deste artigo a dúvida sobre a verificação de uma situação de insuficiência económica, e estatui poder o dirigente máximo do serviço de segurança social que aprecia o pedido solicitar que o requerente autorize, por escrito, o acesso a informações e documentos bancários e que estes sejam exibidos perante esse serviço e, quando tal se justifique, perante a administração tributária.

Trata-se de um normativo que reproduz o que se prescrevia no n.º 4 do artigo 8.º da Lei do Apoio Judiciário entretanto revogado pela alínea a) do artigo 5.º da Lei n.º 47/2007, de 28 de Agosto, que está de algum modo conexionado, em termos de instrumentais, com o que se prescreve no n.º 5 do artigo anterior.

A expressão *pode*, reportada ao dirigente máximo dos serviços de segurança social, deve ser entendida no sentido de dever funcional, ou seja, à margem de qualquer ideia de faculdade ou de discricionariedade.

A expressão "solicitar", tendo em conta a pretensão formulada pelo requerente de protecção jurídica e a posição de que deve formular o juízo sobre a concessão ou não, a que este normativo se reporta, tem, naturalmente, o sentido de exigir, por via de pertinente notificação, em jeito de requisição, a mencionada autorização.

---

[67] Revogará os artigos 1.º a 4.º e 14.º e 15.º da Portaria n.º 1085-A/2004, de 31 de Agosto.

No caso de os requerentes da protecção jurídica recusarem a referida autorização ou a exibição perante a administração tributária, designadamente para efeito de cruzamento dos pertinentes dados, deve a sua recusa ser apreciada nos termos do direito probatório adjectivo geral, com a consequência de indeferimento da sua pretensão (artigo 519.º, n.º 2, do Código de Processo Civil).

4. Prevê o n.º 3 deste artigo a não entrega de todos os elementos necessários à prova da insuficiência económica com o requerimento de protecção jurídica, e estatui, por um lado, que os serviços da segurança social notificam o interessado, com referência expressa à cominação prevista no número seguinte, para que este os apresente no prazo de 10 dias, e, por outro, a suspensão do prazo para a formação do acto tácito.[68]

Assim, impõe a lei, no caso de o requerente de protecção jurídica não apresentar, juntamente com o pertinente requerimento, os necessários documentos comprovativos, que os serviços de segurança social profiram despacho de aperfeiçoamento, no sentido de notificação do interessado, sob cominação de indeferimento, a fim de os apresentar no prazo de dez dias a contar da data em que a mesma tenha ocorrido.

Este prazo, de natureza substantiva, suspende-se nos sábados, domingos e feriados e, se terminar em dia não útil, tranfere-se para o primeiro dia útil seguinte (artigos 37.º desta Lei e 72.º do Código do Procedimento Administrativo).

Acresce que, nesse caso de omissão de apresentação dos mencionados documentos com o respectivo requerimento se suspende o prazo de produção do deferimento tácito do pedido de protecção jurídica.

Não se trata, pois, de interrupção do prazo de 30 dias a que alude o n.º 1 do artigo 25.º deste diploma, pelo que não começa a contar-se um novo prazo, antes se suspendendo a partir da data da entrada do respectivo requerimento nos serviços da segurança social.

É um normativo similar ao do n.º 4 do artigo 108.º do Código de Procedimento Administrativo, reportado ao deferimento tácito, segundo o qual, para o cômputo do respectivo prazo, se considera suspender-se sempre que o procedimento estiver parado por motivo imputável ao particular.

---

[68] Este regime constava outrora do artigo 1.º, n.º 3, da Portaria n.º 1085-A, de 31 de Agosto.

5. Prevê o n.º 4 deste artigo o termo do prazo de dez dias referido no número anterior e a omissão do interessado de apresentação de todos os elementos de prova necessários, e estatui, por um lado, dever o requerimento ser indeferido, e, por outro, ser dispensada nova notificação ao requerente.

Contraria-se a regra de que todas as decisões sobre pedidos de protecção jurídica devem ser notificadas aos requerentes, designadamente para efeito de impugnação, em conformidade com o que se prescreve no artigo 26.º, n.º 1, deste diploma.

Todavia, o efeito negativo desta dispensa é atenuado pela circunstância de operar a notificação do requerente de protecção jurídica a fim de apresentar os documentos em falta no mencionado prazo sob pena de indeferimento da sua pretensão.

6. Isenção de impostos, emolumentos e taxas

Sobre a isenção de impostos, emolumentos e taxas relativa a requerimentos e documentos tendentes à obtenção da protecção jurídica, sob a epígrafe *isenções*, rege o artigo 9.º da Lei do Apoio Judiciário, do seguinte teor:

"Estão isentos de impostos, emolumentos e taxas os requerimentos, certidões e quaisquer outros documentos pedidos para fins de protecção jurídica".

O disposto neste artigo corresponde ao que prescrevia o artigo 53.º da Lei anterior – n.º 30-E/2000, de 20 de Dezembro – com a única diferença de agora a sua parte final se reportar a fins de protecção jurídica e anteriormente a fins de apoio judiciário.

Prevê a isenção de impostos, emolumentos e taxas, e estatui que ela abrange os requerimentos, certidões e quaisquer outros documentos pedidos para fins de protecção jurídica.

A sua expressão literal não é muito rigorosa, certo que não são os requerimentos, as certidões e outros documentos que são isentos de impostos, emolumentos e taxas, porque os candidatos à obtenção da protecção jurídica é que não estão sujeitos ao pagamento dos referidos encargos que, em geral, sejam devidos por aqueles actos.

Trata-se, pois, de uma isenção de natureza objectiva, de âmbito limitado pela natureza do fim em causa, sendo que a taxa corresponde ao preço autoritariamente estabelecido pago pela utilização individual de bens, e o imposto consiste na prestação coactiva e unilateral exigida pelo Estado com vista à realização de fins públicos.[69]

O emolumento, expressão derivada do latim *emolumentum*, com o significado de vantagem ou proveito, distingue-se da taxa porque assume a natureza de mera compensação pelo serviço prestado pela entidade pública e é susceptível de reverter, no todo ou em parte, para os funcionários que o executem.

A expressão *protecção jurídica* está utilizada no seu sentido normal, abrangente da consulta jurídica e do apoio judiciário, este na sua dupla modalidade de patrocínio judiciário e de assistência judiciária.

Este normativo pretende significar que não são devidos impostos, emolumentos e taxas pelos requerimentos ou certidões e outros documentos emitidos pelos serviços públicos em geral que se destinem à obtenção de protecção jurídica nas vertentes de consulta jurídica, patrocínio judiciário e de assistência judiciária.

O seu conteúdo útil consubstancia-se na isenção de emolumentos e taxas relativos a actos notariais e de registo, e, porventura, de imposto do selo dos documentos destinados a instruir o procedimento administrativo de protecção jurídica que, por imposição da lei geral, devam ser selados.[70]

Já se suscitou a questão de saber se este normativo permite ou não a conclusão de que os beneficiários de apoio judiciário na modalidade de assistência judiciária têm direito à gratuitidade dos documentos necessários à instrução da causa e dos actos notariais e de registo porventura dela emergentes.

O elemento histórico mais remoto deste preceito é no sentido de que a isenção em causa só se reportava ao imposto de selo dos documentos necessários à instrução do incidente da assistência judiciária. Na primeira fase dos trabalhos preparatórios da Lei do Apoio Judiciário de 1987, expressava-se, por um lado, a gratuitidade dos requerimentos e documentos necessários à assistência judiciária, e, por outro, a das publicações e dos actos notariais e de registo necessários à defesa dos interesses da parte beneficiária.

Mas este último segmento não foi consagrado na Lei. A sua letra,

---

[69] Parecer do Conselho Consultivo da Procuradoria-Geral da República, de 18 de Dezembro de 1980, *BMJ,* n.º 306, pág. 138.
[70] Ac. da Relação de Coimbra, de 28 de Junho de 1984, *CJ,* Ano IX, Tomo 3, pág. 118.

enquanto insere a expressão *para fins de protecção jurídica*, inculca o sentido para fins de concessão daquele benefício.

Se o legislador pretendesse que o benefício do apoio judiciário na modalidade de assistência judiciária abrangesse a dispensa do pagamento dos emolumentos ou taxas devidos pela emissão de documentos destinados à instrução da causa ou dos actos notariais ou de registo por ela implicados, certamente que incluiria essa previsão no artigo 16.º, n.º 1, desta Lei ou expressaria claramente a solução na disposição em análise, com a clareza que resultava dos trabalhos preparatórios do Decreto-Lei n.º 387--B/87, de 29 de Dezembro, que a inseriu pela primeira vez.

É que a solução que resultava dos referidos trabalhos preparatórios não se converteu em lei, por se não haver pretendido tal amplitude, porventura porque a lei de custas, que então vigorava, permitia o levantamento de certidões relativas a actos processuais, sem o pagamento dos concernentes emolumentos por quem beneficiasse do apoio judiciário na modalidade de assistência judiciária.[71]

Entendemos, assim, que o normativo em análise não abrange os beneficiários de apoio judiciário na modalidade de assistência judiciária quanto à gratuitidade dos documentos necessários à instrução da causa e dos actos notariais e de registo porventura dela emergentes.[72]

Nesta perspectiva, apenas os requerentes da protecção jurídica e no que concerne à respectiva concessão estão dispensados de pagar o custo de certidões judiciais para o efeito, e não aqueles a quem o referido benefício foi concedido.

7. Cancelamento da protecção jurídica

Sobre o cancelamento da protecção jurídica, sob a epígrafe com a mesma designação, rege o artigo 10.º da Lei do Apoio Judiciário, do seguinte teor:

"1. A protecção jurídica é cancelada, quer na sua totalidade quer relativamente a alguma das suas modalidades:

---

[71] Artigo 120.º do Código das Custas Judiciais de 1962.
[72] Ac. do STJ, de 10 de Maio de 1990, "Actualidade Jurídica", Ano 2, n.º 9, Junho de 1990, pág. 9.

a) Se o requerente ou o respectivo agregado familiar adquirir meios suficientes para poder dispensá-la;

b) Quando se prove por novos documentos a insubsistência das razões pelas quais foi concedida;

c) Se os documentos que serviram de base à concessão forem declarados falsos por decisão com trânsito em julgado;

d) Se, em recurso, for confirmada a condenação do requerente como litigante de má fé;

e) Se, em acção de alimentos provisórios, for atribuída ao requerente uma quantia para custeio da demanda.

f) Se o requerente a quem tiver sido concedido apoio judiciário em modalidade de pagamento faseado não proceder ao pagamento de uma prestação e mantiver esse incumprimento no termo do prazo que lhe for concedido para proceder ao pagamento em falta acrescido de multa equivalente à prestação em falta.

2. No caso da alínea a) do número anterior, o requerente deve declarar, logo que o facto se verifique, que está em condições de dispensar a protecção jurídica em alguma ou em todas as modalidades concedidas, sob pena de ficar sujeito às sanções previstas para a litigância de má fé.

3. A protecção jurídica pode ser cancelada oficiosamente pelos serviços da segurança social ou a requerimento do Ministério Público, da Ordem dos Advogados, da parte contrária, do patrono nomeado ou do agente de execução atribuído.

4. O requerente da protecção jurídica é sempre ouvido.

5. Sendo cancelada a protecção jurídica concedida, a decisão é comunicada ao tribunal competente e à Ordem dos Advogados ou à Câmara dos Solicitadores, conforme os casos.

1. Reporta-se este artigo, alterado pela Lei n.º 47/2007, de 28 de Agosto, ao cancelamento da protecção jurídica.

A alteração consistiu na substituição da expressão, reportada à protecção jurídica, *retirada*, pela expressão *cancelada*, no acréscimo à alínea a) do n.º 1 do segmento relativo ao respectivo agregado familiar, na inserção da nova alínea f) e, quanto ao n.º 3, na menção da entidade a quem compete o cancelamento e da legitimidade da Ordem dos Advogados para o respectivo requerimento e do agente de execução atribuído em substituição do solicitador de execução designado.

Conforma-se este normativo, em parte, com o disposto na Directiva n.° 2003//8/CE do Conselho, de 27 de Janeiro de 2003, segundo a qual, os Estados-Membros podem prever a possibilidade de a autoridade competente decidir que o beneficiário do apoio tem obrigação de proceder ao reembolso total ou parcial do mesmo, caso a sua situação tenha melhorado consideravelmente ou a decisão de concessão do apoio judiciário tenha sido tomada com base em informações inexactas fornecidas pelo beneficiário (artigo 3.°, n.° 5).

Além dos casos de cancelamento da protecção jurídica mencionados no n.° 1 deste artigo, a lei prevê um outro, no n.° 2 do artigo 31.° desta Lei, motivado pela omissão de colaboração pelo beneficiário da protecção jurídica na modalidade de patrocínio com o patrono que lhe tenha sido nomeado para a propositura de acção ou procedimento equivalente.

2. Prevê o n.° 1, proémio, o cancelamento da protecção jurídica, e estatui que o deve ser, na totalidade ou em relação a alguma das suas modalidades, nos casos previstos nas suas seis alíneas.

A expressão *cancelar*, sem rigor jurídico, significa *declarar sem efeito*, ou seja, revogar. De qualquer modo, é mais adequada do que a expressão *retirar* que constava da versão anterior deste normativo.

O conceito de protecção jurídica a que este normativo se reporta está utilizado em sentido amplo, abrangente da consulta jurídica e do apoio judiciário nas suas várias modalidades.

A revogação da concessão da protecção jurídica, na totalidade ou de alguma das suas modalidades, pretende diferenciar a incidência sobre a consulta jurídica, a dispensa de pagamento de taxa de justiça e de outros encargos com o processo, o patrocínio judiciário ou de defesa em processo penal ou a atribuição de agente de execução.

Não tem, pois a ver com a previsão legal de não concessão parcial do benefício da assistência judiciária a que se reporta a alínea a) do n.° 1 do artigo 16.° desta Lei.

3. Prevê a alínea a) do n.° 1 deste artigo o caso de o requerente da protecção jurídica ou o respectivo agregado familiar terem adquirido meios suficientes para poder dispensá-la, e estatui ser-lhe cancelada.

Em relação ao regime de pretérito, a lei inseriu de novo, como pressuposto de revogação da concessão da protecção jurídica, a aquisição pelo agregado familiar do requerente de meios suficientes para poder dispensá-

-la, o que se conforma com o quadro económico que serviu de base à concessão do beneficio em causa.

Justifica a revogação do benefício da protecção jurídica em causa a aquisição pelo seu beneficiário ou pelo respectivo agregado familiar, posteriormente à concessão da protecção jurídica, de meios económico-financeiros suficientes para o custeio integral da demanda, incluindo os relativos aos honorários concernentes ao patrocínio, isto é, verificada que seja a insubsistência da causa motivadora daquela decisão de concessão, que o beneficiário deverá indicar à entidade administrativa competente.

Não basta, porém, uma qualquer melhoria patrimonial, mas a situação económica que, a existir aquando da concessão do benefício, implicaria uma decisão negatória em todas ou em algumas ou alguma das respectivas modalidades.

Como é natural, não pode ser considerada melhoria patrimonial para o efeito em causa o aumento do vencimento do beneficiário da protecção jurídica que se limite a repor o seu poder de compra.[73]

Ao invés, face ao que se prescreve no n.º 2 do artigo 13.º desta Lei, a indemnização por danos causados, embora assente no princípio da reintegração da esfera patrimonial do lesado na situação anterior ao dano, é susceptível de justificar a exigência de reembolso dos valores de cujo pagamento foi dispensado por via da concessão do benefício da protecção jurídica.[74]

Face à motivação legal que o suporta, o instituto do acesso ao direito e aos tribunais, como é natural, não deverá continuar a favorecer os que deixaram, por alteração positiva da sua situação patrimonial inicial, de dele carecer.

4. Prevê o proémio e a alínea b) do n.º 1 deste artigo o caso de se provar por novos documentos a insubsistência das razões por que a protecção jurídica foi concedida, e estatui dever ser cancelada.

O documento – autêntico, particular ou autenticado – é o objecto elaborado pelo homem a fim de reproduzir ou representar pessoas, coisas ou

---

[73] Ac da Relação de Coimbra, de 27.7.82, *CJ*, Ano VII, Tomo 4, pág. 61.

[74] Foi tacitamente revogado o n.º 5 do artigo 54.º da Lei n.º 30-E/2000, de 20 de Dezembro, segundo o qual, o disposto nos números anteriores não era aplicável quando em virtude da causa viesse a ser fixada ao requerente indemnização para o ressarcir de danos ocorridos.

factos (artigos 362.°, 363.°, n.ºs 2 e 3, do Código Civil e 150.° do Código do Notariado).

São novos os documentos objectiva ou subjectivamente supervenientes em relação à decisão de concessão da protecção jurídica, e os novos documentos a que se reporta este normativo são os que se reportam a factos contemporâneos da concessão do benefício da protecção jurídica que revelem o infundado da decisão respectiva.

5. Prevê o proémio e a alínea c) do n.° 1 deste artigo a declaração da falsidade dos documentos que serviram de base à concessão da protecção jurídica por decisão transitada em julgado, e estatui que ela deve ser objecto de cancelamento.

É pressuposto do funcionamento deste normativo, como é natural, que a concessão da protecção jurídica tenha sido decidida apenas com base no conteúdo de determinados documentos.

A falsidade material é a envolvente de suposição ou viciação do documento, e a intelectual a que consistiu na menção nos documentos de factos que não ocorreram.[75]

A declaração de falsidade dos referidos documentos tanto pode ocorrer em acção declarativa de apreciação intentada para o efeito, como a título incidental, por exemplo no decurso de alguma causa em que os referidos documentos sejam apresentados para prova de determinado facto (artigos 4.°, n.° 2, alínea a), 546.°, n.° 1, 547.° e 550.° do Código de Processo Civil).

Transita em julgado a decisão que já não admite recurso nem reclamação (artigo 677.° do Código de Processo Civil).

6. Prevê o proémio e a alínea d) deste artigo a confirmação em recurso da condenação do requerente da protecção jurídica por litigância de má fé, e estatui dever ser aquele benefício cancelado.

O inciso *em recurso* significa, dado o contexto, a decisão transitada em julgado proferida em via de recurso.

Os membros da comunidade jurídica devem agir de boa fé, o que se traduz na exigência da adopção de uma conduta correcta e proba, seja no

---

[75] JOSÉ ALBERTO DOS REIS, "Código de Processo Civil Anotado", vol. I, Coimbra, 1948, págs. 520 e 531.

âmbito da constituição das relações inter-subjectivas, seja no plano da sua execução.[76]

As partes devem, por seu turno, agir de boa fé e observar os ditames da cooperação na condução e intervenção no processo (artigo 266.°-A do Código de Processo Civil).

Quem deduzir em juízo pretensão ou oposição cuja falta de fundamento conhecia ou devia e podia conhecer, ou intencional e reprovavelmente fizer uso do processo para obter um fim ilegal, entorpecer a acção da justiça ou impedir a descoberta da verdade, age de má fé (artigo 456.°, n.° 2, do Código de Processo Civil).

Tendo o requerente da protecção jurídica sido condenado como litigante de má fé e a respectiva decisão tiver sido confirmada em recurso, deixa, por isso, de continuar a beneficiar da protecção jurídica que lhe tenha sido concedida.

A lei, inspirada pelo princípio da estabilidade do benefício do apoio judiciário, exige, para efeitos da revogação da sua concessão, a reapreciação e confirmação do segmento decisório em causa por um tribunal superior, por exemplo, a Relação, o Tribunal Central Administrativo, o Supremo Tribunal de Justiça ou o Supremo Tribunal Administrativo, conforme os casos.

Tendo sido retirado o benefício da protecção jurídica por litigância de má fé, não pode o mesmo requerente, para a acção ou seus apensos, requerer novamente aquele benefício em qualquer das suas modalidades.[77]

Como é pressuposto deste normativo a confirmação da decisão em recurso da condenação por litigância de má fé, não lhe é subsumível a situação da parte que foi condenada a esse título no Tribunal Constitucional.[78]

Independentemente do valor da causa e da sucumbência, é sempre admissível recurso, em um grau, da decisão que condene por litigância de má fé (artigo 456.°, n.° 3, do Código de Processo Civil).[79]

---

[76] Ac. do STJ, de 26.2.92, *BMJ,* n.° 414, pág. 492.

[77] Ac. da Relação de Coimbra, de 18.1.2000, *CJ,* Ano XXV, Tomo 1, pág. 77.

[78] Ac. do Tribunal Constitucional, n.° 17/91, de 5.2.91, *BMJ,* n.° 404, págs. 484 e 485.

[79] A multa por condenação derivada de litigância de má cifra-se entre duas e cem unidades de conta (artigo 102.°, alínea a), do Código das Custas Judiciais).

A competência para o cancelamento inscreve-se, nos termos gerais, no órgão da segurança social que concedeu a protecção jurídica, ao qual deve ser comunicado o acórdão confirmativo da condenação definitiva por litigância de má fé.

Decidido o referido cancelamento, a comunicar ao tribunal e às entidades mencionadas sob o n.º 5, nesta última hipótese se for caso disso, deve o requerente da protecção jurídica proceder ao pagamento do que foi dispensado relativamente a taxa de justiça e encargos, bem como, no caso de patrocínio oficioso, do que o Instituto de Gestão Financeira e de Infra-Estruturas da Justiça, IP despendeu a título de compensação ao respectivo profissional forense.[80]

7. Prevê o proémio e a alínea e) do n.º 1 a atribuição, na acção de alimentos provisórios, ao requerente da protecção jurídica de alguma quantia a título de custeio da demanda, e estatui dever ser cancelada a protecção jurídica concedida.

Está este normativo conexionado com o que dispõe a lei de processo, segundo a qual, o procedimento cautelar tendente à obtenção de alimentos provisórios comporta a condenação do requerido em quantia destinada ao custeio da demanda quando o requerente não possa obter o apoio judiciário (artigo 399.º, n.º 2, do Código de Processo Civil).

A expressão *apoio judiciário* constante do n.º 2 do artigo 399.º do Código de Processo Civil deve ser interpretada em perspectiva actualista, com o sentido de protecção jurídica nas várias modalidades de patrocínio judiciário e de assistência judiciária.

Se ao requerente do procedimento cautelar em causa for concedida a protecção jurídica, certo é que não ocorre a condenação do requerido no custeio da demanda, e, se houve condenação em tal custeio, é porque, como é natural, não houve concessão de protecção jurídica.

O fundamento de revogação da concessão da protecção jurídica a que se reporta este normativo configura-se, por isso, de impossível aplicação prática.

8. Prevê o proémio e a alínea f) do n.º 1 deste artigo a concessão de apoio judiciário em modalidade de pagamento faseado e a omissão de

---

[80] Cfr., quanto ao regime de pretérito, a perspectiva do acórdão da Relação de Coimbra, de 17.10.2006, CJ, Ano XXXI, Tomo 4, página 27.

pagamento de uma prestação e a manutenção desse incumprimento no termo do prazo que lhe for concedido para proceder ao pagamento em falta acrescido de multa equivalente à prestação em falta, e estatui dever ser cancelado ao beneficiário aquela concessão.

Trata-se de um normativo inovador, inserido pela Lei n.º 47/2007, de 28 de Agosto, conexionado com o que se prescreve nas alíneas d) a f) do n.º 1 do artigo 16.º deste diploma, ou seja, tem a ver com a concessão do apoio judiciário nas modalidades de pagamento faseado da taxa de justiça e demais encargos com o processo, da nomeação e pagamento faseado da compensação ao patrono e pagamento faseado da compensação ao defensor oficioso.

Nesse quadro de concessão de protecção jurídica, na realidade apenas envolvente do diferimento de pagamento em prestações, reporta-se a lei à omissão de pagamento de uma delas. Face a essa omissão de pagamento, deve o tribunal notificar o devedor a fim de proceder ao seu pagamento e de igual montante, a título de multa, em dez dias.

Se o devedor proceder ao referido pagamento integral, ou seja, do montante da prestação em falta e da sanção pecuniária correspondente, não funciona a estatuição em causa. No caso contrário, verificados ficam os pressupostos do cancelamento do benefício do apoio judiciário, que devem ser comunicados aos serviços de segurança social competentes.

Esta matéria é objecto de regulamentação no diploma relativo ao pagamento faseado em causa, sob o tema de sanção pela omissão em processo civil e em processo penal:

9. O normativo do n.º 2, conexionado com o que consta na alínea a) do n.º 1, prevê a aquisição pelo requerente da protecção jurídica, em alguma, algumas ou em todas as suas modalidades, de meios que justifiquem a cessação do benefício referido, e estatui que ele deve comunicar o facto, sob pena de ficar sujeito às sanções previstas para a litigância de má fé.

A litigância de má fé comporta a condenação em multa e em indemnização à parte contrária, se esta a pedir (artigo 456.º, n.º 1, do Código de Processo Civil).

Na espécie, em termos de suporte legal, nada obsta a que condenação em causa seja susceptível de abranger a dupla vertente a que se reporta o artigo 456.º, n.º 1, do Código de Processo Civil.

Todavia, não se inclui na competência dos órgãos da segurança social a referida condenação, pelo que esta só é configurável na acção a que alude o n.º 1 do artigo 13.º desta Lei.

10. Prevê o n.º 3 a legitimidade *ad causam* para requerer a revogação da concessão da protecção jurídica, e estatui que a têm o Ministério Público, a Ordem dos Advogados, a parte contrária, o patrono nomeado e o agente de execução atribuído.

Este normativo foi objecto de alteração por via da Lei n.º 47/2007, de 28 de Agosto, deixando agora expresso competir aos serviços de segurança social a revogação da concessão do benefício de protecção jurídica, designadamente a título oficioso.

O resto da alteração limitou-se a envolver a atribuição da legitimidade para o requerimento de revogação á Ordem dos Advogados e a adaptar o preceito à circunstância de haver sido eliminada a concessão de patrocínio judiciário por via do pagamento da retribuição ao solicitador de execução designado, e instituída a modalidade de patrocínio consubstanciada em atribuição de agente de execução com a categoria de oficial de justiça.

O princípio constitucional da igualdade dos cidadãos perante a lei postula que o benefício da protecção jurídica só seja concedido a quem dele efectivamente careça e na medida respectiva (artigo 13.º da Constituição).

O referido princípio e os fins que motivam o instituto do acesso ao direito e aos tribunais justificam o conhecimento oficioso dos fundamentos da revogação a que alude este artigo, ou a requerimento do Ministério Público, a quem a lei atribui, por via de competência e legitimidade próprias, a defesa da legalidade e dos interesses do Estado-Comunidade.

A parte contrária suportou, como é natural, despesas com o processo e, por via disso e do vencimento de causa, tem direito a ser delas reembolsada a título de custas de parte, pelo que tem interesse na revogação do benefício da protecção jurídica a fim de operar a seu favor aquele reembolso.

O patrono nomeado também tem interesse na revogação da concessão da protecção jurídica a quem não tinha ou deixou de ter a ela direito, porque é um servidor da justiça e do direito, exerce uma profissão de cunho liberal e não deve ser sujeito a um patrocínio já não legalmente justificado nem alicerçado na sua vontade de livre aceitação (artigos 76.º, n.º 1 e 83.º do Estatuto da Ordem dos Advogados).

Mas o patrono nomeado está assaz limitado quanto à implementação da revogação da protecção jurídica, visto que, em regra, conhecerá dos respectivos fundamentos por virtude do exercício do patrocínio e cabe-lhe cumprir o dever de sigilo profissional (artigos 87.° do Estatuto da Ordem dos Advogados e 110.° do Estatuto da Câmara dos Solicitadores).

O agente de execução é um oficial de justiça a quem cabe, em regra, a realização das diligências no processo de execução, incluindo citações, notificações e publicações, sob controlo do juiz (artigo 808.°, n.os 1 e 2, do Código de Processo Civil).

11. Prevê o n.° 4 deste artigo a dinâmica do incidente administrativo de cancelamento da protecção jurídica, e estatui que o requerente da protecção jurídica é nele sempre ouvido.

É claro que a protecção jurídica pode ser efectivamente requerida pelo interessado na sua concessão, pelo Ministério Público ou advogado, advogado estagiário ou solicitador, em representação do primeiro (artigo 19.° desta Lei).

Em qualquer caso, porém, embora representado ou patrocinado, quem requer a protecção jurídica é o respectivo utente, e é este que deve ser ouvido previamente à decisão sobre o pedido da sua revogação, ou seja, o requerente da protecção jurídica a que a lei se reporta é, naturalmente, a pessoa singular ou colectiva que obteve o benefício.

Ele tem interesse na audição, como é natural, porque a revogação da concessão da protecção jurídica lhe acarretará desvantagem patrimonial, o que implica que deva ser cumprido o princípio do contraditório (artigo 55.° do Código do Procedimento Administrativo).

A audição a que se reporta este normativo consiste na notificação do beneficiário da protecção jurídica da pretensão do requerente da revogação ou dos factos de que a entidade decisória tem conhecimento a fim de, em dez dias, poder pronunciar-se sobre eles.

Este prazo corre a partir da data em que deva considera-se notificado, não se contam os sábados, domingos e feriados, e, se terminar em dia em que os serviços da segurança social estejam encerrados, transfere-se para o primeiro dia útil seguinte (artigos 37.° desta Lei e 72.° do Código do Procedimento Administrativo).

É o requerente da revogação que deve provar a alteração da situação patrimonial do beneficiário da protecção jurídica, pelo que a sua audição, a que se reporta este normativo, não implica, naturalmente, que ele deva fornecer os elementos necessários à decisão pertinente.[81]

Verificando o juiz, no decurso do processo, ocorreram factos idóneos à retirada do benefício da concessão da protecção jurídica, deve mandar entregar ao Ministério Público a pertinente certidão, com vista a possibilitar a implementação por ele da sua revogação no órgão da segurança social competente.

12. Prevê o n.º 5 deste artigo a decisão dos serviços de segurança social de cancelamento da protecção jurídica, e estatui que a mesma é comunicada ao tribunal competente e à Ordem dos Advogados ou à Câmara de Solicitadores, conforme os casos.

Embora a lei não distinga, importa que o intérprete o faça se houver ponderosas razões de sistema que o exijam.

Ora, só se justifica a notificação da decisão de cancelamento da protecção jurídica à Ordem dos Advogados ou à Câmara dos Solicitadores no caso de tal benefício envolver a modalidade de patrocínio judiciário.

Só em relação ao tribunal, em qualquer modalidade de protecção jurídica – assistência judiciária ou patrocínio – se justifica a notificação a que a lei se reporta.

13. A cessação do benefício da protecção jurídica a que este artigo se reporta pressupõe necessariamente uma decisão revogatória, transitada em julgado, proferida pela entidade competente, procedimento, porém, que só faz sentido enquanto se não esgotarem em relação à causa os efeitos da decisão que o concedeu.[82]

No caso de os fundamentos da revogação da concessão da protecção jurídica ocorrerem ou forem conhecidos depois de a decisão que o concedeu haver produzido em relação à causa concernente todos os seus efeitos, imediatos e mediatos, a solução será a prevista no artigo 13.º desta Lei.

A lei atribuiu a competência para a decisão do incidente de retirada de protecção jurídica aos serviços de segurança social, mas, como está em causa um conflito de interesses, pode suscitar-se a questão da inconstitucionalidade deste normativo de competência, com fundamento na reserva do juiz a que se reporta o artigo 202.º, n.º 2, da Constituição.

---

[81] Ac. da Relação de Évora, de 3.10.91, *CJ*, Ano XVI, Tomo 4, pág. 306.
[82] Ac. da Relação de Évora, de 17.1.91, *BMJ*, n.º 403, pág. 500.

14. A revogação da concessão da protecção jurídica produz efeitos a partir do trânsito em julgado da respectiva decisão.

A lei não prevê a consequência jurídica da revogação da protecção jurídica, ou seja, quanto àquilo que o requerente da protecção jurídica deixou de pagar a título de taxa de justiça e de encargos do processo nem quanto à remuneração paga ao respectivo patrono pelo erário público, isto é, pelo Instituto de Gestão Financeira e de Infra-Estruturas da Justiça, IP.

Dada a similitude da situação com a decorrente do indeferimento do pedido de apoio judiciário, pensamos ser aplicável por analogia o disposto no n.º 4 do artigo 29.º desta Lei (artigo 10.º, n.ºs 1 e 2, do Código Civil).

Assim, a partir da definitividade da decisão revogatória em causa, deverá o requerido que tenha perdido o benefício da protecção jurídica suportar o pagamento da taxa de justiça inicial e ou subsequente, dos preparos para despesas que deixara de pagar por virtude da concessão do benefício ou de custas entretanto devidas ou constituir mandatário judicial em substituição do patrono que o deixou de patrocinar, e suportar o dispêndio relativo ao reembolso ao Estado do que até ali este pagou de compensação, conforme os casos.

A lei de processo estabelece que no caso de transacção as custas são pagas a meio, salvo acordo em contrário, e que, quando a transacção se faça entre uma parte isenta ou dispensada do pagamento de custas e outra não isenta ou dispensada, o juiz, ouvido o Ministério Público, determinará a proporção em que as custas devem ser pagas (artigo 451.º, n.º 2, do Código de Processo Civil).

Este normativo da lei de processo é, pois, aplicável no caso de só uma das partes transaccionantes beneficiar de apoio judiciário na modalidade de assistência judiciária, isto é, na vertente de dispensa de pagamento de custas.

Se a parte beneficiária de apoio judiciário na referida modalidade declarar, no âmbito da transacção, que suporta o pagamento de custas qualquer que seja a proporção, deve entender-se que renunciou tacitamente ao benefício de apoio judiciário na referida vertente (artigo 217.º do Código Civil).

8. Caducidade da concessão da protecção jurídica

Sobre a caducidade da concessão da protecção jurídica, sob a epígrafe *caducidade*, rege o artigo 11.º da Lei do Apoio Judiciário, do seguinte teor:

"1. A protecção jurídica caduca nas seguintes situações:

a) Pelo falecimento da pessoa singular ou pela extinção ou dissolução da pessoa colectiva a quem foi concedida, salvo se os sucessores na lide, no incidente da sua habilitação, juntarem cópia do requerimento de apoio judiciário e os mesmos vierem a ser deferidos;

b) Pelo decurso do prazo de um ano após a sua concessão sem que tenha sido prestada consulta ou interposta acção em juízo, por razão imputável ao requerente.

2. O apoio judiciário nas modalidades de nomeação e pagamento de honorários de patrono e de nomeação e pagamento faseado de honorários de patrono é incompatível com o patrocínio pelo Ministério Público nos termos previstos no Código de Processo do Trabalho."

1. Reporta-se este artigo à caducidade da protecção jurídica em qualquer das suas modalidades de consulta jurídica, de patrocínio judiciário e de assistência judiciária, e sobre a incompatibilidade da concessão do apoio judiciário na modalidade de patrocínio judiciário com o do Ministério Público previsto no Código de Processo do Trabalho.

Em relação ao texto de pretérito, apenas foi objecto de alteração pela Lei n.º 47/2007, de 28 de Agosto, no que concerne ao disposto no n.º 2.

Trata-se, porém, de alteração meramente formal, certo que só consistiu no acrescentamento da expressão *nomeação* ao segmento *pagamento faseado de honorários de patrono* e na eliminação da expressão *nomeado* subsequente ao referido segmento *patrono*.

Justificava-se, todavia, em adaptação ao que se prescreve nas alíneas b) e e) do n.º 1 do artigo 16.º deste diploma, que o mencionado normativo alterado expressasse a nomeação e pagamento da compensação de patrono e a nomeação e pagamento faseado da compensação de patrono.

2. Prevê o proémio e a alínea a) do n.º 1 a caducidade da protecção jurídica e estatui que ela ocorre com o falecimento da pessoa singular ou pela extinção da pessoa colectiva a quem foi concedida, salvo se os seus sucessores na lide, ao deduzirem a respectiva habilitação, juntarem cópia do requerimento de apoio judiciário e o mesmo vier a ser deferido.

Excluídas as sociedades da concessão da protecção jurídica, cessou a discussão sobre se o conceito de pessoa colectiva as abrangia ou não.

O referido conceito passa agora, dado o novo regime, a abranger as pessoas colectivas *stricto sensu* sem fins lucrativos.

A personalidade singular cessa, nos termos do artigo 68.º, n.º 1, do Código Civil, com a morte da pessoa, e a protecção jurídica é concedida a certa pessoa singular ou colectiva essencialmente em função de determinada situação patrimonial relativamente deficitária face ao custeio de uma demanda, isto é, *intuitus personae*.

Isso explica que, ocorrido o decesso da pessoa singular ou a dissolução do ente colectivo, quede ineficaz a protecção jurídica na modalidade de patrocínio judiciário ou de assistência judiciária que lhes foi concedido em relação a determinada demanda.

A excepção a que se reporta a parte final do normativo em análise prende-se com a sucessão na lide por virtude da habilitação a que se reportam os artigos 371.º a 377.º do Código de Processo Civil.

Todavia, se a substituição na lide da pessoa singular que faleceu não pode deixar de operar por via do incidente de habilitação, outro tanto não ocorre necessariamente em relação à extinção de pessoas colectivas, isto é, de associações e fundações, embora ela seja susceptível de conduzir, em razão da afectação do seu património a outra pessoa colectiva, a um fenómeno adjectivo do tipo da habilitação (artigo 160.º do Código Civil).

No caso de extinção de pessoa colectiva, apesar da substituição não operar exactamente por via do incidente de habilitação, entendemos ser aplicável, por interpretação extensiva, o disposto no normativo em análise.

A expressão *caducidade* a que o n.º 1, proémio, se reporta tem o sentido de extinção de um direito por virtude da ocorrência de um facto jurídico não voluntário, e a excepção à regra prevista no normativo em análise não está claramente formulada em termos de determinação do seu sentido.

Fica-se, com efeito, na dúvida sobre se os habilitados ou sucessores poderão ou não pedir a não caducidade da protecção jurídica antes concedida, ou um novo benefício com a extensão do anterior.

Mas se os sucessores do falecido ou da pessoa colectiva ou da sociedade que foi declarada extinta requererem a concessão do benefício da protecção jurídica, certamente que tal concessão, embora com a extensão anterior, ocorreu em função da situação económico-financeira dos requerentes e, consequentemente, ter-se-á de concluir que se extinguiu a protecção jurídica concedida às entidades extintas e que novo é o benefício concedido aos habilitados.

Tendo em conta o disposto no artigo 9.º, n.º 3, do Código Civil, se a lei expressa que a protecção jurídica não caducará, não podemos deixar de entender que a expressão *juntarem cópia do requerimento de apoio judiciário e os mesmos vierem a ser deferidos* se reporta à não caducidade da protecção jurídica anteriormente concedida e à pretensão de habilitação.

Mas para que a pretensão de não caducidade seja deferida, deverá verificar-se, em relação aos habilitados, o condicionalismo de insuficiência económica previsto no artigo 8.º desta Lei.

Todavia, importa ter em linha de conta que se os sucessores em causa não beneficiassem da protecção jurídica anteriormente concedida, mas apenas da protecção jurídica pedida *ex novo,* ela só teria efeitos para o futuro e não em relação ao pretérito.

Assim, o escopo essencial deste artigo é o da possibilidade de a protecção jurídica concedida se manter com efeitos em relação ao processado anterior ao decesso da pessoa singular ou à extinção da pessoa colectiva.

3. Prevê o proémio e a alínea b) do n.º 1 a caducidade da concessão da protecção jurídica pelo decurso do prazo, e estatui que tal ocorre logo que decorra um ano sobre a mencionada concessão sem que haja sido prestada a consulta ou interposta a acção em juízo, sob condição de esse resultado negativo não ser imputável ao respectivo beneficiário.

Trata-se de um normativo que visa obstar a que se implementem temerariamente, sem fundamento ou necessidade, procedimentos administrativos, com custos consideráveis a cargo da comunidade, e sem qualquer utilidade.

É claro que a extinção do direito à protecção jurídica por via do decurso do tempo depende de a consulta jurídica não ser prestada ou de a acção não haver sido intentada em juízo por negligência ao requerente censurável do ponto de vista ético-jurídico, como é o caso, por exemplo, de instado para tal, não fornecer ao patrono nomeado os elementos necessários.

O prazo de um ano a que este normativo alude é de natureza substantiva, pelo que afastada está a aplicação do regime de contagem dos prazos a que se reporta o artigo 38.º desta Lei, sendo de aplicar o disposto nos artigos 37.º desta Lei e 72.º do Código do Procedimento Administrativo.

Tendo em linha de conta, além do mais, a parte final da alínea b) do n.º 1 deste artigo, pensamos que a declaração da caducidade do benefício da protecção jurídica compete ao respectivo órgão da segurança social.

Os serviços da segurança social não poderão declarar a extinção do benefício da protecção jurídica sem que haja requerimento de habilitação *lato sensu* dos sucessores dos beneficiários ou, no caso de o processo dever ser contado provisoriamente nos termos da lei de custas em razão da inércia de implementar a habilitação, antes da decisão de extinção da instância a que se reporta o artigo 287.º, alínea c), do Código de Processo Civil.

No caso previsto na alínea a) do n.º 1, a caducidade da protecção jurídica produz os seus efeitos depois do decesso da pessoa singular ou da extinção da pessoa colectiva.

O disposto no n.º 1 é inaplicável em relação aos arguidos em processo penal ou contra-ordenacional, visto que o decesso da pessoa singular ou a extinção da pessoa colectiva conduzem à extinção da acção penal ou contra-ordenacional (artigos 127.º do Código Penal e 32.º do Decreto-Lei n.º 433/82, de 27 de Outubro).

Mas já é, porém, aplicável em processo penal, nos termos do artigo 68.º, n.º 1, do Código de Processo Penal, no que concerne às partes civis e às pessoas singulares que substituam os assistentes falecidos.

4. Prevê o n.º 2 o apoio judiciário nas modalidades de nomeação e pagamento de honorários de patrono e de nomeação e pagamento faseado de honorários de patrono, e estatui ser o mesmo incompatível com o patrocínio pelo Ministério Público nos termos previstos no Código de Processo do Trabalho.

É um normativo que, tendo em conta a sua previsão e estatuição, está deslocado da sua sede própria que, porventura, deveria ser a do artigo 16.º desta Lei, certo que se trata da exclusão da aplicação, na referida espécie de acções e procedimentos, do disposto nas alíneas b) e e), primeira parte, do seu n.º 1.

Tendo em conta o que se prescreve nos referidos normativos, deve entender-se que, onde a lei se refere a honorários, deve considerar-se a referência a compensação.

Compete especialmente ao Ministério Público, além do mais, exercer o patrocínio oficioso dos trabalhadores e suas famílias na defesa dos seus direitos de carácter social, caso em que a sua intervenção é a título principal (artigos 3.º, n.º 1, alínea d), e 5.º, n.º 1, alínea d), do Estatuto do Ministério Público).[83]

---

[83] Foi aprovado pela Lei n.º 47/86, de 15 de Outubro.

Por seu turno, expressa o Código de Processo do Trabalho, por um lado, que, sem prejuízo do regime do apoio judiciário, quando a lei o determine ou as partes o solicitem, o Ministério Público exerce o patrocínio dos trabalhadores e seus familiares, dos hospitais e das instituições de assistência, nas acções referidas na alínea d) do artigo 85.º da Lei n.º 3/99, de 13 de Janeiro, e correspondentes execuções, desde que não possuam serviços de contencioso, e das pessoas que, por determinação do tribunal, tiverem prestado os serviços ou efectuado os fornecimentos a que se refere aquela alínea (artigo 7.º).

E, por outro, que o Ministério Público deve recusar o patrocínio a pretensões que repute infundadas ou manifestamente injustas, e que pode recusá-lo quando verifique a possibilidade de o autor recorrer aos serviços do contencioso de associação sindical que o represente, caso em que deve notificar imediatamente o interessado de que pode reclamar, em quinze dias, para o seu superior hierárquico (artigo 8.º, n.ºs 1 e 2).

Finalmente, expressa aquele Código que, constituído mandatário judicial, cessa a representação ou o patrocínio oficioso que estiver a ser exercido, sem prejuízo da intervenção acessória do Ministério Público (artigo 9.º).

Em decorrência do normativo em análise, considerando o escopo finalístico para que foi estabelecido, o segmento normativo do proémio do artigo 7.º do Código de Processo do Trabalho *sem prejuízo do regime do apoio judiciário*, reportado à modalidade de patrocínio judiciário, ficou tacitamente limitado.

A regra, por isso, é a de que, nos casos em que a lei prevê a susceptibilidade de alguma das partes ser patrocinada pelo Ministério em acções do foro laboral, incluindo as relativas a acidentes de trabalho e respectivos incidentes, ela não pode requerer o apoio judiciário na modalidade de patrocínio judiciário.

A excepção só ocorrerá, com efeito, no caso de o Ministério Público, por qualquer dos motivos legalmente previstos, recusar às referidas pessoas o patrocínio no foro laboral que elas lhe tenham solicitado.

Dir-se-á, em síntese, que se o Ministério Público não recusar o patrocínio judiciário às entidades acima referidas, designadamente aos trabalhadores e seus familiares, hospitais, instituições de assistência e aos prestadores de serviços ou de fornecimentos determinados pelo tribunal, não podem obter a protecção jurídica na modalidade de patrocínio judiciário com pagamento de compensação ou do seu pagamento faseado.[84]

---

[84] O Tribunal Constitucional decidiu, no dia 21 de Maio de 1992, relativamente ao

É claro que a previsão negativa deste normativo não exclui, como é natural, que a parte representada pelo Ministério Público requeira a protecção jurídica na modalidade de assistência judiciária, ou seja, de dispensa de pagamento de taxa de justiça e dos demais encargos com o processo.

9. Impugnação judicial da decisão revogatória da protecção jurídica

Sobre a impugnação judicial da decisão que cancele ou revogue a protecção jurídica, sob a epígrafe *impugnação*, rege o artigo 12.º da Lei do Apoio Judiciário, do seguinte teor:

"Da decisão que determine o cancelamento ou verifique a caducidade da protecção jurídica cabe impugnação judicial, que segue os termos dos artigos 27.º e 28.º."

1. Este artigo tem por antecedente o artigo 39.º da Lei n.º 30-B/2000, de 20 de Dezembro, só dele divergindo na medida em que se não reporta ao artigo 29.º.

Está conexionado, não só com o disposto nos artigos 10.º e 11.º deste diploma, que se referem ao cancelamento e à caducidade da protecção jurídica, como também com o que se prescreve nos artigos 27.º e 28.º, relativos à impugnação judicial da decisão administrativa que denegou ou concedeu a protecção jurídica e ao tribunal competente para a decidir.

2. Prevê este artigo a decisão que determine o cancelamento ou verifique a caducidade da protecção jurídica, e estatui, por um lado, caber dela impugnação judicial, e, por outro, seguir os termos previstos nos artigos 27.º e 28.º deste diploma.

Código de Processo do Trabalho anterior, que o seu artigo 8.º, na interpretação de que o patrocínio judiciário dos trabalhadores cabe exclusivamente ao Ministério Público e de que é inaplicável nos tribunais de trabalho o artigo 50.º do Decreto-Lei n.º 387-B/87, de 29 de Dezembro, violava o princípio da igualdade por possibilitar que haja trabalhadores privados do direito de serem patrocinados por advogado de sua livre escolha em processos laborais exclusivamente em razão da sua situação económica (Ac. n.º 190/92, BMJ, n.º 417, página. 246).

Assim, o acto administrativo proferido pelos serviços de segurança social que cancele ou declare a caducidade do benefício da protecção jurídica, a que se reportam os artigos 10.º e 11.º deste diploma, é susceptível de impugnação judicial.

Resulta agora claro haver possibilidade de impugnação da decisão administrativa que haja concedido a protecção jurídica em qualquer das suas modalidades, ou seja, na de apoio judiciário nas suas vertentes de assistência judiciária e ou de patrocínio judiciário, e na de consulta jurídica.[85]

10. Acção de cobrança de quantias cujo pagamento foi dispensado no quadro da protecção jurídica

Sobre a acção de cobrança de quantias cujo pagamento foi dispensado no quadro da protecção jurídica, sob a epígrafe *aquisição de meios económicos suficientes,* rege o artigo 13.º da Lei do Apoio Judiciário, do seguinte teor:

"1. Caso se verifique que o requerente de protecção jurídica possuía, à data do pedido, ou adquiriu no decurso da causa ou no prazo de quatro anos após o seu termo, meios económicos suficientes para pagar honorários, despesas, custas, imposto, emolumentos, taxas e quaisquer outros encargos de cujo pagamento haja sido declarado isento, é instaurada acção para cobrança das respectivas importâncias pelo Ministério Público ou por qualquer outro interessado.

2. Para os efeitos do número anterior, presume-se aquisição de meios económicos suficientes a obtenção de vencimento na acção, ainda que meramente parcial, salvo se, pela sua natureza ou valor, o que se obtenha não possa ser tido em conta na apreciação da insuficiência económica nos termos do artigo 8.º.

3. A acção a que se refere o n.º 1 segue a forma sumaríssima, podendo o juiz condenar no próprio processo, no caso previsto no número anterior.

---

[85] Quanto aos termos da referida impugnação, remetemos para o que adiante irá ser escrito em comentário aos artigos 27.º e 28.º desta Lei.

4. Para fundamentar a decisão, na acção a que se refere o n.º 1, o tribunal deve pedir parecer à segurança social
5. As importâncias cobradas revertem para o Instituto de Gestão Financeira e de Infra-Estruturas da Justiça, I. P.
6. O disposto nos números anteriores não prejudica a instauração de procedimento criminal se, para beneficiar da protecção jurídica, o requerente cometer crime."

1. Reporta-se este artigo à acção de cobrança de quantias cujo pagamento lhe foi dispensado no quadro da protecção jurídica, fundada na *aquisição de meios económicos suficientes.*
Diverge do que constava na Lei n.º 30-B-2000, de 20 de Dezembro, na medida, por um lado, em que se inseriram os novos normativos dos n.ºs 2 e 4, e, face à ressalva da segunda parte do n.º 3, da que constava na segunda parte do n.º 5, de dele deixar de constar a inaplicabilidade do artigo quando em virtude da causa viesse a ser fixada ao requerente indemnização para o ressarcir de danos ocorridos, de ser agora a referência feita à protecção jurídica e não apenas ao apoio judiciário, de se limitar a exigência judicial de reembolso do devido ao termo do prazo de quatro anos contados do fim da causa e de se estabelecer que a acção pode ser intentada pelo Ministério Público ou por qualquer interessado.
E, por outro, do que constava da primitiva versão da Lei n.º 34/2004, de 29 de Julho, em resultado da alteração por via da Lei n.º 47/2007, de 28 de Agosto, em relação ao n.º 5, na medida em que se substituiu a referência ao Cofre Geral dos Tribunais pela referência ao Instituto de Gestão Financeira e das Infra-Estruturas da Justiça, IP e se eliminou a ressalva *sem prejuízo de serem pagas as despesas e honorários nos termos da nota apresentada pelo patrono deduzidos os montantes devidos a título de remuneração de patrono nos termos da presente lei.*
Discutia-se no domínio do antigo regime da assistência judiciária se o que recebeu indemnização em razão da acção que intentou com o benefício da assistência judiciária deveria ou não, caso não operasse o pagamento voluntário das custas em dívida, em cujo pagamento tivesse sido condenado, ser accionado pelo Ministério Público com vista ao seu pagamento coercivo.[86]

---

[86] Acs. da Relação do Porto, de 30.3.82, *CJ*, Ano VII, Tomo 2, pág. 277; e da Relação de Lisboa, de 6.12.88, *CJ*, Ano XIII, Tomo 5, pág. 117.

No regime regulamentar da Lei do Apoio Judiciário, que começou a vigorar em 1988, o recebimento da mencionada indemnização não implicava a exigência do pagamento dos honorários e das custas a quem a recebeu por via de acção com o benefício do apoio judiciário.

A referida estatuição legal terminou por força da Lei do Apoio Judiciário de 2004, sendo que a de pretérito não assentava em razoável justificação.

Conforma-se com as normas constantes da Directiva 2003/8/CE do Conselho, de 27 de Janeiro de 2003, segundo as quais, os Estados--Membros podem prever a possibilidade de a autoridade competente decidir que o beneficiário do apoio judiciário tem obrigação de proceder ao reembolso total ou parcial do mesmo, caso a sua situação financeira tenha melhorado consideravelmente ou a decisão de concessão do apoio judiciário tenha sido tomada com base em informações inexactas fornecidas pelo beneficiário (artigo 3.º, n.º 5).

2. Prevê o n.º 1 o facto de o requerente da protecção jurídica possuir ao tempo da formulação do pedido, ou de haver adquirido no decurso da causa, ou até quatro anos depois dela findar, meios suficientes para pagar honorários, despesas, custas, imposto, emolumentos, taxas e quaisquer outros encargos de cujo pagamento haja sido declarado isento, e estatui, para essa hipótese, dever ser instaurada acção para cobrança dessas importâncias pelo Ministério Público ou por qualquer outro interessado.

A protecção jurídica a que se reporta este normativo abrange a consulta jurídica, o patrocínio judiciário e a assistência judiciária, o que se conforma com a referência a honorários, despesas, custas, imposto, emolumentos, taxas e outros encargos.

Constitui pressuposto ou condição do referido accionamento o facto de o beneficiário da protecção jurídica dispor, ao tempo da formulação do respectivo pedido, de património disponível suficiente para suportar os encargos de cujo pagamento veio a ser dispensado, ou de o haver adquirido posteriormente, durante ou após o termo da causa, neste último caso até quatro anos depois dele.

O referido prazo é de caducidade, a que são aplicáveis as normas dos artigos 279.º, alíneas b), c) e e), 328.º, 329.º e 331.º a 333.º do Código Civil.

O conceito de custas está utilizado em sentido amplo, isto é, em termos de abranger a taxa de justiça e os encargos, em qualquer tipo de processo, isto é, do foro criminal, tributário, administrativo e cível em geral.

Ao referir-se a despesas, a lei pretende significar os encargos em geral, incluindo o que outrora era designado por preparos para despesas.

A expressão *taxas* significa a contrapartida do serviço realizado por alguma entidade pública, não abrangendo, porém, a taxa de justiça, aqui englobada no conceito de custas, e o que outrora era designado por *imposto de justiça* tem agora a designação de taxa de justiça (artigo 2.º do Decreto-Lei n.º 387-D/87, de 29 de Dezembro).

Como o imposto de selo relativo a articulados, requerimentos e certidões foi abolido, a referência a imposto constante do normativo em análise já não tem sentido útil (artigos 1.º, n.os 1 e 2, e 3 do Decreto-Lei n.º 435/86, de 31 de Dezembro).

Os emolumentos a que este normativo se reporta são aqueles a que o artigo 9.º desta Lei alude, e a expressão *isento de pagamento* não pretende significar que o referido benefício se traduz em isenção, objectiva ou subjectiva, assumindo, ao invés, o sentido de dispensa de pagamento e, consequentemente, de condenação.

Trata-se de um normativo motivado pelo facto de a concessão do benefício da protecção jurídica a quem dela não carece constituir violação do princípio constitucional da igualdade dos cidadãos perante a lei, a que se reporta o artigo 13.º da Constituição, certo ser a comunidade de contribuintes que suporta o custo daquela concessão.

A superveniência para os beneficiários da concessão da protecção jurídica de bens suficientes para suportarem os encargos derivados da sua concessão justifica, por força do referido princípio constitucional, que o Estado *lato sensu* seja por eles reembolsado do que despendeu ou deixou de perceber.

A exigência do pagamento em causa depende, pois, de o beneficiário da protecção jurídica dispor de património suficiente para o efeito.[87]

Não basta para a verificação do fundamento de accionamento a suficiência económica em relação a algum ou a alguns dos elementos de despesa integrantes do benefício integral concedido, dependendo da abrangência de todas as suas vertentes – honorários ou compensação, custas, emolumentos, taxa de justiça e outros encargos.

A acção para cobrança a que este normativo se reporta é a declarativa de condenação, conforme abaixo mais detalhadamente se justificará, cuja

---

[87] Ac. da Relação de Coimbra, de 20.4.82, *CJ*, Ano VII, Tomo 2, pág. 107.

legitimidade se inscreve na titularidade do Ministério Público ou de qualquer outro interessado, suprindo-se assim, no que concerne ao mencionado pressuposto processual, a lacuna que constava na lei anterior.

É interessado para efeito da legitimidade *ad causam* relativamente a esta acção, por exemplo, a parte vencedora que litigou no confronto de contraparte beneficiária de protecção jurídica, que tem interesse em realizar o seu direito de crédito concernente a custas de parte.

3. Prevê o n.º 2 o vencimento total ou parcial da causa por quem litigou com o benefício da protecção jurídica, e estatui que tal constitui presunção de aquisição de meios suficientes para suportar os encargos da demanda, com a ressalva embora, de o referido vencimento, pela sua natureza e valor, não dever ser tido em conta, à luz do critério legal de apreciação da insuficiência económica, a que se reporta o artigo 8.º-A desta Lei e o respectivo anexo.

O critério de determinação da insuficiência económica do requerente de protecção jurídica assenta essencialmente em factores de natureza económica e de capacidade contributiva reveladores de que não tem condições objectivas para suportar pontualmente os custos da demanda.

O conceito de capacidade contributiva envolve disponibilidade monetária, rendimento e património, sem abstrair de sinais exteriores de riqueza.

Assim, importa ponderar na excepção à referida presunção, em relação ao que, no confronto entre o resultado prático e económico que da causa adveio para o beneficiário da protecção jurídica e o valor que em função desta deixou de suportar, em termos de razoabilidade, isto é, de bom senso prático.

Em qualquer caso, este juízo sobre o aumento do património não pode abstrair do que se prescreve no Anexo a esta Lei, complementado pela portaria relativa à instrução do pedido de protecção jurídica.

O mero aumento do vencimento do beneficiário da concessão da protecção jurídica no âmbito da mesma categoria, que se limitar a repor o poder de compra, não significa aquisição de bens para efeitos do disposto neste normativo.[88]

---

[88] Ac. da Relação de Coimbra, de 27.7.82, *CJ*, Ano VII, Tomo 4, pág. 61.

4. Prevê o n.° 3 a acção a que se refere o n.° 1, e estatui, por um lado, que ela segue a forma sumaríssima, e, por outro, que o juiz pode condenar no próprio processo, no caso previsto no número anterior, ou seja, no n.° 2.

Tem-se suscitado a questão de saber se a referida acção é a executiva para pagamento de quantia certa ou a declarativa de condenação.

Há quem entenda que, na decisão constitutiva da dívida de custas, o beneficiário da protecção jurídica na modalidade de assistência judiciária deverá ser condenado a pagar os valores de cujo pagamento foi dispensado e que, verificados os pressupostos de accionamento a que se reporta o n.° 1 deste artigo, com base naquele título executivo consubstanciado na decisão condenatória, deverá o Ministério Público instaurar a acção executiva para pagamento de quantia certa com processo sumaríssimo.

Esse entendimento parece assentar na ideia de que o legislador expressou seguir esta acção executiva a forma do processo sumaríssimo para vincar a excepção, face ao regime geral, segundo o qual, nos termos do revogado n.° 2 do artigo 465.° do Código de Processo Civil, era sumária a forma de processo das acções executivas baseadas em sentença condenatória.

A situação evoluiu, porém, porque nenhuma acção executiva pode actualmente seguir a forma de processo sumaríssimo ou sumário, embora desse facto, atentas as datas da alteração da lei processual civil, não poderia extrair-se argumento relevante, porque, na perspectiva de quem defende a solução em análise, onde a lei referia a forma sumaríssima do processo deveria entender-se a forma sumária.

Embora se reconhecesse que a expressão *acção para cobrança* era susceptível de significar *acção executiva para pagamento de quantia certa*, que visa directamente a cobrança de determinado montante pecuniário, certo é que também podia ser razoavelmente entendida como *acção declarativa de condenação*, a qual instrumentaliza, indirectamente embora, a realização do acto de cobrança, seja por iniciativa do devedor, seja através de acção executiva.

O elemento literal do normativo em causa não era, por isso, decisivo no processo de determinação do sentido prevalente da lei, mas o respectivo elemento histórico já permitia, em termos inferenciais, uma leitura mais concludente.

No antigo sistema da assistência judiciária não havia dúvida sobre a questão, visto que a lei expressava que se houvesse informação de que o devedor que litigara com o benefício da assistência judiciária adquirira bens, devia instaurar-se execução para cobrança das custas e dos honorários em dívida (artigo 29.º, n.º 1, do Decreto n.º 562/70, de 18 de Novembro). Mas aquele normativo não passou para o actual sistema de acesso ao direito e aos tribunais, apesar de, nos trabalhos preparatórios relativos ao artigo correspondente ao actual, na versão da Lei de Apoio Judiciário de 1987, sempre ter sido utilizada a expressão *execução para cobrança*.[89]

Como o legislador optou pelo uso da expressão *acção para cobrança*, no confronto daqueloutra historicamente consagrada e não polissémica de *execução para cobrança*, ou de outra possível, como é o caso de *acção executiva para cobrança*, era legítimo o entendimento de que pretendeu reportar-se à acção declarativa de condenação.

O facto de o referido normativo estabelecer que a aludida acção seguia a forma sumaríssima reforçava, aliás, o entendimento mencionado em segundo lugar, ou seja, o de que ele visava a acção declarativa de condenação, porque o nosso ordenamento jurídico previa um processo especial de acção executiva, correntemente designado por execução por custas ou execução por dívida de custas, com relevante particularidade em relação à acção executiva para pagamento de quantia certa com processo sumário, e agora sob a forma única.

Conforme já se referiu, o intérprete deve presumir, na determinação do sentido e alcance da lei, que o legislador soube exprimir o seu pensamento em termos adequados e que consagrou as soluções mais acertadas (artigo 9.º, n.º 3, do Código Civil).

Ora, se a lei pretendesse que a acção em análise fosse a executiva, então não necessitava de inserir esse comando, bastando, para o efeito, que utilizasse, em vez do termo *acção,* o vocábulo *execução*.

Por outro lado, se o legislador pretendesse inserir o normativo em causa com o escopo de estabelecer que a acção em análise era a executiva e que seguiria sempre a forma sumaríssima de processo, então a solução não assentava em suficiente base literal, nem era, em termos de adequação, razoavelmente compreensível.

Com efeito, não se compreenderia que pela simples informação sobre o pressuposto patrimonial a que se reporta o n.º 1 deste artigo, o Ministério

---

[89] Artigos 50.º do anteprojecto elaborado pela 1.ª Comissão e 51.º do projecto apresentado pela 2.ª Comissão.

Público instaurasse a acção executiva, sem que o beneficiário da protecção jurídica fosse notificado para, no prazo de 10 dias, proceder ao pagamento do montante em causa.

Ademais, no caso de dispensa de pagamento de custas, sem prejuízo da declaração do valor percentual de cujo pagamento o beneficiário do apoio judiciário foi dispensado, inexistiria fundamento razoável para a condenação no respectivo pagamento e, consequentemente, para a formação de título executivo.

Acresce que o meio adequado de verificar, com respeito pelos princípios da segurança jurídica e do contraditório, se o requerente da protecção jurídica dispunha ao tempo do respectivo pedido, ou se adquiriu posteriormente meios económicos suficientes para suportar o pagamento das custas de que foi dispensado, é a acção declarativa de condenação.

Finalmente, se no procedimento de revogação da concessão da protecção jurídica se exigia que o seu beneficiário fosse ouvido antes da decisão final, diversa solução na espécie seria não só descabida como também desajustada, certo que a fase declarativa de oposição à execução não impedia o acto de penhora (artigo 10.°, n.° 4, desta Lei).

O regime que passou a resultar da lei contém elementos normativos que confirmam implicitamente o mencionado entendimento, designadamente a circunstância de a acção em causa poder ser instaurada por qualquer interessado, a possibilidade de o juiz poder operar a condenação no próprio processo e de dever, para fundamentar a decisão na acção aludida em primeiro lugar, solicitar parecer aos serviços da segurança social.

Por tudo isso, entendemos, tal como outrora, que a acção a que alude o normativo em análise é a declarativa de condenação com processo sumaríssimo, que o Ministério Público ou outro interessado devem empregar, ainda que o valor a cobrar seja superior a € 5 000, máximo actual previsto para o pedido a formular na acção declarativa de condenação com processo sumaríssimo (artigos 462.° do Código de Processo Civil, e 24.°, n.° 1, da Lei de Organização e Funcionamento dos Tribunais Judiciais, aprovada pela Lei n.° 3/99, de 13 de Janeiro).

À luz da segunda parte do normativo em análise, independentemente da instauração da referida acção declarativa de condenação com processo sumaríssimo, pode o juiz, no caso previsto no n.° 2 deste artigo, condenar o beneficiário da concessão da protecção jurídica no montante de cujo pagamento foi dispensado em razão da concessão do mencionado benefício.

Assim, se o juiz verificar, na sequência da sentença definitiva, que o beneficiário da concessão da protecção jurídica auferiu vantagem económica considerável no confronto com os valores de cujo pagamento foi dispensado em razão da concessão daquele benefício, deve proceder à sua condenação no processo da acção, oficiosamente ou sob promoção do Ministério Público, naturalmente ouvindo previamente o condenando, nos termos do artigo 3.º, n.º 3, do Código de Processo Civil.

5. Prevê o n.º 4 a acção declarativa de condenação a que alude o n.º 1, e estatui que o juiz, para fundamentar a decisão respectiva, deve pedir parecer à segurança social.

A entidade de segurança social a que a lei se reporta, é, naturalmente, o órgão que proferiu a decisão de concessão da protecção jurídica, e, com o referido pedido de parecer, deve o tribunal remeter-lhe cópia dos articulados da acção e dos documentos que eventualmente tenham sido juntos pelas partes.

O referido parecer é susceptível de incidir sobre o mérito da pretensão do autor e da defesa do réu, à luz dos elementos de prova constantes do processo administrativo e dos valores que o erário público suportou em razão da concessão da protecção jurídica em causa.

Tendo em conta o escopo finalístico do mencionado parecer, e a falta de similitude relativa das situações envolventes, não deve o juiz solicitá-lo se entender condenar o beneficiário da protecção jurídica na própria acção para a qual o benefício foi concedido (artigo 10.º, n.ºs 1 e 2, do Código Civil).

6. Prevê o n.º 5 as importâncias cobradas e estatui que elas revertem para o Instituto de Gestão Financeira e de Infra-Estruturas da Justiça IP.

Trata-se da entidade que sucedeu ao Instituto de Gestão Financeira e Patrimonial da Justiça que, por seu turno, tinha sucedido ao Cofre Geral dos Tribunais.

Deixou, por virtude da alteração deste normativo ocorrida por via da Lei n.º 47/2007, de 28 de Agosto, de vigorar a ressalva *sem prejuízo de serem pagos despesas e honorários nos termos da nota apresentada pelo patrono, deduzidos os montantes devidos a título de remuneração à luz da presente Lei.*

A solução prevista na primeira parte do normativo em análise conforma-se com o facto de ser o Instituto de Gestão Financeira e de Infra-

-Estruturas da Justiça IP quem suporta, em última análise, os encargos com a protecção jurídica na modalidade de consulta jurídica, de patrocínio judiciário e da assistência judiciária, quanto a esta última vertente, ou porque adiantou os meios para pagamento de despesas, ou deixou de perceber o que perceberia não fosse a concessão do referido benefício.[90]

A solução de as importâncias cobradas a título de despesas reverterem para o Instituto de Gestão Financeira e de Infra-Estruturas da Justiça IP compreende-se no que concerne às que por ele forem despendidas; mas tal não sucede, porém, em relação ao custo das certidões, dos emolumentos e das taxas de cujo pagamento o beneficiário da protecção jurídica foi dispensado cujo direito de crédito se inscreva na titularidade do Estado por virtude dos encargos suportados pelos seus departamentos ou repartições.

Parece, pois que a lei expressa, nesta parte, mais do que o pretendido, a exigir interpretação restritiva, em termos de o valor dos referidos emolumentos e taxas dever ser entregue aos referidos departamentos ou repartições públicas.

7. Prevê o n.º 6 deste artigo o caso de o requerente da protecção jurídica, a fim de a obter, cometer crime, e estatui que o disposto nos números anteriores não prejudica a instauração da acção penal.

Assim, o facto de ocorrer o reembolso ao Instituto de Gestão Financeira e de Infra-Estruturas da Justiça, IP do que este despendeu ou deixou de auferir em virtude da indevida concessão da protecção jurídica, por via da acção prevista no n.º 1 ou da condenação a que alude o n.º 3, não exclui o accionamento do seu beneficiário nos termos da lei penal e da lei processual penal.

A natureza da acção penalmente ilícita e dolosa a que se reporta o normativo em análise é susceptível de integrar o crime de burla ou este e o de falsificação (artigos 217.º, 255.º e 256.º do Código Penal).

Uma vez que o crime de falsificação é de natureza pública, pelo que não depende o respectivo procedimento de participação ou acusação particular, certo é que, mesmo sem o normativo em análise, o accionamento cível não prejudicava o desencadear da acção penal (artigo 72.º, n.º 2, do Código de Processo Penal).

---

[90] Cfr. o Decreto-Lei n.º 50/2002, de 2 de Março, que define o regime jurídico do Fundo de Garantia Financeira da Justiça, e a Portaria n.º 977/2004, de 3 de Agosto, que aprovou o regulamento concernente à sua gestão.

De qualquer modo, assume este normativo alguma utilidade, na medida em que contempla uma nova situação de admissibilidade da formulação do pedido cível em separado da acção penal (artigos 71.º e 72.º, n.º 1, do Código de Processo Penal).

8. Tem havido divergência jurisprudencial quanto à questão de saber se o beneficiário do apoio judiciário na modalidade de assistência judiciária relativa à dispensa de pagamento de custas deve ou não ser condenado no seu pagamento no caso de ficar vencido na acção, no procedimento ou no recurso.

Estabelece a alínea a) do n.º 1 do artigo 16.º deste diploma que o apoio judiciário compreende, além do mais, a dispensa de taxa de justiça e demais encargos com o processo, ou seja, a dispensa de pagamento de custas.

O antecedente histórico mediato deste normativo estabelecia que a assistência judiciária compreendia a dispensa, total ou parcial, de preparos e do *prévio* pagamento de custas, bem como o patrocínio oficioso.[91]

A não inserção no normativo de pretérito correspondente à alínea a) do n.º 1 do artigo 16.º do vocábulo *prévio* visou evitar a condenação no pagamento de custas de quem beneficiou do apoio judiciário nessa modalidade e não foi convencido, no processo ou fora dele, dos fundamentos da sua revogação.[92]

A lei pretendeu acabar com a anomalia consistente no facto de, não obstante a dispensa de pagamento de custas, ser elaborada a respectiva conta e notificado o beneficiário do apoio judiciário nessa modalidade para realizar o pagamento daquilo que havia sido dispensado de pagar, que fora salientada no debate parlamentar sobre a proposta de lei de que resultou o Decreto-Lei n.º 387-B/87, de 29 de Dezembro.[93]

Actualmente, se entre a data do trânsito em julgado da decisão que concedeu o apoio judiciário na modalidade de dispensa pagamento de custas e a do termo da causa em que ele foi concedido ocorrer e for provado algum dos fundamentos de revogação do benefício, designadamente a

---

[91] Base I, n.º 1, da Lei n.º 7/70, de 9 de Junho.

[92] O normativo que antecedeu a alínea a) do artigo 15.º da Lei n.º 30-E/2000, de 20 de Dezembro, foi o n.º 1 do artigo 15.º do Decreto-Lei n.º 387-B/87, de 29 de Dezembro. E as normas que prevêem a situação são, no domínio da lei actual, as do artigo 16.º, n.º 1, alíneas a) e d), 1.ª parte.

[93] *Diário da Assembleia da República*, I Série, n.º 25, de 20 de Novembro de 1987.

aquisição de meios suficientes para poder dispensá-lo, é no procedimento administrativo legalmente previsto para o efeito que deve ocorrer a condenação no pagamento das custas nele dispensadas de pagamento a quem perdeu esse direito em consequência da revogação da respectiva decisão (artigo 10.º, n.º 1, desta Lei).

No caso de o fundamento da revogação da decisão que concedeu o apoio judiciário só ser conhecido depois do termo da causa em que ocorreu a concessão, apenas em acção intentada contra o beneficiário este poderá ser condenado no pagamento das custas de que fora dispensado (n.º 5 deste artigo).

Assim, resulta da conjugação das normas do n.º 1 do artigo 10.º, dos n.ºs 1 a 5 do artigo 13.º e da alínea a) do n.º 1 do artigo 16.º, todos desta Lei, e do artigo 446.º do Código de Processo Civil que a decisão cujo conteúdo implique o segmento relativo a custas contra quem beneficiou do apoio judiciário na modalidade de dispensa do seu pagamento deverá definir, se for caso disso, em termos de percentagem, a responsabilidade pela realização do crédito de custas, mas não pode condenar no pagamento do respectivo *quantum*, por desse pagamento ter havido dispensa por decisão definitiva, e não ter havido cancelamento do benefício.

Há, porém, quem entenda que, na decisão constitutiva do crédito e da dívida de custas, deve o beneficiário do apoio judiciário ser condenado a pagar o montante de cujo pagamento foi dispensado com a menção *sem prejuízo do apoio judiciário*.

Não é, isso, porém, o que nos parece resultar da lei, além de que, como já referimos, a acção a que se reporta o n.º 3 do artigo em análise não é a executiva, mas a declarativa de condenação com processo sumaríssimo.

Finalmente, só com a solução que defendemos se evita a anomalia de se proceder aos actos de contagem e de notificação do beneficiário do apoio judiciário em relação a valores de cujo pagamento foi dispensado.[94]

---

[94] Uma Deputada à Assembleia da República afirmou, a este propósito, na discussão parlamentar relativa à proposta de lei n.º 52/VII, que esteve na origem da última alteração do Decreto-Lei n.º 387-B/87, de 29 de Dezembro... *Pensamos que, mesmo na especialidade, se deverá equacionar uma questão que, muitas vezes, tem surgido nos tribunais... Trata-se da questão da cobrança das custas à pessoa que litigou com o apoio judiciário. Com certeza, já todos se viram confrontados com execuções por custas que o Ministério Público propõe com base num artigo que não tem exactamente a redacção do diploma anterior; toda a gente já se viu confrontado, efectivamente, com o facto de ter de deduzir*

Assim, o beneficiário do apoio judiciário na modalidade de assistência judiciária, enquanto esta for eficaz, não pode ser condenado no pagamento das custas de que eventualmente seja responsável no âmbito da causa em relação à qual a sua dispensa de pagamento foi declarada.[95]

9. O âmbito objectivo de aplicação do n.º 1 deste artigo e do n.º 1 do artigo 10.º desta Lei coincidem parcialmente no que concerne às causas de revogação do benefício da protecção jurídica e de accionamento para cobrança de valores que o beneficiário respectivo deixou de pagar em razão daquele benefício, pelo que se impõe a sua harmonização.

O elemento essencial de harmonização desses segmentos normativos coincidentes parece ser de natureza temporal, isto é, o relativo ao momento em que é verificada a situação de suficiência económica do beneficiário da concessão da protecção jurídica.

Se a situação de suficiência económica do beneficiário da concessão da protecção jurídica for verificada anteriormente ao termo da causa em função da qual operou o procedimento administrativo na segurança social haverá lugar à revogação daquele benefício, nos termos do artigo 10.º, n.º 1, desta Lei; se só o for depois do termo da causa para a qual foi concedida a protecção jurídica, então a solução será o accionamento a que se reporta o n.º 1 do artigo em análise.[96]

10. O apoio judiciário na vertente de assistência judiciária é susceptível de se traduzir, na área não penal, na dispensa de pagamento de preparos para despesas, de taxa de justiça inicial e subsequente e de custas, e, na área penal, na dispensa de pagamento de encargos e de taxa de justiça.

No que concerne ao apoio judiciário na modalidade de patrocínio judiciário, seja em processo penal seja em processo não penal, a sua concessão é susceptível de abranger a dispensa de pagamento de compensação a causídicos por causa do patrocínio.

---

embargos, e nem todos os embargos terão sido decididos de igual forma, face à actual redacção do artigo.

[95] Vejam-se, neste sentido, os Acs. da Relação de Lisboa, de 7.11.96, Processo n.º 973/95, 6.ª Secção, 1.ª Subsecção; e do STJ, de 12.11.96, *BMJ,* n.º 461, pág. 357, e de 16.10.2003, Processo n.º 1371, 7.ª Secção. Em sentido contrário, decidiu-se no Ac. da Relação de Lisboa, de 13.3.2002, CJ, Ano XXVII, Tomo 2, pág. 133.

[96] Ac. da Relação de Évora, de 17.1.91, *BMJ,* n.º 403, pág. 500.

No regime actual, o pagamento pelo Instituto de Gestão Financeira e de Infra-Estruturas da Justiça, IP da compensação relativa ao patrocínio judiciário, seja na área criminal, seja na área não criminal, ou de compensação a defensores oficiosos de arguidos em processo penal, porque entra em regra de custas, configura-se como provisória (artigo 36.º desta Lei).

Em sentido amplo, como encargo reembolsável ao Instituto de Gestão Financeira e de Infra-Estruturas da Justiça, a referida remuneração integra-se no conceito de custas.

Em consequência, havendo título executivo, a realização coerciva do crédito do Estado relativo a quaisquer dos valores previstos no n.º 1 deste artigo, incluindo a compensação em causa, opera por via da acção executiva para pagamento de dívida de custas (artigos 92.º e 93.º do Código de Processo Civil).

IV – CONSULTA JURÍDICA

1. Natureza e âmbito da consulta jurídica

Sobre a natureza e o âmbito da consulta jurídica, sob a epígrafe *âmbito*, rege o artigo 14.º da Lei do Apoio Judiciário, do seguinte teor:

**"1. A consulta jurídica consiste no esclarecimento técnico sobre o direito aplicável a questões ou casos concretos nos quais avultem interesses pessoais legítimos ou direitos próprios lesados ou ameaçados de lesão.
2. No âmbito da consulta jurídica cabem ainda as diligências extrajudiciais que decorram directamente do conselho jurídico prestado ou que se mostrem essenciais para o esclarecimento da questão colocada."**[97]

1. Reporta-se este artigo, alterado pela Lei n.º 47/2007, de 28 de Agosto, à consulta jurídica, que revogou o disposto nos n.ºs 3 e 4 e modificou substancialmente o conteúdo do que se prescrevia nos n.ºs 1 e 2.

O n.º 3 deste artigo reportava-se à reclamação para o conselho distrital da Ordem dos Advogados da decisão proferida no âmbito da consulta jurídica que concluísse pela inexistência de fundamento legal de pretensão objecto do accionamento, nos termos do regulamento dos gabinetes de consulta jurídica, a publicar.

O n.º 4 referia-se ao mencionado regulamento na perspectiva da sua formulação pela Ordem dos Advogados e da sua aprovação por portaria do Ministro da Justiça.

---

[97] O disposto nos n.ºs 3 e 4 deste artigo foi revogado pelo artigo 5.º, alínea a), da Lei n.º 47/2007, de 28 de Agosto.

A referida revogação derivou da circunstância de ter sido eliminada a própria apreciação da viabilidade da pretensão do requerente da protecção jurídica no âmbito dos gabinetes de consulta jurídica.

Isso implicou também a revogação tácita do disposto no n.º 1 relativo à apreciação liminar da inexistência de fundamento legal da pretensão para efeito de nomeação de patrono, que foi substituída pela definição do conceito de consulta jurídica.

Ocorre, assim, excesso de protecção em relação ao que estabelece a Directiva 2003/8/CE do Conselho, de 27 de Janeiro de 2003, segundo a qual, os Estados-Membros podem estabelecer que os pedidos de apoio judiciário relativos a uma acção judicial que se afigure manifestamente infundada sejam rejeitados pelas autoridades competentes (artigo 6.º, n.º 1).

E no n.º 2, revogando-se tacitamente o segmento relativo à possibilidade de a consulta jurídica compreender diligências extrajudiciais ou mecanismos informais de conciliação de harmonia com os regulamentos dos gabinetes de consulta jurídica, consignou-se a ampliação do âmbito da consulta jurídica constante da definição constante do n.º 1 em relação às diligências extrajudiciais que caracteriza.

2. Prevê o n.º 1 deste artigo a estrutura da consulta jurídica, e estatui que ela consiste no esclarecimento técnico sobre o direito aplicável a questões ou casos concretos em que avultem interesses pessoais legítimos ou direitos próprios lesados ou ameaçados de lesão.

Ele está conexionado com o que prescreve o artigo 6.º, n.º 2, desta Lei, segundo o qual a protecção jurídica, abrangente da consulta jurídica, é concedida para questões ou causas judiciais concretas ou susceptíveis de concretização em que o utente tenha um interesse próprio e versem sobre direitos directamente lesados ou ameaçados de lesão.

Assim, o objecto principal da consulta jurídica, elemento da protecção jurídica, consubstancia-se no esclarecimento técnico do direito aplicável a questões ou casos concretos, com o limite de os consulentes serem titulares de interesses legalmente protegidos ou de direitos lesados ou ameaçados de lesão.

Decorrentemente, o objecto da consulta jurídica deixou de ser instrumental em relação à nomeação de patrono com vista ao accionamento *lato sensu* a que se reportava o regime de pretérito.

A consulta jurídica a que alude este normativo opera, naturalmente, depois da concessão da protecção jurídica nessa modalidade, provada que seja pelo requerente, naturalmente, a sua insuficiência económica, em conformidade com o que se prescreve no artigo 8.º-A deste diploma, sendo que aos termos da sua prestação se reporta o artigo seguinte.

3. Prevê o n.º 2 deste artigo o âmbito da consulta jurídica, e estatui nela caberem também as diligências extrajudiciais que decorram directamente do conselho jurídico prestado ou que se mostrem essenciais para o esclarecimento da questão colocada.

No regime de pretérito prescrevia-se que a consulta jurídica podia eventualmente abranger a realização de diligências extrajudiciais ou comportar mecanismos informais de conciliação, nos termos dos regulamentos dos gabinetes de consulta jurídica.

A lei engloba no âmbito da consulta jurídica as diligências que decorram directamente do conselho jurídico prestado, o que vai suscitar a dificuldade de interpretação do que deve entender-se por decorrência directa ou indirecta da referida opinião jurídica.

Acresce ser previsível a confusão entre a actividade abrangida pela consulta jurídica e a que, dela extravasando, justifique remuneração própria.

De qualquer modo, parece que agora, ao invés do que ocorria no pretérito, a consulta não pode envolver as diligências extrajudiciais relativas a mecanismos de conciliação, o que se revela conforme com a estrutura jurídica e fins que a lei, no n.º 1, lhe reserva.

Assim, não parece dever recorrer a consulta jurídica e não ao apoio judiciário na modalidade de patrocínio o interessado que pretenda os serviços de um jurista para o acompanhar em qualquer diligência extrajudicial ou pré-judicial.[98]

Parece, pois, que as referidas diligências extrajudiciais, para além daquelas que sejam necessárias para formulação da pretendida opinião jurídica, só são susceptíveis de envolver alguma notificação ou formulação de pedido de apoio judiciário em alguma das suas modalidades com vista a alguma espécie de accionamento.

---

[98] Confronte-se, porém, quanto ao regime de pretérito, o Acórdão da Relação de Lisboa, de 22.4.99, BMJ, n.º 486, pág. 355.

2. Prestação da consulta jurídica

Sobre a prestação da consulta jurídica, sob idêntica epígrafe, rege o artigo 15.º da Lei do Apoio Judiciário, do seguinte teor:

"**1. A consulta jurídica pode ser prestada em gabinetes de consulta jurídica ou nos escritórios dos advogados que adiram ao sistema de acesso ao direito.
2. A prestação de consulta jurídica deve, tendencialmente, cobrir todo o território nacional.
3. A criação de gabinetes de consulta jurídica, bem como as suas regras de funcionamento, são aprovadas por portaria do membro do Governo responsável pela área da justiça, ouvida a Ordem dos Advogados.
4. Os gabinetes de consulta jurídica podem abranger a prestação de serviços por solicitadores, em moldes a convencionar entre a Câmara dos Solicitadores, a Ordem dos Advogados e o Ministério da Justiça.
5. O disposto nos números anteriores não obsta à prestação de consulta jurídica por outras entidades públicas ou privadas sem fins lucrativos, nos termos da lei ou a definir por protocolo celebrado entre estas entidades e a Ordem dos Advogados e sujeito a homologação pelo Ministério da Justiça.**

1. Reporta-se este artigo à prestação da consulta jurídica, o qual, integrando apenas no pretérito os n.ºs 1 e 2, foi substancialmente alterado pela Lei n.º 47/2007, de 28 de Agosto.

Outrora reportava-se apenas à garantia pelo Ministério da Justiça, em cooperação com as autarquias locais interessadas e a Ordem dos Advogados, da existência gradual em todo o País de gabinetes de consulta jurídica, e à possibilidade de solicitadores neles prestarem serviços de consulta jurídica.

Agora, a perspectiva do artigo em análise é mais ampla, certo que, para além de estabelecer a tendencial prestação da consulta jurídica em todo o território nacional e de se reportar à criação de gabinetes de consulta jurídica e à sua abrangência de serviços de solicitadores, e de salvaguardar a prestação de consulta jurídica por entidades públicas e privadas sem fins lucrativos, possibilita a prestação da consulta jurídica em gabinetes de consulta jurídica, tal como no regime de pretérito, e em escritórios de advogados.

A dinâmica da consulta jurídica implica, em regra, a prestação de informação jurídica aos respectivos consulentes, e daí a fluidez da distinção entre ambas. A informação jurídica e a consulta jurídica têm de comum o facto de visarem a realização do sistema de acesso ao direito e aos tribunais; mas a última, diversamente da primeira, traduz-se numa vertente da protecção jurídica.

A consulta jurídica pressupõe, necessariamente, ao contrário da informação jurídica, a existência de questões ou causas concretas ou susceptíveis de concretização em que os utentes tenham interesse próprio e que versem sobre direitos directamente lesados ou ameaçados de lesão.

A informação jurídica, por seu turno, visa especialmente proporcionar o conhecimento pelos cidadãos da parte mais relevante do ordenamento normativo, com vista à definição dos comportamentos adequados, em relação à qual a consulta jurídica é relativamente instrumental, visando proporcionar a determinado interessado o conhecimento dos seus direitos e deveres face a casos concretos ou concretizáveis.

O disposto neste artigo foi motivado, além do mais, pelas recomendações do Comité de Ministros do Conselho da Europa, segundo as quais:

- o Estado deve providenciar no sentido de que as pessoas economicamente desfavorecidas possam obter as consultas jurídicas necessárias sobre qualquer questão susceptível de afectar os seus interesses em matéria cível, comercial, administrativa, social ou fiscal;
- a consulta jurídica deve ser dada quer gratuitamente quer mediante o pagamento pelo consulente de uma contraprestação em função dos seus recursos;
- o Estado deve proceder de modo a que as informações sobre as modalidades de consulta jurídica sejam dadas ao público e aos organismos a que as pessoas, tendo necessidade de consulta jurídica, poderão pedir ajuda;
- o Estado deve tomar medidas apropriadas para que as informações sobre a legislação sejam postas à disposição dos organismos de consulta jurídica;
- o Estado deve conceder uma atenção particular à necessidade de consulta jurídica quando um processo possa estar comprometido num outro Estado.[99]

---

[99] Resolução n.º 78 (8), de 2 de Março de 1978, *Bulletin d'Information sur les Activités Juridiques, CE,* Junho de 1978.

E está em consonância com o que prescreve o n.º 2 do artigo 20.º da Constituição, segundo o qual, todos têm direito à consulta jurídica nos termos da lei.

O acesso à protecção jurídica na modalidade de consulta jurídica depende agora de decisão dos órgãos de segurança social, na sequência de pedido adrede formulado pelo interessado, naturalmente desde que prove a sua situação de insuficiência económica, nos termos dos artigos 8.º-A e 8.º-B desta Lei.

A prestação de consulta jurídica é, neste novo regime, por virtude da alteração operada pela Lei n.º 47/2007, de 28 de Agosto, susceptível de funcionar sob a obrigação de o interessado suportar o pagamento de uma taxa (artigo 8.º-A, n.ºs 1, alínea b), e 4 desta Lei).

2. Prevê o n.º 1 deste artigo a prestação da consulta jurídica, e estatui que ela pode ser prestada em gabinetes de consulta jurídica ou nos escritórios de advogados que adiram ao sistema de acesso ao direito.

A prestação de consulta jurídica em gabinetes de consulta jurídica corresponde a prática com cobertura legal no regime de pretérito, o que não acontece com a prestação dessa consulta em escritórios de advogados.

Importa salientar, por um lado, que a consulta jurídica não pode ser prestada em escritórios de solicitadores que adiram ao sistema de acesso ao direito e aos tribunais, e, por outro, que as pessoas colectivas em geral a ela não têm direito (artigo 7.º, n.ºs 3 e 4, desta Lei).

A solução legal de a consulta jurídica poder ser prestada nos escritórios de advogados que adiram ao sistema de acesso ao direito e aos tribunais parece susceptível de gerar confusão entre a sua intervenção como profissionais liberais e como participantes no acesso ao direito e aos tribunais em quadro remuneração compensatória suportada pelo erário público.

Confia-se, como é natural, que as regras deontológicas a que os advogados estão sujeitos, e as suas obrigações decorrentes da sua aderência ao sistema de acesso ao direito e aos tribunais evitarão essas situações de confusão.

A nomeação dos profissionais forenses para a prestação de consulta jurídica é feita pela Ordem dos Advogados a pedido dos serviços de segurança social, cuja taxa devida por quem dela não beneficie a título gratuito, será do montante de € 25 (artigo 27.º da Portaria n.º 10/2008, de 3 de Janeiro).

Sem prejuízo das respectivas competências estatutárias, os advogados estagiários podem inscrever-se individualmente, sem acompanhamento do respectivo patrono, para designação para consulta jurídica (artigo 12.º da Portaria n.º 10/2008, de 3 de Janeiro).

3. Prevê o n.º 2 deste artigo o âmbito territorial da prestação de consulta jurídica, e estatui que esta deve tender a cobrir todo o território nacional.

Assim, o compromisso da lei é no sentido de que o Estado, através do Ministério da Justiça, deve impulsionar a criação de condições de prestação de consulta jurídica em todo o território nacional, seja por via da implementação de gabinetes de consulta jurídica, seja por via de advogados que adiram ao sistema de acesso ao direito e aos tribunais.

4. Prevê o n.º 3 deste artigo a criação de gabinetes de consulta jurídica e as suas regras de funcionamento, e estatui, por um lado, deverem ser aprovadas por portaria do membro do Governo responsável pela área da justiça, e, por outro, que a propósito deve ser ouvida a Ordem dos Advogados.

Portanto, a criação de novos gabinetes de consulta jurídica e as respectivas regras de funcionamento devem ser objecto de aprovação por portaria do Ministro da Justiça. E ao invés do que ocorre com as portarias a que se reporta o artigo 4.º da Lei n.º 47/2007, de 28 de Agosto, a lei não estabelece prazo para a sua aprovação.

Continuam, porém, em vigor, ao que parece, até que seja publicado o novo regulamento, os vários regulamentos dos gabinetes de consulta jurídica outrora homologados, quanto às matérias a que se reportam.

Contêm várias regras, entre as quais, por um lado, as de que os gabinetes de consulta jurídica, sem prejuízo do disposto no Estatuto do Ministério Público, asseguram a orientação e o conselho jurídico por advogados e advogados estagiários voluntariamente inscritos e escalonados para o efeito, com respeito das regras deontológicas.

E, por outro, as de proibição de os consultores, nas situações em que tenham prestado consulta, receberem quaisquer quantias dos consulentes ou das pessoas directa ou indirectamente envolvidas nos casos, de lhes indicarem o nome de qualquer profissional do foro em sua substituição e de os acompanharem nos casos fora da consulta.

5. Prevê o n.º 4 deste artigo a prestação de serviços por solicitadores nos gabinetes de consulta jurídica, e estatui, por um lado, que aqueles

gabinetes podem abranger os referidos serviços, e, por outro, que essa prestação deve observar os moldes a convencionar entre a Câmara dos Solicitadores, a Ordem dos Advogados e o Ministério de Justiça.

Salvaguarda, pois, a eventualidade de a Câmara dos Solicitadores também ser chamada a cooperar na área da consulta jurídica, naturalmente numa posição menos significativa de que aquela que é reservada à Ordem dos Advogados, o que é conforme com o facto de caber a esta última assegurar o funcionamento dos gabinetes de consulta jurídica.

De qualquer modo, os termos da intervenção dos solicitadores nos gabinetes de consulta jurídica depende de convenção tripartida, envolvente da Ordem dos Advogados, da Câmara dos Solicitadores e do Ministério da Justiça.

6. Prevê o n.º 5 deste artigo a prestação de consulta jurídica por outras entidades públicas ou privadas sem fins lucrativos, nos termos da lei ou a definir por protocolo celebrado entre estas entidades e a Ordem dos Advogados, sujeito a homologação pelo Ministério da Justiça, e estatui que a tal não obsta o que se prescreve nos números anteriores.

Trata-se de uma salvaguarda coerente com a realidade das coisas, embora sob sujeição a convénio das referidas entidades públicas e privadas sem fins lucrativos com as instituições legal e directamente vocacionadas para cumprir o desiderato de prestação de consulta jurídica de qualidade.

Com efeito, algumas entidades privadas, como é o caso, por exemplo, das associações de defesa dos consumidores, das associações de inquilinos, das associações de proprietários, das associações de industriais e das associações de comerciantes, desenvolvem, nos termos dos respectivos estatutos, acções de consulta jurídica a instância dos seus associados.

É claro que essa prestação de consulta jurídica nada tem a ver com a realização do direito a consulta jurídica a que se reporta o artigo em análise, conexo com o n.º 2 do artigo 20.º da Constituição.

Certas juntas de freguesia têm, por outro lado, vindo a instalar gabinetes de consulta jurídica gratuita, destinada aos cidadãos residentes nas respectivas áreas territoriais, prestada por advogados avençados, à margem de qualquer intervenção da Ordem dos Advogados.[100]

---

[100] O Conselho Consultivo da Procuradoria-Geral da República entendeu que as atribuições das autarquias locais incluem a informação jurídica e a consulta jurídica e que

Esta última actuação não infringe a lei. Todavia, não lhes compete, conforme resulta do n.º 1 do artigo em análise, a instalação dos gabinetes de consulta jurídica nele previstos, que visam cumprir o imperativo do n.º 2 do artigo 20.º da Constituição, embora possam nela cooperar com o Ministério da Justiça.

---

a criação e funcionamento dos respectivos gabinetes devia operar em coordenação com o Estado (Parecer n.º 85/92, de 20 de Abril de 1993).

…

V – APOIO JUDICIÁRIO

1. Âmbito objectivo do apoio judiciário

1. Sobre o âmbito objectivo do apoio judiciário, sob a epígrafe *modalidades*, rege o artigo 16.º da Lei do Apoio Judiciário, do seguinte teor:

"1. O apoio judiciário compreende as seguintes modalidades:

a) Dispensa de taxa de justiça e demais encargos com o processo;
b) Nomeação e pagamento da compensação de patrono;
c) Pagamento da compensação de defensor oficioso;
d) Pagamento faseado de taxa de justiça e demais encargos com o processo;
e) Nomeação e pagamento faseado da compensação de patrono;
f) Pagamento faseado da compensação de defensor oficioso;
g) Atribuição de agente de execução.

2. Sem prejuízo de, em termos a definir por lei, a periodicidade do pagamento poder ser alterada em função do valor das prestações, nas modalidades referidas nas alíneas *d)* a *f)* do número anterior, o valor da prestação mensal dos beneficiários de apoio judiciário é o seguinte:

a) 1/72 do valor anual do rendimento relevante para efeitos de protecção jurídica, se este for igual ou inferior a uma vez e meia o valor do indexante de apoios sociais;
b) 1/36 do valor anual do rendimento relevante para efeitos de protecção jurídica, se este for superior a uma vez e meia o valor do indexante de apoios sociais.

3. Nas modalidades referidas nas alíneas *d*) a *f*) do n.º 1 não são exigíveis as prestações que se vençam após o decurso de quatro anos desde o trânsito em julgado da decisão final da causa.
4. Havendo pluralidade de causas relativas ao mesmo requerente ou a elementos do seu agregado familiar, o prazo mencionado no número anterior conta-se desde o trânsito em julgado da última decisão final.
5. O pagamento das prestações relativas às modalidades mencionadas nas alíneas *d*) a *f*) do n.º 1 é efectuado em termos a definir por lei.
6. Se o requerente de apoio judiciário for uma pessoa colectiva, o apoio judiciário não compreende a modalidade referida nas alíneas *d*) a *f*) do n.º 1.
7. No caso de pedido de apoio judiciário por residente noutro Estado-membro da União Europeia para acção em que tribunais portugueses sejam competentes, o apoio judiciário abrange os encargos específicos decorrentes do carácter transfronteiriço do litígio em termos a definir por lei.

1. Reporta-se este artigo, alterado, em relação ao regime de pretérito, pela Lei n.º 47/2007, de 28 de Agosto, ao âmbito objectivo do apoio judiciário. Do regime de pretérito, no que concerne a este artigo, só resta incólume o que se prescreve no n.º 4 e em parte do disposto no n.º 2.

2. Prevê o proémio e a alínea a) do n.º 1 uma das vertentes do âmbito objectivo do apoio judiciário, e estatui que ele compreende a dispensa de taxa de justiça e demais encargos com o processo.
Em relação ao regime de pretérito foi eliminado o segmento *total ou parcial*, com o escopo de abolição da possibilidade de concessão da dispensa parcial do pagamento da taxa de justiça e demais encargos com o processo.
Reporta-se, pois, este normativo a uma das vertentes de apoio judiciário, na modalidade de assistência judiciária, por seu turno englobado no conceito de protecção jurídica, compreendendo a dispensa de pagamento de taxa de justiça e de outros encargos com o processo, designadamente os encargos e as custas de parte.
Não é legalmente admissível a concessão do apoio judiciário na modalidade de assistência judiciária depois de transitada a decisão final da causa e unicamente para o requerente se eximir ao pagamento das custas

contadas, e a sua recusa não ofende o princípio de que a todos é assegurado o acesso ao direito.[101]

Tem vindo a ser discutido se o apoio judiciário concedido nesta modalidade de dispensa de pagamento de taxa de justiça e demais encargos com o processo abrange ou não o custo das certidões destinadas à instrução de um recurso interposto pelo beneficiário.[102]

Não obstante o apoio judiciário na modalidade de assistência judiciária não abranger o custo de certidões destinadas a instruir outros processos ou a servir de base a actos de registo, a resposta à referida questão parece não poder deixar de ser no sentido positivo, porque o apoio judiciário em causa, nos termos do artigo 18.º, n.º 4, desta Lei, abrange a instância de recurso, pelo que o seu custo constitui um encargo com o processo.

3. Prevê o proémio e a alínea b) do n.º 1 o apoio judiciário na modalidade de patrocínio judiciário, e estatui que ele abrange a nomeação e o pagamento da compensação de patrono.

Em relação ao regime de pretérito, a alteração deste normativo apenas consistiu na substituição da expressão *honorários* pela expressão *compensação,* portanto de cariz meramente formal, mais conforme com a realidade das coisas.

A modalidade de apoio judiciário na vertente de patrocínio judiciário abrange a nomeação de patrono, em regra advogado, e o pagamento da concernente compensação relativa ao serviço de patrocínio realizado, incluindo as despesas conexas com o serviço de patrocínio.

O pedido de apoio judiciário na modalidade de nomeação de patrono envolve, implicitamente, o de pagamento dos respectivos honorários por parte do Instituto de Gestão Financeira e de Infra-Estruturas da Justiça, IP.

Embora não conste deste artigo, ao invés do que ocorria na velha lei da assistência judiciária, os interessados podem requerer a concessão conjunta da assistência judiciária e do patrocínio judiciário.

Decorre agora claramente do normativo em análise não ser legalmente admissível a concessão do apoio judiciário na modalidade de patro-

---

[101] Ac. da Relação de Lisboa, de 1 de Março de 2007, CJ, Ano XXXII, Tomo 3, página 42.
[102] No sentido afirmativo decidiu o Ac. da Relação do Porto, de 17.5.2004, CJ, Ano XXVII, Tomo 3, pág. 179.

cínio judiciário relativamente a causídicos a quem o requerente haja livremente mandatado para o patrocinar em juízo.

E já assim era entendido pela jurisprudência no domínio da Lei do Apoio Judiciário de 2000, ou seja, que a modalidade de pagamento de honorários a patrono escolhido não era extensível aos casos de mandatário escolhido.[103]

4. Prevê o proémio e a alínea c) do n.º 1 deste artigo o apoio judiciário na modalidade de patrocínio judiciário, e estatui que ele abrange a nomeação e o pagamento da compensação de defensor oficioso.[104]

No regime de pretérito, este normativo constava na alínea e) do n.º 1 deste artigo, embora sob a expressão *pagamento de honorários de defensor oficioso*, menos conforme com a realidade das coisas.

Trata-se de uma disposição susceptível de abranger, por um lado, as situações em que a lei prevê a nomeação de defensor oficioso, naturalmente desde que o sujeito processual a quem aproveite a respectiva nomeação beneficie de apoio judiciário que a abranja.

E, por outro, o pagamento da compensação do defensor oficioso em processo penal, naturalmente desde que o arguido o requeira e lhe seja concedido o apoio judiciário nessa modalidade.

5. Prevê o proémio e a alínea d) do n.º 1 o apoio judiciário consubstanciado no pagamento faseado da taxa de justiça e demais encargos com o processo.

No regime de pretérito abrangia este normativo, além do pagamento da taxa de justiça e demais encargos com o processo, o pagamento de honorários do patrono nomeado e da remuneração do solicitador de execução designado.

Agora o pagamento da compensação de patrono consta na alínea b) do n.º 1 deste artigo, e foi eliminado o apoio judiciário relativo à remuneração do solicitador de execução, que foi substituído pela atribuição de agente de execução.

---

[103] Acs. da Relação do Porto, de 03.03.2004, CJ, Ano XXIX, Tomo 2, pág. 159; e da Relação de Coimbra, de 27.04.2004, CJ, Ano XXIX, Tomo 2, pág. 37.

[104] No regime de pretérito, constava nesta alínea o pagamento da remuneração do solicitador de execução designado, normativo que foi tacitamente revogado com o sentido de eliminação desta vertente de apoio judiciário.

Reporta-se, pois, o normativo em análise ao apoio judiciário consubstanciado no pagamento faseado da taxa de justiça e demais encargos com o processo.

Em rigor, não se trata de mais uma modalidade de apoio judiciário, porque o normativo em análise se reporta à dispensa de taxa de justiça e demais encargos que já consta na alínea a) do n.º 1 deste artigo.

Estamos, na realidade perante uma norma especial relativa ao apoio judiciário, que se traduz no diferimento do pagamento em prestações da taxa de justiça e demais encargos com o processo, com o limite temporal a que se reporta o n.º 3 deste artigo.

Noutra perspectiva, trata-se de concessão de apoio judiciário apenas envolvente da obrigação de reembolso do despendido ou não pago, em prestações, durante determinado período de tempo, em que é previsível o incumprimento sistemático por parte dos beneficiários do apoio judiciário da referida obrigação de reembolso faseado e o malogro da solução que, em termos de política legislativa, se configura como envolvida de razoabilidade.

Para obviar a essa situação de incumprimento foi estabelecida uma sanção pecuniária equivalente à prestação em falta e que, se não for paga no prazo fixado, em regra dez dias, implica o cancelamento do benefício do apoio judiciário (artigo 10.º, n.º 1, alínea f), desta Lei).

Ainda que não seja requerida pelos interessados alguma das modalidades de apoio judiciário sob a obrigação de reembolso, pode o órgão decisor respectivo concedê-la com essa limitação, naturalmente tendo em conta os elementos de prova disponíveis e o conceito de insuficiência económica.

Conforma-se este normativo com o que se prescreve na Directiva 2003/8/CE do Conselho, de 27 de Janeiro, segundo a qual, os Estados--Membros podem exigir aos beneficiários do apoio judiciário uma contribuição razoável para os encargos do processo, tendo em conta, além do mais, o rendimento, o património, a situação familiar e os recursos das pessoas financeiramente deles dependentes (artigo 3.º, n.º 4).

6. Prevê o proémio e a alínea *e*) do n.º 1 deste artigo o apoio judiciário na modalidade de nomeação e pagamento faseado da compensação de patrono.

São aqui pertinentes as considerações de ordem jurídica acima referidas a propósito do disposto nas alíneas b) e d) do n.º 1 deste artigo, tendo, porém, em conta a salvaguarda da diferença de natureza do crédito que implica o pagamento faseado.

7. Prevê o proémio e a alínea f) do n.º 1 deste artigo o apoio judiciário na modalidade de pagamento faseado da compensação de defensor oficioso.

Também quanto a este normativo não se justifica qualquer comentário, remetendo-se para o que se afirmou a propósito da análise do disposto nas alíneas c) e d) do n.º 1 deste artigo.

8. Prevê o proémio e a alínea g) do n.º 1 deste artigo o apoio judiciário na modalidade de atribuição de agente de execução.

Trata-se de um normativo inovador, de extrema oportunidade, introduzido pela Lei n.º 47/2007, de 28 de Agosto, visando substituir o apoio judiciário na modalidade de remuneração do solicitador de execução, que foi abolido.

Estamos perante uma situação de apoio judiciário em espécie, certo que consiste na intervenção de um oficial de justiça no exercício das funções de agente de execução, concedido que seja ao exequente esse benefício no quadro da acção executiva.

9. Prevê o n.º 2 deste artigo, com a salvaguarda a que se alude no proémio, o valor das prestações mensais dos beneficiários do apoio judiciário na modalidade de pagamento faseado.

E estatui, nas alíneas a) e b), que cada uma dessas prestações mensais deve corresponder a um setenta e dois avos ou a um trinta e seis avos do valor anual do rendimento relevante para efeito de protecção jurídica, consoante o mesmo seja igual ou inferior, ou superior a uma vez e meia do indexante de apoios sociais.

Trata-se de um normativo inspirado na segunda parte do anterior anexo desta Lei, que só dela diverge na medida em que o referencial é o valor do salário mínimo nacional, enquanto no caso em análise é o indexante de apoios sociais.

O valor do indexante dos apoios sociais para o ano de 2008 é de € 407,41 (artigo 2.º da Portaria n.º 9/2008, de 3 de Janeiro).

O rendimento relevante para efeito de protecção jurídica é determinado de harmonia com o anexo a esta Lei, a partir do rendimento líquido completo do agregado familiar, da dedução relevante e da renda financeira implícita.

Mas salvaguarda-se a hipótese de a lei alterar a periodicidade do pagamento em função do valor das prestações relativas ao pagamento faseado da taxa de justiça e demais encargos com o processo, da compensação de patrono e de defensor oficioso.

10. Prevê o n.º 3 deste artigo as modalidades de pagamento faseado a que aludem as alíneas *d)* a *f)* do seu n.º 1, e estatui não serem exigíveis as prestações que se vençam após o decurso de quatro anos desde o trânsito em julgado da decisão final da causa.

Trata-se, pois, de um normativo estritamente conexionado com o das alíneas d) a f) do n.º 1 deste artigo, que limita a exigibilidade de pagamento das prestações correspondentes ao direito de crédito do Instituto de Gestão Financeira e de Infra-Estruturas da Justiça, IP.

O limite temporal *ad quem* é o quadriénio, que começa com o trânsito em julgado da decisão final da causa única, ou seja, conforme decorre do artigo 677.º do Código de Processo Civil, quando ela já não admita recurso ou reclamação.

O referido limite temporal *ad quem* é referenciável ao momento do vencimento da concernente prestação, definido nos termos do acto administrativo por via do qual foi concedido o apoio judiciário.

Trata-se de um prazo de natureza substantiva, pelo que lhe não é aplicável o disposto no artigo 38.º desta Lei, mas sim o que se prescreve no seu artigo 37.º e no artigo 72.º do Código do Procedimento Administrativo.

Embora a lei a tal se não refira, como o apoio judiciário é concedido com vista a determinada acção, recurso, incidente com a estrutura de uma causa ou procedimento, o pagamento e o seu registo informático operará por referência a uma das referidas espécies processuais, com a consequência da sua pendência, pelo menos para o referido efeito, isto é, sem influência nos dados estatísticos.

Tendo em conta o critério legal de determinação do valor da prestação mensal do pagamento faseado em análise, sucederá, com frequência, o protelamento no tempo das situações jurídicas de débito envolventes, com a consequência da burocracia e maior custo do sistema, que poderia ter sido evitado por via de outra solução legislativa.

11. Prevê o n.º 4 deste artigo a pluralidade de causas relativas ao mesmo requerente ou a elementos do seu agregado familiar, e estatui que o prazo mencionado no número anterior se conta desde o trânsito em julgado da última decisão final.

Trata-se de um normativo inovador, introduzido pela Lei n.º 47/2007, de 28 de Agosto, de salvaguarda do direito de crédito do Instituto de Gestão Financeira e de Infra-Estruturas da Justiça, IP, que tem em vista uma pluralidade de causas relativas ao mesmo requerente do apoio judiciário ou a elementos do seu agregado familiar, estabelecendo que o prazo de quatro anos mencionado no número anterior é contado desde o trânsito em julgado da última decisão final.

Não obstante a redacção deste normativo, parece que para as causas a que alude relativas a elementos do agregado familiar do requerente do apoio judiciário também a estes foi concedido o apoio judiciário na modalidade de pagamento faseado, naturalmente na sequência de requerimento por eles formulado.

12. Prevê o n.º 5 deste artigo o pagamento das prestações relativas às modalidades mencionadas nas alíneas d) a f) do seu n.º 1, e estatui dever ser efectuado em termos a definir por lei, naturalmente por decreto-lei.

Não se trata de remeter para lei posterior a determinação do valor da prestação mensal a pagar pelos utentes do apoio judiciário na modalidade de pagamento faseado da taxa de justiça e demais encargos com o processo, compensação de patrono ou de defensor oficioso, porque tal está previsto no n.º 2 deste artigo.

Na realidade o que o normativo em análise remete para diploma a publicar, de natureza regulamentar, é a vertente envolvente da forma e do modo de pagamento, designadamente a prioridade de pagamentos, a periodicidade das prestações, o prazo para o seu pagamento, a forma deste e a junção do documento comprovativo.

13. Prevê o n.º 6 deste artigo o caso de o requerente de apoio judiciário ser uma pessoa colectiva, e estatui que lhe não pode ser concedido na modalidade de pagamento faseado a que se reportam as alíneas d) a f) do seu n.º 1.

O segmento *pessoa colectiva* constante deste normativo está utilizado em sentido estrito, ou seja, no sentido de pessoa moral, ou seja, de pessoa colectiva sem fins lucrativos, como é caso das associações e fundações, pois só estas têm direito a apoio judiciário.

Com efeito, conforme decorre do disposto nos n.ºs 3 e 4 do artigo 7.º deste diploma, as pessoas colectivas com fins lucrativos não têm direito a protecção jurídica, e as que não realizem esses fins apenas têm direito a apoio judiciário.

A referida proibição é motivada, ao que parece, pela circunstância de se tratar de entidades envolvidas de organização e que, por isso, se não justifica a concessão do apoio judiciário na aludida modalidade.

14. Prevê o n.º 7 deste artigo o pedido de apoio judiciário formulado por residente noutro Estado-membro da União Europeia para acção em que tribunais portugueses sejam competentes, e estatui que ele abrange os encargos específicos decorrentes do carácter transfronteiriço do litígio em termos a definir por lei.

É transfronteiriço o litígio em que o requerente da protecção jurídica tem à data de apresentação do pedido domicílio ou residência habitual num Estado-Membro da União Europeia diferente do Estado-Membro do foro (artigo 2.º, n.º 2, do Decreto-Lei n.º 71/2005, de 17 de Março, e 2.º, n.º 1, da Directiva n.º 2003/8/CE, de 27 de Janeiro).

O domicílio do requerente é determinado nos termos do artigo 59.º do Regulamento (CE) n.º 44/2001, do Conselho, de 22 de Dezembro de 2000, relativo à competência judiciária, ao reconhecimento e à execução de decisões em matéria cível e comercial (artigo 2.º, n.º 3, do Decreto-Lei n.º 71/2005, de 17 de Março).

O momento relevante para determinar a existência de um litígio transfronteiriço é o da apresentação do pedido de apoio judiciário (artigo 2.º, n.º 3, da Directiva n.º 2003/8/CE).

Reporta-se o normativo em análise a encargos que a concessão de protecção jurídica normal seria insusceptível de abranger e que o diploma que completou a transposição da Directiva n.º 2003/8/CE, do Conselho, de 27 de Janeiro, concretizou.

Assim, os encargos específicos decorrentes do carácter transfronteiriço do litígio são susceptíveis de abranger os serviços prestados por intérprete, a tradução de documentos exigidos pelo tribunal ou pela autoridade competente, necessários à resolução do litígio, apresentados pelo beneficiário do apoio judiciário e as despesas de deslocação a suportar por ele se a lei ou o tribunal exigirem a presença física, em audiência, das pessoas a ouvir e o tribunal decidir que não podem ser satisfatoriamente ouvidas por quaisquer outros meios (artigo 3.º do Decreto-Lei n.º 71/2005, de 17 de Março).

A expressão *acção* está utilizada em sentido amplo, em termos de abranger os recursos e outros procedimentos que, por virtude das regras da competência internacional, devam correr termos nos tribunais portugueses.

Não abrange, porém, as espécies processuais que se reportem a matérias fiscais, aduaneiras ou administrativas, limitando-se a abranger as que se reportem a matéria cível ou comercial (artigo 1.º, n.º 2, da Directiva).

A referência a residente que consta deste normativo deve ser interpretada no sentido de pessoa singular envolvida num litígio transfronteiriço em matéria cível ou comercial (artigo 3.º, n.º 1, da Directiva).

Inclui, assim, as acções cíveis em que as pessoas singulares sejam autoras ou rés relativas ao exercício do comércio, da indústria e dos serviços ou em matérias diversas, salvo as aduaneiras, administrativas ou fiscais.

Não abrange os processos especificamente destinados a permitir que os litigantes pleiteiem por si próprios, salvo decisão em contrário do tribunal ou de outra entidade competente para assegurar a igualdade entre as partes ou por o processo ser particularmente complexo (artigo 3.º, n.º 3, da Directiva).

Há, porém, encargos que devem ser cobertos pelo Estado-Membro de domicílio ou de residência permanente do requerente, ou seja, os relativos a despesas suportadas nesse Estado com a assistência de um advogado local ou outra pessoa legalmente habilitada a prestar aconselhamento jurídico até à apresentação do pedido de apoio judiciário no Estado-Membro do foro, e à tradução do pedido e dos documentos comprovativos aquando da sua apresentação às autoridades desse Estado-Membro (artigo 8.º da Directiva).

2. Âmbito jurisdicional do apoio judiciário

Sobre o âmbito jurisdicional do apoio judiciário, sob a epígrafe *âmbito de aplicação* rege o artigo 17.º da Lei do Apoio Judiciário, do seguinte teor:

"1. O regime de apoio judiciário aplica-se em todos os tribunais, qualquer que seja a forma do processo, nos julgados de paz e noutras estruturas de resolução alternativa de litígios a definir por portaria do membro do Governo responsável pela área da justiça.
2. O regime de apoio judiciário aplica-se, também, com as devidas adaptações, nos processos de contra-ordenação.
3. O apoio judiciário é aplicável nos processos que corram nas conservatórias, em termos a definir por lei."

1. Reporta-se este artigo, alterado pela Lei n.º 47/2007, de 28 de Agosto, ao âmbito jurisdicional do apoio judiciário.

Tal alteração não é assaz significativa, certo que, segundo o regime anterior, o apoio judiciário aplica-se em todos os tribunais e nos julgados de paz, independentemente da forma de processo, e, com as devidas adaptações, aos processos de contra-ordenações e de divórcio por mútuo consentimento cujos termos corressem termos nas conservatórias do registo civil.

No fundo, a alteração consistiu na previsão de aplicação do regime de apoio judiciário em estruturas de resolução alternativa de litígios diversas dos julgados de paz e nas conservatórias em termos a definir por lei.

2. Prevê o n.º 1 deste artigo o âmbito da aplicação do regime de apoio judiciário, e estatui que ele se aplica em todos os tribunais, qualquer que seja a forma do processo, nos julgados de paz, e noutras estruturas de resolução alternativa de litígios a definir por portaria do membro do Governo responsável pela área da justiça.

De novo, em relação ao regime de pretérito, apenas temos que o apoio judiciário também se aplica em estruturas de resolução alternativa de litígios diversas dos julgados de paz.

Todavia, conforme resulta do artigo 4.º da Lei n.º 47/2007, de 28 de Agosto, o elenco das referidas estruturas de resolução alternativa de litígios é deixado para futura portaria do Ministro da Justiça. É o caso dos Sistemas de Mediação Laboral, de Mediação Familiar, de Mediação Penal e de vários Centros de Arbitragem de Resolução de Conflitos (artigo 9.º da Portaria n.º 10/2008, de 3 de Janeiro, e respectivo Anexo).

Assim, o princípio da universalidade que deriva do normativo em análise ainda é estruturado, em regra, com base no binómio tribunal/processo.

Consagra-se a maior amplitude jurisdicional de concessão do apoio judiciário nas modalidades de patrocínio judiciário e de assistência judiciária, certo que a lei a prevê para qualquer tribunal ou jurisdição, independentemente da forma de processo.

Assim, o regime de protecção jurídica em análise é susceptível de ser aplicado, além do mais, nos julgados de paz, no Tribunal Constitucional, no Supremo Tribunal de Justiça, nos tribunais de 1ª instância, designadamente nos de trabalho, de família e menores, de execução de penas, marítimos, da Relação, no Supremo Tribunal Administrativo, no Tribunal Central Administrativo, nos tribunais administrativos e fiscais e no Tribunal de Contas.[105]

---

[105] A Lei de Organização e Processo do Tribunal de Contas foi aprovada pela Lei n.º 98/97, de 26 de Agosto, alterada pelas Leis n.ºs 87-B/98, de 31 de Dezembro, e 1/2001, de 4 de Janeiro.

É ainda de salientar resultar deste normativo que a própria lei deixa implícito serem os julgados de paz uma estrutura de resolução alternativa de litígios, conforme foi considerado pelo Supremo Tribunal de Justiça em sede de uniformização de jurisprudência.[106]

3. Prevê o n.º 2 a particular vertente processual dos processos de contra-ordenações, e estatui que o regime de apoio judiciário se lhes aplica, com as necessárias adaptações.

Deixou de se referir expressamente aos processos de divórcio por mútuo consentimento que corram termos nas conservatórias do registo civil, mas estão incluídos no n.º 3, embora em termos genéricos.

O procedimento das contra-ordenações compete, salvo nos casos de concurso de crimes e de contra-ordenações, à autoridade administrativa.[107]

Resulta deste normativo que nos processos de contra-ordenações, perante a autoridade administrativa e em recurso, em relação ao arguido, é aplicável o regime de protecção jurídica nas modalidades de patrocínio judiciário e assistência judiciária.

Trata-se de uma solução legal sem razoável motivação no que concerne à concessão de apoio judiciário em fase de processos que não correm termos perante tribunais, ou seja, que pendam perante autoridades administrativas.

Com efeito, a justificação da concessão da protecção jurídica nos processos de contra-ordenações só se vislumbra no que concerne à fase de recurso da decisão da autoridade administrativa, isto é, naquela cujos termos correm num tribunal.

4. Prevê o n.º 3 deste artigo os processos que corram termos nas conservatórias, e estatui ser-lhes aplicável o apoio judiciário nos termos a definir por lei.

Este normativo está conexionado, no que concerne às conservatórias do registo civil, além do mais, com o que se prescreve no artigo 20.º do Decreto-Lei n.º 272/2001, de 13 de Outubro, segundo o qual, é aplicável o regime de apoio judiciário na modalidade de nomeação e pagamento de honorários de patrono nos procedimentos previstos no seu capítulo III.

---

[106] Acórdão de Uniformização de Jurisprudência n.º 117/2007, publicado no *Diário da Republica,* I Série, de 25 de Julho de 2007.

[107] Artigos 33.º e 39.º do Decreto-Lei n.º 433/82, de 27 de Outubro.

Todavia, o segmento relativo à alternativa de pagamento de honorários do patrono escolhido pelo requerente está tacitamente revogado em virtude da sua eliminação pela Lei do Apoio Judiciário na sua versão inicial.

Os procedimentos previstos no capítulo III do Decreto-Lei n.º 272/2001, de 13 de Outubro, envolvem os alimentos a filhos maiores ou emancipados, a atribuição da casa de morada de família, a privação do direito ao uso dos apelidos do outro cônjuge, a conversão de separação judicial de pessoas e bens em divórcio, a reconciliação dos cônjuges separados, a separação e divórcio por mútuo consentimento e a declaração de dispensa de prazo antenupcial.

Não obstante a letra deste normativo, pensamos que o referido regime especial de apoio judiciário continua em vigor, independentemente da publicação do diploma a que este normativo se reporta.

Todavia, à míngua de lei nesse sentido, enquanto não for publicada a anunciada, não é possível aplicar, nas conservatórias do registos civil, o regime de apoio judiciário nos concerne aos procedimentos simplificados de sucessão hereditária, abrangentes da habilitação de herdeiros, partilha e registos, de habilitação de herdeiros e registos e de partilha e registos e de partilha dos patrimónios conjugais, nem algum outro procedimento que corra termos em alguma outra conservatória.

Importa, porém, ter em linha de conta que nas conservatórias do Registo Civil são devidos emolumentos e não custas judiciais (artigo 299.º do Código do Registo Civil)

5. Tem-se colocado a questão de saber se o regime de protecção jurídica em análise, previsto no artigo 1.º, é ou não aplicável nos tribunais arbitrais.

À luz da Constituição, são os tribunais arbitrais de existência facultativa, e na lei ordinária distinguem-se nas espécies de voluntários e necessários, estes últimos regulados subsidiariamente no Código de Processo Civil (artigos (artigos 209.º, n.º 2, da Constituição e 1525.º a 1528.º do Código de Processo Civil).

Trata-se, em regra, de tribunais criados *ad hoc* para a resolução de determinado litígio e, daí, poderem ser classificados como não permanentes, em contraposição aos tribunais não arbitrais, que são permanentes.

Mas a referida classificação já não é tão rigorosa como outrora, porque actualmente existem em Portugal centros de arbitragem de funcionamento institucionalizado e permanente (artigo 38.º da Lei n.º 31/86, de 29 de Agosto, e Decreto-Lei n.º 425/86, de 27 de Dezembro).

Entre os tribunais estaduais e os tribunais arbitrais voluntários ocorre, obviamente, significativa diferença estrutural, certo que os últimos, ao invés dos primeiros, não são órgãos de soberania, são constituídos por vontade das partes, em regra não são permanentes, e são integrados por pessoas que não são juízes de carreira (artigo 1.º da Lei n.º 31/86, de 29 de Agosto).

Não obstante, integram-se na definição de tribunal como órgão singular ou colegial que, a requerimento de alguém, e procedendo com imparcialidade e independência, segundo fórmulas pré-estabelecidas, têm autoridade para fixar a versão autêntica dos factos incertos ou controversos de um caso concreto e determinar o direito aplicável ao caso em decisão com força obrigatória para os interessados.[108]

Dir-se-á que a arbitragem voluntária é contratual na sua origem, privada na sua natureza, jurisdicional na sua função e pública no seu resultado, certo que os tribunais arbitrais são constituídos ao abrigo da lei para exercerem uma função jurisdicional, realizando a *justiça não judicial* ou alternativa, e estruturalmente diversos dos tribunais estaduais.

No seu âmbito, podem as partes designar quem as represente ou assista, a remuneração dos árbitros e a sua repartição pelas partes é fixada na convenção de arbitragem ou em documento posterior por elas subscrito, a menos que resulte dos regulamentos de arbitragem escolhidos (artigos 5.º e 17.º, n.º 1, da Lei n.º 31/86, de 29 de Agosto).

O sistema de acesso ao direito e aos tribunais implementado pela Lei do Apoio Judiciário de 1987 constituiu a primeira concretização do disposto no artigo 20.º, n.º 2, da Constituição e, consequentemente, não era razoável supor que extravasasse dessa matriz.

Também não é razoável supor que o artigo 20.º, n.º 1 da Constituição garanta o acesso ao direito e aos tribunais através de um sistema de justiça que aquele diploma, no artigo 209.º, n.º 2, apenas considera de existência possível e, naturalmente, alternativa.

O elemento literal do normativo em análise não é esclarecedor no sentido da limitação do seu âmbito aos tribunais estaduais, certo que a

---

[108] MARCELLO CAETANO, "Manual de Ciência Política e Direito Constitucional", Coimbra, 1967, págs. 600 e 601.

designação *tribunal* é susceptível de abranger não só os tribunais estaduais como também os tribunais arbitrais.

Os elementos lógicos de interpretação convergem, porém, no sentido de que o normativo em análise se não aplica aos tribunais arbitrais.

Os trabalhos preparatórios da referida lei de apoio judiciário, sobretudo a respectiva discussão parlamentar, revelam que nunca esteve na mente do legislador a extensão da protecção jurídica aos tribunais arbitrais, e o seu elemento sistemático era decisivo no sentido da limitação mencionada, tal como o é o elemento sistemático da lei actual.

A protecção jurídica é concedida para questões judiciais concretas ou susceptíveis de concretização, pode ser retirada a requerimento do Ministério Público e a revogação é comunicada ao tribunal competente.

E pode compreender a realização de diligências extrajudiciais que decorram directamente do conselho em consulta jurídica prestado ou que se mostrem essenciais para o esclarecimento da questão colocada comportar mecanismos informais de mediação e conciliação, a decisão que indefira o pedido de apoio judiciário importa a obrigação do pagamento das custas devidas e o pagamento ao Instituto de Gestão Financeira e de Infra--Estruturas da Justiça, IP da remuneração devida ao patrono nomeado (artigos 6.°, n.° 2, 14.° e 29.°, n.° 4, desta Lei).

Assim, confrontando o regime que resulta desta Lei, com a estrutura e o funcionamento dos tribunais arbitrais, resulta que um e outros são inconciliáveis, pelo que conclusão não pode deixar de ser no sentido de que o n.° 1 do artigo em análise não os abrange. [109]

A excepção relativa às estruturas de resolução alternativa de litígios – Sistemas de Mediação e Centros de Arbitragem de Resolução de Conflitos de Consumo – em que a lei estabelece ser aplicável o regime do apoio judiciário, por força do disposto no n.° 1 deste artigo e da Portaria de Regulamentação do Apoio Judiciário, é insusceptível de infirmar a referida conclusão.

---

[109] Acs. da Relação de Lisboa, de 17.6.93, *BMJ*, n.° 428, pág. 659, de 5.6.2001, CJ, Ano XXVI, Tomo 3, pág. 110, e do STJ, de 18.1.2000, Ano VIII, Tomo 1, pág. 28. Neste último aresto considerou-se a força expansiva do direito de acesso aos tribunais, no caso de posteriormente à celebração da convenção arbitral, sem culpa, uma das partes seja arrastada para uma situação de insuficiência económica que a impeça de custear as despesas da arbitragem, impõe que a possa deixar de cumprir e de recorrer aos tribunais estaduais.

Todavia, há que ter em conta que as decisões proferidas pelos tribunais arbitrais são susceptíveis de anulação judicial e de recurso para os tribunais judiciais superiores (artigos 26.°, n.° 2, 27.°, 28.°, n.os 1 e 2, e 30.° da Lei n.° 31/86, de 29 de Agosto).

Em consequência, nos estritos limites destas fases de anulação ou de recurso, entendemos ser aplicável o normativo em análise.

6. O regime de protecção jurídica em causa não pode funcionar em relação a causas da competência do Tribunal de Justiça da União Europeia ou do Tribunal Europeu dos Direitos do Homem.

Ademais, como a protecção jurídica só é concedida em relação a processos pendentes em tribunais, e, excepcionalmente, nos processos de contra-ordenações e nas conservatórias do registo civil, independentemente daquilo que tem sido estabelecido em diplomas meramente regulamentares, não há qualquer razão plausível para que seja concedida nos procedimentos de injunção, nos estabelecimentos prisionais e nas instituições policiais.

O sistema, porém, tem sido descaracterizado, conforme resulta, por exemplo, da solução de aplicação do regime de apoio judiciário na modalidade de patrocínio judiciário aos procedimentos da competência dos conservadores do registo civil a que se reporta o artigo 5.° do Decreto-Lei n.° 272/2001, 13 de Outubro (artigo 20.°).

O antecessor do Instituto de Gestão Financeira e de Infra-Estruturas da Justiça, IP só suportava os encargos com os honorários atribuídos aos advogados, aos advogados estagiários e aos solicitadores pelos serviços que prestassem no âmbito do apoio judiciário, incluindo as despesas concernentes, nos tribunais com que aquele tivesse conexão financeira, como era o caso, em regra, dos tribunais das ordens judicial e administrativa e tributária e dos julgados de paz.

Assim, não lhe cabia suportar o pagamento dos encargos com o patrocínio judiciário no Tribunal Constitucional e no Tribunal de Contas.[110]

---

[110] Foi essa conclusão que motivou a revogação do disposto no n.° 2 do artigo 11.° e do n.° 3 do artigo 17.° do Decreto-Lei n.° 381/88, de 26 de Outubro, pelo Decreto-Lei n.° 133/96, de 13 de Agosto. Não tem sido esse o entendimento do Instituto de Gestão Financeira e patrimonial da Justiça, a que adiante se fará referência.

3. Âmbito processual, estabilidade da concessão e oportunidade do pedido de apoio judiciário

Sobre o âmbito processual, estabilidade da concessão e oportunidade do pedido de apoio judiciário sob a epígrafe *pedido de apoio judiciário*, rege o artigo 18.º da Lei do Apoio Judiciário, do seguinte teor:

"1. O apoio judiciário é concedido independentemente da posição processual que o requerente ocupe na causa e do facto de ter sido já concedido à parte contrária.
2. O apoio judiciário deve ser requerido antes da primeira intervenção processual, salvo se a situação de insuficiência económica for superveniente, caso em que deve ser requerido antes da primeira intervenção processual que ocorra após o conhecimento da situação de insuficiência económica.
3. Se se verificar insuficiência económica superveniente, suspende-se o prazo para pagamento da taxa de justiça e demais encargos com o processo até à decisão definitiva do pedido de apoio judiciário, aplicando-se o disposto nos n.ºs 4 e 5 do artigo 24.º.
4. O apoio judiciário mantém-se para efeitos de recurso, qualquer que seja a decisão sobre a causa, e é extensivo a todos os processos que sigam por apenso àquele em que essa concessão se verificar, sendo-o também ao processo principal, quando concedido em qualquer apenso.
5. O apoio judiciário mantém-se ainda para as execuções fundadas em sentença proferida em processo em que essa concessão se tenha verificado.
6. Declarada a incompetência do tribunal, mantém-se, todavia, a concessão do apoio judiciário, devendo a decisão definitiva ser notificada ao patrono para este se pronunciar sobre a manutenção ou escusa do patrocínio.
7. No caso de o processo ser desapensado por decisão com trânsito em julgado, o apoio concedido manter-se-á, juntando-se oficiosamente ao processo desapensado certidão da decisão que o concedeu, sem prejuízo do disposto na parte final do número anterior."

1. Versa este artigo sobre o âmbito processual, estabilidade da concessão e oportunidade do pedido de apoio judiciário.

Conforma-se com o que se prescreve na Directiva 2003/8/CE do Conselho, de 27 de Janeiro de 2001, que se reporta, por um lado, à melhoria do acesso à justiça nos litígios transfronteiriços através do estabelecimento de regras mínimas comuns relativas ao apoio judiciário no âmbito desses litígios.

E, por outro, dever o apoio judiciário continuar a estar disponível em caso de interposição de recurso seja contra, seja pelo beneficiário, sem prejuízo do disposto nos artigos 5.° e 6.°, ou seja, sem prejuízo das condições e âmbito do apoio judiciário e das circunstâncias relacionadas com o fundo do litígio (artigo 9.°).

Foi alterado, em relação ao seu conteúdo de pretérito, pela Lei n.° 47/2007, de 28 de Agosto, no que concerne ao disposto nos n.os 2 e 3, por via da eliminação, no primeiro, do segmento *ou se, em virtude do decurso do processo, ocorrer um encargo excepcional*, e da adaptação do segundo ao resultado dessa eliminação.

Trata-se de alteração justificada, certo que, por um lado, a ocorrência de um encargo excepcional no decurso do processo que implique a necessidade de recurso ao apoio judiciário na modalidade de assistência judiciária se traduz em insuficiência económica superveniente.

E, por outro, porque dificilmente poderia o órgão decisor dos serviços de segurança social apreciar e decidir no sentido da verificação superveniente, no decurso do processo, de um encargo excepcional das partes.

2. Prevê o n.° 1 deste artigo a relação entre o pedido de apoio judiciário e a posição que o requerente ocupa na causa, e estatui serem independentes, tal como o é do facto de haver ou não sido concedido à parte contrária.

Este normativo, ao referir-se ao apoio judiciário, visa a aplicação do regime a que se reporta às modalidades de assistência judiciária e de patrocínio judiciário.

Tem direito à concessão do apoio judiciário qualquer dos sujeitos processuais a que se reporta o artigo 7.°, n.os 1, 2 e 4, deste diploma, salvaguardadas as limitações objectivas e subjectivas que contempla e verificada a situação de insuficiência económico-financeira, seja arguido, assistente em processo crime, parte civil, autor, réu, requerente, requerido, assistente em processo civil, oponente, interveniente principal ou acessório, recorrente ou recorrido.

O actual regime do apoio judiciário é mais amplo do que o de pretérito mais remoto concernente à assistência judiciária, certo que neste último não se compreendia, em processo criminal, o assistente por crime público nem a vítima ou parte civil.

A segunda parte deste normativo compreendia-se no regime da anterior lei de assistência judiciária para esclarecer a diversidade, certo que ele só excepcionalmente permitia que, concedida a assistência judiciária a uma das partes, à outra também fosse concedida; mas o actual não consente a necessidade da sua formulação.[111]

3. Prevê o n.º 2 a oportunidade da formulação do pedido de apoio judiciário pelo respectivo interessado, e estatui a regra de que ele deve ser requerido antes da sua primeira intervenção no processo.

O segmento normativo *apoio judiciário* está utilizado no seu sentido próprio de patrocínio judiciário e de assistência judiciária.

No passado, designadamente no domínio da vigência da Lei n.º 30--E/2000, de 20 de Dezembro, o pedido de apoio judiciário podia ser formulado em qualquer estado da causa, o que consequenciou a necessidade de intervenção dos tribunais superiores, por exemplo para decidir se podia ser admitido o pedido de assistência judiciária depois da decisão final nos casos em que o requerente o não pretendesse para a fase de recurso.[112]

A lei optou, então, por um regime de concessão de apoio judiciário assaz magnânimo, atribuível em qualquer estado da causa, independentemente de a insuficiência económica do requerente ser ou não superveniente, sem perda do benefício para efeito de recurso, não obstante a improcedência da acção por razões de mérito da causa.

Com efeito, o momento da superveniência da situação de insuficiência económica do requerente para o custeio *lato sensu* total ou parcial da lide, em relação à instauração da acção ou procedimento, não constituía pressuposto da concessão do apoio judiciário posteriormente àqueles actos processuais.

Com a actual lei algo mudou em relação ao regime de pretérito, como logo decorre do disposto no normativo em análise.

A regra de o pedido de apoio judiciário dever ser formulado antes da primeira intervenção no processo, seja na posição de autor ou de requerente, ou de réu ou de requerido, de interveniente, de assistente, de embargante de terceiro ou de oponente, assume-se como razoável, e não afecta

---

[111] Artigo 4.º do Decreto-Lei n.º 33547, de 23 de Fevereiro de 1944.
[112] Ac. do STJ, de 2.2.93, *BMJ*, n.º 424, pág. 557.

desproporcionadamente o direito das pessoas ao acesso ao direito e aos tribunais.

Estabelece-se, porém, uma situação de excepção consubstanciada na superveniência da insuficiência económica, caso em que se permite o requerimento tendente a pedir o apoio judiciário na modalidade de assistência judiciária antes da primeira intervenção processual que ocorra após o conhecimento daquela insuficiência económica.

Dir-se-á que ocorre uma situação de insuficiência económica, sendo a diferença a de que a primeira é absoluta e a segunda é relativa, e o benefício do apoio judiciário só opera em relação aos actos ou termos posteriores à formulação do pedido.

Na realidade, a insuficiência económico-financeira relativa ao custeio global da demanda relevante para a concessão do apoio judiciário pode ocorrer antes ou depois da instauração da acção ou do procedimento e, no último caso, até mesmo na fase da instância de recurso, o que foi legalmente considerado em jeito de salvaguarda.

Para que esta situação de excepção funcione é necessário que o requerente do apoio judiciário alegue e apresente um mínimo de prova sobre a referida superveniência da insuficiência económica, que pode derivar da ocorrência de um encargo excepcional, por exemplo o derivado da necessidade de realização de uma perícia dispendiosa.

A referida intervenção processual é aquela por via da qual o interessado na concessão do apoio judiciário opera na acção, no recurso ou no procedimento, algum acto processual, por si ou através do respectivo mandatário, neste caso se se tratar de pedido de apoio judiciário na modalidade de assistência judiciária.

O disposto neste normativo implicita, pois, que o indeferimento do pedido de apoio judiciário por inverificação da situação de insuficiência económica não constitui obstáculo a que, no decurso da mesma causa, verificado supervenientemente aquele pressuposto, novo pedido de apoio judiciário seja formulado e deferido.

Dir-se-á, pois, que sobre a decisão que concede ou denega o apoio judiciário não se forma caso julgado ou decidido e, consequentemente, indeferido o pedido de apoio judiciário, é legalmente admitida a repetição do mesmo pedido com base em factos jurídicos concretos diversos.[113]

---

[113] Acs. da Relação de Coimbra, de 20.6.90, *CJ*, Ano XV, Tomo 3, pág. 59; e da Relação do Porto, de 23.4.91, *CJ*, Ano XVI, Tomo 2, pág. 278.

Mas se para o mesmo processo forem formulados dois pedidos de apoio judiciário, na mesma modalidade. com base nos mesmos factos e relativos à insuficiência económica do requerente, se o primeiro tiver sido recusado, definitivamente ou não, o segundo deve também ser recusado, com base no caso decidido ou na litispendência.[114]

O Tribunal Constitucional não considerou inconstitucional a norma de pretérito na interpretação segundo a qual, uma vez indeferido o pedido de apoio judiciário só poderia ser renovado se a situação de insuficiência económica fosse superveniente, ou se, por virtude do decurso do processo, ocorresse um encargo excepcional.[115]

4. Prevê o n.º 3 o caso referido no n.º 2 de verificação da insuficiência económica superveniente, e estatui, por um lado, suspender-se o prazo de pagamento da taxa de justiça e demais encargos com o processo até à decisão final definitiva do pedido de apoio judiciário, e, por outro, que se aplica o disposto nos n.ºs 4 e 5 do artigo 24.º desta Lei.

Trata-se, pois, da verificação da situação de insuficiência económica superveniente, caso em que, como é natural, deve ser invocada em requerimento de pedido de apoio judiciário na modalidade de assistência judiciária no órgão da segurança social competente logo após o conhecimento da situação em causa pelo interessado, e antes da sua primeira intervenção processual subsequente.

Alegada a situação de insuficiência económica superveniente nos serviços de segurança social no requerimento relativo ao pedido de apoio judiciário na modalidade de assistência judiciária com base nela, suspende-se o prazo de pagamento da taxa de justiça e demais encargos com o processo até à decisão definitiva relativa àquele pedido.

Para o efeito, deve o interessado juntar ao processo o documento comprovativo da apresentação do requerimento de apoio judiciário na modalidade de assistência judiciária com base na insuficiência económica superveniente.

Com efeito, face à remissão da parte final deste normativo, a referida suspensão opera com a junção ao processo do documento comprovativo da apresentação do requerimento para a concessão do apoio judiciário, e cessa com a notificação da decisão de deferimento ou de indeferimento.

---

[114] Ac. do STA, de 9.3.2000, BMJ, n.º 495, pág. 131.
[115] Ac. n.º 152/2007, *Diário da República,* II Série, n.º 86, de 4 de Maio de 2007.

Ao reportar-se à decisão definitiva do pedido de apoio judiciário, a lei visa aquela que já não admite impugnação. De qualquer modo, o pedido de apoio judiciário na modalidade de assistência judiciária formulado depois da prolação da sentença e antes do seu trânsito em julgado só é legalmente admissível se o seu pretendente dela interpuser recurso.[116]

Se o requerente do apoio judiciário na modalidade de assistência judiciária não interpuser recurso da referida sentença, extingue-se, naturalmente, a instância do procedimento administrativo por inutilidade ou impossibilidade superveniente.[117]

5. Prevê o n.º 4 o apoio judiciário concedido, e estatui que o mesmo se mantém para efeito de recurso, independentemente do sentido da decisão recorrida, abrangendo todos os processos que sigam por apenso àquele em que a decisão de concessão foi proferida bem como este último no caso de a referida decisão haver sido proferida em algum processo apenso.

A expressão *causa* está utilizada em sentido amplo, abrangente da acção, do processo, do procedimento, do incidente e do recurso.

Indeferido com trânsito em julgado, para o procedimento cautelar, o pedido de apoio judiciário na modalidade de assistência judiciária, a concessão desse benefício para a acção principal não abrange as custas relativas àquele procedimento, incluindo as concernentes ao recurso que nele foi interposto.

A eficácia da assistência judiciária concedida em certo processo em relação a outro dependia, na lei antiga, da existência de certo nexo lógico e cronológico entre eles. A penúltima parte deste normativo, porém, é mais ampla do que a que resulta do regime daquela decorrente, porque abrange

---

[116] Ac. da Relação de Lisboa, de 1 de Março de 2007, CJ, Ano XXXII, Tomo 3, página 42.

[117] Na vigência do regime de pretérito, foi decidido que, não obstante já haver sido instaurada a execução para pagamento da taxa de justiça e custas cíveis em que o assistente fora condenado em processo crime, relevava o pedido de apoio judiciário na modalidade de assistência judiciária por ele formulado antes da leitura da sentença condenatória e cujo instrumento a secção só juntara ao processo após o trânsito em julgado da sentença, acrescentando que o deferimento do pedido operava em relação aos actos processuais posteriores à apresentação do requerimento em que fora formulado, não se limitando à dispensa de pagamento da taxa de justiça devida pela eventual interposição de recurso (Ac. da Relação de Évora, de 10.10.2000, CJ, Ano XXV, Tomo 4, pág. 284).

todos os processos que sigam por apenso àquele em que ocorreu a concessão do benefício de apoio judiciário.

Da última parte deste normativo, inserida aquando da primeira alteração da Lei do Apoio Judiciário de 1987, resultou que o apoio judiciário concedido em qualquer processo apenso, designadamente no de providência cautelar, se estende ao processo principal, solução motivada pela conexão entre o processo apensado, incluindo, em alguns casos, a temporal que se verifica entre o que tem por objecto a providência cautelar e o que versa sobre a causa principal, por um lado, e a economia processual e de meios, por outro.[118]

Desta solução de extensão do benefício do apoio judiciário aos processos apensos pode resultar um efeito contrário àquele que é pressuposto nos fins do acesso ao direito e aos tribunais, designadamente quando se quebra a respectiva conexão lógico-cronológica.

Instaurado um processo por apenso muito tempo depois de haver terminado o processo principal em que foi concedido o apoio judiciário, seja na modalidade de assistência judiciária, seja na modalidade de patrocínio judiciário, a sua manutenção não faz qualquer sentido, em razão do tempo que passou e do desaparecimento altamente provável do circunstancialismo em que assentou a decisão de concessão.

Pensamos, por isso, que o normativo em análise, tendo em conta os fins do instituto do acesso ao direito e aos tribunais, deve ser, nessa situação, restritivamente interpretado, em termos de o apoio judiciário concedido no processo principal se não estender ao processo apenso.

Concedido o apoio judiciário na acção de insolvência à sociedade que foi declarada insolvente, mantém-se o benefício para o procedimento de embargos que deduza à sentença.[119]

Concedido o apoio judiciário no âmbito do processo relativo à suspensão da eficácia do acto administrativo, é extensivo ao processo principal, enquanto não for revogado por decisão transitada em julgado.

---

[118] A lei de processo prevê várias situações de apensação, como é o caso, por exemplo, dos artigos 90.º, n.º 3, 275.º, 353.º, n.º 1, 817.º, n.º 1, proémio, 865.º, n.º 8, 1019.º, 1052.º, n.º 2, 1103.º, n.º 3, 1122.º, 1404.º, n.º 3, 1412.º, n.º 2, 1417.º, n.º 1, 1439.º, n.º 4, 1462.º, n.º 3, todos do Código de Processo Civil, 21.º, n.º 3, do Novo Regime do Arrendamento Urbano, aprovado pela Lei n.º 6/2006, de 27 de Fevereiro, 153.º e 154.º do Decreto-Lei n.º 314/78, de 27 de Outubro, e 128.º, 141.º, n.º 1, 146.º, n.º 1, e 148.º do Código da Insolvência e da Recuperação de Empresa.

[119] Ac. do STJ, de 4.10.95, *CJ*, Ano III, Tomo 3, pág. 48.

Havendo duas decisões contraditórias sobre a pretensão de apoio judiciário, baseadas nos mesmos factos, uma a indeferi-lo liminarmente e outra, posterior, a concedê-lo, prevalece a primeira que constitua caso decidido.[120]

6. Prevê o n.º 5 que o apoio judiciário também se mantém para as execuções fundadas em sentença proferida no processo em que o mesmo tenha sido concedido.

A inserção deste normativo tem a ver com a nova regra processual de que a execução corre termos no traslado da sentença condenatória proferida na acção declarativa.

Com efeito, a acção executiva corre termos por apenso, excepto quando, em comarca com competência executiva específica, a sentença haja sido proferida por um tribunal com competência específica cível ou com competência genérica e quando o processo tenha entretanto subido em recurso, caso em que a execução corre no translado, sem prejuízo da possibilidade de o juiz da execução poder, se entender conveniente, apensar à execução o processo já findo processo da acção declarativa (artigo 90.º, n.º 3, do Código de Processo Civil).

Atento o disposto no n.º 4, a utilidade do normativo em análise apenas ocorre nos casos em que a execução corre no traslado da sentença condenatória respectiva, certo que os outros casos estão cobertos pela primeira dos referidas normas.

7. Prevê o n.º 6 a situação de declaração de incompetência do tribunal depois de concedido o apoio judiciário em qualquer das suas modalidades, e estatui que, em regra, o benefício se mantém e que a decisão concernente deve ser notificada ao patrono.

A referida notificação visa proporcionar ao patrono a decisão de manter o patrocínio ou de formular o respectivo pedido de escusa.

Foi eliminada deste normativo a expressão *relativa*, reportada ao vocábulo *competência*, o que só se justifica com vista à abrangência pelo normativo em análise da incompetência absoluta do tribunal em razão da matéria na hipótese de ser declarada depois de findos os articulados, de as partes estarem de acordo sobre o seu aproveitamento e o autor requerer a

---

[120] Ac. da Relação de Coimbra, de 10.1.95, *CJ*, Ano XX, Tomo 1, pág. 24.

remessa do processo ao tribunal em que a acção devia ter sido proposta (artigo 105.º, n.º 2, do Código de Processo Civil).

Trata-se, porém, de uma situação de rara verificação, pelo que o normativo em análise se reporta essencialmente aos casos de declaração da incompetência relativa do tribunal para a acção relativamente à qual foi concedido o apoio judiciário.

A excepção só ocorre no que concerne ao apoio judiciário na modalidade de patrocínio judiciário, caso em que a sua manutenção ou não depende da posição do causídico que haja sido nomeado para o efeito.

A incompetência relativa é determinada pela infracção das regras de competência fundadas no valor da causa, na forma de processo aplicável, na divisão judicial do território ou das decorrentes de convenção (artigo 108.º do Código de Processo Civil).

Julgada procedente a excepção de incompetência relativa pode ocorrer, conforme os casos, a absolvição do réu ou do requerido da instância ou a remessa do processo ao tribunal competente (artigo 111.º, n.º 3, do Código de Processo Civil).

É para a hipótese de remessa do processo ao tribunal competente que o normativo em análise prevê e estatui.

Compreende-se o interesse do causídico patrocinante no pedido de escusa de patrocínio, dado que o processo, por virtude da decisão da incompetência relativa transitada em julgado, pode passar a correr termos em comarca onde não tenha escritório.

A lei não impõe que o patrono seja expressamente notificado para declarar se pretende manter o patrocínio ou pedir escusa, bastando para o efeito visado que lhe seja notificada a decisão do incidente de incompetência relativa, logo que transite em julgado, a fim de poder requerer a escusa do patrocínio oficioso.

É, na realidade, um atípico fundamento do pedido de escusa, cujo procedimento consta no artigo 34.º desta Lei.

8. Prevê o n.º 7 a hipótese de o processo ser desapensado por decisão com trânsito em julgado, e estatui que o apoio judiciário se mantém e que se juntará oficiosamente ao processo desapensado certidão da decisão que o concedeu, mas salvaguardando o disposto na parte final do n.º 6.

Este normativo foi pensado no quadro do sistema em que o apoio judiciário era processado como incidente do processo em função do qual fora pedido, o que já não acontece, na medida em que a competência para o referido processamento e decisão se inscreve em determinados órgãos dos serviços de segurança social.

Em consequência, na sua interpretação deve proceder-se em termos actualísticos, tendo em conta a nova realidade legal existente sobre o processamento do pedido de apoio judiciário em qualquer das suas modalidades.

Trata-se da desapensação do processo a que se estendeu o benefício do apoio judiciário, isto é, tendo sido concedido em função do processo principal, estendeu-se ao processo apensado e este foi mandado desentranhar por decisão passada em julgado.

Mas a manutenção do benefício do apoio judiciário em relação ao processo desapensado já constava do n.º 4 deste artigo, e a menção relativa ao trânsito em julgado da decisão de desapensação configura-se, pelo menos, como inútil.

Com efeito, a desapensação do processo em causa do processo principal há-de derivar de alguma decisão judicial, susceptível ou não de recurso.

Sendo admissível recurso da decisão de desapensação, o seu efeito pode ser suspensivo ou meramente devolutivo. No primeiro caso, a desapensação só opera depois do trânsito em julgado do acórdão proferido em sede de recurso; no segundo, porém, ela ocorre não obstante a pendência do recurso.

Ora, por força do disposto no n.º 4 deste artigo, o apoio judiciário que se estendeu ao processo apenso mantém-se não obstante a sua desapensação do processo principal, ainda que a respectiva decisão não haja transitado em julgado.

Nesta hipótese de desapensação, o que a secção de processos deverá fazer é juntar cópia certificada do instrumento da decisão administrativa concedente do apoio judiciário constante do processo principal.[121]

A ressalva da parte final deste normativo compreende, no caso de apoio judiciário na modalidade de patrocínio judiciário, a notificação ao patrono da decisão de desapensação que tenha sido executada, independentemente do respectivo trânsito em julgado.

---

[121] A referida certidão não é objecto de contrapartida emolumentar (artigo 32.º, n.º 1, alínea b), do Código das Custas Judiciais).

Visa a referida notificação proporcionar ao patrono a decisão sobre se deve ou não formular o pedido de escusa, na sede própria, isto é, em regra, à Ordem dos Advogados ou, excepcionalmente, à Câmara dos Solicitadores, conforme os casos.

4. Legitimidade *ad causam* para requerer a protecção jurídica

Sobre a legitimidade *ad causam* para requerer a protecção jurídica e legitimação do patrocínio, sob a epígrafe *legitimidade*, rege o artigo 19.º da Lei do Apoio Judiciário, do seguinte teor:

" **A protecção jurídica pode ser requerida:**

a) **Pelo interessado na sua concessão;**
b) **Pelo Ministério Público em representação do interessado;**
c) **Por advogado, advogado estagiário ou solicitador, em representação do interessado, bastando para comprovar essa representação as assinaturas conjuntas do interessado e do patrono".**

1. Versa este artigo sobre a legitimidade *ad causam* para requerer a protecção jurídica, que não foi alterado pela Lei n.º 47/2007, de 28 de Agosto.

Apenas diverge do que constava no artigo 18.º da Lei n.º 30-E/2000, de 20 de Dezembro, na medida em que, em vez de se limitar ao apoio judiciário, passou a reportar-se à protecção jurídica, e deixou de inserir o segmento relativo ao patrono para esse efeito nomeado pela Ordem dos Advogados ou pela Câmara dos Solicitadores, a pedido do interessado, e que a essa pessoa e às mencionadas nas actuais alíneas a) a c) incumbia também, em princípio, o patrocínio da causa para que fora requerido o apoio judiciário.

Deixou, por isso, a lei de prever poder o pedido de protecção jurídica ser formulado por causídico nomeado pela Ordem dos Advogados a pedido do interessado, ou seja, deixou de se salvaguardar a hipótese de o pretendente da protecção jurídica não poder contratar ele próprio, para o efeito de formulação do respectivo pedido, advogado, advogado estagiário ou solicitador.

A revogação em causa não afecta, porém, o interesse das pessoas nesta matéria, porque tem a possibilidade de solicitar aos agentes do Ministério

Público, em qualquer comarca do País, a formulação do pedido a que este normativo se reporta.

Expressa este artigo, nas suas três alíneas, por quem pode ser requerida a protecção jurídica, ou seja, o apoio judiciário e a consulta jurídica, isto é, quem tem legitimidade *ad causam* ou legitimação representativa para o efeito.

O núcleo essencial deste artigo não é a legitimidade *ad causam* para requerer a protecção jurídica, que se inscreve, naturalmente, no interessado em agir em juízo, mas o meio técnico de concretizar o acesso ao direito e aos tribunais na vertente da protecção jurídica.

A expressão "protecção jurídica" está utilizada no seu sentido normal, isto é, abrangente das vertentes da consulta jurídica, da assistência judiciária e do patrocínio judiciário.

Com efeito, face ao novo regime que resultou da última alteração da lei, deixou de haver razões de sistema para distinguir entre a primeira e as outras das referidas modalidades.

2. Prevê o proémio e a alínea a) que o interessado na concessão da protecção jurídica pode requerê-la, em qualquer das referidas modalidades, portanto sem necessidade de patrocínio judiciário para o efeito.

Conforma-se com o que estatui o Código do Procedimento Administrativo, segundo o qual, têm legitimidade para iniciar o procedimento administrativo e intervir nele os titulares dos direitos subjectivos ou interesses legalmente protegidos no âmbito das decisões que nele forem ou possam ser tomadas (artigo 53.º).

3. Prevê o proémio e a alínea b) que o Ministério Público, em representação do interessado, pode requerer para este a concessão da protecção jurídica.

Os cidadãos recorrem, não raro, aos agentes do Ministério Público em demanda de informação jurídica e de apoio na resolução de questões jurídicas que os afectam, dada a sua competência na defesa, além do mais, dos interesses de menores, incapazes e ausentes em parte certa ou incerta.

É que o Ministério Público, pela natureza das suas funções, exerce-as, em regra, com base em critérios de legalidade, certo que tem uma especial autonomia estatutária em relação ao Estado (artigo 2.º do Estatuto do Ministério Público).

Trata-se, por isso, de um órgão de justiça especialmente vocacionado para requerer, em representação do interessado que lho solicite, ainda que informalmente, a concessão do benefício da protecção jurídica.

É uma espécie de representação que acresce à que o Ministério Público assume em relação aos menores e a outros incapazes, ausentes em parte incerta, incertos e trabalhadores e suas famílias no foro laboral (artigos 3.º, 5.º e 6.º do Estatuto do Ministério Público).

4. Prevê o proémio e a alínea c) que o benefício da protecção jurídica, nas modalidades de consulta jurídica, de assistência judiciária e de patrocínio judiciário pode ser requerido por advogado, advogado estagiário ou solicitador, em representação do interessado, e estatui bastarem as assinaturas conjuntas do interessado e do patrono para comprovação da respectiva representação.

Assim, basta, para o efeito, que o requerimento tendente à concessão da protecção jurídica seja assinado, em conjunto, pelo interessado e pelo causídico que formulou o requerimento.

Salvaguarda-se, pois, o interesse do candidato à protecção jurídica carecido da pertinente informação jurídica, admitindo a lei que este recorra ao causídico que entenda, advogado, advogado estagiário ou solicitador, para que o oriente e represente no respectivo procedimento administrativo.

A assinatura do interessado e do causídico respectivo no instrumento do pedido de protecção jurídica consubstanciam como que uma forma particular de prova do contrato de mandato, exigida pela especificidade do respectivo objecto.

Assim, o que este normativo tem de específico é a forma de comprovar os poderes de representação, na medida em que são suficientes as assinaturas conjuntas do interessado e do patrono.[122]

5. Competência decisória do pedido de protecção jurídica

Sobre a competência para a decisão sobre o pedido de protecção jurídica, sob a epígrafe *competência para a decisão*, rege o artigo 20.º da Lei do Apoio Judiciário, do seguinte teor:

---

[122] Cfr. o Acórdão do Tribunal Constitucional, n.º 199/99, de 24.3.99, "Diário da República", II Série, de 6 de Agosto de 1999.

"1. A decisão sobre a concessão de protecção jurídica compete ao dirigente máximo dos serviços de segurança social da área de residência ou sede do requerente.
2. No caso de o requerente não residir ou não ter a sua sede em território nacional, a decisão referida no número anterior compete ao dirigente máximo dos serviços de segurança social onde tiver sido entregue o requerimento.
3. A competência referida nos números anteriores é susceptível de delegação e de subdelegação.
4. A decisão quanto ao pedido referido nos n.ºs 6 e 7 do artigo 8.º-A compete igualmente ao dirigente máximo dos serviços de segurança social competente para a decisão sobre a concessão de protecção jurídica, sendo susceptível de delegação e de subdelegação."

1. A primitiva redacção deste artigo, de carácter absolutamente inovador, resultou da Lei n.º 30-E/2000, de 20 de Dezembro.

Essa inovação partiu da qualificação do apoio judiciário como direito a uma prestação social enquadrada nos direitos sociais previstos no artigo 63.º da Constituição. Todavia, do que realmente se trata, é de um direito análogo aos direitos fundamentais a que se reportam os artigos 18.º e 20.º, n.º 2, da Constituição.

Ao arrepio de uma tradição de mais de trinta anos, que cometia aos juízes essa competência, por via da anterior lei do apoio judiciário passou a inscrever-se na titularidade de uma entidade administrativa, não obstante se tratar de matéria relacionada com o exercício da função jurisdicional.[123]

A anunciada motivação dessa opção legislativa, em rotura absoluta com o sistema anterior, foi a de aliviar as pendências processuais dos tribunais e acelerar o processo de decisão sobre os pedidos de apoio judiciário. Tratou-se, porém, de errada perspectiva da realidade das coisas, porque com o novo regime nada se aproveitou em celeridade, nem em justiça

---

[123] Antes disso, junto de cada tribunal cível funcionava uma comissão de assistência judiciária, a quem competia apreciar os pedidos de assistência, composta pelo primeiro substituto do juiz do direito, que era o presidente, pelo magistrado do Ministério Público junto do tribunal e por um advogado designado nas comarcas das Relações pelo conselho distrital da Ordem dos Advogados e, pelas suas delegações, nas outras comarcas (artigo 7.º, proémio, do Decreto-Lei n.º 33 548, de 23 de Fevereiro de 1944).

de decisão, e tudo se agravou em custos de sistema para a comunidade de contribuintes.

Com efeito, o tempo de instrução e de decisão dos incidentes relativos ao apoio judiciário era, em média, inferior a um mês, sem afectar a marcha normal do processo nem implicar o pagamento de taxa de justiça ou encargos, visto que, proferido o despacho liminar no incidente, aquele pagamento não era exigido ao requerente

Acresce que os meios de investigação dos tribunais sobre a situação económica dos requerentes de protecção jurídica superam, como é natural, os dos órgãos da segurança social a quem foi atribuída a nova competência decisória.[124]

No âmbito decisório, os tribunais apreciavam os factos relativos à situação económica dos requerentes da protecção jurídica sob a envolvência das regras da experiência e de juízos de lógica corrente, tinham em linha de conta a natureza e o valor processual das causas para que era requerido o benefício, sob ponderação de ser tão injusto conceder a protecção jurídica a quem dela não carecesse como negá-la a quem da mesma precisasse.

Para o efeito teve de se afastar, como elemento inerente à boa decisão, o valor da causa e a complexidade provável desta, e instituir-se um sistema de normas fechadas, baseadas em fórmulas aritméticas, alheias à realidade das coisas, designadamente aos fins primários do acesso ao direito e aos tribunais.[125]

Os critérios de determinação da insuficiência económica previstos na Lei não deveriam, como é natural, ser aplicados de forma matemática, porque, na espécie, estamos perante uma realidade social que se não conforma com os princípios dessa ciência.

Perante a opção de política legislativa de retirar aos tribunais a competência para a decisão sobre a concessão ou não da protecção jurídica, o objectivo pretendido com o novo sistema seria, porventura, muito melhor conseguido se a competência em causa se inscrevesse numa comissão integrada por um juiz de tribunal superior, por um procurador-geral-adjunto,

---

[124] JOEL TIMÓTEO RAMOS PEREIRA, "Apoio Judiciário (novo regime) Será Mesmo Mais Célere e Justo", Revista "O Advogado", n.º 7, Fevereiro de 2001.

[125] No âmbito da reforma legislativa desta matéria, de que resultou a Lei n.º 47/2007, de 28 de Agosto, o Partido Comunista apresentou um projecto de lei, com o n.º 377/X, no sentido da devolução aos tribunais da competência para a decisão sobre a concessão da protecção jurídica, que não logrou aprovação da Assembleia da República.

por um advogado nomeado pela Ordem dos Advogados e por um solicitador.[126]

À luz da *reserva* da função jurisdicional prevista no artigo 202.º, n.º 1, da Constituição, é, pelo menos, justificadamente questionável se a solução legislativa consagrada não estará inquinada de inconstitucionalidade material.

Este artigo foi alterado pela Lei n.º 47/2007, de 28 de Agosto, alteração que consistiu na eliminação do n.º 1 do segmento *de acordo com os critérios estabelecidos e publicados em anexo à presente lei, sem prejuízo do disposto no artigo seguinte*, na revogação do disposto no n.º 2, na passagem do n.º 3 a n.º 2 e do n.º 4 a n.º 3, na inovação neste último no sentido de a aludida competência ser susceptível de subdelegação e na inserção do novo n.º 4.

2. Prevê o n.º 1 a competência para decidir sobre a concessão ou não da protecção jurídica, e estatui que ela se inscreve no dirigente máximo dos serviços de segurança social da área da residência ou da sede do requerente.

O conceito de protecção jurídica está utilizado no seu sentido normal, isto é, nas modalidades de consulta jurídica, assistência judiciária – dispensa de pagamento de taxa de justiça e demais encargos com o processo – e de patrocínio judiciário – nomeação de patrono com honorários e despesas a suportar directamente pelo Estado, incluindo o pagamento faseado.

O elemento de conexão em relação ao requerente da protecção jurídica que define a referida competência deixa de ser o tribunal ou juízo em que a acção ou procedimento são instaurados, mas o do lugar da sede ou residência do requerente, naturalmente o da sua residência habitual.[127]

---

[126] Era essa, conforme já se referiu, a solução consagrada em Portugal imediatamente antes da Lei 7/70 e do Decreto n.º 562/70. Em Espanha, a Comissão de Assistência Jurídica é integrada por um membro do Ministério Público, que preside, por um advogado do Estado, um funcionário, o decano do Colégio de Advogados da Província e o decano do Colégio de Procuradores da Província (artigo 3.º do Real Decreto n.º 2103/1996, de 20 de Setembro).

O Bloco de Esquerda apresentou à Assembleia da República o projecto de lei n.º 286/X, no sentido, além do mais, da criação do Instituto de Assistência Jurídica, concebido como pessoa colectiva pública, dotado de autonomia administrativa e financeira, tutelado pelo Ministério da Justiça, com competência para a decisão sobre a concessão da protecção jurídica.

[127] A pessoa tem domicílio no lugar da residência habitual e, se residir alternadamente em diversos lugares, tem-se por domiciliada em qualquer deles. Na falta de resi-

Assim, a competência territorial do órgão administrativo decisor é definida pela lei com base no local de residência ou sede do requerente da protecção jurídica, naturalmente se localizados em território português.

A referência à sede reporta-se, como é natural, aos casos em que é alguma pessoa colectiva sem fins lucrativos que formula o requerimento de protecção jurídica (artigo 159.º do Código Civil).

No que concerne aos litígios transfronteiriços, no caso de os respectivos processos deverem correr termos nos tribunais portugueses, os serviços da segurança social, para determinarem se o requerente da protecção jurídica tem domicílio ou residência habitual em Portugal, devem aplicar o artigo 59.º do Regulamento (CE) n.º 44/2001, do Conselho, de 22 de Dezembro de 2000 (artigos 2.º, n.º 2, da Directiva 2003/8/CE, do Conselho, de 27 de Janeiro de 2003 e do Decreto-Lei n.º 71/2005, de 17 de Março).

A decisão a que se reporta este normativo assume a natureza de acto administrativo, isto é, a decisão de um órgão da Administração que, ao abrigo de normas de direito público, visa produzir efeitos jurídicos numa situação individual concreta (artigo 120.º do Código do Procedimento Administrativo).

É escrita e deve conter, clara, precisa e completamente, a indicação do titular do órgão que proferiu a decisão, a menção da delegação de poderes que exista, a identificação do requerente do apoio judiciário, a enunciação dos factos assentes, a fundamentação fáctico-jurídica pertinente e o concernente conteúdo decisório (artigos 122.º, n.º 1, e 123.º do Código do Procedimento Administrativo).

Como a decisão em causa, qualquer que seja o respectivo sentido, afecta direitos de um outro sujeito processual, não pode deixar de ser fundamentada (artigo 124.º, n.º 1, do Código do Procedimento Administrativo).

A referida fundamentação deve ser expressa através de sucinta exposição dos fundamentos de facto e de direito, embora possa consistir em declaração de concordância com a proposta de decisão adrede formulada por quem de direito, caso em que tal proposta integra o acto administrativo em causa (artigo 125.º, n.º 1, alínea a), do Código do Procedimento Administrativo).

Os factos relativos ao rendimento, aos activos patrimoniais e aos

---

dência habitual, considera-se domiciliada no lugar da sua residência ocasional ou, se esta não puder ser determinada, no lugar onde se encontrar (artigo 82.º do Código Civil).

encargos com as necessidades básicas do agregado familiar constituem matéria de facto.

A conclusão sobre a insuficiência económica para custear, total ou parcialmente, os encargos normais da causa ou procedimento em relação aos quais é formulado o pedido, a extrair dos referidos factos, constitui, por seu turno, matéria de direito.

Haverá falta de fundamentação da decisão se aquela, por obscuridade, contradição ou insuficiência, não esclarecer concretamente a motivação do decidido (artigo 125.°, n.° 3, do Código do Procedimento Administrativo).

Dir-se-á que o acto administrativo em causa deve ser estruturado em termos de envolver quatro partes logicamente distintas.

A primeira parte corresponde ao relatório, em que devem ser especificados a identificação do requerente e, sinteticamente, a sua pretensão e fundamentos respectivos, e segunda deve inserir, por ordem lógica e cronológica, os factos provados pertinentes à decisão.

A terceira parte deverá incidir sobre a análise crítica dos factos provados e a sua aproximação às normas jurídicas aplicáveis, e a quarta deverá, por seu turno, envolver apenas a decisão *stricto sensu,* cingindo-se à mera declaração administrativa de concessão ou não da protecção jurídica e, sendo positiva, a respectiva amplitude.

No regime de pretérito, sempre se entendeu que a decisão final do incidente de apoio judiciário devia elencar, sob pena de nulidade, os factos assentes e as considerações de ordem jurídica envolventes.[128]

O órgão decisor competente deve procurar averiguar todos os factos cujo conhecimento seja conveniente para a justa e rápida decisão do procedimento, podendo, para e efeito, recorrer a todos os meios de prova admitidos em direito, e pode determinar aos requerentes da protecção jurídica a prestação de informações, a apresentação de documentos e a colaboração noutros meios de prova (artigos 87.°, n.° 1 e 89.°, n.° 1, do Código do Procedimento Administrativo).

Assim, a apresentação dos meios de prova referentes aos rendimentos e aos bens móveis e imóveis é dispensada sempre que a sua comprovação possa ser efectuada oficiosamente, ao abrigo do Decreto-Lei n.° 92/2004, de 20 de Abril, designadamente na alínea d) do n.° 3 do seu artigo 7.°, tal como o é a declaração de inscrição no centro de emprego (artigo 2.° da Portaria n.° 11/2008, de 3 de Janeiro).

---

[128] Ac. da Relação de Coimbra, de 26.10.99, BMJ, n.° 490, pág. 325.

O procedimento administrativo é gratuito, salvo na parte em que lei especial impuser o pagamento de alguma taxa ou despesa (artigo 11.º, n.º 1, do Código do Procedimento Administrativo).

Como a lei não prevê especialmente a exigência de taxas ou o reembolso de despesas no âmbito do procedimento administrativo em causa, a conclusão não pode deixar de ser no sentido de que a elas não está sujeito.[129]

A extinção da instância em razão de transacção das partes na acção judicial pendente não prejudica a prolação da decisão da questão de concessão ou não da protecção jurídica que deva ocorrer.[130]

Depois de lavrado o termo de transacção em que uma das partes assume o encargo de suportar as custas da acção, deve ser-lhe indeferido, para que não seja dado acolhimento ao abuso do direito, o pedido de apoio judiciário com vista à dispensa de pagamento das referidas custas.[131]

3. Prevê o n.º 2 deste artigo a circunstância de o requerente de protecção jurídica não residir ou não ter a sua sede em território nacional, e estatui que a decisão referida no número anterior compete ao dirigente máximo dos serviços de segurança social onde tiver sido entregue o requerimento.

Substituiu, em termos de revogação tácita, o normativo que se reportava à remessa do pedido à comissão constituída por um magistrado designado pelo Conselho Superior da Magistratura, um magistrado do Ministério Público, designado pelo Conselho Superior do Ministério Público, um advogado designado pela Ordem dos Advogados, e um representante do Ministério da Justiça, com vista à decisão sobre a concessão da protecção jurídica por virtude da opção de não aplicação dos critérios previstos na lei.

Este normativo, conexo com o disposto no n.º 1, de natureza especial em relação a este, teve o mérito de eliminar uma lacuna existente no artigo 21.º da Lei n.º 30-E/2000, de 20 de Dezembro.[132]

---

[129] Prescreve o n.º 2 do artigo 11.º do Código do Procedimento Administrativo que, em caso de comprovada insuficiência económica, demonstrada nos termos da lei sobre o apoio judiciário, a Administração *isentará,* total ou parcialmente, o interessado do pagamento das taxas ou das despesas referidas no número anterior.

[130] Ac. da Relação de Évora, de 30.6.83, *CJ,* Ano VIII, Tomo 3, pág. 327.

[131] Ac. da Relação de Coimbra, de 6.5.99, BMJ, n.º 487, pág. 374.

[132] Chegou a ser decidido, para a referida hipótese, inscrever-se a competência para decidir a questão do apoio judiciário no órgão jurisdicional competente para a causa. Manifestámos a opinião de que, à míngua de normativo que previsse a situação, a solução

No caso de os processos relativos a litígios transfronteiriços correrem termos em Portugal, a entidade competente para a decisão do procedimento de protecção jurídica é aquela a que se refere o artigo em análise, que aplica esta lei (artigo 12.º, n.º 1, do Decreto-Lei n.º 71/2005, de 17 de Março).

Se, porventura, os processos relativos a litígios transfronteiriços deverem correr termos em diverso Estado-Membro, a competência para a decisão do apoio pré-contencioso também se inscreve na entidade a que se reporta este artigo, que aplica na espécie esta Lei (artigo 12.º, n.º 2, do Decreto-Lei n.º 71/2005, de 17 de Março).

Trata-se de apoio que visa assegurar a assistência jurídica do requerente até à recepção do pedido de protecção jurídica no Estado-Membro do foro, a prestar segundo as regras relativas à consulta jurídica previstas nesta lei, incluindo a tradução do instrumento do pedido e ou de documentos (artigos 4.º do Decreto-Lei n.º 71/2005, de 17 de Março, e 8.º da Directiva n.º 2003/7/CE).

4. Prevê o n.º 3 a competência decisória relativa ao pedido de protecção jurídica pelo órgão máximo dos serviços de segurança social, e estatui que ela é passível não só de delegação mas também de subdelegação.

Alterou-se, assim, por via da Lei n.º 47/2007, de 28 de Agosto, o normativo de pretérito que só permitia, na espécie, a delegação, ou seja, proibindo a subdelegação.

Assim, o órgão máximo dos serviços da segurança social pode delegar genericamente a referida competência noutro órgão dos mesmos serviços, naturalmente no que se lhe seguir na ordem hierárquica, em conformidade com o concernente regime legal.

Ademais, podem os titulares da competência delegada para efeito da decisão sobre o pedido de protecção jurídica subdelegá-la em qualquer outro órgão da cadeia hierárquica.

Este normativo conforma-se com a lei do procedimento administrativo, segundo a qual, por um lado, os órgãos administrativos normalmente competentes para decidir em determinada matéria, sempre que para tal estejam habilitados por lei, podem permitir, através de um acto de delega-

---

seria a de a competência em causa se inscrever no dirigente máximo dos Serviços de Segurança Social de Lisboa.

ção de poderes, que outro órgão ou agente pratique actos administrativos sobre a mesma matéria e, por outro, salvo disposição legal em contrário, que o delegante pode autorizar o delegado a subdelegar.[133]

5. Prevê o n.º 4 deste artigo, inovador, introduzido por via da Lei n.º 47/2007, de 28 de Agosto, a decisão quanto ao pedido referido nos n.ºs 6 e 7, do artigo 8.º-A, e estatui que ela compete igualmente ao dirigente máximo dos serviços de segurança social competente para a decisão sobre a concessão de protecção jurídica, sendo susceptível de delegação e de subdelegação.

Trata-se das situações, por um lado, em que o requerente da protecção jurídica solicita que a apreciação da insuficiência económica tenha apenas em conta o rendimento, o património e a despesa permanente próprios dele e de alguns elementos do seu agregado familiar.

E, por outro, daquelas situações em que há litígio com um ou mais elementos do agregado familiar do requerente da protecção jurídica, implicando que a apreciação da insuficiência económica deve apenas ter em conta o rendimento, o património e a despesa dele e de alguns elementos do seu agregado familiar, se aquele formular requerimento nesse sentido.

Atendendo ao que consta das anteriores normas deste artigo, designadamente a que se reporta à possibilidade de delegação e de subdelegação, o normativo em análise revela-se meramente esclarecedor e, por isso, destituído de relevante utilidade.

Na realidade, atenta a especificidade da decisão em causa, o que se justificava era que a competência para a referida decisão do dirigente máximo dos serviços de segurança social não fosse susceptível de delegação.

6. Local, forma de apresentação e conteúdo do requerimento de protecção jurídica

Sobre o local, forma de apresentação e conteúdo do requerimento de protecção jurídica, sob a epígrafe *requerimento*, rege o artigo 22.º da Lei do Apoio Judiciário, do seguinte teor:[134]

---

[133] Artigos 35.º, n.º 1, e 36.º, n.º 1, do Código do Procedimento Administrativo.
[134] O disposto no artigo 21.º desta Lei foi revogado pelo artigo 5.º, alínea a), da Lei n.º 47/2007, de 28 de Agosto.

"1. O requerimento de protecção jurídica é apresentado em qualquer serviço de atendimento ao público dos serviços de segurança social.
2. O requerimento de protecção jurídica é formulado em modelo, a aprovar por portaria dos ministros com a tutela da justiça e da segurança social, que é facultado, gratuitamente, junto da entidade referida no número anterior, e pode ser apresentado pessoalmente, por telecópia, por via postal ou por transmissão electrónica, neste caso através do preenchimento do respectivo formulário digital, acessível por ligação e comunicação informática.
3. Quando o requerimento é apresentado por via postal, o serviço receptor remete ao requerente uma cópia com o carimbo de recepção aposto.
4. O pedido deve especificar a modalidade de protecção jurídica pretendida, nos termos dos artigos 6.º e 16.º e, sendo caso disso, quais as modalidades que pretende cumular.
6. A prova de entrega do requerimento de protecção jurídica pode ser feita:[135]

a) Mediante exibição ou entrega de cópia com carimbo de recepção do requerimento apresentado pessoalmente ou por via postal;

b) Por qualquer meio idóneo de certificação mecânica ou electrónica da recepção no serviço competente do requerimento quando enviado por telecópia ou transmissão electrónica.

7. É da competência dos serviços de segurança social a identificação rigorosa dos elementos referentes aos beneficiários, bem como a identificação precisa do fim a que se destina o apoio judiciário, para os efeitos previstos no n.º 5 do artigo 24.º e nos artigos 30.º e 31.º'".

1. O disposto neste artigo, que versa essencialmente sobre o local, forma de apresentação e conteúdo do requerimento tendente à obtenção da protecção jurídica, absolutamente inovador, resultou da Lei do Apoio Judiciário de 2000, e foi alterado pela Lei do Apoio Judiciário de 2004, na sua primitiva redacção.[136]

---

[135] O n.º 5 deste artigo foi revogado pela alínea a) do artigo 5.º da Lei n.º 47/2007, de 28 de Agosto.

[136] O disposto no n.º 7 não constava do texto da lei aprovado na generalidade, tendo sido inserido na sequência da sua discussão na especialidade.

Também foi alterado pela Lei n.º 47/2007, de 28 Agosto, por via da revogação do seu n.º 5, que se reportava às formalidades do pedido de apoio judiciário formulado por sociedades, estabelecimentos individuais de responsabilidade limitada ou comerciantes em nome individual em causas relativas ao exercício do comércio, em virtude de aquelas entidades deixarem de ter direito a qualquer vertente de protecção jurídica, designadamente o apoio judiciário.

O conceito de protecção jurídica a que se reporta este artigo está utilizado no sentido que lhe é próprio, ou seja, em termos de abranger a consulta jurídica e o apoio judiciário, este nas modalidades de assistência judiciária e de patrocínio judiciário.

2. Prevê o n.º 1 a apresentação do requerimento tendente à obtenção da protecção jurídica, independentemente da respectiva modalidade, e estatui que ele pode ser apresentado em qualquer serviço de atendimento ao público dos serviços de segurança social.[137]

Há, assim, grande flexibilidade quanto ao local de apresentação do requerimento que instrumentaliza o pedido de protecção jurídica, certo que pode ser apresentado em serviços da segurança social onde não funciona o órgão máximo ou delegado a quem compete a decisão.

Naturalmente que os serviços periféricos onde sejam apresentados os requerimentos de protecção jurídica devem remetê-los ao serviço central onde está sedeado o órgão a quem compete a decisão.

No que concerne à transmissão e recepção dos pedidos de protecção jurídica no âmbito de litígios transfronteiriços, porém, a autoridade competente é o Instituto da Segurança Social no território continental, o Centro da Segurança Social na Região Autónoma da Madeira e o Instituto da Acção Social na Região Autónoma dos Açores (artigo 6.º, n.º 1, do Decreto-Lei n.º 71/2005, de 17 de Março).

3. Prevê o n.º 2, primeira parte, a fórmula do requerimento de protecção jurídica, e estatui que o respectivo suporte material, de modelo ofi-

---

[137] A regra no procedimento administrativo em geral é no sentido de que os requerimentos devem ser apresentados nos serviços dos órgãos aos quais são dirigidos, mas a lei contempla várias excepções, previstas nos artigos 77.º e 78.º do Código do Procedimento Administrativo.

Os formulários de requerimento de protecção jurídica foram aprovados pela Portaria n.º 11/2008, de 3 de Janeiro.

cial, é aprovado por portaria dos ministros titulares das pastas da justiça e da segurança social.

Na segunda parte prevê-se, por seu turno, a aquisição do referido modelo de requerimento, e estatui-se que esse instrumento documental é gratuitamente facultado pelos serviços da segurança social competentes para receberem os instrumentos dos pedidos de protecção jurídica apresentados pelos interessados.

Na terceira parte, finalmente, prevê-se a forma de apresentação dos mencionados instrumentos dos pedidos de protecção jurídica nos referidos serviços da segurança social, e estatui-se poder sê-lo por entrega pessoal, por telecópia, por via postal ou por transmissão electrónica.

A transmissão electrónica opera por via do preenchimento do respectivo formulário digital, sendo acessível por ligação e comunicação informática.

Quando o pedido de protecção jurídica é formulado pelo próprio interessado, a experiência é no sentido da apresentação do requerimento por via postal ou pessoal, naturalmente por si ou através de outrem.

A apresentação por telecópia ou por transmissão electrónica, em regra só será configurável quando o Ministério Público, o advogado, o advogado estagiário ou o solicitador actuem em representação do requerente.

O requerimento de protecção jurídica no âmbito de litígios transfronteiriços são formulados no modelo aprovado pela Comissão Europeia.[138]

Por seu turno, o pedido de protecção jurídica na modalidade de apoio pré-contencioso, a que acima se fez referência, é formulado no modelo a que se reporta este normativo (artigo 11.º do Decreto-Lei n.º 71/2005, de 17 de Março.

4. Prevê o n.º 3 a apresentação do requerimento de protecção jurídica por via postal, e estatui que o serviço de segurança social receptor devolverá uma cópia ao requerente com aposição do carimbo de recepção.[139]

Este procedimento de actividade acrescida deriva do facto de se não

---

[138] O referido modelo foi aprovado por Decisão da Comissão, de 9 de Novembro de 2004, publicado no Jornal Oficial da União Europeia, L 365, de 10 de Dezembro. Sobre o seu conteúdo, pode ver-se ANTÓNIO DA COSTA NEVES RIBEIRO, "Processo Civil da União Europeia – II", Coimbra, 2006, páginas 307 a 313.

[139] No que concerne ao procedimento administrativo em geral, a regra é no sentido de que os requerimentos dirigidos a órgãos administrativos podem ser remetidos pelo correio, com aviso de recepção (artigo 79.º do CPA).

exigir que os requerimentos sejam remetidos pelo correio registado com aviso de recepção, caso em que aquele aviso serviria de comprovativo da sua recepção.

Está este normativo conexionado, em termos de instrumentalidade, com o que se prescreve no n.º 6, alínea a), deste artigo.

A cópia do requerimento relativo ao pedido de protecção jurídica a que este normativo se reporta instrumentaliza, nos casos excepcionais previstos na lei, a dispensa de pagamento da taxa de justiça previamente à decisão administrativa concernente (artigo 467.º, n.º 5, do Código de Processo Civil).

Os serviços de segurança social devem exigir a rigorosa identificação dos interessados e dos processos judiciais em causa, de modo a conseguir-se a eficácia das informações envolventes.

A apresentação do requerimento, independentemente do modo como opere, é objecto de registo no respectivo serviço de segurança social, o qual deve mencionar o número de ordem, a data, o objecto do requerimento, o número de documentos juntos e o nome do requerente.

A ordem do referido registo é a da apresentação dos requerimentos, considerando-se simultaneamente apresentados os recebidos pelo correio na mesma distribuição.

O registo referido será anotado nos requerimentos, mediante a menção dos respectivos número e data (artigo 80.º, n.ºs 1 a 3, do Código do Procedimento Administrativo).

Apresentando o interessado o instrumento documental com pedido de protecção jurídica através de entrega directa nos serviços de atendimento da segurança social ou pelo correio, o carimbo com a data da sua recepção nos referidos serviços constitui a prova da entrega do requerimento.

Assim, nessa hipótese, deve o requerente da protecção jurídica apresentar um original e um duplicado, a fim de o último lhe ser devolvido com o carimbo de recepção inserente da data do recebimento.

No caso de o requerimento em causa haver sido remetido aos serviços da segurança social por telecópia ou transmissão electrónica, a prova da sua recepção é feita por certificação mecânica ou electrónica.

Perante os termos deste normativo, deve concluir-se que o elenco dos meios de prova da entrega do requerimento em causa é meramente exemplificativo, embora, pela natureza do facto a provar, ela só possa ser feita por documentos.

Assim, deve ser considerado meio de prova da recepção do requerimento de protecção jurídica pelos serviços da segurança social a declaração deles nesse sentido.

A remessa do recibo de recepção ao requerente da protecção jurídica confere-lhe, por um lado, um meio de prova da entrega do requerimento e, por outro, o controlo do tempo da decisão, certo que, nos termos do artigo 25.°, n.° 1, desta Lei, marca o início do prazo de trinta dias em que deve ocorrer a decisão final no procedimento, findo o qual, se ela não tiver sido proferida, se considera, em regra, o deferimento tácito.

5. Prevê o n.° 4 a indicação do âmbito do pedido de protecção jurídica formulado pelo interessado, nos termos dos artigos 6.° e 16.°, e estatui que, sendo caso disso, devem ser mencionadas as modalidades pretendidas.

O artigo 6.° desta Lei expressa essencialmente que a protecção jurídica reveste as modalidades de consulta jurídica e de apoio judiciário, e o artigo 16.° refere-se às modalidades de dispensa de taxa de justiça e demais encargos com o processo, à nomeação de patrono e pagamento da compensação, ao pagamento da compensação do defensor oficioso e ao pagamento faseado de qualquer das referidas vertentes.

Assim, deve o interessado expressar no requerimento de protecção jurídica qual a modalidade das acima referidas por ele pretendida ou algum conjunto delas.

Eliminou-se o casuísmo e a formulação pouco rigorosa que constava do texto do projecto deste artigo, naturalmente por desnecessidade, dado o disposto no artigo 16.° deste diploma, mas cuja motivação era compreensível, atento o universo de pessoas a quem mais interessa, que são as economicamente carenciadas para suportar os encargos da demanda judicial em curso ou iminente, ao que acresce, não raro, a carência cultural.

Assim, o pedido de protecção jurídica é susceptível de abranger, em cumulação, a consulta jurídica, a assistência judiciária e o patrocínio judiciário, ou seja, pode o interessado cumular, no mesmo instrumento processual, o pedido de nomeação de patrono, ou seja, o de patrocínio judiciário, com o de assistência judiciária, isto é, a dispensa do pagamento de taxa de justiça ou dos encargos com o processo.

Em qualquer caso, deve o requerente da protecção jurídica individualizar e caracterizar a acção ou o procedimento para que pretende a protecção jurídica, em qualquer das suas modalidades, de modo a poder inferir-

-se o seu valor processual, sendo a referida menção essencial para ajuizar da impossibilidade de o requerente suportar o custo global da demanda, devendo a indicação do pedido ocorrer de forma clara e precisa.[140]

No caso de o assistente apenas haver pedido o apoio judiciário na modalidade de assistência judiciária com vista à dispensa do pagamento da taxa de justiça relativa à sua constituição, não pode a decisão que lho concedeu abranger a dispensa de pagamento de custas para qualquer outra intervenção processual, designadamente no que concerne à taxa de justiça atinente à interposição do recurso da decisão final.

Como a lei apenas se refere aos termos do pedido, isto é, sem qualquer menção específica ao conteúdo da causa de pedir e, não obstante o modelo de impresso para o requerimento por ela previsto, devem ter-se em linha de conta as normas concernentes do procedimento administrativo.

Assim, deve o requerimento inicial inserir a designação do serviço de segurança social a que se dirige, a identificação do requerente através da indicação do nome, estado, profissão e residência, a exposição dos factos em que se baseia o pedido e os fundamentos de direito e a data e assinatura do requerente ou, de outrem, a seu rogo, se o mesmo não souber ou não puder assinar (artigo 74.°, n.° 1, do Código do Procedimento Administrativo).

A falta de apresentação dos documentos necessários a instruir o requerimento de protecção jurídica implica a suspensão do prazo de produção do deferimento tácito do pedido de protecção jurídica.

Devem ser liminarmente indeferidos os requerimentos não identificados e aqueles cujo pedido seja ininteligível (artigo 76.°, n.° 3, do Código do Procedimento Administrativo).

No caso de o requerimento inicial não conter os referidos elementos, mas não se verificarem os pressupostos do indeferimento, deve o órgão competente para a decisão convidar o requerente a suprir as deficiências em causa (artigo 76.°, n.ᵒˢ 1 e 2, do Código do Procedimento Administrativo).

Todavia, se não for esse o caso, isto é, se se tratar de simples irregularidades ou de mera imperfeição na formulação do pedido, deve o serviço de segurança social requerido supri-las oficiosamente (artigo 76.°, n.° 2, do Código do Procedimento Administrativo).

---

[140] Artigo 74.°, n.° 1, alínea d), do Código do Procedimento Administrativo.

O teor dos modelos de requerimento tendentes à formulação dos pedidos de protecção jurídica, pelo seu cariz redutor, dando azo a imprecisões fácticas, implicará, necessariamente, a afectação da correcta decisão de mérito.

6. Prevê o n.º 6 a prova da entrega do requerimento de protecção jurídica e estatui, nas suas duas alíneas, sobre os concernentes e adequados meios, que são os seguintes:

– exibição ou entrega de cópia com o carimbo de recepção do requerimento apresentado pessoalmente ou por via postal, em conexão com o disposto no n.º 3 deste artigo;
– meio idóneo de certificação mecânica ou electrónica da recepção no serviço competente do requerimento enviado por telecópia ou transmissão electrónica.

Este normativo está conexionado com o disposto nos artigos 467.º, n.º 5, do Código de Processo Civil e 24.º, n.º 4, deste diploma, os quais se reportam, o primeiro ao pedido de apoio judiciário na modalidade de assistência judiciária relativo ao começo da acção ou procedimento, e o segundo ao pedido de apoio judiciário na modalidade de patrocínio judiciário formulado no decurso da acção ou do procedimento.

A primeira das referidas situações tem a ver com o facto de o procedimento ter carácter urgente ou de ter sido requerida a citação prévia nos termos do artigo 478.º do Código de Processo Civil ou de, no dia da apresentação da petição em juízo faltarem menos de cinco dias para o termo do prazo de caducidade do direito de acção e o autor estiver a aguardar decisão sobre a concessão do benefício de apoio judiciário que tenha requerido, caso em que deve juntar documento comprovativo da apresentação do pedido.

A segunda, por seu turno, prende-se com a circunstância de o pedido de apoio judiciário na modalidade de patrocínio judiciário ser formulado no decurso de acção, cujo prazo que estiver em curso se interrompe com a apresentação do documento comprovativo da apresentação do requerimento de promoção do concernente procedimento administrativo.

7. Prevê o n.º 7 deste artigo a identificação rigorosa dos elementos referentes aos beneficiários, precisando o fim a que se destina o apoio judiciário, para os efeitos previstos no n.º 5 do artigo 24.º e nos artigos 30.º e

31.º deste diploma, e estatui que ela se inscreve na competência dos serviços de segurança social.

Os elementos referentes aos beneficiários da protecção jurídica têm a ver com a sua identificação e com os factos atinentes à sua situação económica.

Os artigos 24.º, n.º 5, e 30.º e 31.º desta Lei, para os quais o normativo em análise remete, reportam-se, respectivamente, ao início do prazo interrompido por virtude da formulação de pedido de apoio judiciário na modalidade de patrocínio judiciário, à impugnação pela Ordem dos Advogados da decisão que concedeu o apoio judiciário naquela modalidade e à notificação da nomeação de patrono ao requerente e ao nomeado.

8. Importa ter em linha de conta, no que concerne aos pedidos de apoio judiciário relativos aos litígios transfronteiriços, o regime de apresentação e de transmissão dos respectivos instrumentos, incluindo os respectivos documentos, matéria regulada no Decreto-Lei n.º 71/2005, de 17 de Março.

O pedido de protecção jurídica apresentado por residente noutro Estado-Membro da União Europeia para acção em que os tribunais portugueses sejam competentes é redigido em português ou inglês (artigo 7.º, n.º 1).

O pedido de protecção jurídica apresentado por residente em Portugal para acção em relação à qual sejam competentes os tribunais de outro Estado-Membro é redigido na língua oficial desse Estado, em outra língua desse Estado correspondente a uma das línguas das instituições comunitárias ou noutra língua que aquele Estado indique como aceitável (artigo 7.º, n.º 2).

O referido pedido pode ser redigido em português se for apresentado a autoridade nacional de transmissão e recepção, caso em que esta deve proceder à respectiva tradução, se necessário, para uma das referidas línguas (artigo 7.º, n.º 3).

Os documentos que acompanhem os mencionados pedidos estão dispensados de legalização ou de outra formalidade equivalente, e, se forem juntos com o pedido de protecção jurídica apresentado por residente noutro Estado-Membro da União Europeia para acção em que os tribunais portugueses sejam competentes, são acompanhados de tradução em português ou em inglês (artigo 8.º, n.º 1).

Os documentos juntos com o pedido de protecção jurídica apresentado por residente em Portugal para acção em que sejam competentes os tribunais de outro Estado membro da União Europeia são acompanhados de instrumento com a respectiva tradução numa das línguas acima referidas, e se forem apresentados à autoridade nacional de transmissão e recepção sem a correspondente tradução, deve esta traduzi-los, se necessário (artigo 8.º, n.ºs 2 e 3).

O pedido é transmitido pela autoridade nacional de transmissão e recepção à autoridade competente, no Estado-Membro do foro, para a sua recepção no prazo de 15 dias contados da data de apresentação do pedido devidamente redigido na língua oficial do Estado, em outra língua desse Estado correspondente a uma das línguas das instituições comunitárias ou em outra língua que o Estado indique como aceitável e dos correspondentes documentos, traduzidos, se necessário, numa dessas línguas (artigo 9.º, n.º 1).

No caso de o pedido poder ser redigido em português e de os documentos serem apresentados à autoridade nacional de transmissão e recepção sem a respectiva tradução e sempre que a autoridade nacional de transmissão e recepção tenha de proceder à tradução do pedido e dos documentos comprovativos, o referido prazo de 15 dias conta-se da data de conclusão da tradução (artigo 9.º, n.º 2).

Conjuntamente com o pedido de protecção jurídica, é remetido o requerimento para a sua transmissão, redigido pela autoridade nacional de transmissão e recepção numa das línguas previstas nas alíneas do n.º 2 do artigo 7.º.

A autoridade nacional de transmissão e recepção pode recusar a transmissão de um pedido de protecção jurídica se não existir litígio transfronteiriço tal como é definido na lei, se esse pedido não tiver fundamento ou se o requerente não for pessoa singular ou o litígio não respeite a matéria civil ou comercial (artigo 10.º, n.º 1)

Sendo Portugal Estado-Membro do foro, a autoridade nacional de transmissão e recepção pode recusar a recepção do pedido que não seja redigido na língua portuguesa ou inglesa (artigo 10.º, n.º 3).

Qualquer uma das referidas decisões de recusa de transmissão é impugnável judicialmente, aplicando-se, com as necessárias adaptações, o disposto nos artigos 27.º e 28.º desta Lei (artigo 10.º, n.º 2).

7. Audiência prévia do requerente da protecção jurídica

Sobre a audiência prévia do requerente de protecção jurídica, sob a epígrafe *audiência prévia*, rege o artigo 23.º da Lei do Apoio Judiciário, do seguinte teor:

"**1. A audiência prévia do requerente de protecção jurídica tem obrigatoriamente lugar, por escrito, nos casos em que está proposta uma decisão de indeferimento, total ou parcial, do pedido formulado, nos termos do Código do Procedimento Administrativo.
2. Se o requerente de protecção jurídica, devidamente notificado para efeitos de audiência prévia, não se pronunciar no prazo que lhe for concedido, a proposta de decisão converte-se em decisão definitiva, não havendo lugar a nova notificação.
3. A notificação para efeitos de audiência prévia contém expressa referência à cominação prevista no número anterior, sob pena de esta não poder ser aplicada.**"

1. Versa este artigo, inovador no quadro da Lei n.º 30-E/2000, de 20 de Dezembro, sobre a audiência prévia obrigatória do requerente de protecção jurídica, em qualquer das respectivas modalidades, ou seja, de consulta jurídica, de assistência judiciária ou de patrocínio judiciário, ou de mais do que uma.[141]

No regime de pretérito, dispunha este artigo apenas do inerente *corpo*, expressando ter a audiência prévia do requerente de protecção jurídica obrigatoriamente lugar nos casos de proposta de decisão de indeferimento do pedido formulado, nos termos do Código do Procedimento Administrativo.

Foi alterado pela Lei n.º 47/2007, de 28 de Agosto, por via do que o corpo do artigo passou a n.º 1 com a menção *total ou parcial* referida ao indeferimento, e da inserção dos n.ºs 2 e 3.

O normativo em análise não consagra o princípio do contraditório no confronto dos interessados no desfecho do procedimento administrativo

---

[141] A regra no âmbito do procedimento administrativo é a de audiência, oral ou escrita, conforme a decisão do órgão instrutor, dos interessados antes de ser tomada a decisão final e de serem informados, nomeadamente, sobre o seu sentido provável (artigo 100.º, n.ºs 1 e 2, do Código do Procedimento Administrativo).

relativo ao pedido de protecção jurídica, ou seja, a pessoa contra quem ele vai exercitar o seu direito subjectivo ou interesse legalmente protegido na concernente espécie processual.

Com efeito, se o requerente da concessão de protecção jurídica for o autor da acção ou procedimento a intentar, ou se for o réu, naturalmente na acção pendente, não há audição da parte contrária sobre o requerido por uma ou por outra.

2. Prevê o n.º 1 deste artigo a audiência prévia do requerente de protecção jurídica, e estatui que ela é obrigatória na hipótese de a proposta de decisão ser no sentido do indeferimento total ou parcial, nos termos do Código do Procedimento Administrativo.

O conceito de protecção jurídica está utilizado no sentido que lhe é próprio, ou seja, em termos de abranger a consulta jurídica e o apoio judiciário, este, por seu turno, abrangente da assistência judiciária e do patrocínio judiciário.

Resulta, pois, deste normativo não ser obrigatória a audição prévia do requerente de protecção jurídica quando a proposta dirigida ao titular do órgão decisor for no sentido do deferimento total.

Ainda que o fosse, podia ser dispensada a sua audiência prévia se esta se não coadunasse com a prolação da decisão no prazo de trinta dias, o que será a regra.

A qualificação de *prévia* está reportada à prolação da decisão sobre o pedido de protecção jurídica, devendo o requerente ser ouvido previamente àquela decisão, no caso de a proposta ser no sentido do indeferimento total.

Para o caso de a proposta de decisão ser no sentido de deferimento parcial, ou seja, de indeferimento parcial, está agora expresso dever o requerente de protecção jurídica ser ouvido previamente à respectiva decisão, mas tal já resultava da lei anterior em quadro de interpretação extensiva.

3. Prevê o n.º 2 deste artigo, inspirado nos princípios da economia e da celeridade processual, a situação em que o requerente de protecção jurídica, devidamente notificado para efeitos de audiência prévia, não se pronunciar no prazo que lhe for concedido, e estatui, por um lado, que a proposta de decisão se converte em decisão definitiva, e, por outro, que não haverá lugar a nova notificação.

Verificados os referidos pressupostos, ou seja, a formulação de uma proposta de indeferimento total ou parcial do pedido de protecção jurídica, a sua notificação ao requerente, a não pronúncia deste no prazo concedido para o efeito, a proposta converte-se, por força da lei, em decisão concernente, que, por isso, se assume como fictícia.

Ocorre, em princípio, violação do princípio da informação e, consequentemente, do processo equitativo, certo que os requerentes da protecção jurídica têm um direito processual à notificação das decisões que os afectem.

A referida violação é, porém, atenuada pela circunstância de tal conversão, sem notificação, depender de a notificação da proposta de indeferimento total ou parcial do pedido de concessão de protecção jurídica ao requerente inserir essa cominação.

4. Prevê o n.º 3 deste artigo a notificação para efeitos de audiência prévia constante do seu n.º 1, e estatui que ela deve inserir expressa referência à cominação prevista no número anterior, sob pena de esta não poder ser aplicada.

Assim, a aludida conversão automática da proposta de indeferimento total ou parcial em decisão de indeferimento total ou parcial do pedido de protecção jurídica depende de na notificação da primeira se informar o requerente da mencionada consequência de conversão.

No caso de decisão efectiva do indeferimento do pedido de protecção jurídica, o prazo de impugnação, a que se reporta o artigo 27.º, n.º 1, deste diploma, é contado da respectiva notificação; na situação de decisão objecto de conversão ou fictícia, o referido prazo de impugnação é contado desde o termo do prazo de resposta à aludida proposta.

A referida audiência suspende o prazo de conclusão do procedimento administrativo, suspensão que na espécie assume considerável relevo, nomeadamente para evitar o deferimento tácito do pedido de protecção jurídica (artigo 100.º, n.º 3, do Código do Procedimento Administrativo).

5. O artigo em análise remete para o Código do Procedimento Administrativo os termos da audiência prévia do requerente de protecção jurídica a que se reporta.

O n.º 1 do artigo 103.º do Código do Procedimento Administrativo prescreve não haver lugar à audiência dos interessados quando a decisão seja urgente ou seja razoavelmente de prever que a diligência possa comprometer a sua execução ou utilidade.

Estabelece, por seu turno, a alínea a) e o proémio do n.º 2 do artigo 103.º daquele diploma poder o órgão instrutor dispensar a audiência dos interessados se eles já se tiverem pronunciado no procedimento sobre as questões que importem à decisão e ou às provas produzidas.

Assim, no regime geral do procedimento administrativo, poderá o interessado deixar de ser ouvido se no requerimento de protecção jurídica ou posteriormente houver formulado um juízo sobre os factos afirmados, as provas oferecidas e o sentido da decisão que eles comportam.

O n.º 1 do artigo em análise conforma-se com o regime de audição que resulta das normas gerais do procedimento administrativo. Atento, porém, o modo de estruturação do procedimento especial em causa, sobretudo os termos do impresso que deve servir de requerimento inicial da protecção jurídica, não se configura, em regra, no seu âmbito, uma pronúncia do requerente sobre a referida matéria.

8. Autonomia do procedimento de protecção jurídica, prova da apresentação do pedido e interrupção de prazos no âmbito da acção

Sobre a autonomia do procedimento de protecção jurídica em relação à causa, prova de apresentação do requerimento e interrupção de prazos em curso na acção, sob a epígrafe *autonomia do procedimento*, rege o artigo 24.º da Lei do Apoio Judiciário, nos termos seguintes:

"1. O procedimento de protecção jurídica na modalidade de apoio judiciário é autónomo relativamente à causa a que respeite, não tendo qualquer repercussão sobre o andamento desta, com excepção do previsto nos números seguintes.

2. Nos casos previstos no n.º 4 do artigo 467.º do Código de Processo Civil e, bem assim, naqueles em que, independentemente das circunstâncias aí referidas, esteja pendente impugnação da decisão relativa à concessão de apoio judiciário, o autor que pretenda beneficiar deste para dispensa ou pagamento faseado da taxa de justiça deve juntar à petição inicial documento comprovativo da apresentação do respectivo pedido.

3. Nos casos previstos no número anterior, o autor deve efectuar o pagamento da taxa de justiça ou da primeira prestação, quando lhe seja concedido apoio judiciário na modalidade de pagamento faseado de taxa de justiça, no prazo de 10 dias a contar da data da notificação da decisão que indefira, em definitivo, o seu pedido, sob a cominação prevista no n.º 5 do artigo 467.º do Código de Processo Civil.

4. Quando o pedido de apoio judiciário é apresentado na pendência de acção judicial e o requerente pretende a nomeação de patrono, o prazo que estiver em curso interrompe-se com a junção aos autos do documento comprovativo da apresentação do requerimento com que é promovido o procedimento administrativo.

5. O prazo interrompido por aplicação do disposto no número anterior inicia-se, conforme os casos:

a) **A partir da notificação ao patrono nomeado da sua designação;**

b) **A partir da notificação ao requerente da decisão de indeferimento do pedido de nomeação de patrono".**

1. Reporta-se este artigo, complexo, introduzido pela Lei n.º 30-E/2000, de 20 de Dezembro, alterado em termos de pormenor pela Lei n.º 34/2004, de 29 de Julho, à autonomia do procedimento de protecção jurídica, à prova da apresentação do pedido e interrupção de prazos no âmbito das acções, dos procedimentos e dos recursos.

Voltou a ser alterado pela Lei n.º 47/2007, de 29 de Agosto, alteração que incidiu sobre as normas dos seus n.ᵒˢ 1 e 2.

A alteração quanto ao n.º 2 limitou-se essencialmente à inserção do segmento relativo ao pagamento faseado da taxa de justiça, e, quanto ao n.º 3, decorrentemente, por via da menção do segmento *primeira prestação* relativa à concessão do apoio judiciário na modalidade de pagamento faseado da taxa de justiça.

2. Prevê o n.º 1, de algum modo motivado pelo princípio da celeridade processual, a conexão entre o procedimento de protecção jurídica na espécie de apoio judiciário e o da causa a que respeita, e estatui a regra de que ocorre autonomia entre a última e o primeiro, em termos de este não ter repercussão sobre a dinâmica daquela.

Esta autonomia resulta, naturalmente, do facto de o procedimento relativo à protecção jurídica se inscrever na competência de uma autoridade administrativa, ao invés do que sucede com a demanda judicial em causa.

Todavia, há sempre alguma conexão entre o procedimento da protecção jurídica na modalidade de apoio judiciário e o da causa, porque o primeiro é instrumental em relação à última, e a natureza e a complexidade desta não podem, em regra, deixar de ser consideradas no juízo decisório a formular naquele.

A parte final deste normativo ressalva, porém, do referido princípio da autonomia, várias situações, que refere nos números seguintes.

3. Prevê o n.º 2 deste artigo os casos a que se reporta o n.º 4 do artigo 467.º do Código de Processo Civil e os de pendência de impugnação da decisão relativa à concessão de protecção jurídica na modalidade de apoio judiciário e de o autor pretender a dispensa ou o pagamento faseado da taxa de justiça, e estatui que ele deve juntar à petição inicial documento comprovativo da apresentação do pedido.

Ainda se não pode ter em conta a alteração que ocorreu ao artigo 467.º do Código de Processo Civil, porque a sua entrada em vigor depende de portaria ainda não publicada.

Está conexionado com o que se prescreve no n.º 5 do artigo 29.º deste diploma, que se reporta a uma das vertentes do âmbito da decisão relativa ao pedido de apoio judiciário e das suas consequências jurídicas concernentes ao requerente e à causa.

O n.º 4 do artigo 467.º do Código de Processo Civil reporta-se aos casos em que a citação precede a distribuição, ou em que, no dia da apresentação da petição em juízo, faltem menos de cinco dias para o termo do prazo de caducidade do direito de acção ou ocorrer outra razão de urgência, e o autor estiver a aguardar a decisão sobre a concessão de protecção jurídica na modalidade de apoio judiciário envolvente de assistência judiciária.

A decisão sobre a concessão de protecção jurídica na modalidade de apoio judiciário relativo a assistência judiciária a que este normativo se reporta é a primitiva, a que aludem os n.ºs 1 e 2 do artigo 20.º deste diploma, isto é, nada tem a ver com a que seja proferida em via de impugnação para o tribunal.

Como o n.º 4 do artigo 467.º do Código de Processo Civil expressa que o autor deve juntar à petição inicial o documento comprovativo da formulação do pedido de apoio judiciário na modalidade de assistência judiciária, abrangente do pagamento da taxa de justiça, a parte do normativo em análise que remete para aquela estatuição é desnecessária por redundante.

Aos referidos casos acrescem, por força da segunda parte do normativo em análise, aqueles em que esteja pendente impugnação da decisão que denegou a concessão de protecção jurídica na modalidade de apoio judiciário relativo à assistência judiciária e o autor da acção pretenda ser dispensado do pagamento da taxa de justiça ou beneficiar do seu pagamento faseado.

Esta taxa de justiça é aquela cujo documento comprovativo do respectivo pagamento deve ser apresentado ou remetido a tribunal, em regra com a apresentação da petição ou requerimento pelo autor, exequente ou requerente.

O que efectivamente resulta do normativo em análise é que, nos casos previstos no n.º 4 do artigo 467.º do Código de Processo Civil e, independentemente deles, na hipótese de estar pendente impugnação da decisão de indeferimento do pedido de protecção jurídica na modalidade de assistência judiciária, é condição de recebimento da petição em juízo sem pagamento da taxa de justiça devida, a apresentação com ela do documento comprovativo da formulação do pedido de apoio judiciário na espécie de assistência judiciária, incluindo a modalidade de pagamento faseado, ou da impugnação da decisão que o haja recusado.

Assim, em qualquer caso, tenha ou não sido proferida decisão administrativa sobre o pedido de apoio judiciário na espécie de assistência judiciária, se o autor da acção pretender ser dispensado do pagamento da taxa de justiça, deve, para o efeito, apresentar o documento comprovativo do pedido podido de apoio judiciário na modalidade de assistência judiciária que formulou ou da impugnação da decisão que lho indeferiu.

Em regra, porém, não pode o tribunal ter conhecimento de que foi impugnada a decisão denegatória da concessão do apoio judiciário, a não ser que, por mera coincidência, ela tenha sido distribuída ao juízo ou ao tribunal onde foi apresentada a petição inicial da acção, do procedimento ou da execução.

A lógica das coisas impõe, na hipótese de ter havido decisão de indeferimento do pedido de apoio judiciário, naturalmente na modalidade de assistência judiciária, que a lei exija a apresentação com a petição ou o requerimento inicial do documento comprovativo da apresentação do instrumento de impugnação e da sua pendência de decisão.

Parece, por isso, que se o autor, o requerente ou o exequente pretender apresentar em juízo petição ou requerimento sem o documento comprovativo do pagamento da taxa de justiça inicial, tem de fazer acompanhar aqueles instrumentos de documento comprovativo da pendência da impugnação da decisão proferida no procedimento administrativo.

O pedido de apoio judiciário na modalidade de assistência judiciária formulado durante o prazo de interposição do recurso da sentença criminal não suspende este último prazo, mas apenas o do pagamento da taxa de justiça relativa à interposição do recurso.[142]

4. Prevê o n.º 3 deste artigo os casos a que se refere o n.º 2, e estatui, por um lado, dever o autor efectuar o pagamento da taxa de justiça ou da primeira prestação, quando lhe seja concedido apoio judiciário na modalidade de pagamento faseado de taxa de justiça, no prazo de 10 dias a contar da data da notificação da decisão que indefira, em definitivo, o seu pedido, e, por outro, que tal ocorre que sob a cominação prevista no n.º 5 do artigo 467.º do Código de Processo Civil.

Trata-se dos procedimentos de carácter urgente, de petições com requerimento de citação prévia, de apresentação de petições sob caducidade do direito de acção a menos de cinco dias, com o acréscimo da circunstância de o autor respectivo estar a aguardar a decisão sobre a concessão do apoio judiciário na espécie de assistência judiciária, incluindo o pagamento faseado, ou a proferir em impugnação da decisão denegatória daquele benefício e pretenda ser dispensado desse pagamento da taxa de justiça ou beneficiar do seu pagamento faseado.

A regra é no sentido de que o autor que pretenda accionar alguém em juízo sem proceder ao pagamento da taxa de justiça deve, antes de apresentar a petição inicial, obter certidão ou cópia da decisão administrativa que lhe concedeu o apoio judiciário na espécie de assistência judiciária, incluindo o pagamento faseado da taxa de justiça.

A lei excepciona, porém, os casos acima referidos de urgência do accionamento, em que este pode ocorrer sem haver decisão sobre o pedido de apoio judiciário na espécie de assistência judiciária formulado pelo

---

[142] Ac. do STJ, de 22.3.95, *BMJ*, n.º 445, pág. 276.

autor ou requerente, desde que este comprove em juízo que já formulou aquele pedido mas sobre o qual ainda não houve decisão ou, tendo-a havido, de sentido denegatório, tenha sido objecto de impugnação.

Para essa situação estatui este normativo que o autor ou o requerente, conforme os casos, a contar da data da decisão definitiva denegatória da concessão do apoio judiciário na modalidade de assistência judiciária, deve proceder ao pagamento em juízo da taxa de justiça devida ou a sua primeira prestação se o benefício envolver o seu pagamento faseado.

O autor ou o requerente, conforme os casos, considera-se, para o efeito, notificado da decisão proferida no procedimento administrativo desde a data em que tenha assinado o aviso de recepção, se for essa a modalidade de notificação postal utilizada, como é regra no procedimento administrativo.

Realizada a notificação por mera carta registada – regra no caso da decisão proferida em impugnação – deve o requerente de apoio judiciário na modalidade de assistência judiciária considerar-se notificado no terceiro dia posterior ao do registo no correio, ou no primeiro dia útil seguinte a esse, quando o não seja (artigos 38.° desta Lei e 254.°, n.° 3, do Código de Processo Civil).

O prazo de dez dias em que o requerente do apoio judiciário na modalidade de assistência judiciária deve proceder ao pagamento da taxa de justiça devida, a que este normativo se reporta, é contado desde a data da notificação, continuamente, suspende-se durante os períodos de férias judiciais e, se terminar quando o tribunal esteja encerrado, incluindo os dias de tolerância de ponto, transfere-se para o primeiro dia útil seguinte (artigos 144.°, n.ºs 1 a 3, do Código de Processo Civil e 38.° desta Lei).

Não procedendo ao referido pagamento, a consequência é a de desentranhamento da petição inicial, salvo se o indeferimento do pedido de apoio judiciário na modalidade de assistência judiciária apenas tiver sido notificado ao requerente depois de o réu haver sido citado para a acção ou o procedimento (artigo 467.°, n.° 5, do Código de Processo Civil).

Os serviços da segurança social ou a secção de processos do tribunal respectivo, conforme os casos, devem mencionar, no concernente instrumento de notificação, a referida cominação.

A referida cominação é a de que se o autor ou o requerente não proceder ao pagamento da taxa de justiça inicial devida, a petição inicial é desentranhada dos autos, salvo se entretanto o réu já tiver apresentado o instrumento de contestação.

Como a entidade notificante, sejam os serviços da segurança social, seja a secção de processos onde o procedimento de impugnação judicial correu termos, ignora, em regra, se o réu já apresentou ou não a contestação, o modo de cumprir a lei, nesta parte, no que concerne à cominação, pode consubstanciar-se na transcrição, no instrumento de notificação, do texto do n.º 5 do artigo 467.º do Código de Processo Civil

5. O n.º 4 prevê a hipótese de o pedido de protecção jurídica ser na modalidade de patrocínio judiciário formulado na pendência da causa, e estatui que o prazo que estiver em curso se interrompe aquando da apresentação do documento comprovativo da apresentação do requerimento de protecção jurídica com que é promovido o procedimento administrativo.

Este normativo corresponde a outro da revogada Lei do Apoio Judiciário de 1987, segundo a qual o prazo que estivesse em curso no momento da formulação do pedido de nomeação de patrono se interrompia por efeito da sua apresentação e se reiniciava a partir da notificação do despacho que dele conhecesse.[143]

Compreende o pedido de apoio judiciário na modalidade de patrocínio judiciário, e o substrato fáctico que prevê engloba, assim, a pendência de uma causa judicial e a formulação de um pedido de protecção jurídica naquela modalidade para operar em relação a ela.

A sua estatuição é a de interrupção do prazo que estiver em curso na referida causa judicial por mero efeito da junção aos autos do documento comprovativo da apresentação nos serviços de segurança social do requerimento com o pedido de apoio judiciário na modalidade de patrocínio judiciário.[144]

Esta exigência de documentação do pedido de protecção jurídica resulta, como é natural, de o procedimento administrativo tendente à con-

---

[143] Artigo 24.º, n.º 2, do Decreto-Lei n.º 387-B/87, de 29 de Dezembro.

[144] O Tribunal Constitucional decidiu, no dia 23 de Junho de 2004, no Acórdão n.º 467/2004, no domínio da vigência do artigo 25.º, n.º 4, da Lei n.º 30-E/2000, de 20 de Dezembro, não julgar inconstitucional aquele normativo na acepção segundo a qual a interrupção do prazo em curso aí prevista não se verificar em relação à modalidade de apoio judiciário de pagamento de honorários ao patrono escolhido pelo requerente (*Diário da República*, II Série, n.º 190, de 13 de Agosto de 2004, págs. 12208 a 12211).

cessão do apoio judiciário na modalidade de patrocínio judiciário correr termos nos serviços da segurança social.

Não envolve inconstitucionalidade a interpretação deste normativo no sentido de incumbir ao requerente do apoio judiciário a documentação probatória no processo da causa da apresentação do respectivo requerimento, com vista à interrupção do prazo, por não comprometer desproporcionadamente o direito de acesso à justiça por parte dos cidadãos economicamente carenciados.[145]

O normativo em análise queda inaplicável em processo penal, porque o requerimento de apoio judiciário não afecta a marcha do processo (artigo 39.º, n.º 10, deste diploma).[146]

6. Prevê o n.º 5 o reinício do prazo interrompido nos termos do número anterior, e estatui que ele ocorre, conforme os casos, a partir da notificação ao patrono nomeado da sua designação ou ao requerente do apoio judiciário na modalidade de patrocínio judiciário da decisão de indeferimento do pedido de nomeação de patrono.

A notificação em causa é, pois, a da decisão que conheceu do mérito da pretensão do requerente, dirigida ao patrono no caso de decisão de deferimento, e ao requerente do apoio judiciário na modalidade de patrocínio judiciário no caso de indeferimento.

O prazo que estiver em curso para deduzir a contestação ou alegação no recurso, conforme os casos, começa a correr por inteiro a partir da notificação da decisão que dele conhecer, quer ela seja de natureza positiva quer seja de natureza negativa.

Assim, o prazo de contestação ou de alegação que esteja em curso aquando da formulação do pedido de apoio judiciário na modalidade de patrocínio judiciário interrompe-se por mero efeito daquele pedido probatoriamente demonstrado no processo da causa e começa de novo a correr após a notificação do despacho respectivo ao patrono nomeado.[147]

---

[145] Ac. do Tribunal Constitucional, n.º 98/2004, de 11 de Fevereiro, *Diário da República*, II Série, de 1 de Abril de 2004.

[146] Ac. do STJ, de 13.11.2003, CJ, Ano XI, Tomo 3, página 231.

[147] Já era assim no domínio da vigência do Decreto-Lei n.º 387-B/87, de 29 de Dezembro, ou seja, o prazo que estivesse em curso aquando da formulação do pedido de apoio judiciário na modalidade de patrocínio judiciário voltava a correr por inteiro a partir da notificação do despacho de nomeação do patrono (Ac. da Relação de Lisboa, de

Indeferido o pedido de nomeação de patrono, o prazo de contestação reinicia-se a partir da data da notificação do respectivo despacho ao requerente.[148]

7. Tem-se suscitado a questão de saber se, no caso de indeferimento do pedido de nomeação de patrono de cuja decisão foi apresentada impugnação, o reinício do prazo ocorre com a notificação ao requerente da decisão administrativa impugnada ou da decisão judicial que decidiu a impugnação.

Tendo em conta a letra da lei que, ao invés do que ocorre na situação prevista no n.º 3 deste artigo, não se refere a decisão definitiva, e o interesse do autor no prosseguimento normal da causa, parece-nos que o reinício do referido prazo ocorre com a notificação ao requerente da decisão administrativa.

Todavia, sob o argumento de ser a interpretação que permitia dar conteúdo ao princípio constitucional da tutela jurisdicional efectiva, apesar de não haver norma legal de atribuição do efeito suspensivo à impugnação, já foi decidido que, no caso de impugnação da decisão administrativa que indefira o pedido de apoio judiciário na modalidade de patrocínio, o prazo para contestar, interrompido em consequência daquele pedido, apenas se reinicia com a notificação da decisão judicial proferida no procedimento de impugnação.[149]

O normativo em análise só funciona se a nomeação de patrono tiver sido requerida antes de terminar o prazo de contestação ou de alegação.[150]

A interrupção do prazo em causa tem, em princípio, apenas a ver com os prazos processuais, isto é, não abrange os prazos substantivos de prescrição ou de caducidade.[151]

Importa, porém, ter em conta o que se prescreve no artigo 33.º, n.º 4, deste diploma, segundo o qual a acção proposta por advogado no quadro

---

28.4.2002, CJ, Ano XXVII, Tomo 2, pág. 118. No acórdão da Relação de Lisboa, 10 de Abril de 1997 entendeu-se, porém, que o prazo de contestação só começa a correr com a notificação do patrono e do patrocinado (CJ, Ano XXII, Tomo 2, pág. 72).

[148] Acs. da Relação do Porto, de 16.2.95, CJ, Ano XX, Tomo 1, pág. 221, e da Relação de Lisboa, de 23.4.2002, CJ, Ano XXVII, Tomo 2, pág. 118.

[149] (Ac da Relação de Coimbra, de 12.4.2005, CJ, Ano XXX, Tomo 2, pág. 20).

[150] Ac. da Relação de Coimbra, de 22.6.99, CJ, Ano XXIV, Tomo 3, pág. 41.

[151] Ac. da Relação de Coimbra, de 25.6.98, CJ, Ano XXIII, Tomo 3, pág. 72.

do apoio judiciário é considerada tê-lo sido na data do pedido de nomeação de patrono.

O Tribunal Constitucional voltou a pronunciar-se no sentido de não ser inconstitucional este normativo se interpretado no sentido de impor ao requerente do apoio judiciário na modalidade de nomeação de patrono, apresentado na pendência da acção, o ónus de juntar aos autos documento comprovativo da apresentação do requerimento com que é promovido o procedimento administrativo, para efeitos de interrupção dos prazos processuais que estiverem em curso.[152]

9. Prazo de conclusão do procedimento administrativo e de decisão e pressupostos do deferimento tácito

Sobre o prazo de conclusão do procedimento administrativo e de decisão sobre o pedido de protecção jurídica e deferimento tácito, sob a epígrafe *prazo*, rege o artigo 25.º da Lei do Apoio Judiciário, nos termos seguintes:

"**1. O prazo para a conclusão do procedimento administrativo e decisão sobre o pedido de protecção jurídica é de 30 dias, é contínuo, não se suspende durante as férias judiciais e, se terminar em dia em que os serviços da segurança social estejam encerrados, transfere-se o seu termo para o primeiro dia útil seguinte.**
2. Decorrido o prazo referido no número anterior sem que tenha sido proferida uma decisão, considera-se tacitamente deferido e concedido o pedido de protecção jurídica.
3. No caso previsto no número anterior, é suficiente a menção em tribunal da formação do acto tácito e, quando estiver em causa um pedido de nomeação de patrono, a tramitação subsequente à formação do acto tácito obedecerá às seguintes regras:
a) **Quando o pedido tiver sido apresentado na pendência de acção judicial, o tribunal em que a causa está pendente solicita à Ordem dos**

---
[152] Ac. n.º 285/2005, de 25 de Maio, *Diário da República*, II Série, n.º 129, de 7 de Julho de 2005.

Advogados que proceda à nomeação do patrono, nos termos da portaria referida no n.º 2 do artigo 45.º;

b) Quando o pedido não tiver sido apresentado na pendência de acção judicial, incumbe ao interessado solicitar a nomeação do patrono, nos termos da portaria referida no n.º 2 do artigo 45.º

4. O tribunal ou, no caso referido na alínea b) do número anterior, a Ordem dos Advogados deve confirmar junto dos serviços da segurança social a formação do acto tácito, devendo estes serviços responder no prazo máximo de dois dias úteis.

5. Enquanto não for possível disponibilizar a informação de forma desmaterializada e em tempo real, os serviços da segurança social enviam mensalmente a informação relativa aos pedidos de protecção jurídica tacitamente deferidos ao Gabinete para a Resolução Alternativa de Litígios, à Ordem dos Advogados, se o pedido envolver a nomeação de patrono, e ao tribunal em que a acção se encontra, se o requerimento tiver sido apresentado na pendência de acção judicial.

1. Versa este artigo, inovador no que concerne à sua inserção pela Lei n.º 30-E/2000, de 20 de Dezembro – alterado em pontos de forma pela Lei do Apoio Judiciário de 2004 – sobre o prazo de conclusão do procedimento administrativo e da decisão sobre o pedido de protecção jurídica, incluindo o caso de deferimento tácito.

Voltou a ser alterado pela Lei n.º 47/2007, de 28 de Agosto, alteração que incidiu sobre o disposto no n.º 1, nas alíneas a) e b) do n.º 3, na inserção de um novo n.º 4, na passagem do anterior n.º 4 a n.º 5 e na alteração do conteúdo deste último.

A alteração ao n.º 1 limitou-se à substituição da expressão *primeiro* pelo correspondente número ordinal.

Na alínea a) substituiu-se a expressão *nos casos em que* pela expressão *quando* e a expressão *Ordem dos Advogados a nomeação de mandatário forense, mediante exibição do documento comprovativo da apresentação do requerimento de protecção jurídica* pela expressão *nomeação de patrono nos termos da portaria referida no n.º 2 do artigo 45.º*.

Por seu turno, o actual n.º 5 substituiu o que se prescrevia no n.º 4, segundo o qual, *os serviços da segurança social enviam mensalmente relação dos pedidos de protecção jurídica tacitamente deferidos à comis-*

são prevista no n.º. 2 do artigo 20.º, à Direcção-Geral da Administração da Justiça, à Ordem dos Advogados, se o pedido envolver a nomeação de patrono, e, se o requerimento tiver sido apresentado na pendência de acção judicial, ao tribunal em que esta se encontra pendente.

2. Prevê o n.º 1 o prazo de conclusão do procedimento administrativo e de decisão sobre o pedido de concessão de protecção jurídica, e estatui, por um lado, que ele é de trinta dias, e, por outro, ser o mesmo contínuo, não se suspender durante as férias judiciais e, se terminar em dia de encerramento dos serviços da segurança social, transferir-se o seu termo para o primeiro dia útil seguinte.

Trata-se de um prazo de natureza substantiva, a que seria aplicável o disposto no artigo 72.º do Código do Procedimento Administrativo, mas que a lei regula como se fosse um prazo judicial, salvo no que concerne à suspensão durante as férias judiciais.[153]

No regime geral do procedimento administrativo, o mencionado prazo suspende-se sempre que o procedimento relativo à protecção jurídica esteja parado por causa imputável ao requerente, designadamente no caso da prolação de despacho de aperfeiçoamento do requerimento, o que será a regra (artigo 108.º, n.º 4, do Código do Procedimento Administrativo).

E, no procedimento em análise, se todos os elementos necessários à prova da insuficiência económica não forem entregues com o requerimento de protecção jurídica, os serviços da segurança social notificam o interessado, com referência expressa à cominação de indeferimento do pedido de protecção jurídica, para que o requerente os apresente no prazo de dez dias, suspendendo-se entretanto o prazo para a formação do acto tácito (artigo 8.º-B, n.ºs 3 e 4, deste diploma).

O pedido de protecção jurídica a que este normativo se reporta é o que visa a concessão de consulta jurídica, de patrocínio judiciário – nomeação de patrono com assunção pelo Instituto de Gestão Financeira e de Infra-Estruturas da Justiça, IP, da obrigação de pagamento de honorá-

---

[153] Na contagem dos prazos em procedimento administrativo não se inclui o dia em que ocorreu o evento a partir do qual o prazo começa a correr, o prazo começa a correr independentemente de quaisquer formalidades e suspende-se nos sábados, domingos e feriados (artigo 72.º, n.º 1, alíneas a) e b), do Código do Procedimento Administrativo).

rios – de assistência judiciária – dispensa de pagamento de taxa de justiça, de outros encargos com o processo – ou todas ou alguma das referidas vertentes se cumulativamente pedidas.

A conclusão do procedimento administrativo em causa coincide, naturalmente, com a prolação da decisão sobre o mérito do pedido de protecção jurídica, pelo que é inútil a referência a esta última vertente.

O referido prazo inicia-se no dia seguinte ao da entrada do requerimento respectivo nos serviços de segurança social onde funciona o órgão competente para a decisão respectiva, mas, ao invés do que ocorre quanto ao procedimento administrativo em geral, não se suspende nos sábados, domingos e feriados (artigos 72.°, n.° 1, alíneas a) e b), e 109.°, n.° 3, alínea a), do Código do Procedimento Administrativo, e 37.° desta Lei).

3. O n.° 2 prevê a hipótese de haver decorrido o referido prazo de trinta dias, contado nos termos previstos no n.° 1, desde a entrada nos serviços de segurança social competentes do instrumento com o pedido de protecção jurídica sem que haja decisão sobre ele, e estatui que se considera concedida a protecção jurídica na modalidade requerida.

O deferimento tácito ou presumido é uma ficção legal tendente a conduzir à definição jurídica da situação do administrado do ponto de vista material, destituída de fundamentação de facto e de direito.

No quadro do procedimento administrativo, a falta, no prazo fixado para a sua emissão ou no geral de noventa dias, de decisão final sobre a pretensão dirigida ao órgão administrativo competente, confere ao interessado a faculdade de presumir indeferida a sua pretensão, para poder exercer o respectivo meio legal de impugnação (artigo 109.°, n.ºs 1 e 2, do Código do Procedimento Administrativo).

Mas nesta matéria de protecção jurídica, porém, a lei afastou-se do regime regra do direito administrativo, não só quanto ao prazo, que reduziu substancialmente, como também quanto ao efeito da omissão de decisão nesse prazo.

É uma solução que favorece o requerente da protecção jurídica, mas que é susceptível de objectivar, em razão da inércia ou da incapacidade de gestão da resolução dos pedidos em causa, a injustiça de ser concedido o benefício a quem dele realmente não carece, com encargos para todos os cidadãos contribuintes, cuja maioria não recorre aos tribunais, contra o espírito do próprio sistema de acesso ao direito e aos tribunais.

Trata-se, por outro lado, de uma solução assaz curiosa, porventura baseada no prognóstico, face à experiência nesta matéria de se pedir, não raro, a protecção jurídica sem fundamento legal para o efeito, de que os serviços de segurança social, perante a avalanche desses pedidos e à limitação de quadros de pessoal ou às deficiências na sua preparação, de que a regra vai ser a de não haver decisão final no procedimento no curto prazo que a lei prevê.

Esta solução e outras que decorrem da reforma do acesso ao direito e aos tribunais implementada pela Lei do Apoio Judiciário de 2000 revelam que a opção legislativa foi mais no sentido de descongestionar as pendências processuais nos tribunais e menos no de estabelecer regras de equidade e de segurança jurídica, sem ponderação das negativas implicações orçamentais.

É uma solução que proporciona, num quadro de má fé, ou até de ignorância de quem pede a concessão de protecção jurídica, que ela seja concedida ao mais abastado dos cidadãos ou a uma pessoa colectiva, que disponha de lucros elevadíssimos, ou mesmo a um cidadão estrangeiro que a ela não tenha direito.

Trata-se, com efeito, de uma anomalia no que concerne ao direito administrativo em geral, deixando ressaltar a ideia de que os serviços de segurança social não têm capacidade de decisão em tempo útil, situação que podia ser superada pelo alargamento do prazo de decisão.

Só para os casos de patrocínio judiciário para nomeação de patrono ao réu ou ao requerido para deduzir oposição é que, porventura, se justificaria esta solução legal de deferimento tácito do pedido de apoio judiciário, para não atrasar os seus trâmites.

Ao invés, no caso de propositura de acções, não tem o deferimento tácito em análise razão de ser, bastando à salvaguarda do direito do autor a solução de o tempo decorrido após a formulação do pedido de protecção jurídica na modalidade de patrocínio não contar para efeito de caducidade do direito de acção.

4. Prevê o proémio do n.º 3, por um lado, o decurso do prazo de decisão do pedido de protecção jurídica na modalidade de assistência judiciária e o seu deferimento tácito, e estatui bastar a menção em tribunal da formação do acto tácito.

E, por outro, a hipótese de estar em causa um pedido de nomeação de patrono, e estatui que a tramitação subsequente à formação do acto tácito obedece às regras previstas nas alíneas a) e b) deste normativo.

Assim, para efeito de justificar em juízo a dispensa de pagamento de taxa de justiça e de outros encargos com o processo ou o benefício do seu pagamento faseado ou subsequente, basta que o requerente da protecção jurídica informe em juízo ter-se formado o acto tácito de deferimento, naturalmente por instrumento documental escrito onde se refira a data da apresentação do pedido de apoio judiciário e a sua não decisão no prazo de trinta dias, juntando documento comprovativo daquela apresentação.

Há, porém, uma particularidade no caso de se tratar de deferimento tácito do pedido de apoio judiciário na modalidade patrocínio judiciário, que parte da distinção consoante aquele pedido tenha ou não sido formulado na pendência de uma causa judicial.

No primeiro caso, o tribunal em que a causa estiver pendente deve solicitar ao conselho distrital da Ordem dos Advogados para proceder à nomeação de patrono, que a ela procederá nos termos da portaria mencionada. No segundo, é ao requerente do apoio judiciário na modalidade de patrocínio judiciário que incumbe solicitar à Ordem dos Advogados a nomeação do causídico forense, mediante a exibição do documento comprovativo da apresentação do respectivo requerimento, a qual deve proceder à mesma nos termos da referida portaria

Após a designação do causídico para processo judicial pendente, o órgão respectivo da Ordem dos Advogados informará o tribunal respectivo da designação, o qual deve proceder às restantes notificações e controlar a observância dos prazos legais.

Não raro, a informação em juízo prestada pelos requerentes da protecção jurídica da ocorrência de acto tácito não corresponde à realidade, porque o referido prazo de 30 dias se suspende, além do mais, nos casos previstos no n.º 3 do artigo 8.º-B deste diploma.

Em consequência, conforme decorre do número seguinte, os tribunais não devem extrair da referida informação de formação do acto tácito as pertinentes soluções jurídicas relativas ao processo em causa sem que ela seja confirmada pelo órgão decisor da segurança social.

5. Prevê o n.º 4 deste artigo os casos a que se reportam as alíneas a) e b) do n.º 3, e estatui, para o primeiro, que o tribunal deve confirmar junto dos serviços de segurança social a formação do acto tácito, e para o segundo que tal confirmação dever ser objecto de diligência por parte da Ordem dos Advogados.

Acresce que o tempo de que os serviços de segurança social competentes dispõem com vista a prestar ao tribunal ou à Ordem dos Advogados corresponde a dois dias úteis, ou seja, excluindo os sábados, os domingos e os dias feriados em que aqueles serviços não funcionam.

Trata-se de um normativo inovador, inserido pela Lei n.º 47/2007, de 28 de Agosto, com considerável oportunidade, para evitar que o tribunal ou a Ordem dos Advogados considerem indevidamente a formação do acto tácito em causa.

6. Prevê o n.º 5 deste artigo a informação mensal pelos serviços de segurança dos pedidos de protecção jurídica tacitamente deferidos enquanto ela não for possível de forma desmaterializada e em tempo real, e estatui que os serviços da segurança social a enviam ao Gabinete para a Resolução Alternativa de Litígios, à Ordem dos Advogados, se o pedido envolver a nomeação de patrono, e ao tribunal em que a acção se encontra, se o requerimento tiver sido apresentado na pendência de acção judicial.

Resultou da alteração operada por via da Lei n.º 47/2007, de 28 de Agosto, eliminando a referência à comissão prevista no artigo 20.º, n.º 2 da Lei, que deixou de constar da lei, e substituindo a Direcção-Geral da Administração da Justiça, como órgão receptor da informação, pelo Gabinete para a Resolução Alternativa de Litígios.

Prevê, pois, este normativo a informação dos casos de deferimento tácito do pedido de protecção jurídica, seja na modalidade de consulta jurídica, seja na modalidade de apoio judiciário na espécie de assistência judiciária ou de patrocínio judiciário.

E estatui, pressuposto que ainda não há possibilidade de informação de forma desmaterializada e em tempo real, que os serviços de segurança social enviam mensalmente a relação dos pedidos tacitamente deferidos, independentemente do seu objecto, ao Gabinete para a Resolução Alternativa de Litígios.

Tratando-se de pedido de protecção jurídica na modalidade de patrocínio judiciário, a lei distingue conforme ele tenha ou não sido formulado na pendência de uma causa judicial.

Em qualquer caso, devem os serviços da segurança social comunicar mensalmente à Ordem dos Advogados as decisões de deferimento tácito.

Mas na hipótese de os pedidos de protecção jurídica na modalidade de patrocínio judiciário tacitamente deferidos haverem sido formulados na pendência de uma causa judicial, os serviços de segurança social respectivos devem comunicar esse deferimento aos tribunais em que a causa respectiva estiver pendente.

A notificação do Gabinete para a Resolução Alternativa de Litígios justifica-se pelo facto de ela dever controlar a amplitude da concessão da protecção jurídica, designadamente por razões de ordem financeira.

A notificação da Ordem dos Advogados justifica-se, por seu turno, pelo facto de ser a ela que compete nomear os advogados para o exercício do patrocínio judiciário.

A notificação, isto é, a comunicação ao tribunal relativa ao deferimento tácito do pedido de apoio judiciário na modalidade de patrocínio judiciário formulado já com a acção pendente é motivada pelo facto de, com a apresentação no processo do documento comprovativo do requerimento nos serviços de segurança social, ocorrer a interrupção de algum prazo em curso para o exercício de algum direito processual e de cessar essa interrupção com a comunicação ao patrono da sua designação (artigo 24.º, n.º 5, alínea a), desta Lei).

Considerando a matéria que está em causa, que se prende com direitos fundamentais dos cidadãos, não se compreende que os actos administrativos de deferimento expresso ou tácito dos pedidos de protecção jurídica sejam impostos aos tribunais sem a possibilidade de questionarem os pressupostos do invocado benefício quando não haja impugnação pelo requerente ou pela parte contrária.

Uma das alternativas de solução desta anomalia seria a de atribuir ao Ministério Público legitimidade e competência para a impugnação dos actos administrativos de concessão da protecção jurídica desde que fosse manifesta, face à prova produzida, a suficiência económica do requerente para custear o patrocínio judiciário, a taxa de justiça e os encargos com o processo.

7. No que concerne à apreciação dos pedidos de protecção jurídica para processos relativos a litígios transfronteiriços, importa considerar o que se prescreve nos artigos 12.º e 13.º do Decreto-Lei n.º 71/2005, de 17 de Março.

A regra é no sentido de que a decisão sobre a concessão de protecção jurídica incumbe à autoridade competente do Estado membro do foro, que aplica a respectiva lei substantiva e adjectiva (artigo 12.º, n.º 1).

A excepção ocorre no caso de pedido de concessão de apoio pré-contencioso, em que compete aos órgãos de segurança social portugueses a respectiva decisão, não obstante o litígio transfronteiriço se inscrever na competência de tribunais de outros Estados-Membros da União Europeia (artigo 12.º, n.º 2).

No plano específico da apreciação do pedido, os nossos órgãos de segurança social, que sejam competentes para conhecer do pedido de protecção jurídica, devem ter em conta as diferenças de custo de vida entre Portugal e o Estado-Membro de domicílio ou da residência habitual do requerente.

Para tanto, é necessário que o requerente prove que, ainda que não se encontre em situação de insuficiência económica de acordo com os critérios previstos na lei, não tem condições objectivas para suportar pontualmente os custos com o processo em razão dessas diferenças (artigo 13.º, n.º 1).

Para esse efeito, o serviço de segurança social pode solicitar ao requerente informação que permita verificar se ele preenche ou não os critérios de elegibilidade para efeitos de concessão de protecção jurídica estabelecidos no Estado-Membro em que esteja domiciliado ou tenha residência habitual (artigo 13.º, n.º 2).

10. Notificação e impugnação da decisão sobre o pedido de protecção jurídica

Sobre a notificação e impugnação da decisão final sobre o pedido de protecção jurídica, sob a epígrafe *notificação e impugnação da decisão*, rege o artigo 26.º da Lei do Apoio Judiciário, do seguinte teor:

"1. A decisão final sobre o pedido de protecção jurídica é notificada ao requerente, e se o pedido envolver a designação de patrono, também à Ordem dos Advogados
2. A decisão sobre o pedido de protecção jurídica não admite reclamação nem recurso hierárquico ou tutelar, sendo susceptível de impugnação judicial nos termos dos artigos 27.º e 28.º.
4. Se o requerimento tiver sido apresentado na pendência de acção judicial, a decisão final sobre o pedido de apoio judiciário é noti-

ficada ao tribunal em que a acção se encontra pendente, bem como, através deste, à parte contrária.[154]

5. A parte contrária na acção judicial para que tenha sido concedido apoio judiciário tem legitimidade para impugnar a decisão nos termos do n.º 2."

1. Versa este artigo, inserido pela Lei n.º 30-E/2000, de 20 de Dezembro, em termos absolutamente inovadores, sobre a notificação e a impugnação da decisão sobre o pedido de concessão de protecção jurídica, tendo sido alterado pela Lei do Apoio Judiciário de 2004, primitiva versão.

Também foi alterado pela Lei n.º 47/2007, de 28 de Agosto, alteração que apenas consistiu na revogação do seu n.º 3.

2. Prevê o n.º 1 a notificação da decisão final relativa ao pedido de protecção jurídica, positiva ou negativa, e estatui que ela é notificada ao requerente, e, se envolver a nomeação de patrono, também à Ordem dos Advogados.

Resulta da letra e do espírito deste normativo que a regra é no sentido de que deve ocorrer a notificação em causa, independentemente da modalidade da concessão de protecção jurídica a que se reportar a decisão administrativa, seja na modalidade de consulta jurídica, de patrocínio judiciário, de assistência judiciária, em todas, em alguma ou em algumas delas.

A notificação bifronte ocorrerá sempre em relação ao requerente da protecção jurídica e à Ordem dos Advogados no caso de o pedido de protecção jurídica envolver a nomeação de patrono.

A primeira daquelas notificações é, naturalmente, inerente ao direito à informação do requerente sobre o decidido em relação ao que requereu, a fim de poder exercer os direitos e vinculações emergentes.

A razão de ser da notificação da decisão final em causa à Ordem dos Advogados, naturalmente no caso de ela envolver o deferimento da nomeação de patrono – advogado ou advogado estagiário –, tem a ver com o facto de aquela entidade dever decidir sobre a respectiva nomeação.

Por virtude desta notificação, pode a Ordem dos Advogados controlar a eficácia do conteúdo da decisão que concedeu o apoio judiciário na

---

[154] O n.º 3 deste artigo foi revogado pela alínea a) do artigo 5.º da Lei n.º 47/2007, de 28 de Agosto.

modalidade de patrocínio judiciário para intentar alguma acção ou procedimento.

3. Prevê o n.º 2 deste artigo a decisão final sobre o pedido de concessão de protecção jurídica, independentemente de ser de deferimento ou de indeferimento, e estatui, por um lado, que ela não admite reclamação nem recurso hierárquico ou tutelar, e, por outro, que ela admite impugnação judicial.

Conforma-se com o que se prescreve na Directiva 2003/8/CE do Conselho, de 27 de Janeiro, segundo a qual os Estados-Membros devem garantir a possibilidade de recurso de decisões administrativas, que tenham recusado os pedidos de apoio judiciário, para uma instância jurisdicional (artigo 15.º, n.º 4).

O indeferimento do pedido de concessão de protecção jurídica que aqui está em causa abrange qualquer das suas modalidades, isto é, a de consulta jurídica, de patrocínio judiciário e de assistência judiciária, ou todas, ou alguma ou algumas delas, e deve ser suficientemente fundamentado.

A referida fundamentação é, aliás, exigida pela supracitada Directiva no caso de rejeição total ou parcial de pedidos de apoio judiciário para causas ou litígios transfronteiriços (artigo 15.º, n.º 2).

O recurso hierárquico é o meio de impugnação de um acto administrativo praticado por um órgão subalterno perante o respectivo superior hierárquico, a fim de este o revogar, modificar ou substituir (artigos 166.º a 176.º do Código do Procedimento Administrativo).

A reclamação é, por seu turno, um meio processual, à disposição dos particulares, dirigido à entidade administrativa que praticou o acto administrativo, com vista à sua revogação ou modificação (artigos 158.º a 165.º do Código do Procedimento Administrativo).

O recurso tutelar é aquele pelo qual se impugna um acto praticado por um órgão de uma pessoa colectiva pública perante outro órgão de diferente pessoa colectiva pública que sobre aquela exerça poderes de tutela ou superintendência, isto é, tem por objecto actos administrativos praticados por órgãos de pessoas colectivas públicas sujeitas a tutela ou superintendência (artigo 177.º do Código do Procedimento Administrativo).[155]

---

[155] José Manuel Santos Botelho, Américo Pires Esteves e José Cândido de Pinho, "Código do Procedimento Administrativo Anotado e Comentado", Coimbra, 2000, pág. 891.

Resulta, pois, deste normativo que, independentemente do sentido da decisão final do procedimento, isto é, quer ela seja de deferimento ou de indeferimento da pretensão de concessão de protecção jurídica, não admite reclamação nem recurso hierárquico ou tutelar, e que dela só cabe impugnação para um tribunal, nos termos do procedimento e da competência delineados nos artigos 27.º e 28.º desta Lei, a que abaixo se fará referência.

4. Prevê o n.º 4 a hipótese de o pedido de protecção jurídica na modalidade de apoio judiciário haver sido apresentado na pendência de alguma acção judicial, e estatui que a decisão final é notificada ao tribunal em que a acção se encontre pendente, bem como, através deste, à parte contrária.

O conceito de apoio judiciário a que este normativo se reporta está utilizado em sentido amplo, ou seja, refere-se às modalidades de assistência judiciária e de patrocínio judiciário, ou a ambas.

Reporta-se o normativo em análise à notificação da decisão prevista no n.º 1 deste artigo no caso de ter sido no sentido de deferimento do pedido de apoio judiciário formulado pelo requerente.

A referida notificação ao órgão jurisdicional onde a causa pendia aquando da formulação do pedido de nomeação de patrono tem a virtualidade de permitir ao juiz ou ao relator, conforme os casos, o conhecimento da nomeação ou não de patrono ou da concessão ou não da assistência judiciária.

Recebida a comunicação dos serviços de segurança social relativa à decisão sobre o pedido de apoio judiciário, a secção de processos, a título oficioso, deve notificar do facto a parte contrária àquela que formulou aquele pedido (artigo 229.º do Código de Processo Civil).

A referida notificação via indirecta é instrumental em relação à possibilidade de impugnação da decisão notificada, que deferiu o pedido de apoio judiciário, pela parte contrária àquela que o requereu, a que alude o normativo em análise.

5. Prevê o n.º 5 a posição da parte contrária na acção judicial para que tenha sido concedido o apoio judiciário, e estatui que ela tem legitimidade *ad causam* para a impugnar judicialmente, nos termos do n.º 2 deste artigo, ou seja, de harmonia com o disposto nos artigos 27.º e 28.º desta Lei.

Como o procedimento administrativo relativo ao pedido de concessão de protecção jurídica não comporta a audição da parte contrária interessada na decisão de indeferimento, a solução que este normativo prevê, ou seja, o exercício do direito de contraditório retardado por via da impugnação judicial, traduz-se no *mínimo ético* do sistema.

Como se trata de direitos análogos aos fundamentais, não se compreendia, excluída a decisão administrativa, que a lei não admitisse, através da impugnação, um único grau de jurisdição, ou seja, o controlo jurisdicional.

O Ministério Público não tem legitimidade própria para impugnar as decisões proferidas no procedimento de protecção jurídica, das quais não é notificado, certo que não funciona junto do órgão administrativo competente para proferir a decisão respectiva.

11. Legitimidade *ad causam*, prazo, meio de impugnação judicial e reparação da decisão sobre o pedido de protecção jurídica

Sobre a legitimidade *ad causam*, forma, prazo de impugnação, reparação ou remessa do processo ao tribunal, sob a epígrafe *impugnação judicial*, rege o artigo 27.º da Lei do Apoio Judiciário, do seguinte teor:

**1. A impugnação judicial pode ser intentada directamente pelo interessado, não carecendo de constituição de advogado, e deve ser entregue no serviço de segurança social que apreciou o pedido de protecção jurídica, no prazo de 15 dias após o conhecimento da decisão.
2. O pedido de impugnação deve ser escrito, mas não carece de ser articulado, sendo apenas admissível prova documental, cuja obtenção pode ser requerida através do tribunal.
3. Recebida a impugnação, o serviço de segurança social dispõe de 10 dias para revogar a decisão sobre o pedido de protecção jurídica ou, mantendo-a, enviar aquela e cópia autenticada do processo administrativo ao tribunal competente.**

1. Versa este artigo, inserido pela Lei n.º 30-E/2000, de 20 de Dezembro, absolutamente inovador, alterado pela Lei do Apoio Judiciário de 2004 e pela Lei n.º 47/2007, de 28 de Agosto, sobre a legitimidade *ad causam*, forma, prazo de impugnação, reparação da decisão administrativa ou remessa do processo ao tribunal.

A alteração operada pela Lei n.º 47/2007, de 28 de Agosto, consistiu na eliminação no n.º 1 do segmento com a expressão *ou no conselho dis-*

trital da Ordem dos Advogados que negou a nomeação de patrono, e no n.º 3 na eliminação da expressão *ou o conselho distrital da Ordem dos Advogados* e na substituição da expressão *cópia integral* por *cópia autenticada*.

A eliminação dos mencionados segmentos relativos à Ordem dos Advogados decorre do facto de ter deixado de vigorar a solução de aquela associação pública apreciar a viabilidade da pretensão para a qual foi pedido o apoio judiciário na modalidade de patrocínio judiciário.

2. Prevê o n.º 1 a legitimidade *ad causam*, forma e prazo da impugnação das decisões administrativas que conheceram do pedido de protecção jurídica, e estatui poder ser deduzida directamente pelo interessado, sem necessidade de patrocínio judiciário, no prazo de 15 dias após o conhecimento da decisão.

O referido prazo de quinze dias, porque não deve ser praticado em juízo, não é de natureza judicial, mas de estrutura substantiva.

Por isso, corre continuadamente a partir do dia seguinte ao conhecimento da decisão pelos interessados, suspende-se nos sábados, domingos e feriados, e, se terminar no dia em que os serviços da segurança social estejam encerrados, transfere-se o seu termo para o primeiro dia útil imediato (artigos 72.º do Código do Procedimento Administrativo e 37.º desta Lei).

Importa, porém, ter em linha de conta que, nos termos dos n.ºs 2 e 3 do artigo 23.º deste diploma, na situação de conversão automática da proposta de decisão negativa em decisão definitiva, o prazo de impugnação começa a correr no termo do prazo de resposta do requerente à mencionada proposta.

Nada obsta a que o requerente da protecção jurídica deduza a impugnação da decisão que lhe indeferiu o pedido de protecção jurídica na modalidade de assistência judiciária através de mandatário judicial por ele constituído.

Nem que apresente impugnação da decisão do serviço de segurança social que lhe indeferiu o pedido de apoio judiciário na modalidade de patrocínio judiciário sob o patrocínio das entidades a que aludem as alíneas b) e c) do artigo 19.º desta Lei.[156]

---

[156] O Tribunal Constitucional, no acórdão n.º 262/2002, de 18.6.2002, julgou inconstitucional a norma da alínea c) do n.º 1 do artigo 32.º do Código de Processo Civil

Qualquer que seja o sentido do acto administrativo relativo ao pedido de protecção jurídica, seja na modalidade de consulta jurídica, seja na modalidade de apoio judiciário em qualquer das suas duas espécies, há sempre possibilidade de impugnação, certo que nesta sede não funciona o limite de alçada, apenas variando o sujeito que para o efeito tem legitimidade.

A legitimidade *ad causam* para a impugnação inscreve-se, pois, como é natural, na pessoa interessada na sua dedução, ou seja, quem foi negativamente atingido pela decisão relativa à pretensão formulada, o mesmo é dizer, quem foi afectado nos seus direitos ou interesses legalmente protegidos.

No caso de decisão de indeferimento total do pedido de concessão de protecção jurídica, é o requerente que tem legitimidade para deduzir a impugnação.

Na hipótese de deferimento do pedido de apoio judiciário na modalidade de assistência judiciária, é a parte contrária àquela a quem o benefício em causa foi concedido que inscreve na sua titularidade a legitimidade para deduzir a impugnação.

Com efeito, a parte contrária àquela a quem foi concedido o apoio judiciário, ainda que vencedora na causa, não pode ser, *ipso facto*, reembolsada das custas de parte como aconteceria se tivesse litigado com alguém não dispensado do pagamento de taxa de justiça e dos demais encargos do processo.

No caso de deferimento do pedido de apoio judiciário na modalidade de patrocínio judiciário, a parte contrária àquela a quem foi nomeado o patrono tem legitimidade para deduzir impugnação, porque os respectivos encargos entram em regra de custas (artigo 36.º, n.º 1, desta Lei).

Como a parte contrária na acção ou procedimento àquela que requereu a protecção jurídica não intervém no procedimento administrativo concernente, só terá, em regra, conhecimento da sua concessão na acção, recurso ou procedimento em função do qual foi concedida.

---

quando interpretada no sentido de exigir a junção de procuração a advogado para interpor recurso da decisão que indefere o pedido de apoio judiciário na modalidade de patrocínio, não obstante o requerimento de interposição do recurso ter sido assinado conjuntamente pelo interessado e pelo advogado proposto para patrono, por violação do disposto, conjugadamente, nos artigos 20.º, n.ºs 1 e 2, e 18.º, n.ºs 1 e 2, da Constituição ("Diário da República", II Série, de 3 de Setembro de 2002, pág. 15 177).

Com efeito, no caso de o pedido de protecção jurídica não haver sido formulado durante a pendência de acção, recurso ou procedimento, a parte contrária àquela que o formulou apenas conhecerá da decisão administrativa em causa quando é chamada a deduzir oposição nas referidas espécies processuais.

Na hipótese de o pedido de protecção jurídica haver sido formulado com vista a e no decurso de uma acção judicial, a lei prevê que a decisão administrativa seja notificada ao tribunal em que a acção penda e através dele à parte contrária (artigo 26.º, n.º 4, desta Lei).

Em conformidade, o referido prazo de quinze dias para impugnar a decisão administrativa pela parte contrária àquela a quem foi concedida a protecção jurídica começa, na primeira das referidas situações – pedido de protecção jurídica formulado antes da acção ou procedimento – com a respectiva citação e, na segunda – pedido de protecção jurídica formulado durante a pendência da causa – com a referida notificação.

3. Prevê o n.º 2 a forma do pedido de impugnação das referidas decisões administrativas e o meio de prova admissível, e estatui que a mesma deve ser apresentada por escrito, não carecer de ser articulada, e só ser admissível a prova documental, obtida, designadamente, através do tribunal.

A exigência de a impugnação dever ser apresentada por escrito revela-se, face ao nosso ordenamento jurídico, designadamente o administrativo, desnecessária, mas tem a virtualidade de esclarecer a dúvida sobre se a simplicidade e a urgência na espécie comporta ou não que ela seja apresentada oralmente perante os serviços da segurança social onde exerce o titular do órgão decisor.

Também a lei expressa a desnecessidade de articulação do instrumento de formulação da impugnação, mas era dispensável expressá-lo, porque essa é a regra no nosso sistema jurídico; mas tem a vantagem do esclarecimento.

O requerimento de apresentação desta impugnação não obedece ao esquema da obrigatoriedade de formulação de conclusões. A sua estrutura, naturalmente simplificada, deve inserir a exposição dos argumentos da discordância com o decidido quanto aos fundamentos de facto e de direito em que a decisão se baseou, com precisão, concisão e brevidade.

Mas nada impede, e nisso há toda a vantagem, que o impugnante formule, no fim da exposição fáctico-jurídica, conclusões inserentes de uma breve referência aos fundamentos por que é pedida a alteração da decisão de deferimento ou de indeferimento do pedido de protecção jurídica em causa.

A prova documental exigida é, naturalmente, a que se reporta aos factos que foram articulados pelo requerente da protecção jurídica e que não foram considerados assentes na decisão administrativa de indeferimento impugnada.

Como o processo relativo ao procedimento administrativo, no caso de impugnação, é enviado ao tribunal competente pelos serviços de segurança social, os documentos que dele constem são utilizáveis para a prova dos factos a apreciar no quadro da impugnação.

Sendo necessária para a decisão da impugnação a obtenção de prova documental que não conste do processo administrativo, pode o requerente, no próprio instrumento de impugnação, requerer ao tribunal que a requisite.

Uma vez que a lei não distingue e inexistem razões de sistema para distinguir, a faculdade de requisição pelo tribunal de prova documental pode ser usada em qualquer caso de impugnação, isto é, seja ela deduzida pelo requerente da protecção jurídica, ou pela parte contrária.

Como é ao impugnante que incumbe a prova dos factos que invoque, é ele que deve oferecer a prova documental em causa, pelo que só em casos excepcionais, em que tal se lhe torne difícil ou muito oneroso, é que o tribunal deve deferir o respectivo pedido de requisição.

A questão probatória em sede de impugnação será mais complicada, como é natural, nos casos de deferimento tácito ou de deferimento expresso total ou parcial, isto é, nas situações em que a impugnação é deduzida pela parte contrária àquela a quem foi concedida a protecção jurídica nas modalidades de assistência judiciária ou de patrocínio judiciário.

4. Prevê o n.º 3 o recebimento da impugnação no serviço de segurança social cujo órgão proferiu a decisão impugnada.

E estatui, por um lado, que os referidos serviços dispõem do prazo de dez dias para reapreciarem a sua decisão, revogando-a ou mantendo-a, e, por outro, na hipótese de a manterem, deverem declará-lo e enviar cópia autenticada do processo administrativo ao tribunal competente para dela conhecer.

A faculdade de reparação da decisão administrativa constitui uma solução inspirada no regime do recurso de agravo interposto de decisões judiciais proferidas na primeira instância.

O referido prazo é contado continuamente, com início no dia seguinte ao da apresentação do instrumento de impugnação nos serviços onde funciona o órgão decisor, não se suspende durante as férias judiciais, mas só nos dias não úteis, e, se terminar em dia de encerramento dos serviços da segurança social, transfere-se o seu termo para o primeiro dia útil seguinte (artigo 72.º do Código do Procedimento Administrativo e 37.º desta Lei).

Considerando o respectivo contexto, a expressão *recebida a impugnação* não significa a decisão positiva subsequente ao exame preliminar pelo juiz ou pelo relator no tribunal *ad quem*, mas a apresentação do concernente instrumento ao órgão que proferiu a decisão administrativa impugnada.[157]

Como a lei expressa, no caso de o órgão do serviço da segurança social ou o conselho distrital da Ordem dos Advogados que proferiu a decisão impugnada a manter, que ele deve remeter o instrumento da impugnação e a cópia do procedimento administrativo gracioso ao tribunal, o processo da impugnação não é incorporado no processo administrativo propriamente dito, mas há, naturalmente, conveniência em a conexão se materializar em apensação, isto é, o processo relativo à impugnação deve ser tramitado por apenso ao processo administrativo gracioso.

Naquela reapreciação podem, pois, os referidos órgãos administrativos tomar uma de duas posições, conforme o juízo que então formularem sobre os fundamentos da impugnação: a de substituírem a decisão impugnada no sentido pretendido pelo impugnante ou a de a manterem.

Na primeira hipótese, isto é, no caso de reparação da impugnação, devem seguir-se as notificações que sejam pertinentes, a que se reporta o artigo 26.º, n.º 1, deste diploma, por exemplo.

12. Competência jurisdicional para conhecer da impugnação e respectiva estrutura da decisão

Sobre a competência para a decisão da impugnação e a estrutura decisória, sob a epígrafe *tribunal competente*, rege o artigo 28.º da Lei do Apoio Judiciário, do seguinte teor:

---

[157] O artigo 701.º, n.º 1, do Código de Processo Civil é que se reporta ao exame preliminar do recurso pelo relator.

"1. É competente para conhecer e decidir a impugnação o tribunal da comarca em que está sedeado o serviço de segurança social que apreciou o pedido de protecção jurídica ou, caso o pedido tenha sido formulado na pendência da acção, o tribunal em que esta se encontra pendente.
2. No caso de existirem tribunais de competência especializada ou de competência específica, a impugnação deve respeitar as respectivas regras de competência.
3. Se o tribunal se considerar incompetente, remete para aquele que deva conhecer da impugnação e notifica o interessado.
4. Recebida a impugnação, esta é distribuída, quando for caso disso, e imediatamente conclusa ao juiz que, por meio de despacho concisamente fundamentado, decide, concedendo ou recusando o provimento, por extemporaneidade ou manifesta inviabilidade".
5. A decisão proferida nos termos do número anterior é irrecorrível.

1. Versa este artigo, inserido pela Lei n.º 30-E/2000, de 20 de Dezembro, em termos inovadores, alterado pela Lei do Apoio Judiciário de 2004 e pela Lei n.º 47/2007, de 28 de Agosto, sobre a competência jurisdicional para conhecer da impugnação da decisão administrativa relativa à concessão ou não da protecção jurídica e a estrutura da respectiva decisão.

A alteração deste artigo pela Lei n.º 47/2007, de 28 de Agosto, consistiu na eliminação no n.º 1 da expressão *conhecer*, na substituição no n.º 2 da expressão *nas comarcas onde existam tribunais judiciais* pela expressão *no caso de existirem tribunais*, e na inserção do n.º. 5.

Rege para qualquer caso de dedução de impugnação, isto é, seja ela deduzida pelo requerente de protecção jurídica, seja pela parte contrária, independentemente de se tratar de pedido de consulta jurídica, patrocínio judiciário ou de assistência judiciária, ou de todas, de algumas ou de alguma das referidas modalidades.

Versa sobre matéria complexa, porque a protecção jurídica é susceptível de ser requerida para causas, recursos ou procedimentos da competência de uma pluralidade de tribunais e de órgãos jurisdicionais integrados em diversas ordens, designadamente na ordem judicial, na ordem administrativa e fiscal, na ordem constitucional e na ordem de fiscalização das contas públicas.

2. Prevê o n.º 1 a competência para decidir a impugnação, e estatui que ela se inscreve no tribunal de comarca em que está sedeado o serviço de segurança social que apreciou o pedido de concessão de protecção jurídica ou, na hipótese de ele haver sido formulado na pendência da acção, o tribunal em que ela esteja pendente.

Estamos perante a definição de competência em razão da matéria, embora na situação ressalvada pela parte final deste normativo ela derive de mera conexão processual.

O primeiro elemento definidor da referida competência é o local da sede do serviço de segurança social onde foi proferida a decisão administrativa impugnada, por conexão com o tribunal de comarca existente naquela área.

Trata-se de uma situação de competência por conexão, o que implica que o conhecimento da impugnação seja susceptível de caber, conforme os casos, por exemplo, a um tribunal de competência genérica, a um tribunal de competência especializada cível, a uma vara cível, a um juízo cível, a um tribunal de família e menores, a um tribunal do trabalho, a um tribunal de comércio ou a um tribunal marítimo.

Assim, tratando-se de impugnação de decisão administrativa relativa a protecção jurídica com vista à instauração de uma acção num tribunal do trabalho, é este o competente para conhecer da referida impugnação.

No caso de na área da comarca onde se localiza o serviço de segurança social que proferiu a decisão administrativa impugnada haver um tribunal de competência genérica, é ele, naturalmente, o competente para conhecer da impugnação em causa (artigo 77.º, n.º 1, alínea a), da Lei de Organização de Funcionamento dos Tribunais Judiciais, aprovada pela Lei n.º 3/99, de 13 de Janeiro).

Todavia, na hipótese de o pedido de concessão de protecção jurídica, seja na modalidade de assistência judiciária ou de patrocínio judiciário, ser formulado já na pendência de uma causa, a competência para conhecer da impugnação inscreve-se no órgão jurisdicional a que aquela esteja afecta.

Este normativo não permite a interpretação no sentido de que o tribunal da comarca onde está sedeado o serviço de segurança social só é competente para conhecer da impugnação se à data desta a respectiva acção não estiver ainda instaurada.

Com efeito, a instauração da acção respectiva em tribunal diferente, depois do pedido de protecção jurídica e antes da apresentação da impugnação, não transfere a competência em causa para o tribunal em que a acção tenha sido intentada.[158]

Ao reportar-se ao tribunal de comarca, embora contra a realidade das coisas, dada a existência de ordens de tribunais diversas da judicial, cujos processos comportam a concessão de protecção jurídica, poderá pensar-se que a lei apenas teve em vista o tribunal judicial de 1ª instância (artigo 62.º, n.º 1, da Lei n.º 3/99, de 13 de Janeiro).

E, como a segunda parte deste normativo está directamente conexionada com a primeira, dir-se-ia que a competência para decisão da impugnação no caso de a protecção jurídica haver sido pedida para acções pendentes só visou a hipótese de essa pendência ocorrer na ordem dos tribunais judiciais.

Nessa perspectiva, o tribunal judicial de 1.ª instância seria o competente para conhecer da impugnação, não só na hipótese de o pedido de protecção jurídica haver sido formulado para os procedimentos em geral da competência dos tribunais tributários, administrativos, de contas ou do Tribunal Constitucional, a implementar subsequentemente junto deles, como também nos casos em que o pedido de protecção jurídica foi formulado na pendência de procedimentos em alguns deles.

Já se suscitou, nos tribunais superiores, a questão de saber se a regra de competência que o normativo em análise insere não deverá ser adaptada às situações em que a impugnação da decisão administrativa incida sobre o pedido de protecção jurídica destinado a acções ou procedimentos da competência de tribunais inseridos em ordens diversas da judicial, como é o caso dos tribunais administrativos, fiscais, do Tribunal de Contas e do Tribunal Constitucional.

Na realidade, há estreita conexão entre a causa judicial concreta pendente ou a intentar e o incidente administrativo da concessão da protecção jurídica, seja em primeiro grau, seja em segundo grau de jurisdição.

A lógica da previsão sobre esta matéria implicaria a solução geral de que a competência para a decisão da impugnação se inscrevesse no órgão jurisdicional onde o procedimento estivesse pendente ou, no caso de ainda não estar pendente, no órgão competente para dele conhecer.

Analisando a própria letra da lei, a circunstância de ela determinar que se a acção estiver pendente num tribunal de competência específica ou

---

[158] Ac. da Relação de Coimbra, de 15.10.2002, CJ, Ano XXVII, Tomo 5, pág. 8.

especializada é este que deve conhecer da impugnação que haja – o que revela, de algum modo, o seu escopo finalístico e a ideia de conexão ainda existente entre o procedimento administrativo relativo à protecção jurídica e a causa a que se reporta deve associar-se à norma que prevê dever o interprete presumir que o legislador adoptou as soluções mais acertadas.

Com base nesses elementos de interpretação, sem necessidade de recurso à analogia, apenas com recurso à interpretação extensiva, é de concluir no sentido de a competência para conhecer da impugnação de decisões administrativas relativas à concessão de protecção jurídica para acções ou procedimentos da competência de órgãos jurisdicionais integrados em ordens diversas da judicial se inscreve nesses órgãos.[159]

Nesta perspectiva, formulado pedido de apoio judiciário com a finalidade de deduzir oposição a uma execução fiscal, o tribunal competente para conhecer da impugnação da decisão administrativa que o indeferiu é o tributário.[160]

Em conclusão, o tribunal judicial de 1.ª instância não é competente para conhecer da impugnação na hipótese de o pedido de protecção jurídica haver sido formulado para os procedimentos em geral da competência dos tribunais tributários, administrativos, de contas ou do Tribunal Constitucional, a implementar subsequentemente junto deles, ou de o pedido de protecção jurídica haver sido formulado na pendência de procedimentos em alguns deles.[161]

3. Prevê o n.º 2 deste artigo a hipótese de os serviços de segurança social em que ocorreu a decisão sobre o pedido de protecção jurídica estarem sedeados em área em que existam tribunais de competência especializada ou órgãos jurisdicionais de competência específica, e estatui que a dedução da impugnação deve respeitar as respectivas regras de competência.[162]

Importa salientar que a alteração deste normativo pela Lei n.º 47/2007, de 28 de Agosto, consistiu na eliminação do segmento relativo às comar-

---

[159] Ac. do STJ, de 22.9.2205, Recurso n.º 1248/2005, 2ª Secção.

[160] Ac. da Relação de Lisboa, de 5.2.2007, CJ, Ano XXXII, Tomo 1, página 181.

[161] Alterámos a opinião inicialmente expressa a propósito da interpretação destas normas.

[162] Em rigor, inexistem tribunais de competência específica, mas órgãos jurisdicionais de competência específica, como é o caso, por exemplo, na comarca de Lisboa, das varas, dos juízos cíveis e dos juízos de pequena instância cível.

cas e do qualificativo judiciais reportado aos tribunais, com o escopo, ao que parece, de reforçar a ideia de interpretação da lei no sentido de aos tribunais judiciais competir a decisão da impugnação do acto administrativo concernente proferido em relação a causas ou procedimentos da competência de tribunais de diversa ordem jurisdicional.

Face a tal previsão, na hipótese de na referida área existirem juízos de competência especializada cível *lato sensu* ou criminal, é a estes que compete o conhecimento da impugnação se o pedido de protecção jurídica *lato sensu* se destinar a acção ou procedimento que se inscreva na sua competência (artigo 94.º da Lei n.º 3/99, de 13 de Janeiro).

Assim, havendo na área da comarca onde funcionou o órgão administrativo decisor tribunais de competência especializada ou órgãos jurisdicionais de competência específica, a competência para proferir decisão no procedimento de impugnação insere-se no tribunal ou órgão jurisdicional competente para decidir a causa ou o procedimento em função dos quais foi requerida a protecção jurídica.

A competência para conhecer da impugnação define-se, pois, nessa hipótese de pluralidade de tribunais de competência especializada ou de órgãos jurisdicionais de competência específica, pela competência para conhecer da causa conexa com o pedido de protecção jurídica.

Correspondentemente, a competência para conhecer da impugnação dilui-se, conforme os casos, por tribunais de trabalho, tribunais de família e menores, tribunais do comércio, tribunais marítimos, varas cíveis, varas mistas, juízos cíveis, juízos de pequena instância cível, varas criminais, juízos criminais, juízos de pequena instância criminal, tribunal de instrução criminal, tribunal de execuções e tribunal de execução de penas, conforme os casos.

Indeferido o pedido de apoio judiciário na modalidade de assistência judiciária em processo crime com vista à constituição de assistente e dedução de pedido cível de indemnização, o tribunal competente para conhecer da respectiva impugnação é aquele para o qual o benefício foi requerido.[163]

4. Prevê o n.º 3 a hipótese de o procedimento relativo à impugnação haver sido remetido a tribunal incompetente e este o declarar como tal, e estatui que aquele tribunal deve remetê-lo ao tribunal competente e disso notificar o interessado.

---

[163] Ac. do STJ, de 22.2.2006, CJ, Ano XIV, Tomo 1, página 195.

A referida incompetência pode derivar de violação de regras de competência jurisdicional em razão do território ou em razão da matéria, devendo o tribunal, em qualquer desses casos, conhecer oficiosamente desse pressuposto processual (artigos 102.°, n.° 1, e 110.°, n.° 1, alíneas b) e c), do Código de Processo Civil).

Na espécie, quer se trate de incompetência absoluta, isto é, em razão da matéria, ou relativa, ou seja, de incompetência em razão do território, a consequência jurídica é mesma, consubstanciada na remessa do processo ao tribunal considerado competente para conhecer da impugnação.[164]

Decidida a questão da competência no sentido da remessa do processo ao tribunal competente, a secção de processos, oficiosamente, notifica o interessado da decisão e da remessa (artigo 229.° do Código de Processo Civil).

O interessado notificando é o impugnante em relação à decisão administrativa, ou seja, o requerente da concessão de protecção jurídica, ou a parte contrária, conforme os casos.

No caso de a incompetência do órgão jurisdicional se reportar ao território, a decisão respectiva transitada em julgado resolve definitivamente a questão da competência, mesmo que esta tenha sido oficiosamente suscitada (artigo 111.°, n.° 2, do Código de Processo Civil).

5. Prevê o n.° 4 a dinâmica subsequente à expedição do processo da impugnação pelo serviço de segurança social e ao seu recebimento pelo tribunal *ad quem*.

E estatui, em primeiro lugar, que a impugnação é distribuída, se for caso disso, ou seja, quando o pedido de protecção jurídica não tenha sido formulado durante a pendência de alguma causa, situação em que a distribuição deve operar na espécie décima do elenco normativo geral legalmente previsto (artigo 222.°, n.° 10, do Código de Processo Civil).

No caso de se tratar de pedido de protecção jurídica formulado durante a pendência de uma causa, em que a competência para conhecer da impugnação se define em razão da conexão entre o procedimento administrativo e o da acção, procedimento ou recurso, não há lugar a distribui-

---

[164] No regime da lei processual civil, a incompetência em razão da matéria implica, em regra, a absolvição da instância, enquanto a incompetência em razão do território impõe a remessa do processo ao tribunal competente (artigos 105.°, n.° 1, e 111.°, n.° 3, do Código de Processo Civil).

ção, mas a mero averbamento (artigo 211.º, n.º 2, do Código de Processo Civil).

Em segundo lugar, a lei estatui que, distribuído ou averbado o processo da impugnação, a secção de processos deve apresentá-lo imediatamente ao juiz, ou seja, no dia em que der entrada naquela secção.

O juiz, por seu turno, deve proferir a decisão da impugnação no prazo de dez dias, contado continuamente, com suspensão durante as férias judiciais e, se o prazo terminar em dia em que o tribunal esteja encerrado, incluindo o de tolerância de ponto, transfere-se o seu termo para o primeiro dia útil imediato (artigos 144.º, n.ºs 1 a 3, 160.º, n.º 1, do Código de Processo Civil e 38.º desta Lei).

Finalmente, estatui a lei que o juiz deve decidir em despacho concisamente fundamentado de provimento da impugnação ou de rejeição por extemporaneidade ou manifesta inviabilidade.

Embora a lei refira que a forma decisória é a de despacho, porque se trata de impugnação, a sua estrutura não pode deixar de ser a de sentença (artigo 156.º, n.º 2, do Código de Processo Civil).

Não há lugar a despacho liminar, e as questões de admissibilidade da impugnação, designadamente as relativas ao prazo de interposição, à forma e as concernentes ao mérito são resolvidas na mesma altura, embora o conhecimento das primeiras deva preceder, como é natural, o conhecimento das últimas (artigo 660.º, n.º 1, do Código de Processo Civil).

A extemporaneidade da impugnação tem a ver, como já se referiu, com a data da notificação da decisão administrativa ao recorrente e a da apresentação do instrumento de dedução da impugnação, em conformidade, além do mais, com o disposto no n.º 1 do artigo anterior.

A adequação ou inadequação formal deve ser aferida em função da exigência legal de um mínimo de fundamentação fáctico-jurídica e de expressão do que se pretende com a impugnação, o que se traduz em fundamentação minimamente compreensível por quem tem de decidir, segundo o critério a que se reporta a lei civil em relação às declarações negociais (artigos 236.º, n.º 1 e 238.º, n.º 1, do Código Civil).

Rejeitada a impugnação por extemporaneidade ou inadequação formal, fica prejudicado o conhecimento do respectivo mérito (artigo 660.º, n.º 2, do Código de Processo Civil).

O mérito da impugnação deve ser aferido pelos factos positivos relativos à situação económico-financeira do recorrente e aos encargos prováveis da demanda, incluindo o valor provável da compensação, se for caso disso, tendo, naturalmente, em linha de conta o disposto nos artigos 8.º, 8.º-A e 8.º-B desta Lei e o seu Anexo.

As fórmulas legais de determinação da insuficiência económica reduzem, de algum modo, a margem de apreciação pelo tribunal da decisão dos serviços da segurança social, mas não a excluem, nela devendo ter-se em linha de conta a natureza e o valor processual da causa, se conhecido for, do qual depende o montante da taxa de justiça.[165]

Além disso, devem envolver a decisão da impugnação juízos de proporcionalidade e de igualdade, tendo presente o princípio de que é tão injusto negar a protecção jurídica a quem dela carece como concedê-la a quem da mesma não precisa.

Mas o pedido de protecção jurídica na modalidade de assistência judiciária não pode ser indeferido com o exclusivo fundamento de não haver lugar a adiantamento de valores no processo.[166]

A fundamentação de facto e de direito é sumária, mas não pode deixar de expressar, embora de forma breve, precisa e concisa, os fundamentos de facto e de direito em que assenta a parte decisória, sendo proibida a simples adesão aos argumentos apresentados pelo recorrente (artigo 158.º do Código de Processo Civil).

A dúvida sobre a verificação da situação de insuficiência económica do requerente da protecção jurídica, porque lhe incumbe o ónus de alegação e de prova dos factos concernentes, deve resolver-se contra ele.[167]

6. Prevê o n.º 5 deste artigo a decisão emitida sob impugnação da proferida pelos serviços de segurança social, e estatui ser a mesma irrecorrível.

Assim, tal como outrora entendíamos acerca desta questão, temos agora norma expressa, assaz oportuna, no sentido de que da decisão judicial proferida em sede de impugnação da decisão que conheceu do pedido de protecção jurídica não cabe recurso.

---

[165] Ac. da Relação de Lisboa, de 20.5.99, BMJ, n.º 487, pág. 352.
[166] Ac. da Relação do Porto, de 26.6.96, CJ, Ano XXI, Tomo 3, pág. 242.
[167] Ac. da Relação de Lisboa, de 22.4.99, BMJ, n.º 486, pág. 355.

13. Âmbito da decisão relativa ao pedido de protecção jurídica e suas consequências jurídicas concernentes ao requerente e à causa

Sobre o âmbito e consequências jurídicas em relação à causa e ao requerente da concessão ou não da protecção jurídica, sob a epígrafe *alcance da decisão final*, rege o artigo 29.º da Lei do Apoio Judiciário, do seguinte teor:

"1. A decisão que defira o pedido de protecção jurídica especifica as modalidades e a concreta medida do apoio concedido.
 2. Para concretização do benefício de apoio judiciário nas modalidades previstas nas alíneas *a*) e *d*) do n.º 1 do artigo 16.º, devem os interessados apresentar o documento comprovativo da sua concessão ou da apresentação do respectivo pedido no momento em que deveriam apresentar o documento comprovativo do pagamento da taxa de justiça.
 4. O indeferimento do pedido de apoio judiciário importa a obrigação do pagamento das custas devidas, bem como, no caso de ter sido solicitada a nomeação de patrono, o pagamento ao Instituto de Gestão Financeira e de Infra-Estruturas da Justiça, I. P., da quantia prevista no n.º 2 do artigo 36.º.[168]
 5. Não havendo decisão final quanto ao pedido de apoio judiciário no momento em que deva ser efectuado o pagamento da taxa de justiça e demais encargos do processo judicial, proceder-se-á do seguinte modo:

a) No caso de não ser ainda conhecida a decisão do serviço de segurança social competente, fica suspenso o prazo para proceder ao respectivo pagamento até que tal decisão seja comunicada ao requerente;
b) Tendo havido já decisão do serviço da segurança social, concedendo apoio judiciário numa ou mais modalidades de pagamento faseado, o pagamento da primeira prestação é devido no prazo de 10 dias contados da data da sua comunicação ao requerente, sem pre-

---

[168] O n.º 3 deste artigo foi revogado pela alínea a) do artigo 5.º da Lei n.º 47/2007, de 28 de Agosto.

juízo do posterior reembolso das quantias pagas no caso de procedência da impugnação daquela decisão;

c) Tendo havido já decisão negativa do serviço da segurança social, o pagamento é devido no prazo de 10 dias contados da data da sua comunicação ao requerente, sem prejuízo do posterior reembolso das quantias pagas no caso de procedência da impugnação daquela decisão.

1. Versa este artigo, inserido pela Lei n.º 30-E/2000, de 20 de Dezembro, em termos parcialmente inovadores, alterado pela Lei do Apoio Judiciário de 2004 e pela Lei n.º 47/2007, de 28 de Agosto, sobre o âmbito e consequência jurídicas em relação à causa e ao requerente da decisão de concessão ou não da protecção jurídica, sobretudo do apoio judiciário.

A sua alteração por via da Lei n.º 47/2007, de 28 de Agosto, incidiu sobre os n.ᵒˢ 2 e 3, neste último caso no sentido da revogação, 4 e 5, alínea b) do n.º 5 e inserção da alínea c).

2. Prevê o n.º 1 deste artigo o que deve ser especificado na decisão que conceda a protecção jurídica, e estatui que a especificação deve abranger a modalidade respectiva e a sua concreta medida.

Resulta, pois, do normativo em análise que a decisão que conceda a protecção jurídica deve especificar se ela abrange a consulta jurídica, o patrocínio judiciário ou a assistência judiciária, todas essas vertentes, algumas ou alguma, em conformidade com o pedido que foi formulado.

A concreta medida do apoio a que este normativo se reporta tem a ver com a vertente da sua efectiva concessão, visando que se determine, de harmonia com o pedido, qual é o objecto do benefício para o requerente, ou seja, se é de consulta jurídica para determinada questão judiciável, de taxa de justiça e encargos com o processo, ou de patrocínio judiciário.

3. Prevê o n.º 2 deste artigo a concretização do benefício de apoio judiciário nas modalidades previstas nas alíneas *a)* e *d)* do n.º 1 do artigo 16.º, e estatui deverem os interessados apresentar o documento comprovativo da sua concessão ou da apresentação do respectivo pedido no momento em que deveriam apresentar o documento comprovativo do pagamento da taxa de justiça.

As referidas modalidades de apoio judiciário são as de dispensa de taxa de justiça e demais encargos com o processo e do seu pagamento faseado.

A concretização da sua concessão, ou seja, a sua repercussão no pertinente processo depende de os interessados apresentarem o documento comprovativo da sua concessão ou da formulação do respectivo pedido no momento em que deveria apresentar o documento comprovativo do pagamento da taxa de justiça.

Assim, resulta deste normativo a concretização pelo autor do benefício do apoio judiciário nas modalidades acima referidas, e o seu dever, isto é, o seu ónus de juntar à petição inicial o documento comprovativo da sua concessão ou da apresentação do respectivo pedido.

No fundo, apesar da expressão da lei, o que ela estabelece é o ónus de prova pelo autor da acção que instaurou por via da petição inicial de que lhe foi concedido o apoio judiciário na modalidade de assistência judiciária, ou que o pediu, neste último caso nas circunstâncias excepcionais legalmente previstas, a que se reporta, além do mais, o artigo 24.º, n.º 2, desta Lei.

Para poder apresentar a petição inicial em juízo sem o documento comprovativo do pagamento da taxa de justiça, tem o autor ou o requerente que provar, através de certidão ou cópia certificada da respectiva decisão administrativa, que lhe foi concedido ou que pediu, neste caso nas referidas situações excepcionais, o apoio judiciário na modalidade de assistência judiciária abrangente, além do mais, da dispensa ou faseamento do pagamento total ou parcial da taxa de justiça inicial.

4. Prevê o n.º 4 a consequência jurídica da decisão administrativa que indeferiu o apoio judiciário nas modalidades de assistência judiciária e de patrocínio judiciário, e estatui que ela importa a obrigação do pagamento das custas devidas, bem como, no caso de ter sido solicitada a nomeação de patrono, o pagamento ao Instituto de Gestão Financeira e de Infra-Estruturas da Justiça, I. P., da quantia prevista no n.º 2 do artigo 36.º.

Substituiu o normativo anterior na parte em que se reportava à obrigação de pagamento das custas devidas nos termos do Código das Custas Judiciais, bem como o pagamento ao Cofre Geral dos Tribunais da remuneração devida ao patrono nomeado, porque, além de mais, ao mencionado Cofre sucedeu o Instituto de Gestão Financeira e de Infra-Estruturas da Justiça, I. P.

De substancial, por isso, a inovação apenas ocorreu em relação ao segmento relativo à quantia prevista no n.º 2 do artigo 36.º deste diploma.

É seu pressuposto necessário haver o requerente beneficiado da dispensa de pagamento de taxa de justiça e demais encargos com o processo ou de nomeação e pagamento de compensação de patrono.

A dispensa de pagamento por virtude do pedido de apoio judiciário é susceptível de haver incidido, por exemplo, sobre a taxa de justiça e demais encargos com o processo.

Em qualquer desses casos, a decisão administrativa que indeferiu o pedido de apoio judiciário na modalidade de assistência judiciária implica que o beneficiário tenha que proceder ao pagamento do que foi dispensado de pagar no pressuposto que teria êxito na sua pretensão, mas que na realidade o não teve.

Dir-se-á, em síntese, que este normativo, na sua primeira parte, se reporta à consequência jurídica da negação total do apoio judiciário na modalidade de assistência judiciária, certo que, negado o benefício nessa modalidade por decisão definitiva, cessa a inexigência do pagamento ou do reembolso.

A segunda parte deste normativo, com alguma conexão com o disposto no artigo 13.º, n.º 5, desta Lei, prevê, por seu turno, o indeferimento do pedido de apoio judiciário na modalidade de patrocínio judiciário, certo que estatui, para essa hipótese, o pagamento ao Instituto de Gestão Financeira e de Infra-Estruturas da Justiça, IP do valor pago ao patrono a título de compensação pelo patrocínio, por referência ao estipulado na portaria mencionada no artigo 36.º, n.º 2, deste diploma.

Assim, indeferido o pedido de apoio judiciário na modalidade de patrocínio judiciário, o requerente vencido deve proceder ao pagamento ao Instituto de Gestão Financeira e de Infra-Estruturas da Justiça, IP o mencionado quantitativo.

5. Prevê o n.º 5 deste artigo o caso de não haver decisão final quanto ao pedido de apoio judiciário no momento em que deva ser efectuado o pagamento da taxa de justiça e demais encargos do processo judicial, e estatui dever proceder-se nos termos mencionados nas suas três alíneas.

Quanto a este normativo propriamente dito, a alteração operada pela Lei n.º 47/2007, de 28 de Agosto, apenas consistiu na substituição do segmento *custas* pelo segmento *taxa de justiça* e demais encargos com o processo, pelo que, reportando-se este normativo à taxa de justiça e aos encargos, que integram essencialmente o conceito de custas, não se tratou de alteração substancial.

Esta previsão esta conexionada com as situações em que o mero pedido de apoio judiciário na modalidade de assistência judiciária implica a imediata e provisória dispensa de pagamento de taxa de justiça e demais encargos com o processo.

6. Prevê a alínea a) do n.º 5 deste artigo, que não sofreu alteração pela Lei n.º 47/2007, de 28 de Agosto, em conexão necessária com o disposto no respectivo proémio, a situação em que, na altura de dever pagar-se a taxa de justiça e demais encargos com o processo, não ser conhecida a decisão do serviço de segurança social, e estatui ficar suspenso o prazo destinado ao respectivo pagamento até que tal decisão seja comunicada ao requerente do apoio judiciário na modalidade de assistência judiciária.

7. Prevê a alínea b) do n.º 5 deste artigo, em conexão necessária com o disposto no respectivo proémio, a situação em que, na altura do pagamento da taxa de justiça e demais encargos com o processo, já haver decisão dos serviços de segurança social numa ou mais modalidades de pagamento faseado, e estatui ser o pagamento da primeira prestação devido no prazo de dez dias contados da data da sua comunicação ao requerente, sem prejuízo do posterior reembolso das quantias pagas no caso de procedência da impugnação daquela decisão.

Resultou da alteração implementada pela Lei n.º 47/2007, de 28 de Agosto, a qual se traduziu em transmutar o normativo que dela constava, com ligeira alteração, para a alínea c), a que abaixo se fará referência.

Pressupõe a existência, na altura a que alude o proémio do n.º 5, de decisão dos serviços de segurança social concedente do apoio judiciário a uma pessoa singular ou a uma pessoa colectiva sem fins lucrativos.

O âmbito dessa concessão, o pagamento faseado, é susceptível de se reportar à taxa de justiça e demais encargos com o processo, à compensação devida a patrono nomeado ou à compensação de defensor oficioso, sem excluir a cumulação da primeira referida modalidade com alguma das últimas (artigo 16.º n.º 1, alíneas d) a f), deste diploma).

Todavia, ao reportar-se às modalidades de pagamento faseado da compensação de patrono e da compensação de defensor oficioso, o normativo em análise afasta-se da matriz constante do proémio do artigo respectivo, certo que se reporta ao apoio judiciário na modalidade de assistência judiciária, ou seja, abrangente da taxa de justiça e demais encargos com o processo.

A referida decisão dos serviços de segurança social é a de primeiro grau, ou seja, antes do trânsito em julgado daquela decisão.

O requerente do apoio judiciário, apesar de o mesmo lhe ser concedido por decisão ainda não transitada em julgado, comunicada aquela ao mesmo, deve proceder ao pagamento da primeira prestação no prazo de dez dias contado da aludida comunicação, nos termos previstos no artigo 144.º, n.ºs 1 a 3, do Código de Processo Civil.

O referido reembolso, pressupõe, ao que parece, a situação em que, por via da impugnação, o benefício passa ser nas modalidades de dispensa de taxa de justiça e demais encargos com o processo, nomeação e pagamento da compensação de patrono ou pagamento da compensação de defensor oficioso.

8. Prevê a alínea c) do n.º 5 deste artigo a circunstância de, na altura do pagamento a efectuar, já ter havido decisão negativa dos serviços da segurança social sobre o pedido de apoio judiciário, e estatui que ele deve ser feito no prazo de dez dias contados da data da sua comunicação ao requerente, sem prejuízo do posterior reembolso das quantias pagas no caso de procedência da impugnação daquela decisão negativa.

Este normativo, inserido pela Lei n.º 47/2007, de 28 de Agosto, constava no regime de pretérito na alínea b) do n.º 5 deste artigo, com a diferença de não conter o prazo de pagamento e de se referir ao Código das Custas Judiciais.

Esta hipótese tem como pressuposto o facto de à data em que deve ser realizado o pagamento da taxa de justiça e dos encargos já haver decisão administrativa de indeferimento do pedido de apoio judiciário na referida modalidade de assistência judiciária.

Nesta segunda situação, o requerente do apoio judiciário está vinculado ao pagamento do devido, no prazo de dez dias contado desde a data notificação da decisão que lhe seja feita, nos termos do artigo 144.º, n.ºs 1 a 3, do Código de Processo Civil.

Trata-se, porém, de um pagamento sob condição resolutiva de a decisão judicial proferida no âmbito da impugnação revogar ou alterar a decisão administrativa denegatória do pedido de apoio judiciário.

Com efeito, se o requerente da assistência judiciária, na impugnação da decisão administrativa denegatória, tiver êxito total ou parcial, tem *jus* a exigir a restituição do que pagou ou na medida do que resulte da decisão de impugnação, em termos de *solve et repete*.

14. Nomeação de patrono

Sobre a nomeação de patrono, sob idêntica epígrafe, rege o artigo 30.º da Lei do Apoio Judiciário, nos termos seguintes:

"A nomeação de patrono, sendo concedida, é realizada pela Ordem dos Advogados, nos termos da portaria referida no n.º 2 do artigo 45."

1. Reporta-se este artigo à nomeação de patrono, sob idêntica epígrafe. Foi alterado pela Lei n.º 47/2007, de 28 de Agosto, alteração que consistiu, por um lado, na revogação dos n.ºs 2 a 5, e, por outro, na modificação do conteúdo do n.º 1, no qual se prescrevia que nos casos em que fosse concedido o apoio judiciário na modalidade de nomeação de patrono, competia à Ordem dos Advogados a escolha e nomeação de advogado, de acordo com os respectivos estatutos, regras processuais e regulamentos internos.

Deixou, assim, de se prever, em virtude da mencionada revogação, por um lado, que a Ordem dos Advogados nomeava o patrono de acordo com os respectivos estatutos, regras processuais e regulamentos internos, que tal nomeação devia, em *regra, recair em advogado com escritório na comarca onde o processo corre termo*s, em 15 dias contados da notificação da concessão do patrocínio.

E, por outro, que a nomeação podia recair em solicitador, com observância dos estatutos, regras processuais e regulamentos internos da Câmara dos Solicitadores, em termos a convencionar entre aquela e a Ordem dos Advogados.

E, finalmente, deixou de se referir ao juízo da viabilidade da pretensão do requerente e ao prazo de 30 dias para a Ordem dos Advogados nomear o patrono e à possibilidade de o conselho distrital daquela Ordem poder impugnar a decisão concedente do apoio judiciário na modalidade de patrocínio.

A razão de tal revogação decorreu, por um lado, da circunstância de haver sido estabelecido novo regime de participação dos profissionais forenses no acesso ao direito, designadamente poderem os advogados,

advogados estagiários e solicitadores ser nomeados para lotes de processos, escalas de prevenção e designações para consulta jurídica.

E, por outro, do facto de ter sido eliminada a norma que previa depender a nomeação de patrono do juízo sobre a existência de fundamento legal da pretensão formulado em sede de consulta jurídica.

2. Prevê este normativo a concessão da nomeação de patrono, e estatui, por um lado, que deve ser realizada pela Ordem de Advogados, e, por outro, que esta o deve fazer nos termos da portaria mencionada no n.º 2 do artigo 45.º.

Ao remeter para a portaria a que se reporta o n.º 2 do artigo 45.º deste diploma, visa a lei significar que a Ordem dos Advogado nomeará patrono de entre os profissionais forenses que tenham sido admitidos no sistema de acesso ao direito.

O procedimento tendente à nomeação de patrono ao requerente do apoio judiciário na modalidade de patrocínio judiciário passa em regra por três fases, uma consubstanciada no pedido, outra na decisão administrativa de concessão daquele apoio e a terceira da competência da Ordem dos Advogados.

A selecção dos profissionais forenses é feita pela Ordem dos Advogados, com base em regulamento por ela emitido, os quais devem optar, na altura da candidatura, por determinados lotes de processos, nomeação isolada para processos, lotes de escalas de prevenção, designação isolada para escalas de prevenção ou para consulta jurídica.[169]

Importa ter em linha de conta que, havendo acto tácito de deferimento do apoio judiciário na modalidade de patrocínio judiciário pedido no decurso de uma causa, o tribunal respectivo, na sequência da informação sobre a formação daquele acto, notificará a Ordem dos Advogados para que proceda à nomeação de mandatário forense (artigo 25.º, n.º 3, alínea a), desta Lei).

E que, quando o pedido não tiver sido apresentado na pendência de acção judicial, incumbe ao interessado solicitar a nomeação de patrono à Ordem dos Advogados, nos termos da portaria a que alude o n.º 2 do artigo 45.º deste diploma (artigo 25.º, n.º 3, alínea b), desta Lei).

---

[169] Adiante, na sede própria, pronunciar-nos-emos sobre o conteúdo da portaria de regulamentação do apoio judiciário, que versa sobre esta matéria, ou seja, a Portaria n.º 10/2008, de 3 de Janeiro.

É necessário que os serviços de segurança social comuniquem à Ordem dos Advogados o objecto do serviço de patrocínio solicitado, para em função dele ela operar a nomeação para os lotes de acompanhamento de processos ou de escalas de consulta jurídica, o que pressupõe deverem os requerentes de patrocínio concretizar suficientemente a matéria sobre que ele vai versar, e tal só pode decorrer de uma correcta formulação dos impressos facultados aos utentes interessados.

Razões de legalidade, transparência e isenção implicam que a Ordem dos advogados não possa nomear para o exercício do patrocínio causídicos que nela não estejam inscritos ou que estejam suspensos ou que exerçam a sua actividade nos serviços da segurança social competentes para a avaliação dos pedidos de apoio judiciário ou nos órgãos de nomeação de patronos da Ordem dos Advogados nem os que sejam advogados de sindicatos de que sejam associados os requerentes do apoio judiciário.

A Ordem dos Advogados tem procedido à nomeação de advogados estagiários do segundo período de estágio para prestarem serviços de patrocínio no quadro do apoio judiciário naturalmente em razão do elevado número de pedidos que lhe eram permanentemente dirigidos, com cobertura na lei (artigo 189.º, n.º 1, alínea a), do Estatuto da Ordem dos Advogados).

No novo regime, sem prejuízo das suas competências estatutárias, os advogados estagiários podem inscrever-se em lotes de escalas de prevenção e de consulta jurídica e, mediante acompanhamento por parte do seu patrono, é-lhe facultada a participação em todas as diligências e processos compreendidos nos lotes àquele atribuídos.

O advogado que desempenhe ou tenha desempenhado funções nos conselhos da Ordem ou na Caixa de Previdência dos Advogados e Solicitadores, enquanto se encontre no exercício dos cargos e nos seis anos subsequentes, é isento de prestar quaisquer serviços forenses de nomeação oficiosa (artigo 23.º, n.º 4, do Estatuto da Ordem dos Advogados).

A nomeação de defensor ao arguido, a dispensa de patrocínio e a substituição são feitas nos termos do Código de Processo Penal, dos artigos 39.º, 41.º a 44.º deste diploma e da portaria acima mencionada (artigo 39.º, n.º 1, deste diploma).

O novo regime de participação dos profissionais forenses no acesso ao direito consta no artigo 45.º deste diploma, a que adiante se fará referência.

15. Notificação da nomeação de patrono a este e ao requerente do apoio judiciário

Sobre a notificação da decisão de nomeação do patrono a este e ao requerente, sob a epígrafe *notificação da nomeação,* rege o artigo 31.º da Lei do Apoio Judiciário, do seguinte teor:

"**1. A nomeação de patrono é notificada pela Ordem dos Advogados ao requerente e ao patrono nomeado e, nos casos previstos no n.º 4 do artigo 26.º, para além de ser feita com a expressa advertência do início do prazo judicial, é igualmente comunicada ao tribunal.**
2. A notificação da decisão de nomeação do patrono é feita com a menção expressa, quanto ao requerente, do nome e escritório do patrono bem como do dever de lhe dar colaboração, sob pena de o apoio judiciário lhe ser retirado.[170]

1. Reporta-se este artigo à notificação da nomeação, sob idêntica epígrafe. Foi alterado pela Lei n.º 47/2007, de 28 de Agosto, alteração que consistiu exclusivamente na revogação dos seus n.os 3 e 4.

O n.º 3 expressava que a comunicação ao tribunal referida no n.º 1 podia ser realizada por via postal, por telecópia ou por meios telemáticos; e o n.º 4 que a notificação da decisão de nomeação de patrono, cumprido o disposto no artigo 21.º – referia-se ao juízo sobre a existência de fundamento legal da pretensão do requerente – era feita em sede de consulta jurídica, entregando-se ao beneficiário do apoio judiciário cópia da notificação a que se alude no n.º 2, devendo a mesma ser assinada por este.

A lei eliminou, por um lado, a referência aos meios de notificação, por se não justificar qualquer desvio ao regime geral de comunicação de actos no âmbito do processo civil e do procedimento administrativo, e, por outro, o modo e a forma de notificação da nomeação de patrono no quadro do juízo sobre a existência de fundamento legal da pretensão do requerente, porque tal juízo não é admitido no novo regime.

2. Prevê o n.º 1 a notificação da nomeação de patrono pela Ordem dos Advogados, e estatui que ela é dirigida ao requerente do patrocínio e

---

[170] Os n.os 3 e 4 foram revogados pela alínea a) do n.º 5 da Lei n.º 47/2007, de 28 de Agosto.

ao patrono nomeado e, nos casos previstos no n.º 4 do artigo 26.º, com a expressa advertência do início de prazo judicial e do dever de comunicação ao tribunal.

A referida notificação visa a informação ao patrocinante e ao patrocinado da relação jurídica de patrocínio envolvente de obrigações para qualquer deles e de encargos para o erário público.

O n.º 4 do artigo 26.º desta Lei prevê a hipótese de o pedido de apoio judiciário na modalidade de patrocínio judiciário ser apresentado na pendência de acção judicial, e estatui que a decisão final respectiva é notificada ao tribunal em que a acção se encontra pendente, bem como, através deste, à parte contrária.

Assim, a comunicação ao tribunal da nomeação de patrono ao requerente do apoio judiciário na modalidade de patrocínio judiciário a que se refere o normativo em análise conforma-se com o disposto naquele dispositivo.

O normativo em análise também está conexionado com o que se prescreve na alínea a) do n.º 5 do artigo 24.º, segundo o qual, o prazo interrompido por virtude de o pedido de apoio judiciário na modalidade de patrocínio judiciário haver sido formulado na pendência da acção se inicia a partir da notificação ao patrono nomeado da sua designação.

É apenas à alínea a) do n.º 5 do artigo 24.º que o normativo em análise indirectamente se reporta, certo que ele só tem em vista o caso de nomeação de patrono, e não ao indeferimento do respectivo pedido a que alude a sua alínea b).

A expressa advertência do início de prazo judicial a que alude a parte final deste normativo ocorre, pois, no caso de o pedido de apoio judiciário na modalidade de patrocínio judiciário haver sido formulado durante a pendência da acção judicial e de, por virtude da apresentação em juízo do documento comprovativo daquele pedido, ter havido interrupção de algum prazo processual em curso até à nomeação de patrono pela Ordem dos Advogados.

Esta advertência deve ser notificada não só ao requerente do apoio judiciário na modalidade de patrocínio judiciário como também ao patrono designado para o exercício do patrocínio.

A referida notificação é dirigida, pelo correio, para o endereço do requerente do patrocínio judiciário indicado no requerimento inicial do procedimento administrativo, funcionando a presunção a que se reporta o artigo 254.º, n.º 3, do Código de Processo Civil.

No caso de devolução da carta de notificação pelos serviços postais, a Ordem dos Advogados deve diligenciar de imediato pela superação desse facto, designadamente junto dos serviços de segurança social em que se integram os órgãos decisores.

Importa, porém, ter em conta, por um lado, que, no novo sistema, a nomeação de causídicos pela Ordem dos Advogados pode operar por via automática, através do sistema electrónico por ela gerido.

E, por outro, deverem as comunicações em geral entre a Ordem dos Advogados e os tribunais, os profissionais forenses participantes no sistema de acesso ao direito, os serviços da segurança social e o Instituto de Gestão Financeira e de Infra-Estruturas da Justiça, IP realizar-se por via electrónica, através do sistema gerido pela primeira.

3. Prevê o n.º 2 os termos da notificação ao requerente do apoio judiciário na modalidade de patrocínio judiciário da decisão de nomeação de patrono, e estatui que ela é feita com a menção expressa do nome e escritório do patrono bem como do dever de lhe dar colaboração, sob pena de o apoio judiciário lhe ser retirado.

A referida colaboração visa, naturalmente, a informação sobre os elementos de facto necessários à propositura da acção, à formulação da contestação ou da resposta, ou à alegação ou resposta em recurso, conforme os casos.

O segmento normativo *sob pena de o apoio judiciário lhe ser retirado* significa a inserção de mais um fundamento de cancelamento da protecção jurídica na modalidade de patrocínio judiciário que acresce aos previstos no artigo 10.º, n.º 1, desta Lei.

Assim, no caso de o patrocínio judiciário se destinar à propositura de acção e ocorrer a omissão do seu requerente de colaborar com o patrono nomeado, não é necessário esperar pelo decurso do prazo de um ano a que se reporta a alínea b) do artigo 11.º desta Lei para que opere a caducidade da protecção jurídica, podendo logo operar o fundamento autónomo da falta de colaboração com o patrono, com vista ao cancelamento da protecção jurídica.

Acresce que a omissão de colaboração com o patrono designado por parte do requerente do apoio judiciário na modalidade de patrocínio constitui fundamento legal de pedido de escusa por parte do primeiro, a que se reporta o artigo 34.º desta Lei.

4. O disposto neste artigo foi pensado para um sistema de intervenção de causídicos no sistema do acesso ao direito e aos tribunais algo diverso daquele que foi adoptado no regulamento do apoio judiciário, em que aos profissionais forenses são atribuídos lotes de processos.

As suas normas estão vocacionadas para a nomeação isolada para processos, mas não para aquela nova realidade, pelo que se impõe a sua interpretação e aplicação adaptadas à nova situação, tendo em vista que o fim é o conhecimento pelo requerente de patrocínio oficioso de quem é o seu patrono e, por este, a quem deve patrocinar.

16. Substituição do patrono nomeado no quadro do apoio judiciário

Sobre a substituição do patrono nomeado no quadro do apoio judiciário, sob a epígrafe *substituição do patrono*, rege o artigo 32.º da Lei do Apoio Judiciário, do seguinte teor:

"**1. O beneficiário do apoio judiciário pode, em qualquer processo, requerer à Ordem dos Advogados a substituição do patrono nomeado, fundamentando o seu pedido.
2. Deferido o pedido de substituição, aplicam-se, com as devidas adaptações, os termos dos artigos 34.º e seguintes".
3. Se a substituição de patrono tiver sido requerida na pendência de um processo, a Ordem dos Advogados deve comunicar ao tribunal a nomeação do novo patrono.**"

1. Versa este artigo, alterado pela Lei n.º 47/2007, de 28 de Agosto, sobre a substituição do patrono nomeado no quadro da protecção jurídica, a instância do requerente.

A referida alteração consistiu na inserção no plural da expressão *do artigo* que constava no n.º 2 e na nova inclusão do n.º 3.

Não é aplicável, conforme resulta da sua própria letra, à substituição do defensor do arguido em processo penal.

2. Prevê o n.º 1 a substituição do patrono nomeado no quadro da protecção jurídica, e estatui que ela pode operar em qualquer processo, a requerimento do respectivo beneficiário, dirigido à Ordem dos Advogados, com indicação dos respectivos fundamentos.

O apoio judiciário a que se reporta este normativo é, conforme resulta da sua letra e espírito, o envolvente de patrocínio judiciário, e pressupõe, como é natural, a concessão do apoio judiciário nessa modalidade pelo órgão competente.

Trata-se de uma norma geral a confrontar com o que se prescreve agora no n.º 3 deste artigo, ou seja, quando o pedido de substituição do patrono é formulado na pendência de um processo.

É aplicável em qualquer jurisdição, independentemente da sua natureza, isto é, seja ela administrativa, fiscal, civil *lato sensu* ou penal; mas quanto a esta última apenas no que concerne aos assistentes e às partes civis, porque à substituição de defensor do arguido em processo penal e tutelar educativo, tenha ou não tenha sido nomeado no quadro da protecção jurídica, é aplicável o disposto nos artigos 66.º, n.º 3, do Código de Processo Penal e 39.º, n.º 1, desta Lei.

A quebra da relação de confiança que deve existir entre o patrono e o patrocinado está, não raro, na origem do pedido de substituição formulado pelo último em relação ao primeiro. O deferimento da pretensão de substituição do patrono deverá, porém, assentar em factos que revelem o interesse, objectivamente perspectivado, de quem a formula.

A vontade de substituição baseada na mera intuição ou em outra motivação de carácter irracional é, obviamente, insusceptível de constituir justa causa de substituição.

Requerida a substituição, deve a Ordem dos Advogados proferir decisão sobre o pedido no prazo de dez dias contado da entrada do requerimento nos respectivos serviços. Este prazo corre continuamente, apenas com suspensão nos sábados, domingos e feriados, e, se terminar em dia que os serviços da Ordem dos Advogados estejam encerrados, transfere-se o seu termo para o primeiro dia útil seguinte (artigos 37.º desta Lei e 72.º do Código do Procedimento Administrativo).

Indeferindo o pedido de substituição do patrono, ordenará a Ordem dos Advogados a respectiva notificação ao requerente e ao tribunal respectivo; deferindo-o, deve proceder-se nos termos do n.º 2 deste artigo.

Onde a lei se refere à Ordem dos Advogados, pretende significar o seu conselho distrital que seja territorialmente competente para a decisão em causa.

3. Prevê o n.º 2 a situação de deferimento do pedido de substituição,

e estatui que se lhe aplicam, com as necessárias adaptações, os artigos 34.º e seguintes.

Assim, deve a Ordem dos Advogados, na mesma decisão que conheceu do pedido de substituição, nomear o substituto, de entre advogados que aderiram ao sistema de acesso ao direito, tendo em atenção a natureza, a simplicidade ou a complexidade da causa (artigo 34.º, n.º 4, desta Lei).

De seguida, deve proceder à notificação ao requerente da substituição, ao patrono substituto e ao patrono substituído e, tratando-se de caso em que houve interrupção de prazo para a prática de algum acto processual, com a informação do seu início (artigo 31.º, n.º 1, desta Lei).

Na notificação ao requerente da substituição deve ser mencionado expressamente o nome e o lugar do escritório do patrono substituto e o dever de aquele a este prestar a necessária colaboração (artigo 31.º, n.º 2, desta Lei).

Tratando-se de pedido de substituição de patrono para a propositura de acção, o patrono substituto deverá intentá-la nos trinta dias seguintes à notificação da sua nomeação e comunicar o facto à Ordem dos Advogados ou apresentar-lhes a justificação da omissão da sua instauração naquele prazo (artigo 33.º, n.º 1, desta Lei).

Aplicar-se-á, se for caso disso, o disposto nos n.ºs 2 e 3 do artigo 33.º desta Lei, mas, em qualquer caso, a acção considera-se proposta na data da apresentação do pedido de nomeação do patrono que foi substituído.

4. Prevê o n.º 3 deste artigo, a substituição de patrono requerida na pendência de um processo, e estatui que a Ordem dos Advogados deve comunicar ao tribunal a nomeação do novo patrono.

Na maioria dos casos, o pedido de substituição de patrono é formulado no decurso da causa, e como não só o requerente como também o tribunal tem interesse em conhecer quem é que o passou a patrocinar no processo, daí a conveniência deste normativo.

5. Importa ter em linha de conta que a substituição de patrono vai implicar afectação da dinâmica das nomeações para lotes de processos, ou seja, para o seu acompanhamento, com repercussão no respectivo número e no próprio sistema de remuneração dos causídicos.

Assim, a aplicação do disposto neste artigo implica a sua conciliação com o que a propósito se prescreve na portaria de regulamentação do apoio judiciário, a que adiante, na sede própria, se fará detalhada referência.

17. Obrigações do patrono nomeado para a propositura da acção, consequência jurídica do seu incumprimento e data em que a acção se considera proposta

Sobre as obrigações do patrono nomeado para a propositura da acção, a consequência jurídica do seu incumprimento e a data em que a acção se considera intentada, sob a epígrafe *prazo de propositura da acção,* rege o artigo 33.º da Lei do Apoio Judiciário, do seguinte teor.

"**1. O patrono nomeado para a propositura da acção deve intentá-la nos 30 dias seguintes à notificação da nomeação, apresentando justificação à Ordem dos Advogados ou à Câmara dos Solicitadores se não instaurar a acção naquele prazo.**
2. O patrono nomeado pode requerer à Ordem dos Advogados ou à Câmara dos Solicitadores a prorrogação do prazo previsto no número anterior, fundamentando o pedido.
3. Quando não for apresentada justificação, ou esta não for considerada satisfatória, a Ordem dos Advogados ou a Câmara dos Solicitadores deve proceder à apreciação de eventual responsabilidade disciplinar, sendo nomeado novo patrono ao requerente.
4. A acção considera-se proposta na data em que for apresentado o pedido de nomeação de patrono".

1. Versa este artigo, alterado pela Lei n.º 47/2007, de 28 de Agosto, no que concerne aos n.ºs 1 a 3, sobre as obrigações do patrono, a consequência do seu incumprimento e a data a considerar quanto à propositura da acção.

A alteração quanto ao n.º 1 limitou-se ao acrescentamento da justificação à Câmara dos Solicitadores, e, quanto ao n.º 2, ao acrescentamento do requerimento àquela Câmara, naturalmente no caso do patrono nomeado ter sido um solicitador.

No que concerne ao n.º 3, também a alteração consistiu ao acrescentamento, pelos motivos acima referidos, da Câmara dos Solicitadores, na eliminação da referência ao conselho de deontologia da Ordem dos Advogados onde o patrono nomeado se encontrava inscrito e ao artigo 34.º, n.º 5, deste diploma, mantendo-se o sentido das restantes normas anteriores.

O n.º 5 do artigo 34.º a que se reportava o anterior normativo prescrevia que, se a escusa fosse concedida, a Ordem dos Advogados procedia imediatamente à nomeação e designação de novo patrono, excepto no caso de o fundamento do pedido de escusa ser a inexistência de fundamento legal da pretensão, caso em que podia ser recusada nova nomeação para o mesmo fim.

2. Prevê o n.º 1 o prazo de propositura da acção pelo patrono nomeado para o efeito, e estatui que ele a deve intentar em trinta dias contados da notificação da sua nomeação e que, se assim não proceder, deverá justificar a omissão à Ordem dos Advogados ou à Câmara dos Solicitadores, conforme os casos.

O disposto neste normativo só é aplicável aos casos de nomeação prévia de patrono a fim de intentar acções do foro cível *stricto sensu*, laboral ou administrativo, mas não, em regra, no processo penal.

A referida notificação é, em princípio, feita por via electrónica, através do sistema gerido pela Ordem dos Advogados, pelo que a data que releva para os efeitos deste artigo é a da própria emissão e da recepção, porque praticamente simultâneas.

Só tem natureza adjectiva o prazo destinado à prática de actos no processo, de cuja existência é pressuposto que haja sido proposta ou intentada uma acção ou procedimento. Considerando o fim teleológico do prazo a que se reporta este artigo, a conclusão não pode deixar de ser no sentido de que ele é de natureza substantiva.[171]

Assim, o referido prazo corre continuadamente, suspende-se aos sábados, domingos e feriados e, se terminar em período de férias judiciais, transfere-se o seu termo para o primeiro dia útil seguinte (artigos 72.º do Código do Procedimento Administrativo e 279.º, alíneas b) e e), do Código Civil).

Proposta a acção, a obrigação do patrono no quadro do acesso ao direito e aos tribunais é a de comunicar o facto à Ordem dos Advogados ou à Câmara dos Solicitadores, conforme os casos. No caso de a não propor no referido prazo, deverá justificar a omissão perante quem o nomeou, isto é, perante a Ordem dos Advogados ou a Câmara dos Solicitadores, conforme os casos.

A não propositura da acção pelo causídico nomeado no referido prazo pode derivar de razões atendíveis, como por exemplo a complexi-

---

[171] JOSÉ ALBERTO DOS REIS, "Comentário ao Código de Processo Civil, vol. 2.º, pág. 57.

dade das questões ou as dificuldades que se prendam com a pessoa do patrocinado. Mas se entender não dever aceitar o patrocínio em razão de para o efeito ter fundamento legal, deve formular o pedido de escusa no prazo a que alude este normativo.

Logo que verifique não poder intentar a referida acção no aludido prazo, isto é, antes de ele terminar, deve comunicar o facto à entidade que o nomeou e justificar a omissão. De qualquer modo, logo que termine o referido prazo, deve o aludido causídico comunicar à Ordem dos Advogados ou à Câmara dos Solicitadores a omissão de propositura da acção e a justificação respectiva.

O termo derradeiro a considerar para o advogado comunicar e justificar a omissão de propositura da acção no prazo legal ao respectivo órgão da Ordem dos Advogados é o fim do decêndio contado do termo do prazo legal de propositura da acção.

3. Prevê o n.º 2 a faculdade do patrono nomeado pela Ordem dos Advogados ou pela Câmara dos Solicitadores a estas requerer a prorrogação do prazo de propositura da acção previsto no n.º 1, e estatui que, para tanto, deve fundamentar a sua pretensão.

Na hipótese de justificação da omissão pelo patrono nomeado, pode a Ordem dos Advogados conceder-lhe um novo prazo de propositura da acção, igual ou inferior a trinta dias, consentâneo com o circunstancialismo envolvente.

A notificação ao causídico da prorrogação do prazo é tida como realizada no dia da comunicação se tiver sido realizada por meios electrónicos.

4. Prevê o n.º 3, conexionado com o n.º 1, a hipótese de o patrono nomeado não haver intentado a acção, em função da qual foi nomeado, no prazo de trinta dias, e de não ter apresentado justificação ou, tendo-a apresentado, esta não tiver sido julgada satisfatória, e estatui, por um lado, que a Ordem dos Advogados ou a Câmara dos Solicitadores, conforme os casos, deve proceder à apreciação de eventual responsabilidade disciplinar.[172]

---

[172] Um conselho distrital da Ordem dos Advogados tem entendido que a decisão de improcedência do fundamento apresentado pelo causídico a título justificativo da não propositura da acção ou procedimento não vinculava a Ordem dos Advogados relativamente à existência de infracção disciplinar (Acs. de 14.6.76 e de 16.3.79, *Revista da Ordem dos Advogados*, Anos 34.º, pág. 467, e 37.º, pág. 543, respectivamente).

E, por outro, que uma ou outra das mencionadas associações públicas deve nomear novo patrono ao requerente.

O acesso ao direito e aos tribunais é promovido através de dispositivos de cooperação com as instituições representativas das profissões forenses, e os advogados, porque lhes incumbe colaborar no acesso aos direito, devem aceitar as nomeações para o patrocínio, nas condições fixadas na lei e pela Ordem dos Advogados, cumprindo as obrigações delas decorrentes (artigos 2.°, n.° 1, desta Lei e 85.°, n.° 2, alínea f), do Estatuto da Ordem dos Advogados).

O mesmo ocorre com os solicitadores, a quem incumbe colaborar com a administração da justiça (artigo 4.°, alínea a), do Estatuto da Câmara dos Solicitadores).

Decorrido o decêndio acima referido, sem que apresente alguma justificação da não propositura da acção no prazo legal, deve entender-se que o causídico perdeu o direito de pedir a prorrogação desse prazo e de justificação da falta, com a consequência do desencadeamento, se for caso disso, das sanções disciplinares a que alude o normativo em análise.

Omitindo pura e simplesmente a justificação ou, tentando justificá-la mas debalde, sujeita-se o causídico a responsabilidade disciplinar, a apreciar pelo conselho de deontologia da Ordem dos Advogados ou pela secção regional deontológica da Câmara dos Solicitadores, conforme os casos (artigos 54.°, alínea a), e 110.° do Estatuto da Ordem dos Advogados, e 63.°, alínea a), do Estatuto da Câmara dos Solicitadores).

Independentemente da referida sanção, se for caso disso, a Ordem dos Advogados ou a Câmara dos Solicitadores procede à designação de novo patrono ao requerente do apoio judiciário na modalidade de patrocínio judiciário.

Deixou de funcionar a excepção no sentido de poder ser recusada a nomeação de patrono por virtude de inexistência de fundamento legal da pretensão do requerente de apoio judiciário na modalidade de patrocínio judiciário.

A nomeação do novo patrono é feita pela Ordem dos Advogados ou pela Câmara dos Solicitadores em conformidade com o disposto na Portaria a que se reporta o n.° 2 do artigo 45.° desta Lei, ou seja, a Portaria n.° 10/2008, de 3 de Janeiro.

A notificação da decisão de nomeação em causa é feita com menção expressa quanto ao requerente do nome e do escritório do patrono bem como do dever de lhe dar colaboração, sob pena de lhe ser retirado o apoio judiciário (artigo 31.º, n.º 2, desta Lei).

Salva a excepção a que se reporta o artigo seguinte, não são aplicáveis ao patrocínio oficioso as disposições que regulamentam o mandato judicial.[173]

Nomeado patrono ao requerente de apoio judiciário, e ocorrendo posteriormente a emissão de procuração pelo último a favor do primeiro, deve entender-se que o emitente renunciou tacitamente ao patrocínio judiciário oficioso.[174]

5. Prevê o n.º 4 a data em que se considera proposta a acção em função da qual foi concedido o apoio judiciário na modalidade de patrocínio judiciário, e estatui que ela coincide com aquela em que foi apresentado o pedido de nomeação de patrono.

A lei prescreve que só a prática, no prazo legal ou convencional, do acto a que a lei ou a convenção atribua efeito impeditivo é que obsta à caducidade (artigo 331.º, n.º 1, do Código Civil).

Por força do normativo em apreciação, no caso de o titular do direito substantivo pedir a nomeação de patrono no quadro do apoio judiciário, a acção considera-se proposta na data em que foi apresentado o referido pedido.

Isso significa que, pedida a nomeação de patrono no quadro da protecção jurídica antes do decurso do prazo de caducidade do direito de acção em causa, queda irrelevante o prazo que decorra entre aquele momento e o da propositura da acção pelo patrono que venha a ser nomeado.

Este normativo também favorece o demandante requerente do apoio judiciário na modalidade de patrocínio judiciário no que concerne à interrupção do prazo de prescrição (artigo 323.º, n.º 2, do Código Civil).

Todavia, no regime de pretérito, na modalidade de mero pagamento de honorários ao patrono escolhido pelo requerente, ou seja, nas situações em que este constituía advogado, não relevava a data do requerimento para efeito de interrupção do referido prazo de prescrição.[175]

---

[173] Ac. da Relação do Porto, de 30.6.92, *BMJ*, n.º 418, pág. 861.
[174] Ac. da Relação de Évora, de 14.5.92, *BMJ*, n.º 417, pág. 840.
[175] Ac. do STJ, de 24.5.2006, CJ, Ano XIV, Tomo 2, pág. 268.

18. Pedido de escusa pelo patrono nomeado

Sobre o pedido de escusa do patrono nomeado no âmbito do apoio judiciário na modalidade de patrocínio judiciário, sob a epígrafe *pedido de escusa*, rege o artigo 34.° da Lei do Apoio Judiciário, do seguinte teor:

"**1. O patrono nomeado pode pedir escusa, mediante requerimento dirigido à Ordem dos Advogados ou à Câmara dos Solicitadores, alegando os respectivos motivos.
2. O pedido de escusa, formulado nos termos do número anterior e apresentado na pendência do processo interrompe o prazo que estiver em curso, com a junção aos respectivos autos de documento comprovativo do referido pedido, aplicando-se o disposto no n.° 5 do artigo 24.°.
3. O patrono nomeado deve comunicar no processo o facto de ter apresentado um pedido de escusa, para os efeitos previstos no número anterior.
4. A Ordem dos Advogados ou a Câmara dos Solicitadores aprecia e delibera sobre o pedido de escusa no prazo de 15 dias.
5. Sendo concedida a escusa, procede-se imediatamente à nomeação e designação de novo patrono, excepto no caso de o fundamento do pedido de escusa ser a inexistência de fundamento legal da pretensão, caso em que pode ser recusada nova nomeação para o mesmo fim.
6. O disposto nos n.ᵒˢ 1 a 4 aplica-se aos casos de escusa por circunstâncias supervenientes**".

1. Versa este artigo, alterado pela Lei n.° 47/2007, de 28 de Agosto, sobre o regime de escusa dos causídicos nomeados para o exercício do patrocínio no âmbito do apoio judiciário.

A referida alteração é de cariz meramente formal, certo que, no n.° 1, apenas se eliminou a expressão *presidente da secção*, referida à Câmara dos Solicitadores, e, no n.° 3, a expressão *dirigido ao conselho distrital*, referido à ordem dos Advogados, e no que concerne ao n.° 5, na eliminação da expressão *Ordem dos Advogados*.

Na realidade, o sentido das aludidas normas de pretérito coincide rigorosamente ao sentido das que foram objecto da reformulação do texto da lei.

Agora, por virtude do novo sistema de selecção dos profissionais forenses para o sistema do acesso ao direito, importa ter em conta que a circunstância da escusa tem influência na dinâmica dos lotes de acompanhamento de processos, no número a cada lote destinado e na própria remuneração envolvente.

2. Prevê o n.º 1 deste artigo o pedido de escusa pelo patrono nomeado no quadro do apoio judiciário, e estatui, por um lado, que ele o pode fazer por requerimento, com alegação dos respectivos motivos, dirigido à Ordem dos Advogados ou à Câmara dos Solicitadores, conforme os casos, e, por outro, que ele deve alegar os respectivos motivos.

Manteve-se a exclusão de previsão da hipótese de haver três pedidos de escusa apresentados sucessivamente com o mesmo fundamento de evidente inviabilidade da pretensão judicial do interessado com a consequência de a Ordem dos Advogados ou a Câmara dos Solicitadores, conforme os casos, poderem recusar nova nomeação para o mesmo fim.

Era a situação em que a mesma pessoa formulava um pedido de nomeação de patrono no quadro do apoio judiciário com vista à propositura de acção ou de apresentação de contestação, ou para interpor recurso ou para responder a alegações de recurso, e o patrono nomeado obtinha escusa com base na manifesta inviabilidade da pretensão, a que se seguia nova nomeação de novo patrono e novo pedido de escusa e, depois disso, nova nomeação de patrono e novo pedido de escusa, em qualquer caso com base no mesmo fundamento de manifesta inviabilidade.

O referido requerimento deve ser dirigido pelo advogado aos presidentes do conselho distrital da Ordem dos Advogados ou das delegações de círculo da Câmara dos Solicitadores (artigos 51.º, alínea n), do Estatuto da Ordem dos Advogados e 65.º, alínea h), do Estatuto da Câmara dos Solicitadores).

O pedido de escusa do patrono nomeado no quadro do apoio judiciário é formulado independentemente de qualquer intervenção do serviço de segurança social onde foi proferida a decisão administrativa de concessão do apoio judiciário na modalidade de patrocínio, mas pressupõe-se que tenha havido essa concessão.

A lei não expressa minimamente, salvo em referência incidental à manifesta inviabilidade da causa, a que adiante se fará referência, os fundamentos do pedido de escusa pelo causídico nomeado, o que gera insegurança jurídica, na medida em que facilita o aumento dos casos de pedido de escusa e facilita o arbítrio da decisão.

O princípio essencial a considerar nesta sede é o de que deve ser o causídico em causa a ajuizar se poderá ou não exercer o patrocínio sem afronta da sua consciência ou das regras de deontologia profissional.

É claro que esse juízo tem de ser razoável e objectivo, o que não acontecerá, por exemplo, no caso de o causídico pedir escusa de patrocínio para uma acção de divórcio pelo simples facto de professar a religião católica.

Mas o patrono nomeado pode ser confrontado com uma situação em que deve intentar uma acção ou procedimento que se lhe afigura injusto ou que está conexionado com outra ou outro cuja parte contrária patrocina ou patrocinou, caso em que será, em regra, procedente o pedido de escusa.

Em regra, estão os causídicos obrigados a sigilo relativamente a factos concernentes a assuntos profissionais cujo conhecimento lhes advenha de serviço e em que tenham tido intervenção directa ou indirecta, por exemplo quando assistam a conversações entre colegas, com ou sem a presença dos respectivos clientes.[176]

O sigilo profissional a que os causídicos estão vinculados não funciona nesta sede porque o pedido de escusa é formulado perante entidades em relação às quais podem ser invocados os factos sigilosos (artigos 87.º do Estatuto da Ordem dos Advogados e 110.º do Estatuto da Câmara dos Solicitadores).[177]

Parece razoável considerar a relevância, como fundamento do pedido de escusa, da falta de fundamento jurídico mínimo para a acção ou oposição, a omissão de informação por banda do patrocinando com vista ao exercício do patrocínio ou a própria atitude daquele que, pela sua gravidade, quebre a relação mínima de confiança que o patrocínio deve envolver.

A suficiência económica do patrocinando não deve ser considerada fundamento do pedido de escusa, porque a decisão administrativa da segurança social que desencadeou a nomeação de patrono, considerou a sua verificação ao tempo da formulação do pedido e deve ser respeitada pelo patrono.

A existir, efectivamente, a situação de suficiência económica do requerente do apoio judiciário, tal constituirá fundamento da revogação do

---

[176] Ac. do STJ, de 2.4.92, *BMJ,* n.º 416, pág. 544.

[177] Sobre a defesa do dever de sigilo, veja-se o parecer de 11 de Maio de 1992 do Conselho Distrital do Porto da Ordem dos Advogados, *Colectânea de Jurisprudência*, Ano XVII, Tomo 3, pág. 79.

benefício, para cujo pedido também o patrono nomeado tem legitimidade *ad causam* (artigo 10.º, n.º 3, desta Lei).[178]

3. Prevê o n.º 2 uma das consequências jurídicas do pedido de escusa formulado pelo patrono nomeado para o patrocínio na pendência da acção, e estatui que a junção ao processo do documento comprovativo da sua formulação interrompe o prazo que estiver em curso e que se aplicará o disposto no n.º 5 do artigo 24.º deste diploma.

A referência aos termos do número anterior não significa mais do que a reiteração, escusada, de que o requerimento com o pedido de escusa deve ser dirigido ao presidente do conselho distrital da Ordem dos Advogados ou ao presidente da delegação de círculo da Câmara dos Solicitadores, conforme os casos, com a invocação dos respectivos motivos.[179]

Para efeitos da referida interrupção não releva, como é natural, que o requerimento em causa contenha ou não os fundamentos do pedido de escusa, cujo relevo apenas tem a ver com a sua procedência ou improcedência.

A aplicação, na espécie, do disposto no n.º 5 do artigo 24.º desta Lei significa que o prazo que estiver em curso aquando da apresentação do pedido de escusa pelo patrono se reinicia com a notificação ao requerente do patrocínio e ao novo patrono nomeado da sua designação, o que pressupõe a procedência do pedido de escusa, ou aquando da notificação ao escusante e ao requerente do patrocínio da decisão que lho indeferiu.

4. Prevê o n.º 3 a comunicação no processo do pedido de escusa dirigido ao presidente do conselho distrital da Ordem dos Advogados, ou ao presidente da delegação de círculo da Câmara dos Solicitadores, conforme os casos, e estatui, para os efeitos previstos no n.º 2, que o patrono nomeado deve proceder a essa comunicação.

---

[178] A Ordem dos Advogados entendeu, no domínio da vigência da Lei n.º 30-E/2000, de 20 de Dezembro, que, antes de o causídico nomeado pedir escusa ou informar o órgão da Ordem dos Advogados ou da Câmara do Solicitadores de que não obteve a colaboração do beneficiário, deve comunicar a este o conteúdo do referido pedido ou informação, com a cominação de que, nada respondendo em dez dias, o processo ficava suspenso por determinado prazo razoável e que findo o mesmo seria arquivado.

[179] No que concerne ao regime previsto no Decreto-Lei n.º 387-B/87, de 29 de Dezembro, veja-se o acórdão da Relação do Porto, de 13.6.91, *CJ*, Ano XVI, Tomo 3, pág. 257.

A referida comunicação visa a interrupção de prazo que eventualmente esteja em curso aquando da formulação do pedido de escusa, e é formalizada por via da junção ao processo do documento comprovativo da formulação daquele pedido, naturalmente com a certificação da sua apresentação pelo conselho distrital da Ordem dos Advogados ou pela delegação de círculo da Câmara dos Solicitadores.

5. Prevê o n.º 4 o prazo em que o presidente do conselho distrital da Ordem dos Advogados ou o presidente da delegação de círculo da Câmara dos Solicitadores, conforme os casos, deve conhecer do pedido de escusa em causa, e estatui que esse prazo é de quinze dias.

O referido prazo corre continuamente desde a data da entrada do requerimento nos serviços do conselho distrital da Ordem dos Advogados ou da delegação de círculo da Câmara dos Solicitadores, conforme os casos, salvo nos dias não úteis, e, se terminar em dia de encerramento daqueles serviços, transfere-se o seu termo para o primeiro dia útil seguinte (artigos 72.º do Código do Procedimento Administrativo e 37.º desta Lei).

6. O n.º 5, conexionado com o n.º 4, prevê a hipótese de haver decisão do presidente do conselho distrital da Ordem dos Advogados ou do presidente da delegação de círculo da Câmara dos Solicitadores, conforme os casos, no sentido de deferimento do pedido de escusa, e estatui, por um lado, que o referido órgão procede imediatamente à nomeação e designação de novo patrono.

E, por outro, a excepção consubstanciada na circunstância de o fundamento do pedido de escusa ser a inexistência de base legal da pretensão, caso em que qualquer das referidas entidades pode, ou seja, deve recusar nova nomeação para o mesmo fim.

Esta decisão de procedência abrange todo e qualquer pedido de escusa, seja anterior ou posterior ao exercício pelo patrono de alguma actividade de patrocínio, isto é, antes da propositura da acção ou da apresentação da contestação ou depois disso.

7. Prevê o n.º 6 os casos de pedido de escusa por circunstâncias supervenientes, e estatui que lhes é aplicável o disposto nos n.os 1 a 4.

O disposto nos n.os 1 a 4 do artigo em análise foi pensado para aplicação aos casos de escusa imediatamente subsequentes à designação de patrono que, entretanto, não chegou a realizar actividade de patrocínio.

Daí o normativo em análise prescrever ser o disposto nos n.ºs 1 e 4 aplicável aos casos de pedidos de escusa por patronos que já estão no exercício do patrocínio e cujos motivos ocorreram no seu decurso, ou seja, por circunstâncias supervenientes.

Assim, o patrono deve dirigir o pedido de escusa ao presidente do conselho distrital da Ordem dos Advogados ou ao presidente da delegação de círculo da Câmara dos Solicitadores, conforme os casos, invocando os respectivos motivos.

Se o pedido formulado na pendência da causa interromper o prazo que estiver em curso, o qual se inicia a partir da notificação ao novo patrono nomeado da sua designação, devem aquelas entidades apreciar o pedido de escusa e decidi-lo no prazo de quinze dias.

No caso de a decisão do pedido de escusa ser no sentido do indeferimento, o início do prazo que estiver em curso ocorre com a notificação da respectiva decisão ao patrono que formulou o pedido de escusa.

Nessa hipótese, o princípio da transparência impõe que o conselho distrital da Ordem dos Advogados ou a delegação de círculo da Câmara dos Solicitadores informe o requerente da protecção jurídica na modalidade de patrocínio judiciário e o serviço de segurança social respectivo do motivo da recusa de nomeação de novo patrono, certo que, na espécie, não se configura qualquer violação do segredo profissional.

8. Considerando o novo sistema de nomeação de patrono aos requerentes do apoio judiciário, em que os profissionais forenses são nomeados para lotes de processos e são remunerados periodicamente em função do respectivo número, importa conciliar o que se prescreve neste artigo com o que consta do regulamento desta Lei, a que adiante, na sede própria, se fará detalhada referência.

19. Substituição pontual do patrono em diligências processuais

Sobre a substituição pontual do patrono em diligências processuais, sob a epígrafe *substituição em diligência processual*, rege o artigo 35.º da Lei do Apoio Judiciário, do seguinte teor:

"1. O patrono nomeado pode substabelecer, com reserva, para diligência determinada, desde que indique substituto.

2. A remuneração do substituto é da responsabilidade do patrono nomeado".[180]

1. Versa este artigo, alterado pela Lei n.º 47/2007, de 28 de Agosto, sob a epígrafe *substituição em diligência processual,* sobre a substituição pontual do patrono nomeado em diligências processuais.

A referida alteração consistiu, quanto ao n.º 1, na eliminação da expressão final *indicando logo o seu substituto ou pedindo à Ordem dos Advogados que proceda à nomeação do substituto,* e pela inserção do segmento *desde que indique substituto.*

Eliminou-se convenientemente a referência unilateral à Ordem dos Advogados, ficando assim claro o âmbito do normativo susceptível de abranger a Câmara dos Solicitadores.

Revogou-se, por um lado, o disposto no n.º 2 no sentido de o patrono nomeado dever comunicar à Ordem dos Advogados os precisos termos da realização do substabelecimento com a justificação da sua conveniência.

E, por outro, em directa decorrência da revogação do disposto no n.º 2, revogou-se o que se prescrevia no n.º 3, ou seja, que quando não fosse apresentada comunicação, o conselho de deontologia junto do conselho distrital onde o patrono nomeado estivesse inscrito procedia à apreciação da eventual responsabilidade disciplinar.

À referida revogação dos n.ºˢ 2 e 3 deste artigo, contrapôs-se a inserção do novo n.º 2 do artigo, relativo à responsabilidade pelo pagamento da remuneração devida ao substituto pelo serviço de patrocínio realizado no quadro do substabelecimento.

2. Prevê o n.º 1 o patrocínio em pontuais diligências processuais, e estatui que o patrono nomeado pode substabelecer, com reserva, sob condição de que indique substituto.

Em relação ao regime de pretérito, deixou de se prever a alternativa de o patrono pedir à Ordem dos Advogados ou à Câmara dos Solicitadores a nomeação do substituto, a qual implicava a morosidade de um acto que se pretendia célere.

---

[180] O n.º 3 deste artigo foi revogado pelo pela alínea a) do artigo 5.º da Lei n.º 47/2007, de 28 de Agosto.

O substabelecimento com reserva implica a não exclusão da causa do causídico que substabeleceu (artigo 36.º, n.º 3, do Código de Processo Civil).

Este normativo, interpretado sobretudo à luz do seu elemento histórico, é motivado pela presunção de que a deslocação do patrono para intervir em diligência a cumprir em comarca diversa daquela em que tem o escritório lhe causa transtorno considerável, para além de encarecer o patrocínio oficioso com o custo de deslocações, visando obviar a tais inconveniências práticas.

Mas a sua letra, pela respectiva amplitude, não se limita a permitir a referida substituição do patrono em diligências que devam realizar-se fora da área jurisdicional em que corre o processo e em que, em regra, o patrono tem escritório.

A lei consagra, sem tradição no nosso ordenamento, a solução de um advogado a operar no âmbito do acesso ao direito e aos tribunais, de nomeação oficiosa, poder substabelecer, embora em diligências pontuais, em causídico que não especifica.

Tendo em conta os princípios que regem sobre esta matéria, deve entender-se que o referido substabelecimento só deve ser admitido em relação aos causídicos que tenham aderido à participação no acesso ao direito e aos tribunais e nele tenham sido admitidos, nos termos do n.º 2 do artigo 45.º deste diploma e da Portaria n.º 10/2008, de 3 de Janeiro.

Considerando que actualmente a regra é no sentido de que as testemunhas depõem presencialmente ou através de teleconferência, o âmbito objectivo de aplicação deste normativo está substancialmente reduzido (artigo 621.º do Código de Processo Civil).

3. Prevê o n.º 2 deste artigo a responsabilidade pela remuneração do substituto do patrono, e estatui que ela é da responsabilidade do patrono nomeado.

Assim, não tem o patrono substituto direito a exigir ao Instituto de Gestão Financeira e de Infra-Estruturas da Justiça, IP compensação pelos serviços de patrocínio realizados no âmbito do substabelecimento, o que se conforma com a circunstância de não haver sido nomeado por quem de direito para o serviço de patrocínio.

Em termos práticos, o patrono que substabelece receberá a sua compensação pecuniária nos termos da lei pelo serviço de patrocínio judiciário realizado no processo ou nos processos para que foi nomeado e desembolsará a favor do substituto o que este lhe exigir ou o que foi entre ambos convencionado.

20. Atribuição de agente de execução

Sobre a atribuição de agentes de execução e sob idêntica epígrafe, rege o artigo 35.°-A da Lei do Apoio Judiciário, do seguinte teor:

"Quando seja concedido apoio judiciário na modalidade de atribuição de agente de execução, este é sempre um oficial de justiça, determinado segundo as regras da distribuição".

1. Reporta-se este artigo, inovador, inserido pelo artigo 3.° da Lei n.° 47/2007, de 28 de Agosto, à atribuição de agente de execução, sob a mesma epígrafe.

Está conexionado com o que se prescreve na alínea g) do n.° 1 do artigo 16.° deste diploma, segundo o qual uma das modalidades do apoio judiciário é a atribuição de agente de execução.

2. Prevê este artigo a concessão do apoio judiciário na modalidade de atribuição de agente de execução, e estatui, por um lado, que ele é sempre um oficial de justiça, e, por outro, que é determinado segundo as regras da distribuição.

No regime de pretérito, uma das modalidades de apoio judiciário era a de pagamento da remuneração do solicitador designado, a qual foi excluída por este novo regime, estabelecendo em sua substituição a oportuna a adequada medida atribuição de agente de execução.

Assim, se o exequente pedir e lhe for concedida pelos serviços de segurança social o apoio judiciário na modalidade de atribuição de agente de execução, como que em espécie, o agente de execução é sempre um oficial de justiça.

O referido oficial de justiça parece ser o escrivão da secção de processos a quem o processo de execução em causa estiver atribuído, o mesmo é dizer que a distribuição ou averbamento da acção executiva à secção de processos é que determina o escrivão que deve exercer as funções de agente de execução.

É um regime pensado nos termos da Portaria n.° 946/2003, de 6 de Setembro, relativa à nomeação de agente de execução nas execuções por custas.

Prescreve aquele diploma que o agente de execução é o escrivão de direito da secção onde corre termos o processo de execução, ser-lhe aplicável o disposto nos artigos 125.°, n.° 2, e 134.° a 136.° do Código de Processo Civil, ser substituído nas suas faltas e impedimentos segundo o regime de substituição previsto no Estatuto dos Funcionários de Justiça e poder delegar a execução dos actos noutro oficial de justiça da mesma secção (artigos 1.° a 4.°).

21. Imputação dos encargos decorrentes da protecção jurídica

Sobre a imputação dos encargos da concessão da protecção jurídica, sob a epígrafe *encargos*, rege o artigo 36.° da Lei do Apoio Judiciário, do seguinte teor:

**"1. Sempre que haja um processo judicial, os encargos decorrentes da concessão da protecção jurídica, em qualquer das suas modalidades, são levados a regra de custas a final".
2. Os encargos decorrentes da concessão de apoio judiciário nas modalidades previstas nas alíneas *b*), *c*), *e*) e *f*) do n.° 1 do artigo 16.° são determinados nos termos de portaria do membro do Governo responsável pela área da justiça."**[181]

1. Reporta-se este artigo, alterado pela Lei n.° 47/2007, de 28 de Agosto, à imputação dos encargos decorrentes da protecção jurídica.

A referida alteração consistiu na passagem do corpo do artigo a n.° 1 e na inserção, de novo, do n.° 2, relativo aos encargos a que se reporta.

Está conexionado com o que se prescreve no artigo 32.°, n.° 1, alínea a), do Código das Custas Judiciais, segundo o qual as custas compreendem os encargos relativos aos reembolsos ao Instituto de Gestão Financeira e

---

[181] A portaria a que se reporta este artigo é a n.° 10/2008, de 3 de Janeiro.

de Infra-Estruturas da Justiça, IP dos custos com a concessão de apoio judiciário, incluindo o pagamento de honorários.

2. Prevê o n.º 1 deste artigo, os encargos decorrentes da protecção jurídica em qualquer das suas modalidades, e estatui que, havendo processo judicial, são levados a regra de custas a final.

Os encargos constituem uma das duas vertentes do conceito de custas, as quais são integradas por eles e pela taxa de justiça.

O segmento protecção jurídica em qualquer das suas modalidades abrange, como é natural, a consulta jurídica, a que se reporta o artigo 14.º, n.º 1, e o patrocínio judiciário e a assistência judiciária, a que alude o artigo 16.º, n.º 1, ambos desta Lei.

A assistência judiciária compreende a taxa de justiça e os demais encargos com o processo, incluindo as custas de parte, e o patrocínio judiciário compreende, por seu turno, o dispêndio com honorários e outras despesas conexas com o patrocínio.

A expressão encargos, no contexto de regra de custas, significa as quantias efectivamente despendidas pelo erário público no âmbito da concessão da protecção jurídica, a título de despesas, da responsabilidade do respectivo beneficiário, por exemplo, a remuneração de testemunhas ou de peritos, o custo de anúncios ou de transportes, os honorários e as despesas relativas ao patrocínio.

Exclui-se, porém, da sua abrangência, a taxa de justiça que o Instituto de Gestão Financeira e de Infra-Estruturas da Justiça, IP deixou de perceber em razão da concessão do apoio judiciário na modalidade de assistência judiciária, porque nessa hipótese ele nada adiantou ou despendeu.

A referência à entrada em regra de custas significa que os referidos encargos são incluídos no acto de contagem final, a débito da parte vencida não beneficiária do apoio judiciário, no confronto com a parte vencedora dele beneficiária na modalidade de assistência judiciária.

O reembolso em causa opera, naturalmente, em relação à entidade pública que adiantou os pagamentos em causa em substituição da parte beneficiária do apoio judiciário, em regra o Instituto de Gestão Financeira e das Infra-Estruturas da Justiça, IP.

Se o arguido em processo penal não tiver obtido apoio judiciário na modalidade de patrocínio judiciário e vier a ser condenado criminalmente, também deverá ser condenado a reembolsar o Instituto de Gestão Financeira e de Infra-Estruturas da Justiça, IP do montante relativo a honorários e despesas de patrocínio da sua responsabilidade.[182]

3. Prevê o n.º 2 deste artigo os encargos decorrentes da concessão de apoio judiciário nas modalidades previstas nas alíneas *b)*, *c)*, *e)* e *f)* do n.º 1 do artigo 16.º, e estatui serem determinados nos termos de portaria do membro do Governo responsável pela área da justiça."[183]

Está conexionado em termos de instrumentais com o que se prescreve no n.º 1 deste artigo com vista à determinação do valor dos encargos decorrentes da concessão de apoio judiciário a que se reporta.

Trata-se, pois, dos encargos relativos aos custos do apoio judiciário nas modalidades de nomeação e pagamento da compensação de patrono, de pagamento e compensação de defensor oficioso, da nomeação e pagamento faseado da compensação de patrono e do pagamento faseado da compensação de defensor oficioso.

A portaria a que se reporta este artigo fixa o valor dos mencionados encargos no montante de € 150 por processo (artigo 8.º da Portaria n.º 10/2008, de 3 de Janeiro).

22. Regime subsidiário aplicável ao procedimento administrativo relativo ao pedido de concessão de protecção jurídica

Sobre o regime subsidiário aplicável ao procedimento administrativo relativo à decisão sobre o pedido de concessão de protecção jurídica, sob a epígrafe *regime subsidiário*, rege o artigo 37.º da Lei do Apoio Judiciário, do seguinte teor:

"São aplicáveis ao procedimento de concessão de protecção jurídica as disposições do Código do Procedimento Administrativo em tudo o que não esteja especialmente regulado na presente lei".

1. O disposto neste artigo, resultante, em termos absolutamente inovadores, do artigo 22.º da Lei n.º 30-E/2000, de 20 de Dezembro, foi alte-

---

[182] Acs. da Relação de Lisboa, 14.2.95, CJ, Ano XX, Tomo 2, pág. 133, e de 23.2.99, *CJ*, Ano XXIV, Tomo 1, pág. 148.

[183] Trata-se da Portaria n.º 10/2008, de 3 de Janeiro.

rado pela Lei do Apoio Judiciário de 2004, alteração que se limitou à substituição do segmento *apoio judiciário* pelo segmento *protecção jurídica*.

2. Prevê o regime adjectivo do procedimento administrativo, instrumental em relação à decisão sobre o pedido protecção jurídica, e estatui que o mesmo se consubstancia, a título principal, no que está regulado no diploma em análise e, subsidiariamente, nas pertinentes normas do Código do Procedimento Administrativo.

Constitui o corolário do facto de a decisão relativa à concessão ou não de protecção jurídica se inscrever na competência de entidades administrativas e assumir a natureza de acto administrativo, na decorrência da substituição do procedimento judicial incidental anterior em regra com garantia do contraditório, decidido por um juiz, com intervenção do Ministério Público, por uma espécie de acção procedimental simplificada e rápida, à margem do cumprimento normal do princípio do contraditório.

E isso apesar de o Código do Procedimento Administrativo consagrar o princípio da participação dos interessados, por via da sua audiência, nas decisões que lhes disseram respeito, tanto nos procedimentos gerais, como nos que estejam previstos em lei específica, salvo os casos de inexistência ou dispensa expressamente indicados no artigo 103.º daquele diploma (artigos 100.º e seguintes do Código do Procedimento Administrativo).[184]

Entre as normas do Código do Procedimento Administrativo aplicáveis a título subsidiário no procedimento administrativo relativo ao pedido de concessão de protecção jurídica contam-se as que se reportam à forma do respectivo requerimento.

O requerimento de concessão de protecção jurídica deve ser formulado por escrito, designar o órgão administrativo decisor, identificar o requerente, pela menção do nome, estado, profissão e residência, expor os factos em que se baseia o pedido e, se possível, os fundamentos de direito, a indicação do pedido em termos claros e precisos, a data e a assinatura do requerente ou de outrem, a seu rogo, se não souber ou não puder assinar (artigo 74.º, n.º 1, do Código do Procedimento Administrativo).[185]

---

[184] Parecer do Conselho Consultivo da Procuradoria-Geral da República, n.º 64/89, de 27.1.2000, *Diário da República,* II Série, de 12 de Fevereiro de 2001.

[185] No domínio de vigência da Lei n.º 30-E/2000, de 20 de Dezembro, foram aprovados, através da Portaria n.º 140/2002, de 12 de Fevereiro, os modelos de requerimento de apoio judiciário formulado por pessoas singulares e colectivas, mas em termos redutores em relação à matéria de facto necessária à aplicação do direito concernente.

No caso de o requerimento não satisfizer o disposto no artigo 74.º, n.º 1, do Código do Procedimento Administrativo, o requerente deve ser convidado a suprir as deficiências existentes, mas o órgão administrativo decisor deve procurar suprir oficiosamente esses vícios, de modo a obstar a que o interessado sofra prejuízo por virtude de simples irregularidade ou mera imperfeição na formulação do pedido (artigo 76.º, n.º 2, do Código do Procedimento Administrativo).

A dúvida sobre a qualificação substantiva ou adjectiva das situações relatadas pelos requerentes de protecção jurídica pode ser resolvida por via da consulta por eles nos gabinetes de consulta jurídica.

O convite ao aperfeiçoamento formulado pelos serviços do órgão decisor da segurança social suspende o prazo de trinta dias de que aquele dispõe para a decisão sobre o pedido de protecção jurídica (artigo 108.º, n.º 4, do Código do Procedimento Administrativo).

23. Regime de prazos

Sobre as regras relativas aos prazos previstos neste diploma, sob a epígrafe *contagem de prazos*, rege o artigo 38.º da Lei do Apoio Judiciário, do seguinte teor:

"Aos prazos processuais previstos na presente lei aplicam-se as disposições da lei processual civil".

1. O disposto neste artigo, inserido pelo artigo 41.º pela Lei n.º 30-E/2000, de 20 de Dezembro, em termos inovadores, foi alterado pela Lei do Apoio Judiciário de 2004, e tem a virtualidade de afastar a aplicação, nesta sede, de várias das normas do Código do Procedimento Administrativo relativas a prazos.

A dúvida nesta matéria é susceptível de surgir quanto aos prazos concernentes a actos processuais a praticar perante ou pelas referidas entidades administrativas, na medida em que, por força do disposto no Código do Procedimento Administrativo, correm continuamente, salvo nos sábados, domingos e feriados e, se o seu termo incidir em dia em que o serviço perante o qual deva ser praticado o acto não estiver aberto ao público ou não funcione durante o período normal, transfere-se para o primeiro dia útil seguinte (artigo 72.º, n.º 1, alíneas a) a c), do Código do Procedimento Administrativo).

2. Prevê os prazos processuais estabelecidos neste diploma, e estatui que se lhe aplicam as disposições da lei processual civil, ou seja, as pertinentes normas do Código de Processo Civil.

Os referidos prazos referem-se, na sua maioria, a actos a praticar perante ou por entidades administrativas, designadamente os serviços de segurança social, a Ordem dos Advogados, a Câmara dos Solicitadores.

Com efeito, só em dois casos, o do pagamento da taxa de justiça pelo beneficiário do apoio judiciário e da instauração da acção pelo patrono nomeado, é que se trata de actos a praticar em juízo, mas, neste último caso, com a particularidade de ainda não existir processo em juízo, o que afasta a sua natureza adjectiva.

Assim, temos que devem ser considerados de natureza substantiva os seguintes prazos:

– 2 dias úteis para a resposta dos serviços de segurança social sobre a formação do acto tácito (artigo 25.°, n.° 4);
– 30 dias para a conclusão do procedimento administrativo e decisão (artigo 25.°, n.° 1);
– 15 dias a contar do conhecimento da decisão sobre o pedido de concessão de protecção jurídica para a apresentação do instrumento de impugnação (artigo 27.°, n.° 1);
– 10 dias a contar da data do recebimento do instrumento de reclamação para revogar a decisão impugnada (artigo 27.°, n.° 3);
– 30 dias contados da data da notificação da decisão de nomeação para o patrono intentar a acção (artigo 33.°, n.° 1);
– 15 dias para apreciação e deliberação sobre o pedido de escusa (artigo 34.°, n.° 3);
– 5 dias para a Ordem dos Advogados se pronunciar sobre o pedido de dispensa de patrocínio (artigo 42.°, n.° 2);
– 30 dias para a devolução de quantias recebidas pelos profissionais forenses que saiam do sistema (artigo 45.°, n.° 1, alínea h)).

É, porém, de natureza adjectiva ou processual o prazo de 10 dias para efectuar o pagamento da taxa de justiça ou da primeira prestação relativa ao apoio judiciário na modalidade de pagamento faseado da taxa de justiça, a contar da data da notificação da decisão que indefira, em definitivo, o pedido de apoio judiciário na modalidade de assistência judiciária (artigo 24.°, n.° 3).

Os despachos judiciais a proferir no âmbito da impugnação das decisões administrativas relativas à protecção jurídica devem ser proferidos no prazo de dois dias ou de dez dias, consoante se trate ou não de despachos de mero expediente (artigo 160.º do Código de Processo Civil).

Em razão do normativo em análise, suspendem-se os referidos prazos durante o período das férias judiciais.

3. Considerando ter sido eliminado o segmento normativo anterior em que se estabelecia a aplicação aos prazos previstos neste diploma das disposições da lei processual civil relativas a processos urgentes, importa que se conclua no sentido de que, em princípio, à contagem dos prazos de natureza judicial são aplicáveis as normas do artigo 144.º do Código de Processo Civil.

No regime da lei processual civil, o prazo processual estabelecido por lei ou fixado por despacho do juiz é contínuo, suspendendo-se durante as férias judiciais, salvo se a sua duração for igual ou superior a seis meses ou se tratar de actos a praticar em processos que a lei considere urgentes (artigo 144.º, n.º 1, do Código de Processo Civil).

Em qualquer caso, quando o prazo para a prática de acto processual terminar em dia em que os tribunais estejam encerrados ou em dia de tolerância de ponto, transfere-se o seu termo para o primeiro dia útil seguinte (artigo 144.º, n.ᵒˢ 2 e 3, do Código de Processo Civil).

VI – DISPOSIÇÕES ESPECIAIS SOBRE PROCESSO PENAL

1. Nomeação e substituição do defensor

Sobre a nomeação, substituição, dispensa e remuneração do defensor de arguidos em processo penal, sob a epígrafe *nomeação de defensor*, rege o artigo 39.º da Lei do Apoio Judiciário, do seguinte teor:

"1. A nomeação do defensor ao arguido, a dispensa de patrocínio e a substituição são feitas nos termos do Código de Processo Penal, do presente capítulo e da portaria referida no n.º 2 do artigo 45.º.
2. A nomeação é antecedida da advertência ao arguido do seu direito a constituir advogado.
3. Caso não constitua advogado, o arguido deve proceder, no momento em que presta termo de identidade e residência, à emissão de uma declaração relativa ao rendimento, património e despesa permanente do seu agregado familiar.
4. A secretaria do tribunal deve apreciar a insuficiência económica do arguido em função da declaração emitida e dos critérios estabelecidos na presente lei.
5. Se a secretaria concluir pela insuficiência económica do arguido, deve ser-lhe nomeado defensor ou, no caso contrário, adverti-lo de que deve constituir advogado.
6. A nomeação de defensor ao arguido, nos termos do número anterior, tem carácter provisório e depende de concessão de apoio judiciário pelos serviços da segurança social.
7. Se o arguido não solicitar a concessão de apoio judiciário, é responsável pelo pagamento do triplo do valor estabelecido nos termos do n.º 2 do artigo 36.º.
8. Se os serviços da segurança social decidirem não conceder o benefício de apoio judiciário ao arguido, este fica sujeito ao paga-

mento do valor estabelecido nos termos do n.º 2 do artigo 36.º, salvo se se demonstrar que a declaração proferida nos termos do n.º 3 foi manifestamente falsa, caso em que fica sujeito ao pagamento do quíntuplo do valor estabelecido no n.º 2 do artigo 36.º

9. Se, no caso previsto na parte final do n.º 5, o arguido não constituir advogado e for obrigatória ou considerada necessária ou conveniente a assistência de defensor, deve este ser nomeado, ficando o arguido responsável pelo pagamento do triplo do valor estabelecido nos termos do n.º 2 do artigo 36.º.

10. O requerimento para a concessão de apoio judiciário não afecta a marcha do processo".

1. Reporta-se este artigo, substancialmente alterado pela Lei n.º 47/2007, de 28 de Agosto, sob a epígrafe *nomeação de defensor*, à nomeação e substituição de defensor.

A referida alteração quanto ao n.º 1 traduziu-se na substituição, na parte final, da expressão *e em conformidade com os artigos seguintes* pela expressão *do presente capítulo e da portaria referida no n.º 2 do artigo 45.º*.

A primeira parte do n.º 2 referia, antes da mencionada alteração, que *a nomeação é antecedida da advertência ao arguido do seu direito a escolher e constituir defensor*. Agora a referida advertência reporta-se ao seu direito de constituir advogado.

Ademais, foi revogada a parte restante deste normativo que expressava também a advertência prévia do arguido quanto à alternativa de requerer a concessão de apoio judiciário, *podendo neste caso escolher de acordo com as disponibilidades de patrocínio a assegurar em regulamento aprovado pela Ordem dos Advogados, e que, não constituindo defensor, nem requerendo a concessão de apoio judiciário, ou este não lhe sendo concedido, pode ser responsável pelo pagamento dos honorários do defensor, bem como das despesas em que este incorrer com a sua defesa.*

O disposto no n.º 3, inovador, revogou tacitamente o anterior normativo, que expressava *nos casos em que o arguido não tiver escolhido defensor ou requerido e obtido apoio judiciário, no final do processo deve o tribunal, tendo em atenção adequada ponderação da suficiência económica e as circunstâncias do caso, imputar-lhe o pagamento da taxa de justiça e demais encargos do processo, incluindo o pagamento dos honorários do defensor oficioso, nos termos legais.*

No que se refere ao n.º 4, a alteração é meramente formal, certo que o texto anterior foi inserido no n.º 10.º deste artigo, e o disposto nos n.ºˢ 4 a 9 configura-se como inovador.

2. Prevê o n.º 1 deste artigo o regime da nomeação de defensor ao arguido, a dispensa de patrocínio e a substituição, e estatui, por um lado, nos termos do Código de Processo Penal, do capítulo IV, e, por outro, da portaria referida no n.º 2 do artigo 45.º deste diploma.

De novo, portanto, é a circunstância de o mencionado regime também obedecer ao que se estabelece na aludida portaria sobre a admissão dos profissionais forenses ao sistema de acesso ao direito e a nomeação de defensor e pagamento da respectiva compensação.

A referida nomeação era, em regra, feita pelo juiz, mas, excepcionalmente, podia ser feita pelo Ministério Público ou por alguma autoridade de polícia criminal.[186]

A regra é a de que o arguido pode constituir advogado em qualquer altura do processo (artigo 62.º, n.º 1, do Código de Processo Penal).

A assistência de defensor ao arguido é obrigatória, além do mais, no interrogatório de detido ou preso, no debate instrutório e na audiência, salvo tratando-se de processo em que não possa haver lugar à aplicação de pena de prisão ou de medida de segurança de internamento, em qualquer acto processual, à execução da constituição de arguido, sempre que o arguido for cego, surdo, mudo, analfabeto, desconhecedor da língua portuguesa, menor de 21 anos ou se se suscitar a questão da sua inimputabilidade ou imputabilidade diminuída, nos recursos ordinários ou extraordinários, nas declarações para memória futura e na audiência de julgamento realizada na ausência do arguido (artigo 64.º, n.º 1, do Código de Processo Penal).

Além disso, pode ser nomeado defensor ao arguido, a seu pedido ou do tribunal, se as circunstâncias do caso revelarem a necessidade ou a conveniência da sua assistência (artigo 64.º, n.º 2, do Código de Processo Penal).

---

[186] A referida nomeação pode ser feita pelos serviços do Ministério Público ou da autoridade de polícia criminal, salvo a constituição de arguido, sempre que este for cego, surdo, mudo, analfabeto, desconhecedor da língua portuguesa, menor de vinte e um anos, ou se suscitar a questão da sua inimputabilidade ou da sua imputabilidade diminuída (artigo 64.º, n.º 1, alínea c), do Código de Processo Civil).

Sem prejuízo do disposto nos n.ºs 1 e 2, se o arguido não tiver advogado constituído nem defensor nomeado, é obrigatória a nomeação de defensor quando contra ele for deduzida acusação, devendo a identificação do defensor constar do despacho de encerramento do inquérito (artigo 64.º, n.º 3, do Código de Processo Penal).

Para esse caso, expressa a lei ser o arguido informado, no despacho de acusação, ficar obrigado, caso seja condenado, a pagar os honorários do defensor oficioso, salvo se lhe for concedido apoio judiciário, e poder substituir o defensor mediante a constituição de advogado (artigo 64.º, n.º 4, do Código de Processo Civil).

Este normativo está revogado pela lei especial do apoio judiciário, na medida em que desta resulta que o arguido com posses para suportar os honorários de causídico, ou sem elas mas não requeira o pedido de apoio judiciário, suportará o pagamento legalmente estabelecido, independentemente de ser condenado ou absolvido.

No caso de pluralidade de arguidos no mesmo processo, se tal não contrariar a função de defesa, podem ser assistidos por um mesmo defensor. (artigo 65.º do Código de Processo Penal).

Neste caso, a fixação da respectiva compensação não depende do número de arguidos em causa, por não ser esse o critério da lei.[187]

Na área da agora chamada educação para o direito em relação a menores arguidos com idade compreendida entre doze e dezasseis anos também é obrigatória a nomeação de defensor àqueles quanto a determinados actos processuais.

Com efeito, em qualquer fase do processo tutelar educativo, tem o referido menor o direito a ser assistido por defensor em todos os actos processuais em que participe e, quando detido, comunicar com ele, mesmo em privado (artigos 1.º e 45.º, n.º 2, alínea e), da Lei n.º 169/99, de 14 de Setembro).

Para o efeito, o menor, os seus pais, o respectivo representante legal ou a pessoa que o tenha à sua guarda de facto podem constituir ou requerer a nomeação de defensor em qualquer fase do processo e, não tendo sido anteriormente constituído ou nomeado, a autoridade judiciária nomear-lho-á no despacho que determinar a audição ou a detenção (artigo 46.º, n.ºs 2 a 4, da Lei n.º 169/99, de 14 de Setembro).

---

[187] Ac. da Relação de Lisboa, de 7.12.2006, CJ, Ano XXXI, Tomo 5, página 136.

O referido defensor deve ser advogado ou, quando não seja possível, advogado estagiário, devendo a nomeação recair preferencialmente em advogados com formação especializada, segundo lista a elaborar pela Ordem dos Advogados, cessando funções logo que outro seja constituído (artigo 46.º, n.ᵒˢ 3 e 4, da Lei n.º 169/99, de 14 de Setembro).

Tendo em conta o que resulta do Código de Processo Penal, nem os solicitadores, nem os meros licenciados em direito, podem exercer a defesa de arguidos no âmbito da acção penal.

A nomeação de defensor é notificada a este e ao arguido quando não estiverem presentes no acto (artigo 66.º, n.º 1, do Código de Processo Penal).

O defensor nomeado pode ser dispensado do patrocínio se alegar causa que o tribunal julgue justa, e o tribunal pode sempre substituí-lo, a requerimento do arguido, por justa causa. Mas, enquanto não for substituído, o defensor nomeado para um acto mantém-se para os actos subsequentes do processo (artigos 66.º, n.ᵒˢ 2 a 4, do Código de Processo Penal).

3. Prevê o n.º 2 deste artigo a nomeação de defensor, e estatui dever ser antecedida da advertência ao arguido do seu direito a constituir advogado.

Trata-se, pois, da informação que a entidade que nomeia defensor ao arguido lhe deve prestar previamente.

A referida advertência deve ocorrer logo no primeiro interrogatório do arguido, detido ou não, e ser aludida no respectivo auto, sendo conveniente que conste do documento a entregar ao arguido a que alude o artigo 58.º, n.º 4, do Código de Processo Penal.

A Constituição expressa que o arguido tem direito a escolher defensor e a ser por ele assistido em todo os actos do processo, e que a lei deve especificar os casos e as fases em que a assistência por advogado é obrigatória (artigo 32.º, n.º 3).

Mas o referido direito do arguido a escolher defensor a que a lei se reporta em primeiro lugar tem a ver com a liberdade da sua constituição nos termos gerais do contrato de mandato; no caso de requerer apoio judiciário na modalidade de patrocínio a lei, como é natural, não lhe confere o direito de escolha.

Em consequência, não tem apoio legal a ideia de que o arguido tem direito a escolher advogado no quadro do apoio judiciário que haja requerido. Com efeito, sendo o defensor nomeado ao arguido nesse quadro, rege o que se prescreve na lei ordinária.[188]

Seja ou não o arguido parte civil, tem *jus* a requerer e a obter, verificada a situação de insuficiência económico-financeira, o apoio judiciário na modalidade de dispensa de pagamento de taxa de justiça e de outros encargos com o processo.

4. Prevê o n.º 3 deste artigo os casos em que o arguido não tenha constituído advogado, e estatui, em termos inovadores, que ele deve proceder, no momento em que presta termo de identidade e residência, à emissão de uma declaração relativa ao rendimento, património e despesa permanente do seu agregado familiar.

A referida declaração, que deve ser reduzida a escrito ou outro suporte de registo, visando determinar a situação económica do arguido no confronto com os custos da defesa oficiosa, certo que, na maioria dos actos processuais, é legalmente obrigatória a sua assistência por advogado.

Está este artigo em conexão com o que se prescreve no artigo 8.º, n.º 1, deste diploma, segundo o qual se encontra em situação de insuficiência económica aquele que, tendo em conta o rendimento, o património e a despesa permanente do seu agregado familiar não tem condições objectivas para suportar pontualmente os custos de um processo.

5. Prevê o n.º 4 deste artigo, inovador, a apreciação da situação de insuficiência económica do arguido em função da declaração emitida e dos critérios estabelecidos na presente lei, e estatui que ela deve ser apreciada pela secretaria.

Está em conexão com o que se prescreve no número anterior, ou seja, no caso de o arguido não constituir advogado e de prestar, como é sua obrigação derivada da lei, a declaração sobre a situação económica do respectivo agregado familiar.

Parece que a expressão *secretaria* abrange a unidade orgânica que serve de apoio à entidade que determina a emissão do termo de identidade e residência, o que pode acontecer em fase de inquérito ou mesmo em fase de investigação.

Esta vaga referência à secretaria vai suscitar dificuldade de interpretação no sentido de determinar qual é o funcionário judicial que deve deci-

---

[188] Ac. do STJ, de 28.05.2003, CJ, Ano XI, Tomo 2, pág. 194.

dir sobre a situação económica do arguido, ou seja, se deve ser o secretário de justiça, o escrivão de direito ou o técnico de justiça principal.

A referida entidade, que nos parece dever ser o escrivão de direito ou entidade de função equiparada, deve verificar a situação económica do arguido, face às declarações por este prestadas, além do mais, nos termos dos artigos 8.º e 8.º-A deste diploma.

Trata-se de uma decisão de natureza administrativa, proferida por um órgão administrativo, naturalmente sob registo escrito, mas que, dada a matéria envolvente, é porventura susceptível de suscitar a questão da conformidade constitucional do normativo que a prevê.

6. Prevê o n.º 5 deste artigo a circunstância de a secretaria concluir pela insuficiência económica do arguido, e estatui, por um lado, dever ser-lhe nomeado defensor e, por outro, no caso contrário, adverti-lo de que deve constituir advogado.

Está conexionado com o que se prescreve no número anterior, ou seja, com a decisão da referida secretaria sobre a situação económica do arguido que não tenha constituído advogado, bem como com o que se prescreve no n.º 9.

Assim, se o referido órgão decisor declarar a suficiência económica do arguido para constituir advogado, deve ser-lhe nomeado defensor, e, no caso contrário, não lho nomear e adverti-lo de que deve constituir advogado.

Não expressa a lei quem, em concreto, deve proceder à nomeação. Tendo, porém, em conta o que se prescreve no regulamento desta Lei, parece incumbir ao secretário dos tribunais ou dos serviços do Ministério Público com autonomia, e ao funcionário de categoria superior dos serviços das autoridades de polícia criminal, conforme os casos, a mencionada nomeação, naturalmente na dependência funcional dos respectivos magistrados ou dos titulares daqueles órgãos.

7. Prevê o n.º 6 deste artigo a nomeação de defensor ao arguido, nos termos do número anterior, e estatui, por um lado, que ela tem carácter provisório, e, por outro que depende de concessão de apoio judiciário pelos serviços da segurança social.

A provisoriedade da nomeação de defensor oficioso ao arguido a que este normativo se reporta significa que se ele não constituir advogado nem requerer o apoio judiciário na modalidade de nomeação e pagamento de compensação ao defensor, ou requerendo-o sem êxito de pretensão, não subsiste a mencionada nomeação sem encargos para ele.

No fundo, o que resulta deste normativo é que, se o arguido não requerer o apoio judiciário na modalidade de nomeação e pagamento da compensação ao defensor, ou requerendo-o, lhe seja negado o benefício, fica sujeito a suportar os respectivos encargos.

8. Prevê o n.° 7 deste artigo a circunstância de o arguido não solicitar a concessão de apoio judiciário, e estatui ser o mesmo responsável pelo pagamento do triplo do valor estabelecido nos termos do n.° 2 do artigo 36.°.

Ora, resulta do n.° 2 do artigo 36.° deste diploma, para o qual o normativo em análise remete, além do mais que aqui não releva, que os encargos decorrentes da concessão do apoio judiciário na modalidade de pagamento da compensação de defensor oficioso são determinados nos termos da portaria do membro do Governo responsável pela área da justiça.[189]

Assim, se o arguido a quem tenha sido nomeado defensor não pedir o apoio judiciário na modalidade de pagamento da compensação ao defensor, independentemente do resultado da denúncia ou da acção penal, será responsável pelo pagamento do triplo do montante resultante da aplicação das normas da mencionada portaria.

O aludido valor por processo é de € 150 (artigo 8.° da Portaria n.° 10/2008, de 3 de Janeiro).

No caso de o arguido requerer o apoio judiciário na mencionada modalidade e não lhe for concedido, rege o disposto no número seguinte.

9. Prevê o n.° 8 deste artigo a hipótese de os serviços da segurança social decidirem não conceder o benefício de apoio judiciário ao arguido, e estatui, por um lado, ficar o mesmo sujeito ao pagamento do valor estabelecido nos termos do n.° 2 do artigo 36.°.

E, por outro, no caso de verificação da manifesta falsidade da declaração que justificou a nomeação, fica sujeito ao pagamento do quíntuplo do valor estabelecido no n.° 2 do artigo 36.°, que é de € 150.

Assim, em desvio de especialidade em relação à previsão do n.° 7 deste artigo, a negação da concessão do apoio judiciário na modalidade de pagamento da compensação ao defensor requerida pelo arguido, implica

---

[189] Trata-se da Portaria n.° 10/2008, de 3 de Janeiro.

que este deva apenas suportar os encargos com a defesa por causídico previstos na aludida portaria em singelo.

A lei prevê, porém, a referida excepção, envolvida de agravação quantitativa correspondente ao quíntuplo do valor singelo que resultaria da aplicação da portaria a que acima se fez referência.

A declaração do arguido sobre a sua situação económica, naturalmente reduzida a escrito ou constante de outro suporte de registo, deve ser confrontada com o que consta do procedimento administrativo ou do processo judicial em que tenha sido apreciada a impugnação da decisão proferida pelos serviços de segurança social.

Trata-se de falsidade intelectual derivada da divergência entre o declarado pelo arguido acerca da sua situação económica e o que veio a provar-se nos referidos procedimentos administrativo ou judicial, que seja patente, evidente, inequívoca ou clara.

10. Prevê o n.° 9 deste artigo a situação prevista na parte final do n.° 5, ou seja, o caso de o arguido, advertido para tal, não constituir advogado e ser obrigatória ou considerada necessária ou conveniente a assistência de defensor, e estatui, por um lado, dever ser-lhe nomeado, e, por outro, que ele será responsável pelo pagamento do triplo do valor estabelecido nos termos do n.° 2 do artigo 36.°.

Trata-se da situação em que a secretaria concluiu pela não verificação da insuficiência económica do arguido para suportar o custo dos honorários de advogado, advertiu o arguido com vista à sua constituição, e este não o constitui.

Verificando a autoridade judiciária competente a conveniência ou a obrigatoriedade da assistência ao arguido por defensor, nomear-lho-á, mas suportará os encargos respectivos em triplo do que resultaria da portaria acima mencionada, ou seja, o triplo de € 150.

11. Prevê o n.° 10 deste artigo a formulação no processo penal do requerimento para a concessão de apoio judiciário, e estatui que ele não afecta a marcha do processo.

A expressão *apoio judiciário* está utilizada em sentido estrito, ou seja, na modalidade de pagamento da compensação de defensor oficioso.

A marcha do procedimento relativo ao apoio judiciário nos serviços de segurança social não afecta a regularidade temporal da tramitação do processo penal, isto é, não implica qualquer suspensão, independentemente de haver ou não arguidos presos.

Por isso, parece-nos que o próprio pedido de patrocínio com vista à constituição de assistente também não afecta a marcha do processo penal.[190]

O próprio lesado por facto criminoso, verificada a sua situação de insuficiência económica, tem direito a obter, nos serviços de segurança social, no quadro do apoio judiciário, a nomeação de patrono a fim de o patrocinar na acção cível enxertada na acção penal.[191]

Se o arguido, o assistente e ou as partes civis formularem, com êxito, a pretensão de concessão do apoio judiciário na modalidade de dispensa de pagamento de taxa de justiça e de outros encargos com o processo, não deverão ser condenados a final no pagamento de custas da sua responsabilidade em razão do decaimento, enquanto se mantiver aquele benefício.

No caso de ficarem vencidos no que concerne ao pedido de apoio judiciário na modalidade de patrocínio judiciário ou no que concerne aos custos com a aquisição de suportes magnéticos necessários à gravação das provas, devem reembolsar o Instituto de Gestão Financeira e de Infra--Estruturas da Justiça, IP das quantias por ele efectivamente despendidas ou fixadas por lei, entrando, na liquidação, em regra de custas.

A lei não exclui que o arguido requeira o apoio judiciário na modalidade de patrocínio judiciário para o processo de *habeas corpus*.[192]

O assistente, seja ou não parte cível, o lesado que se não constitua assistente e deduza pedido indemnizatório e as pessoas ou entidades apenas civilmente accionadas podem requerer e obter, nos serviços de segurança social, verificados os respectivos pressupostos, o apoio judiciário na modalidade de patrocínio e de dispensa do pagamento de honorários ou de assistência judiciária.

12. A imagem do patrocínio oficioso em processo penal foi, durante muito tempo, negativa. Na maioria dos casos, o defensor oficioso só contactava com o assistido no próprio julgamento e, daí, o seu desconheci-

---

[190] Veja-se, no domínio do regime anterior, a problemática posta no Ac. da Relação do Porto, de 12.10.2005, CJ, Ano XXX, Tomo 4, pág. 233.

[191] Ac. da Relação de Évora, de 7.4.92, *CJ*, Ano XVII, Tomo 2, pág 316.

[192] Cfr., porém, em sentido contrário, o Acórdão do Supremo Tribunal de Justiça, de 15.6.94, *CJ*, Ano II, Tomo 2, pág. 246.

mento em relação a este de elementos essenciais do processo, nomeadamente as motivações, o carácter, a inserção social e a situação económico-familiar.

Nos processos em que havia instrução, sobretudo nos casos em que ela ocorria em comarca diversa daquela onde era realizado o julgamento, era frequente a intervenção sucessiva de dois defensores, um na fase da instrução e outro na fase de julgamento.

O recebimento de honorários relativos aos serviços prestados pelo defensor oficioso dependia de o assistido ser condenado e de proceder ao pagamento das custas do processo, condição que raramente se verificava, como é natural.

Mas a sua função em processo penal é assaz importante e deve ser desenvolvida com empenho, em vista da realização dos objectivos legalmente previstos.[193]

A sua tarefa, face ao arguido, consiste em garantir o respeito pela lei e pela justiça por parte dos órgãos que exercem a acção penal, assegurar que a averiguação da realidade dos factos pelo tribunal e pelo Ministério Público seja conseguida nos termos da lei, de modo a que não haja condenação de arguidos inocentes, o mesmo é dizer que a sua intervenção visa a garantia da legalidade do processo e a justiça da decisão.

No âmbito dos trabalhos preparatórios do Decreto-Lei n.º 387-B/87, de 29 de Dezembro, que nesta parte se mantém no essencial, chegou a ponderar-se, para implementar o eficaz patrocínio oficioso em processo penal, a instituição de um organismo público de defensores ou a bifacetação, no processo penal, do Ministério Público nas áreas de defesa e de acusação.

O regime de apoio judiciário que nesta área ficou consagrado é inspirado pela ideia da maior eficácia, motivado pela justa remuneração dos causídicos que nela participem, sob garantia de pagamento pelo Estado.

---

[193] A previsão do artigo 66.º, n.º 5, do Código de Processo Penal no sentido de ser o exercício da função de defensor nomeado remunerado nos termos e quantitativos a fixar pelo tribunal, dentro dos limites constantes de tabelas aprovadas pelo Ministério da Justiça ou, na sua falta, tendo em atenção os honorários correntemente pagos por serviços do mesmo género e do relevo dos que foram prestados, e que, pela retribuição, são responsáveis, conforme o caso, o arguido, o assistente, as partes civis ou os Cofres do Ministério da Justiça, está tacitamente revogado de sistema por via do regime remuneratório decorrente da Lei do Apoio Judiciário.

O artigo 312.º, n.º 4, do Código de Processo Penal já prevê haver concertação da data para a audiência, quer quanto existe advogado constituído, quer quando existe defensor oficioso.[194]

2. Nomeação de defensor para o primeiro interrogatório de arguido detido, audiência em processo sumário e outros actos processuais urgentes.

Sobre a nomeação de defensor ao arguido detido para o primeiro interrogatório, audiência em processo sumário e outros actos processuais urgentes, sob a epígrafe *escalas de prevenção*, rege o artigo 41.º da Lei do Apoio Judiciário, do seguinte teor:[195]

"1. A nomeação de defensor para assistência ao primeiro interrogatório de arguido detido, para audiência em processo sumário ou para outras diligências urgentes previstas no Código de Processo Penal processa-se nos termos do artigo 39.º, devendo ser organizadas escalas de prevenção de advogados e advogados estagiários para esse efeito, em termos a definir na portaria referida no n.º 2 do artigo 45.º
2. A nomeação deve recair em defensor que, constando das escalas de prevenção, se apresente no local de realização da diligência após a sua chamada.
3. O defensor nomeado para um acto pode manter-se para os actos subsequentes do processo, em termos a regulamentar na portaria referida no n.º 2 do artigo 45.º.[196]

1. Versa este artigo, alterado pela Lei n.º 47/2007, de 28 de Agosto, sob a epígrafe *escalas de prevenção*, sobre as diligências tendentes à nomeação de defensor para o primeiro interrogatório de arguido detido, para a audiência em processo sumário e outros actos processuais penais urgentes.

---

[194] Ac. do Tribunal Constitucional, n.º 602/2004, de 12 de Outubro, *Diário da República*, II Série, n.º 277, de 25 de Novembro de 2004.

[195] O artigo 40.º, relativo à nomeação de advogado para a função de defensor, sob a epígrafe *escolha de defensor*, foi revogado pela alínea a) do artigo 5.º da Lei n.º 47/2007, de 28 de Agosto.

[196] O n.º 4 deste artigo foi revogado pela alínea a) do artigo 5.º da Lei n.º 47/2007, de 28 de Agosto.

A referida alteração quanto ao n.º 1 consistiu essencialmente na substituição da expressão *escolhido independentemente da indicação prevista no artigo anterior*, que não fazia qualquer sentido, pelo texto actual, que começa em *processa*-se.

A alteração do n.º 2 consistiu da substituição do preceito que estabelecia dever a Ordem dos Advogados, para os efeitos da nomeação prevista no número anterior, organizar escalas de presenças de advogados, comunicando-as aos tribunais, pelo texto actual, sendo que parte do seu texto, adaptado, passou a integrar a parte final do n.º 1.

O actual n.º 3 passou a integrar parte do normativo que outrora constava do n.º 4, mas onde se referia que se mantinha o defensor, salvo se ele requeresse a sua substituição nos termos do artigo 35.º, consta agora poder manter-se para os actos subsequentes do processo em termos a regulamentar na portaria referida no n.º 2 do artigo 45.º.

Está conexionado com o artigo 39.º deste diploma, inserindo a generalidade de nomeações de defensor aos arguidos com base em escalas de prevenção de advogados e de advogados estagiários disponibilizadas aos tribunais e outros órgãos de competência criminal.

2. Prevê o n.º. 1 deste artigo a nomeação de defensor para assistência ao primeiro interrogatório de arguido detido, na audiência de julgamento em processo sumário ou em outras diligências urgentes em processo penal, e estatui, por um lado, que ela se processa nos termos do artigo 39.º deste diploma.

E, por outro, deverem ser organizadas escalas de prevenção de advogados e advogados estagiários para esse efeito, em termos a definir na portaria referida no n.º 2 do artigo 45.º deste diploma.

Outrora, a lei exigia escalas de presença; agora refere-se a escalas de prevenção, a organizar nos termos da portaria a que se refere o n.º 2 do artigo 45.º deste diploma, o que dispensa a própria presença dos advogados ou dos advogados estagiários, bastando a sua disponibilidade em tempo útil.[197]

Nesta matéria, também importa ter em conta deverem os profissionais forenses optar, no momento da respectiva candidatura, por lotes de

---

[197] Reportam-se a esta matéria os artigos 3.º e 4.º da Portaria n.º 10/2008, de 3 de Janeiro.

escalas de prevenção ou designação isolada de escalas de prevenção, e o sistema de nomeação é o mesmo que consta do normativo geral do artigo 39.º, com as necessárias adaptações, de harmonia com a portaria n.º 10/2008, de 3 de Janeiro.

A lei processual penal distingue entre prisão preventiva e mera detenção, esta para a apresentação a julgamento sob a forma sumária, ao juiz para o primeiro interrogatório judicial, ao juiz para aplicação ou execução de alguma medida de coacção, para assegurar a presença imediata ou quase perante a autoridade judiciária em acto processual (artigos 202.º e 254.º, n.º 1, do Código de Processo Civil).

O primeiro interrogatório de arguido detido, em que é obrigatória a assistência de defensor, está previsto no artigo 64.º, n.º 1, alínea a), do Código de Processo Penal.

São julgados em processo sumário, com relevância para o disposto neste artigo, os detidos em flagrante delito por crime punível com pena de prisão cujo limite máximo não seja superior a cinco anos, quando à detenção tiver procedido qualquer autoridade judiciária ou entidade policial, quando a detenção tiver sido efectuada por outra pessoa e, num prazo que não exceda duas horas, o detido tenha sido entregue a alguma das referidas entidades e tenham redigido auto sumário de entrega (artigo 381.º, n.º 1, do Código de Processo Penal).

São, por seu turno, diligências urgentes em processo penal, por exemplo, as relativas a arguidos presos ou detidos ou as indispensáveis à garantia da liberdade das pessoas (artigo 103.º, n.º 2, alínea a), do Código de Processo Penal).

O disposto neste artigo é aplicável no caso de audição de arguido detido para o primeiro interrogatório a que se reporta o artigo 143.º, n.º 1, do Código de Processo Penal.

3. Prevê o n.º 2 deste artigo a nomeação de defensor para as espécies processuais previstas no número anterior, e estatui que ela deve recair naquele que, constando das escalas de prevenção, se apresente, após a respectiva chamada, no local de realização da diligência.

Trata-se de escalas integrantes de advogados e de advogados estagiários, disponibilizadas pela Ordem dos Advogados aos tribunais de competência criminal e a outras autoridades judiciárias onde as referidas diligências possam ocorrer.

Os referidos causídicos estarão assim escalados, sob a égide da

Ordem dos Advogados, para acorrerem à prestação do serviço de defesa para que sejam chamados.

Evita-se, assim, que os causídicos tenham o incómodo de estar presentes naquelas instâncias criminais e terem de se informar sobre os julgamentos a realizar ou informarem sobre a sua disponibilidade.[198]

As referidas escalas de prevenção de assistência a arguidos em processo penal só assumem relevância se o advogado escalonado, chamado que seja, comparecer no tribunal ou em qualquer outra instância judiciária em que devam praticar-se os actos processuais urgentes.

Se, porventura, algum dos referidos causídicos chamado a comparecer, o não fizer, poderá a entidade competente requisitar, designadamente por telefone ou outro meio de comunicação compatível com a urgência, a comparência de outro causídico que conste da respectiva escala de prevenção, aderente ao sistema de acesso ao direito.

Outrora, no regime de pretérito, foi decidido que o facto de o causídico haver sido nomeado defensor do arguido para alguma das diligências urgentes em análise à margem das referidas escalas não implicava desvio remuneratório do serviço de defesa prestado em relação ao previsto na lei de apoio judiciário.[199]

No novo sistema de acesso ao direito e aos tribunais, dada a sua estrutura, não se vislumbra que alguma nomeação para a defesa de arguidos possa ocorrer fora das escalas de prevenção organizadas pela Ordem dos Advogados.

4. Prevê o n.º 3 deste artigo a nomeação de defensor nomeado para determinado acto, e estatui, por um lado, poder manter-se para os actos subsequentes do processo, e, por outro, que tal deve ocorrer em termos a regulamentar na portaria referida no n.º 2 do artigo 45.º.[200]

Versa, pois, sobre a estabilidade da nomeação de advogado ou de advogado para a defesa de arguido em relação a determinada cadeia de actos processuais penais.

---

[198] FILIPE GONÇALVES DE CARVALHO, "Pagamento de Honorários no apoio judiciário: uma reflexão crítica", Boletim Informação & Debate, da Associação Sindical dos Juízes Portugueses, IV Série, n.º 2, Dezembro de 2003, pág. 69.

[199] Ac. da Relação de Évora, de 12.7.89, CJ, Ano XIV, Tomo 4, pág. 270.

[200] O n.º 4 deste artigo foi revogado pela alínea a) do artigo 5.º da Lei n.º 47/2007, de 28 de Agosto.
A referida Portaria é a n.º 10/2008, de 3 de Janeiro.

Isso é susceptível de implicar, se o arguido não tiver constituído advogado ou não lhe tiver sido nomeado defensor oficioso, o aumento temporário do número de processos relativos ao lote atribuído ao causídico que assistiu o arguido nas referidas diligências urgentes.

Assim, a regra é no sentido de que a nomeação de defensor para alguma das diligências urgentes referidas se mantém para os actos subsequentes do processo, mas nos termos a que se reporta a referida Portaria.

Com o novo regime evitam-se situações tais como aquelas em que o defensor nomeado, notificado do recebimento da acusação e da data designada para o julgamento, raramente praticava qualquer acto processual de defesa do arguido e, não raro, não comparecia à audiência de julgamento, não requeria a dispensa nem justificava a sua falta de comparência.[201]

Bem como aquelas em que o defensor nomeado, mantido para as fases subsequentes por despacho judicial, não comparecia à audiência de julgamento, seguindo-se a nomeação de outro defensor para o acto de adiamento, não aparecendo nenhum deles na segunda data de julgamento designado, com a consequência de nomeação de outro defensor que geralmente prescindia da análise e estudo do processo e se limitava a *pedir justiça*, com a consequência de ocorrerem milhares de comunicações desses factos à Ordem dos Advogados.[202]

3. Dispensa de patrocínio em processo penal

Sobre a dispensa de patrocínio em processo penal, sob a epígrafe *dispensa de patrocínio,* rege o artigo 42.º da Lei do Apoio Judiciário, do seguinte teor:

"1. O advogado nomeado defensor pode pedir dispensa de patro-

---

[201] FILIPE GONÇALVES DE CARVALHO, *idem*, pág. 61.

[202] A solução que resulta deste normativo pode evitar as situações de pretérito verificadas num universo de duzentos e quarenta e quatro processos, a maioria comuns com intervenção do juiz singular, e alguns poucos especiais de internamento, nos quais foram nomeados quatrocentos e treze defensores, que apresentaram trinta e dois instrumentos de contestação ou outros requerimentos, sem que tivessem feito requerimentos orais em audiência, e do que perceberam quarenta e um mil, quinhentos e quarenta euros e setenta cêntimos (FILIPE GONÇALVES, Ibidem, pág. 64).

cínio, invocando fundamento que considere justo, em requerimento dirigido à Ordem dos Advogados.

2. A Ordem dos Advogados aprecia e delibera sobre o pedido de dispensa de patrocínio no prazo de cinco dias.

3. Enquanto não for substituído, o defensor nomeado para um acto mantém-se para os actos subsequentes do processo.

4. Pode, em caso de urgência, ser nomeado outro defensor ao arguido, nos termos da portaria referida no n.° 2 do artigo 45.°.[203]

1. Versa este artigo, alterado pela Lei n.° 47/2007, de 28 de Agosto, sob a epígrafe *dispensa de patrocínio,* sobre a dispensa de patrocínio em processo penal e as vicissitudes envolventes, está conexionado com o que prescreve a lei de processo penal, segundo a qual, o defensor nomeado pode ser dispensado do patrocínio se alegar causa que o tribunal julgue justa (artigo 66.°, n.° 2, do Código de Processo Penal).

A referida alteração, no que concerne ao n.° 1, consistiu apenas no acrescentamento da expressão *em requerimento dirigido à Ordem dos Advogados,* sendo que, outrora, era o tribunal quem decidia sobre a dispensa de patrocínio.

No que concerne ao n.° 2, a alteração consistiu na substituição do normativo que expressava dever o tribunal decidir em cinco dias após a audição da Ordem dos Advogados, pelo actual, em que a apreciação e a deliberação relativamente ao pedido de dispensa compete àquela associação pública.

Manteve-se a redacção do n.° 3 e substituiu-se a do n.° 4, que expressava, para o caso de o fundamento invocado para pedir a dispensa ser a salvaguarda do segredo profissional, proceder-se-á em termos análogos aos do artigo 34.°, pela actual, e revogou-se o que se prescrevia no n.° 5, ou seja, o normativo segundo o qual o *tribunal podia, em caso de urgência, nomear outro defensor até que a Ordem dos Advogados se pronunciasse.*

2. Prevê o n.° 1 deste artigo a faculdade de o advogado nomeado defensor pedir dispensa de patrocínio com fundamento que considere justo, e estatui dever requerer tal dispensa à Ordem dos Advogados.

---

[203] O n.° 5 deste artigo foi revogado pela alínea a) do artigo 5.° da Lei n.° 47/2007, de 28 de Agosto.

O requerente deverá expressar, no requerimento relativo à dispensa de patrocínio, os factos que para o efeito qualifica como justa causa, com vista à concernente apreciação pela entidade competente, a Ordem dos Advogados, sem prejuízo do disposto no n.º 4 deste artigo.

A qualificação dos factos invocados pelo requerente como justa causa de dispensa de patrocínio deverá assentar num critério objectivo, envolvido por um juízo de razoabilidade e de proporcionalidade, tendo em conta que o vínculo entre o defensor e o assistido assenta numa base de confiança.

Assim, os factos que traduzam a quebra intolerável da referida base de confiança constituem, em princípio, justa causa de dispensa de patrocínio.[204]

Não constitui, porém, fundamento para a substituição do defensor oficioso inicialmente nomeado por outro indicado pelo arguido, por exemplo, a mera invocação da existência de uma relação de confiança com esse causídico em virtude de ter tido contactos com ele no estabelecimento prisional onde o arguido requerente se encontra e de haver tomado conhecimento de todo o processo.[205]

3. Prevê o n.º 2 a apreciação e a deliberação sobre o pedido de dispensa de patrocínio, e estatui que a Ordem dos Advogados o deve fazer em cinco dias.

Assim, a competência de apreciação e decisão sobre o requerimento tendente à dispensa de patrocínio que no domínio da vigência da lei de pretérito, ouvida a Ordem dos Advogados, competia ao tribunal, inscreve-se agora na titularidade daquela associação pública.

Este normativo conforma-se com a realidade das coisas, porque a Ordem dos Advogados, além de superintender disciplinarmente na profissão forense advocatícia, lhe incumbe a nomeação, em geral, dos advogados para o exercício do patrocínio oficioso no quadro do acesso ao direito e aos tribunais.

O prazo de cinco dias em que a Ordem dos Advogados, através do respectivo conselho distrital, deve apreciar e decidir sobre o requerimento de dispensa de patrocínio de defesa em processo penal, porque é de natu-

---

[204] JOSÉ DA COSTA PIMENTA, "Código de Processo Penal Anotado", Lisboa, 1991, pág. 220.
[205] Ac. da Relação de Lisboa, de 7.2.2007, CJ, Ano XXXII, Tomo 1, página 53.

reza substantiva, é contado da data do concernente requerimento, não corre aos sábados, domingos e feriados, e, se terminar num dos referidos dias, transfere-se para o primeiro dia útil seguinte (artigo 72.º do Código do Procedimento Administrativo).

Pode o fundamento do pedido de dispensa de patrocínio pelo defensor do arguido ser a salvaguarda do segredo profissional.

O segredo profissional em geral é o facto que vem ao conhecimento do sujeito obrigado a respeitá-lo por via do exercício das suas funções.[206]

O que é e não é segredo profissional constitui, em primeira linha, julgamento no quadro da consciência de quem, por virtude do exercício das suas funções, conhece do respectivo facto, naturalmente no confronto com o que a propósito está legalmente previsto, cuja violação é susceptível, além do mais, de fazer incorrer o agente em responsabilidade civil e criminal (artigos 483.º, n.º 1, do Código Civil e 195.º do Código Penal).

Assim, em regra, estão os advogados sujeitos a sigilo profissional relativamente a factos e assuntos profissionais cujo conhecimento lhes advenha de serviço em que tiveram, directa ou indirectamente, alguma intervenção, incluindo, além do mais, os casos em que assistiram a conversações entre colegas, com ou sem a presença dos respectivos clientes.[207]

4. Prevê o n.º 3 deste artigo a estabilidade da defesa de arguidos realizada pelo defensor, e estatui que a relativa a um acto processual se mantém para os actos subsequentes do processo.

Este normativo é um corolário do relevo da função da defesa em processo penal, que impõe o princípio da sua estabilidade e continuidade.

Ao reportar-se à nomeação para um acto e ao exercício da defesa do arguido para os actos subsequentes do processo, parece resultar deste normativo que o seu âmbito de aplicação só abrange o caso da sua nomeação para determinadas diligências previstas no n.º 1 do artigo anterior.

A referida hipótese é a abrangida directamente por este normativo, mas ele também abrange, por interpretação extensiva, o advogado que tenha sido nomeado para a defesa em geral de arguidos em processo penal.

---

[206] O âmbito do referido segredo profissional consta actualmente no artigo 81.º do Estatuto da Ordem dos Advogados.

[207] Ac. do STJ, de 2.4.92, *BMJ*, n.º 416, pág. 544.

5. Prevê o n.º 4 deste artigo o caso de urgência, e estatui poder ser nomeado outro defensor ao arguido, nos termos da portaria referia no n.º 2 do artigo 45.º.

Dado o enquadramento sistemático deste normativo, a urgência de nomeação de defensor oficioso ao arguido deriva da situação envolvente da dispensa de patrocínio, por exemplo quando se verificar, na pendência da decisão de substituição, inconveniência da continuação do exercício da função de defesa por parte do causídico requerente da sua substituição ou menor eficácia daquele exercício.

Importa, porém, considerando o regime constante da mencionada portaria, ter em linha de conta que a dispensa do serviço de defesa oficiosa de arguidos é susceptível de implicar afectação da composição quantitativa dos lotes de processos atribuídos e da correspondente remuneração.

4. Cessação da nomeação do defensor e aceitação de mandato do mesmo arguido

Sobre a cessação da nomeação do defensor e aceitação de mandato do mesmo arguido, sob a epígrafe *constituição de mandatário*, rege o artigo 43.º da Lei do Apoio Judiciário, do seguinte teor:

"**1. Cessam as funções do defensor sempre que o arguido constitua mandatário.**
2. O defensor nomeado não pode, no mesmo processo, aceitar mandato do mesmo arguido".

1. Versa este artigo, alterado pela Lei n.º 47/2007, de 28 de Agosto, sobre a cessação da nomeação do defensor e a aceitação por este de mandato do mesmo arguido que assistira no exercício do seu direito de defesa.

A referida alteração consistiu, por um lado, na eliminação da excepção que constava no n.º 2, segundo a qual o defensor nomeado podia aceitar mandato do arguido no caso de, após a sua nomeação, ser recusada a concessão de apoio judiciário.

E, por outro, na eliminação da outra norma, segundo a qual, a aceitação do mandato implicava a renúncia ao pagamento de qualquer quantia a título de honorários ou de reembolso de despesas efectuadas enquanto defensor nomeado.

2. Prevê o n.º 1 a hipótese de o arguido assistido por defensor oficioso constituir mandatário para o seu patrocínio na acção penal, e estatui cessarem as funções do primeiro.

A sua redacção não é, porém, assaz rigorosa, porque a nomeação não cessa, certo que se esgotou com a prática do acto em que se consubstanciou. Na realidade, o que este normativo pretende significar é que cessa a função do defensor do arguido logo que este constitua mandatário.

A cessação da função do defensor oficioso do arguido deve ser declarada em despacho a proferir pela autoridade judiciária respectiva, a notificar ao defensor oficioso cuja função de defesa terminou e ao arguido na pessoa do mandatário constituído, naturalmente se ao acto não estiverem presentes.

3. Prevê o n.º 2 deste artigo a aceitação pelo causídico nomeado no âmbito do apoio judiciário de mandato do respectivo arguido, e estatui a sua proibição.

Deixou de consagrar a excepção à referida regra, no caso de, após a nomeação, vir a ser recusada a concessão do apoio judiciário na modalidade de patrocínio com pagamento de honorários, e a regra de que a aceitação do mandato implicava a renúncia ao pagamento de qualquer quantia a título de honorários ou de reembolso de despesas efectuadas.

Os advogados têm o dever de não aceitar mandato ou prestação de serviços profissionais que, em qualquer circunstância, não resulte de escolha livre e directa pelo mandante ou interessado (artigo 93.º, n.º 1, do Estatuto da Ordem dos Advogados).

O disposto neste normativo é motivado pelo referido desiderato e visa, fundamentalmente, a defesa do interesse do assistido, já que, nos novos moldes da defesa do arguido em processo penal, nenhuma vantagem lhe poderá advir, em regra, da substituição do título da prestação do serviço de defesa.

Também não é legal a prática, a pedido do advogado ou do próprio arguido, de aquele ser nomeado defensor deste quando já existe contrato de mandato entre ambos que só não foi formalizado por dificuldade de emissão do instrumento de procuração, sem encargo embora para o Instituto de Gestão Financeira e de Infra-Estruturas da Justiça, IP.

É que, se a referida dificuldade existir, não obstante a simplicidade actual da emissão de procuração com meros poderes forenses, ela é superada, no caso, pela mera declaração do arguido de constituição do advogado a inserir no auto de qualquer diligência processual (artigos 4.º do Código de Processo Penal e 35.º, alínea b), do Código de Processo Civil).

Se o defensor nomeado no quadro do apoio judiciário obter mandato do arguido para cuja defesa foi nomeado, parece que a consequência é a nulidade da referida constituição, por virtude de contrariar normas imperativas, sem prejuízo da eventual responsabilidade disciplinar por infracção das regras do sistema de acesso ao direito e aos tribunais (artigos 280.º, n.º 1, do Código Civil).

5. Regime subsidiariamente aplicável

Sobre o regime subsidiariamente aplicável, sob a epígrafe *disposições aplicáveis*, rege o artigo 44.º da Lei do Apoio Judiciário, do seguinte teor:

"**1. Em tudo o que não esteja especialmente regulado no presente capítulo relativamente à concessão de protecção jurídica ao arguido em processo penal aplicam-se, com as necessárias adaptações, as disposições do capítulo anterior, com excepção do disposto nos n.ᵒˢ 2 e 3 do artigo 18.º, devendo o apoio judiciário ser requerido até ao termo do prazo de recurso da decisão em primeira instância.**

2. Ao pedido de protecção jurídica por quem pretenda constituir--se assistente ou formular ou contestar pedido de indemnização cível em processo penal aplica-se o disposto no capítulo anterior, com as necessárias adaptações".

1. Versa este artigo, alterado pela Lei n.º 47/2007, de 28 de Agosto, sob a epígrafe *regime subsidiariamente aplicável,* sobre a protecção jurídica no quadro da acção penal relativa ao arguido, em termos de mera especialidade.

A referida alteração apenas consistiu, quanto ao disposto no n.º 1, no acrescentamento da expressão *especialmente* antes do vocábulo *regulado* e na substituição, na sua parte final, do segmento até *ao trânsito em julgado da decisão final* pela expressão *até ao termo do prazo de recurso da decisão em primeira instância.*

Assim, enquanto no regime de pretérito a protecção jurídica podia ser requerida pelo arguido até ao trânsito em julgado do acórdão da Relação ou do Supremo Tribunal de Justiça, agora o concernente requerimento deve ser formulado até ao trânsito em julgado da sentença ou do acórdão proferido no tribunal da primeira instância.

2. Prevê o n.º 1 deste artigo a omissão de regulação especial neste capítulo IV quanto à concessão de protecção jurídica ao arguido no âmbito do processo penal, e estatui que se aplicam, com as necessárias adaptações, as disposições do capítulo III, com excepção do disposto nos n.ºs 2 e 3 do artigo 18.º, acrescentando dever o apoio judiciário ser requerido até ao trânsito em julgado da sentença proferida no tribunal da primeira instância.

Embora por remissão para o capítulo III, visa este normativo deixar estabelecido o regime de protecção jurídica na acção penal, quer quanto aos arguidos, em tanto quanto não esteja regulado no capítulo IV, quer quanto aos outros sujeitos processuais susceptíveis de requerer aquela protecção.

Assim, são aplicáveis ao arguido em processo penal, com as necessárias adaptações, as disposições gerais sobre a protecção jurídica e as normas específicas substantivas e adjectivas sobre o apoio judiciário.

Não se encontra, porém, dada a estrutura da acção penal propriamente dita, motivo para que os arguidos tenham direito a consulta jurídica, nem mesmo no âmbito da acção cível enxertada na acção penal, visto que, em regra, está assistido por defensor no processo.

A exclusão da referida aplicação a que este normativo se reporta cinge-se às normas que versam sobre oportunidade de requerer o apoio judiciário nas modalidades de assistência judiciária e de patrocínio judiciário.

Assim, não têm aplicação ao arguido em processo penal os normativos que impõem dever o pedido de apoio judiciário ser formulado antes da primeira intervenção no processo, salvo insuficiência económica superveniente.

Ao invés, pode o arguido pedir o apoio judiciário, naturalmente nas modalidades de pagamento de compensação de defensor oficioso e de dispensa de taxa de justiça e demais encargos com o processo, até ao trânsito em julgado da decisão proferida no tribunal da primeira instância.

É justificada a alteração resultante da Lei n.º 47/2007, de 28 de Agosto, no sentido de o pedido de protecção jurídica apenas poder ser formulado até ao trânsito em julgado da sentença ou do acórdão proferidos no tribunal da primeira instância.

Todavia, ainda no que concerne a esta norma de oportunidade *ad quem* de requerimento do apoio judiciário nas aludidas modalidades, compreende-se a sua razão de ser no caso de o arguido pretender interpor recurso da sentença ou do acórdão proferidos no tribunal da primeira instância.

Mas ela já não se compreende no caso de o arguido não pretender interpor recurso da sentença final e, depois de proferida e antes do seu trânsito em julgado, requerer a concessão do apoio judiciário na modalidade de assistência judiciária apenas para ser dispensado do pagamento de custas.

Com efeito, sempre foi considerado pela jurisprudência, conforme as decisões que seguem, não ter fundamento legal a concessão do apoio judiciário em processos que tivessem chegado ao seu termo.

O apoio judiciário só pode ser concedido quando o processo ainda puder prosseguir, pelo que, após a prolação da sentença final, só o pode ser para a fase de recurso e, se for requerido antes da respectiva interposição, deverá expressar-se essa finalidade no respectivo requerimento.[208]

O apoio judiciário na modalidade de dispensa de pagamento de taxa de justiça e demais encargos legais pedido pelo arguido para a interposição do recurso da sentença condenatória só abrange, a dispensa de pagamento de taxa de justiça e de encargos para a fase do recurso.[209]

Requerido o apoio judiciário na modalidade de assistência judiciária antes da audiência de julgamento em processo-crime não pode ser recusado em despacho proferido depois do trânsito em julgado da sentença final com fundamento nesse mesmo trânsito em julgado.[210]

Neste quadro, tendo em vista o fim da lei, entendemos que a parte final do normativo em análise deve ser interpretada restritivamente, no sentido de o apoio judiciário nas mencionadas modalidades só poder ser concedido depois da prolação da sentença final com vista à interposição de recurso.

Assim, se o arguido não recorrer da sentença condenatória nem manifestar a intenção de dela pretender recorrer, deve ser-lhe indeferido o pedido de apoio judiciário na modalidade de dispensa de pagamento de custas que haja formulado depois dela.[211]

---

[208] Ac. da Relação de Évora, de 27.11.2001, Ano XXVI, Tomo 5, pág. 280.
[209] Ac. da Relação do Porto, de 8.11.2000, CJ, ano XXV, Tomo 5, pág. 224.
[210] Ac. da Relação do Porto, de 9.10.2002, CJ, Ano XXVII, Tomo 4, pág. 212.
[211] Acs da Relação de Coimbra, de 20.6.90, CJ, Ano XV, Tomo 3, pág. 59, e de 4.11.98, CJ, Ano XXXIII, Tomo 5, pág. 47, da Relação do Porto, de 23.4.91, CJ, Ano

3. Prevê o n.º 2 deste artigo, cuja redacção foi mantida pela Lei n.º 47/2007, de 28 de Agosto, o pedido de protecção jurídica do candidato a assistente e do requerente e ou do requerido do pedido cível na acção penal, e estatui que lhe são aplicáveis as normas do Capítulo III desta Lei, concernentes à protecção jurídica em qualquer das suas modalidades, ou seja, as relativas à consulta jurídica e ao apoio judiciário, este nas espécies de patrocínio judiciário e de assistência judiciária.

As normas específicas relativas ao apoio judiciário constantes do Capítulo IV desta Lei são aplicáveis no caso de o arguido pretender o patrocínio judiciário ou a dispensa de pagamento de taxa de justiça e dos encargos relativos ao pedido cível formulado pelo assistente ou pelo lesado e a que deduza contestação.

Não obstante a estrutura e conexão do pedido cível indemnizatório deduzido em processo penal, parece-nos que o assistente e o lesado, para efeito da sua formulação, podem obter protecção jurídica na modalidade de consulta jurídica.

XVI, Tomo 2, pág. 278, da Relação de Lisboa, de 7.12.94, CJ, Ano XIX, Tomo 5, pág. 120, da Relação de Évora, de 8.7.99, BMJ, n.º 489, pág. 413 e do STJ, de 2.2.93, CJ, Ano I, Tomo I, pág. 107.

VII – DISPOSIÇÕES FINAIS E TRANSITÓRIAS

Sobre a participação dos profissionais forenses no sistema do acesso ao direito, rege o artigo 45.º da Lei do Apoio Judiciário, do seguinte teor:

1. Participação dos profissionais forenses no acesso ao direito

"1. A admissão dos profissionais forenses ao sistema de acesso ao direito, a nomeação de patrono e de defensor e o pagamento da respectiva compensação realizam-se nos termos seguintes:

a) A selecção dos profissionais forenses deve assegurar a qualidade dos serviços prestados aos beneficiários de protecção jurídica no âmbito do sistema de acesso ao direito;
b) Os participantes no sistema de acesso ao direito podem ser advogados, advogados estagiários e solicitadores;
c) Os profissionais forenses podem ser nomeados para lotes de processos e escalas de prevenção;
d) Se o mesmo facto der causa a diversos processos, o sistema deve assegurar, preferencialmente, a nomeação do mesmo mandatário ou defensor oficioso ao beneficiário;
e) Todas as notificações e comunicações entre os profissionais forenses, a Ordem dos Advogados, os serviços da segurança social, os tribunais e os requerentes previstos no sistema de acesso ao direito devem realizar-se, sempre que possível, por via electrónica;
f) Os profissionais forenses participantes no sistema de acesso ao direito devem utilizar todos os meios electrónicos disponíveis no contacto com os tribunais, designadamente no que respeita ao envio de peças processuais e requerimentos autónomos;
g) Os profissionais forenses que não observem as regras do exer-

cício do patrocínio e da defesa oficiosos podem ser excluídos do sistema de acesso ao direito;

h) Os profissionais forenses participantes no sistema de acesso ao direito que saiam do sistema, independentemente do motivo, antes do trânsito em julgado de um processo ou do termo definitivo de uma diligência para que estejam nomeados devem restituir, no prazo máximo de 30 dias, todas as quantias entregues por conta de cada processo ou diligência em curso;

i) O disposto na alínea anterior aplica-se aos casos de escusa e de dispensa de patrocínio, relativamente aos processos em que cesse o patrocínio e a defesa oficiosa;

j) O pagamento da compensação devida aos profissionais forenses deve ser processado até ao termo do mês seguinte àquele em que é devido;

l) A resolução extrajudicial dos litígios, antes da audiência de julgamento, deve ser incentivada mediante a previsão de um montante de compensação acrescido.

2. A admissão dos profissionais forenses ao sistema de acesso ao direito, a nomeação de patrono e de defensor e o pagamento da respectiva compensação, nos termos do número anterior, é regulamentada por portaria do membro do Governo responsável pela área da justiça.[212]

1. Versa este artigo, inovador, inserido pela Lei n.º 47/2007, de 28 de Agosto, sobre a participação dos profissionais forenses no sistema do acesso ao direito, sob idêntica epígrafe.

Substituiu o normativo de pretérito que se reportava à competência da Ordem dos Advogados no âmbito da protecção jurídica, financiamento e fiscalização, por via da revogação, pela alínea a) do artigo 5.º, dos seus n.ºs 3 a 5, e, no restante, por forma tácita.

Tratava-se de normas inspiradas na ideia de concentrar na Ordem dos Advogados, numa unidade orgânica própria, com escassa intervenção da Câmara dos Solicitadores, a gestão das matérias relativas ao acesso ao

---

[212] O disposto nos n.ºs 3, 4 e 5 deste artigo foram revogados pela alínea a) do artigo 5.º da mencionada Lei.

direito e aos tribunais, desde a escolha de quem devia prestar o serviço de patrocínio, a consulta jurídica e a defesa de arguidos em processo penal, até à gestão dos fundos do Estado destinados ao respectivo pagamento.

O referido sistema não chegou a ser regulamentado, pelo que não entrou em vigor, e agora, face à nova lei, tal projecto ficou, por ora, afastado.

2. Prevê o proémio do n.º 1 deste artigo a admissão dos profissionais forenses ao sistema de acesso ao direito, a nomeação de patrono e de defensor e o pagamento da respectiva compensação, remetendo a sua estatuição para o que se prescreve nas onze alíneas seguintes.

No regime de pretérito, as regras sobre a selecção dos profissionais forenses envolvidos no acesso ao direito e aos tribunais respeitariam os princípios aplicáveis às entidades públicas e seriam definidas por regulamento da Ordem dos Advogados, homologado pelo Ministro da Justiça.

No regime actual, a lei remete os termos da referida nomeação dos profissionais forenses para o sistema do acesso ao direito, a nomeação de patrono ou de defensor e o pagamento da respectiva compensação para portaria do membro do Governo responsável pela área da justiça[213].

3. Reporta-se a alínea a) do n.º 1 deste artigo ao primeiro dos segmentos da estatuição decorrente do proémio no sentido de que a selecção dos profissionais forenses deve assegurar a qualidade dos serviços prestados aos beneficiários da protecção jurídica no âmbito do sistema de acesso ao direito.

Conforma-se este normativo com o que se prescreve no artigo 4.º, n.º 1, desta Lei, segundo o qual, o sistema de acesso ao direito e aos tribunais funcionará por forma que os serviços prestados aos seus utentes sejam qualificados e eficazes.

A eficácia do sistema exige, como é natural, que a informação jurídica e a consulta jurídica sejam prestadas por quem esteja preparado para o efeito, e que o patrocínio judiciário apenas seja prestado por profissionais competentes nas áreas substantivas e processuais concernentes às causas em que intervenham.

---

[213] Trata-se da Portaria n.º 10/2008, de 3 de Janeiro, a que adiante se fará referência.

Não basta, como é natural, que a escolha e a nomeação dos causídicos sejam feitas de acordo com a sua competência estatutária, certo que se exige a prévia informação sobre a natureza e a complexidade das causas em função das quais foi requerida a protecção jurídica e que a nomeação opere em função disso e da especialização dos causídicos.

A consecução do referido desiderato não pressupõe apenas determinados níveis remuneratórios aos causídicos envolvidos na informação jurídica, na consulta jurídica e no patrocínio judiciário, mas também o empenho e a formação jurídica de quem presta os referidos serviços no quadro das várias especializações adequadas à natureza das causas, em termos de ao causídico certo ser distribuído o processo certo.

É uma responsabilidade do Estado, porque lhe incumbe organizar da melhor forma o sistema de acesso ao direito e aos tribunais, mas também da Ordem dos Advogados e da Câmara dos Solicitadores

3. Reporta-se a alínea b) do n.º 1 deste artigo ao segundo segmento da estatuição decorrente do proémio, no sentido de que os participantes no sistema de acesso ao direito podem ser advogados, advogados estagiários e solicitadores.

No regime de pretérito, a regra era no sentido de que participavam no sistema de acesso ao direito e aos tribunais os advogados e, excepcionalmente, os advogados estagiários.

No regime actual resultante desta nova formulação normativa, além de advogados, de advogados estagiários, também podem os solicitadores, naturalmente em termos escassos, participar no sistema do acesso ao direito e aos tribunais.

4. Reporta-se a alínea c) do n.º 1 deste artigo ao terceiro segmento da estatuição decorrente do respectivo proémio, no sentido de que os profissionais forenses podem ser nomeados para lotes de processos e escalas de prevenção.

As escalas de prevenção a que se reporta este normativo são aquelas a que se refere o artigo 41.º deste diploma, estritamente direccionado para a nomeação de defensores no âmbito do processo penal.

Os lotes anuais de escalas de prevenção são susceptíveis de envolver o número de 36, 24, 12 e 6. Os lotes de processos, por seu turno, são susceptíveis de envolver o número de 50, 30, 20 e 10, respectivamente (artigo 18.º, n.ºs 2 e 3, da Portaria n.º 10/2008, de 3 de Janeiro).

A nomeação de profissionais forenses para lotes de processos ou escalas de prevenção é susceptível de implicar poder ser nomeado um patrono para uma pluralidade de processos, independentemente de identidade de parte ou de arguido carecido de defensor.

A gestão desta nomeação plural deve operar no quadro da Ordem dos Advogados e, nos termos de convénio desta com a Câmara dos Solicitadores, no caso de ser nomeado algum solicitador para operar no sistema de acesso ao direito.

5. Reporta-se a alínea d) do n.º 1 deste artigo ao quarto segmento da estatuição decorrente do respectivo proémio para o caso de o mesmo facto der causa a diversos processos, estabelecendo que o sistema deve assegurar, preferencialmente, a nomeação do mesmo mandatário ou defensor oficioso ao beneficiário.

A este propósito, importa ter em linha de conta que se forem propostas separadamente acções que, por se verificarem os pressupostos os pressupostos de admissibilidade do litisconsórcio, da coligação, da oposição ou da reconvenção, podiam ser reunidas num único processo, será ordenada a junção delas, a requerimento de qualquer das partes com interesse atendível ainda que pendam em tribunais diferentes, a não ser que o estado do processo ou outra razão especial torne a apensação inconveniente (artigo 275.º, n.º 1, do Código de Processo Civil).

O mesmo facto é susceptível de dar origem a uma pluralidade de processos, por exemplo, por um lado, nos casos em que a acção ou a omissão é susceptível de implicar a instauração de uma acção criminal e de uma acção cível em separado (artigo 71.º do Código de Processo Penal).

E, por outro, nos casos em que uma pessoa, singular ou colectiva, incumpre uma pluralidade de contratos com objecto idêntico, celebrados com a mesma entidade, como ocorreu recentemente no âmbito de contratos de locação financeira de veículos automóveis destinados a aluguer de longa duração.

Em qualquer caso, não é fácil detectar a referida situação pela entidade incumbente da nomeação de patrono para a área da jurisdição civil ou de defensor para a área do processo penal, pelo que este normativo não passará, em regra, de mera intenção programática.

6. Reporta-se a alínea e) do n.º 1 ao quinto segmento do respectivo proémio, prevê as notificações e comunicações entre os profissionais

forenses, a Ordem dos Advogados, os serviços da segurança social, os tribunais e os requerentes previstas no sistema de acesso ao direito, e estatui deverem realizar-se, sempre que possível, por via electrónica.

A portaria de regulamentação desta Lei, no que concerne a estas notificações e comunicações, não salvaguarda, porém, a referida impossibilidade.

Trata-se do sistema de comunicação entre as entidades envolvidas no acesso ao direito e aos tribunais, o Instituto de Gestão Financeira e de Infra-Estruturas da Justiça, IP, ou seja, os requerentes do apoio judiciário, o órgão decisor, os causídicos nomeados – defensores ou patronos – a associação pública que procede à sua nomeação e os tribunais ou outras instituições onde o serviço de defesa ou de patrocínio deve ser prestado.

O mencionado procedimento de comunicação por via electrónica visa, naturalmente, a celeridade de funcionamento do sistema do apoio judiciário, mas salvaguarda-se a eventual impossibilidade de funcionamento daquele procedimento, o que se mostra razoavelmente adequado, dado haver muitos causídicos que não utilizam essa forma de comunicação.

7. Reporta-se a alínea f) do n.º 1 ao sexto segmento do respectivo proémio, prevê os contactos dos profissionais forenses participantes no acesso ao direito com os tribunais, designadamente por via do envio de peças processuais e requerimentos autónomos, e estatui que eles devem utilizar para o efeito todos os meios electrónicos disponíveis.

O âmbito do normativo da alínea anterior diverge do âmbito da alínea em análise, na medida em que o primeiro se reporta às notificações e comunicações relativas aos actos do procedimento do apoio judiciário nas modalidades de nomeação e pagamento da compensação de patrono ou de defensor, enquanto o último se refere às peças processuais e requerimentos autónomos que os causídicos nomeados apresentem nas acções, incidentes, procedimentos e recursos para cujo patrocínio ou defesa em processo penal tenham sido nomeados.

É um normativo que se harmoniza com o que consta no regime geral, segundo o qual, por um lado, os actos processuais que devam ser praticados pelas partes são apresentados a juízo preferencialmente por transmissão electrónica de dados, nos termos definidos na portaria prevista no n.º 1 do artigo 138.º-A, valendo como data da sua prática a da respectiva expedição (artigo 150.º, n.º 1, do Código de Processo Civil).

E, por outro, dever a parte que pratique os actos por via electrónica apresentar por essa via as peças processuais e os documentos que as devam acompanhar, e que fica dispensada de remeter os respectivos originais (artigo 150.º, n.º 3, do Código de Processo Civil).

Finalmente, ocorre uma excepção em relação ao último dos mencionados normativos, quanto aos documentos, no caso de o seu formato ou a dimensão dos ficheiros a enviar não o permitir, nos termos definidos na portaria prevista no referido artigo 138.º-A (artigo 150.º, n.º 4, do Código de Processo Civil).

Os requerimentos autónomos a que este normativo se reporta são, ao que parece, aqueles que não digam directamente respeito à causa para que ou em que os causídicos tenham sido nomeados.

8. Reporta-se a alínea g) do n.º 1 ao sétimo segmento do respectivo proémio e prevê a não observância pelos profissionais forenses das regras do exercício do patrocínio e da defesa oficiosos, e estatui poderem ser excluídos do sistema de acesso ao direito.

As regras do exercício do patrocínio a que se reporta este normativo abrangem, por um lado, não só as concernentes ao estatuto profissional dos causídicos, incluindo as de conteúdo ético e deontológico, como também as concernentes ao regime do apoio judiciário.

E, por outro, as próprias obrigações externas de comunicação de actos processuais e de entrega de peças processuais e requerimentos a que aludem as alíneas e) e f) do n.º 1 deste artigo.

Esta lei não estabelece, como é natural, a exclusão do sistema do acesso ao direito dos causídicos que operem no âmbito do acesso ao direito em razão do incumprimento de alguma das referidas regras, certo que apenas se refere a essa possibilidade.

É à Ordem dos Advogados que incumbe definir a exclusão do sistema do acesso ao direito os profissionais forenses que não observem as mencionadas regras, na sequência, além do mais, da informação prestada pelo Juiz, pelo Ministério Público ou pelos órgãos de polícia criminal.

Deve funcionar nesta sede, porventura de harmonia com as normas a estabelecer em regulamento emitido pela Ordem dos Advogados, o princípio da proporcionalidade, em termos de só serem de considerar como justificativas da referida exclusão as infracções de particular gravidade.

O controlo do cumprimento das mencionadas regras é susceptível de funcionar a dois níveis, um deles implementado pelos beneficiários do patrocínio, incluindo a defesa em processo penal, que podem pedir a substituição dos causídicos não cumpridores, e o outro desencadeado pelo Juiz, pelo Ministério Público ou pelos órgãos de polícia criminal, conforme os casos.

9. Reporta-se a alínea h) do n.º 1 deste artigo ao oitavo segmento do respectivo proémio, que prevê a saída do sistema de acesso ao direito dos profissionais forenses participantes no sistema, independentemente do motivo, antes do trânsito em julgado de um processo ou do termo definitivo de uma diligência para que estejam nomeados.

E estatui, correspondentemente, deverem os mencionados restituir, no prazo máximo de 30 dias, as quantias entregues por conta de cada processo ou diligência em curso.

Uma das obrigações dos causídicos que adiram ao sistema de acesso ao direito é de nele actuarem com o necessário empenho e continuidade, para que seja assegurada a qualidade dos serviços prestados aos beneficiários, seja no quadro do apoio judiciário, seja no âmbito da consulta jurídica.

Decorre deste normativo, de modo implícito, que os causídicos vão passar a perceber uma determinada compensação ao longo dos processos que lhes estiverem distribuídos, sejam de natureza civilística em geral como patronos, sejam da área processual penal.

Um dos pressupostos do funcionamento da estatuição deste normativo é a desvinculação unilateral dos causídicos do sistema do acesso ao direito antes de terminados os processos ou as diligências para que sejam nomeados.

A expressão *trânsito em julgado de um processo*, não rigorosa, deve ser entendida como trânsito em julgado da decisão que ponha termo ao processo.

A expressão *termo definitivo de uma diligência*, também não rigorosa, porque só há um termo de uma diligência, ou seja quando ela termina, visando as situações em que os termos das diligências são suspensos, por qualquer motivo.

Os causídicos são livres de pedir a sua exclusão do sistema de acesso ao direito. Mas se o fizerem nas circunstâncias de défice de patrocínio ou de defesa a que o normativo em análise se reporta, têm que devolver ao Instituto de Gestão Financeira e de Infra-Estruturas da Justiça, IP o que perceberam em função de cada processo e ou diligência.

O referido prazo é de natureza substantiva, pelo que deve ser contado, nos termos dos artigos 37.º desta Lei, 72.º do Código de Procedimento Administrativo e 279.º, alíneas b) e e), do Código Civil, desde a data do abandono do sistema, independentemente do motivo e de notificação.

10. Reporta-se a alínea i) do n.º 1 deste artigo ao nono segmento do respectivo proémio, que prevê os casos de escusa e de dispensa de patrocínio, relativamente aos processos em que cesse o patrocínio ou a defesa oficiosa, e estatui ser aplicável, na espécie, o disposto na alínea anterior.

Aplica-se, pois, aos casos de escusa e de dispensa de patrocínio, a estatuição a que se reporta a alínea anterior, naturalmente com as devidas adaptações.

À escusa de patrocínio, na área jurisdicional cível *lato sensu* e processual penal residual – patrocínio de assistentes ou de demandantes ou demandados na acção cível enxertada – reporta-se o artigo 34.º desta Lei.

À dispensa de patrocínio, na área processual penal concernente à defesa de arguidos, em que não podem intervir solicitadores, mas apenas advogados ou advogados estagiários, refere-se, por seu turno o artigo 42.º da mesma Lei.

Assim, se a concessão da escusa de patrocínio ou da dispensa de patrocínio ocorrer antes do transito em julgado da decisão final dos processos ou do termo da diligências que aos causídicos tenham sido atribuídos no quadro do apoio judiciário, os respectivos causídicos ficam legalmente vinculados à devolução das quantias que hajam percebido em função dos referidos processos e ou diligências.

Quanto ao prazo de devolução das mencionadas quantias, remete-se para o que se afirmou a propósito da alínea anterior.

11. Reporta-se a alínea j) do n.º 1 deste artigo ao décimo segmento do respectivo proémio, que prevê o pagamento da compensação devida aos profissionais forenses, e estatui que ele deve ocorrer até ao termo do mês seguinte àquele em que é devido.

Assim, resulta deste normativo que os causídicos que prestem serviço de patrocínio ou de defesa de arguidos, no máximo, apenas esperarão pelo pagamento da respectiva remuneração durante dois meses menos um dia.

Trata-se de uma solução inovadora que certamente contribuirá para o estímulo do empenho de quem adira ao sistema de acesso ao direito, assim contribuindo para a qualidade necessária dos serviços prestados aos beneficiários da protecção jurídica.

12. Reporta-se a alínea l) do n.º 1 deste artigo ao décimo-primeiro segmento do respectivo proémio, que prevê a resolução extrajudicial dos litígios antes da audiência de julgamento, e estatui que ela deve ser incentivada mediante a previsão de um acrescido montante de compensação.

No regime de pretérito, a lei estabelecia a possibilidade de redução dos honorários dos causídicos quando o processo terminasse antes do fim da audiência de julgamento por desistência, confissão, transacção ou impossibilidade superveniente da lide, ou quando os causídicos alcançassem, durante a pendência da acção, a resolução do litígio por meios alternativos, designadamente por mediação ou de arbitragem.[214]

Agora, ao invés, a lei premeia com compensação acrescida os causídicos que actuem no âmbito do apoio judiciário e consigam, antes da audiência de discussão e julgamento, ou seja, antes do seu início, a resolução extrajudicial do litígio.

Parece que se trata de situações em que os causídicos, no exercício do patrocínio, consigam que os litigantes, antes do início da audiência de julgamento, resolvam o litígio por via de desistência do pedido, confissão do pedido ou transacção, caso em que perceberão, a título de acréscimo de compensação, € 100 (artigo 25.º, n.º 3, alínea b), da Portaria n.º 10/2008, de 3 de Janeiro).

13. Prevê o n.º 2 deste artigo a admissão dos profissionais forenses ao sistema de acesso ao direito, a nomeação de patrono e de defensor e o pagamento da respectiva compensação, nos termos do número anterior, e estatui dever regulamentada por portaria do membro do Governo responsável pela área da justiça.

Assim, resulta deste normativo que a regulamentação das bases normativas a que o n.º 1 deste artigo se reporta deverá constar de portaria do Ministro da Justiça.

De qualquer modo, importa ter em linha de conta, por um lado, que, obtida a cédula profissional como advogado estagiário, pode este, por um

---

[214] Artigo 7.º da Portaria n.º 1386/2004, de 10 de Novembro.

lado, autonomamente, sob orientação do patrono, além do mais, exercer a consulta jurídica, a advocacia em processos não penais da competência do tribunal singular, em processos não penais que de valor que caiba na alçada da primeira instância, em processos da competência dos tribunais de menores e de divórcio por mútuo consentimento (artigo 189.º, n.º 2, do Estatuto da Ordem dos Advogados).

E, por outro, que os advogados estagiários podem praticar actos próprios da advocacia em todos os demais processos, independentemente da sua natureza ou valor, desde que efectivamente acompanhado de advogado que assegure a tutela do seu tirocínio, seja o seu patrono ou patrono formador (artigo 189.º, n.º 1, do Estatuto da Ordem dos Advogados).

No sistema do acesso ao direito e aos tribunais decorrente do Decreto-Lei n.º 387-B/87, de 29 de Dezembro, a Ordem dos Advogados limitava-se a nomear os causídicos para exercer o patrocínio judiciário depois de os tribunais decidirem sobre a concessão dessa modalidade de patrocínio, os quais também fixavam os honorários e as despesas que lhe eram devidos, segundo critérios de proporcionalidade e de razoabilidade.

Os advogados que eram nomeados para o exercício do patrocínio judiciário, em geral, apesar de terem o monopólio do patrocínio judiciário e de muitos deles, sobretudo os mais jovens, investirem na sua formação no exercício dessa actividade, insurgiam-se contra o modo como eram fixados os seus honorários, qualificando-os de exíguos e desconformes com o trabalho realizado, bem como contra o atraso no respectivo pagamento.

O Estado deu-lhes razão e, de uma assentada, retirou aos tribunais a decisão sobre a concessão ou não do apoio judiciário, transferindo essa competência para uma entidade da Administração Pública, salvo, por um curto período de tempo, que já terminou, o patrocínio judiciário relativo a arguidos, e estabeleceu valores fixos de honorários devidos aos referidos causídicos.

O critério legal de nomeação de causídicos para operarem no sistema de acesso ao direito e da respectiva remuneração tem a virtualidade de eliminar as causas da referida contestação ao modo de remuneração dos causídicos, mas envolve o risco de constituir a génese da criação do sistema de defensor público, a que as associações públicas representativas dos profissionais forenses sempre se opuseram.

2. Responsabilidade pelos encargos a assumir pelos serviços de segurança social

Sobre a responsabilidade pelos encargos decorrentes da execução desta Lei a assumir pelos serviços de segurança social, sob a epígrafe *encargos da segurança social,* rege o artigo 49.° da Lei do Apoio Judiciário, do seguinte teor:

"Os encargos decorrentes da presente lei a assumir pelos serviços de segurança social são suportados pelo Orçamento do Estado, mediante transferência das correspondentes verbas para o orçamento da segurança social".[215]

1. O disposto neste artigo foi inserido pela Lei do Apoio Judiciário de 2004, que substituiu a Lei n.° 30-E/2000, de 20 de Dezembro.

Trata-se de um normativo de natureza financeira decorrente da assunção pelo Orçamento da Segurança Social dos encargos com as despesas de material e pessoal envolvidas pela actividade relativa aos actos administrativos de concessão ou não da protecção jurídica nas modalidades de assistência judiciária, de consulta jurídica e de apoio judiciário, agora estendida aos arguidos em processo penal.

2. A opção legislativa de retirar aos tribunais a competência de decisão sobre a concessão da protecção jurídica nas modalidades de patrocínio judiciário e de assistência judiciária, e de a transferir para os serviços de segurança social não afectou apenas de modo negativo o critério de decisão, certo que também implicou encargos financeiros acrescidos.

Com efeito, a gestão deste sistema decisório em todo o País, em sede distrital, implica custos enormes, consubstanciados em despesas com o pessoal próprio, com o pagamento de serviços de outrem e, naturalmente, com o material, tudo burocraticamente agravado por via de inúmeras e cruzadas comunicações entre os serviços de segurança social, a Ordem dos Advogados e os tribunais.

---

[215] Os artigos 46.°, 47.° e 48.° foram revogados pela alínea a) do artigo 5.° da Lei n.° 47/2007, de 28 de Agosto.

É a esses custos por serviços prestados nos termos em que o são que o normativo em análise se reporta, o qual legitima a transferência das verbas correspondentes do Orçamento de Estado para aquele Ministério.

3. Revogação da Lei n.º 30-E/2000, de 20 de Dezembro

Sobre a revogação da Lei n.º 30-E-2000, de Dezembro, sob a epígrafe *norma revogatória*, rege o artigo 50.º da Lei do Apoio judiciário, do seguinte teor:

"É revogada a Lei n.º 30-E/2000, de 20 de Dezembro"

1. Por virtude deste normativo foi revogada a Lei n.º 30-E/2000, de 20 de Dezembro, cuja vigência ocorreu durante três anos.

Com a sua revogação, desapareceram, entre outros normativos, alguns já de longa tradição no nosso sistema, por exemplo os que se reportavam à presunção de insuficiência económica, à atendibilidade da indicação de patrono pelo requerente do apoio judiciário na modalidade de patrocínio judiciário e à manutenção do apoio judiciário quando o requerente em virtude da causa obtivesse indemnização para o ressarcir de danos ocorridos, fosse qual fosse o seu montante.

Atenta a diversidade normativa do sistema de acesso ao direito de pretérito em relação àquele que é veiculado pela Lei n.º 34/2004, de 29 de Julho, revela-se assaz limitado o âmbito deste normativo revogatório.

O princípio da primariedade ou procedência, consagrado no n.º 7 do artigo 112.º da Constituição, estabelece a exigência da habilitação legal dos regulamentos e o dever de citação da lei habilitante por parte de todos os regulamentos.

Por seu turno, o princípio da preferência ou preeminência da lei, afirmado no n.º 5 do referido artigo, não permite que os regulamentos contrariem actos legislativos ou equiparados, proibindo os regulamentos interpretativos, modificativos, suspensivos ou revogatórios das leis.[216]

Tendo presente a incompatibilidade entre o sistema do acesso ao direito decorrente da Lei n.º 34/2004, de 29 de Julho, e o que consta no

---

[216] Parecer do Conselho Consultivo da Procuradoria-Geral da República, n.º 66/2005, de 12 de Agosto, *Diário da República*, II Série, n.º 167, de 31 de Agosto de 2005.

Decreto-Lei n.º 391/88, de 26 de Outubro, regulamento do Decreto-Lei n.º 387-B/87, de 29 de Dezembro, primeiramente, e da da Lei n.º 30-E/2000, de 20 de Dezembro, posteriormente, e na Portaria n.ºs 140/2002, de 12 de Fevereiro, concernente aos modelos de requerimento de apoio judiciário, devem considerar-se revogados tacitamente ou de sistema.

Aliás, a Portaria n.º 140/2002, de 12 de Fevereiro, foi expressamente revogada pelo n.º 2 da Portaria n.º 1085-B/2004, de 31 de Agosto, tal como o foi a Portaria n.º 150-C/2002, de 19 de Fevereiro, esta pelo artigo 9.º da Portaria n.º 1386/2004, de 10 de Novembro, a que adiante se fará referência.

A Lei n.º 47/2007, de 28 de Agosto, por seu turno, por via da alínea a) do artigo 5.º, revogou o artigo 5.º, os n.ºs 3 e 5 do artigo 8.º, os n.ºs. 3 e 4 do artigo 14.º, o artigo 21.º, o n.º 5 do artigo 22.º, o n.º 3 do artigo 26.º, o n.º 3 do artigo 29.º, os n.ºs. 2 a 5 do artigo 30.º, os n.ºs 3 e 4 do artigo 31.º, o n.º 3 do artigo 35.º, o artigo 40.º, o n.º 4 do artigo 41.º, o n.º 5 do artigo 42.º, os n.ºs. 3 a 5 do artigo 45.º e os artigos 46.º a 48.º, todos da Lei n.º 34/2004, de 29 de Julho.

4. Aplicação da lei no tempo

Sobre a aplicação da lei no tempo, sob a epígrafe *regime transitório*, rege o artigo 51.º da Lei do Apoio Judiciário, do seguinte teor:

"1. As alterações introduzidas pela presente lei aplicam-se apenas aos pedidos de apoio judiciário que sejam formulados após o dia 1 de Setembro de 2004.
2. Aos processos de apoio judiciário iniciados até à entrada em vigor da presente lei é aplicável o regime legal anterior.
3. Nos processos judiciais pendentes em 1 de Setembro de 2004 em que ainda não tenha sido requerido o benefício de apoio judiciário, este poderá ser requerido até ao trânsito em julgado da decisão final".

1. Resulta do n.º 1 que as alterações introduzidas pela Lei do Apoio Judiciário de 2004 só se aplicam aos pedidos de apoio judiciário formulados após o dia 1 de Setembro de 2004, inclusive, data da sua entrada em vigor.

A expressão *pedidos de apoio judiciário* a que se reporta o normativo em análise deve interpretar-se extensivamente, em termos de significar *pedidos de protecção jurídica*, porque o espírito da lei, e o seu elemento sistemático revelam que, na espécie, o legislador pretendeu expressar mais do que realmente expressou.

Dada a expressão deste normativo, a Lei do Apoio Judiciário de 2004 só é aplicável aos pedidos de protecção jurídica formulados a partir do dia 1 de Setembro de 2004, *inclusive*.

Começada a vigência desta Lei, é de aplicação imediata, independentemente de os factos relativos à insuficiência económica em causa haverem ocorrido durante a vigência da lei anterior, o que constitui corolário do facto de as novas normas visarem a aplicação de direitos ou princípios constitucionais.

2. Prevê o n.º 2 deste artigo, em complemento do disposto no n.º 1, os processos de apoio judiciário iniciados até à entrada em vigor da Lei n.º 34/2004, de 29 de Julho, e estatui ser-lhes aplicável o regime legal anterior.

Assim, o regime de apoio judiciário decorrente daquela Lei não se aplica, como é natural, em razão de incompatibilidade de procedimentos, aos pedidos de apoio judiciário já pendentes naquela data.

A expressão *processos de apoio judiciário* pretende significar, como é natural, procedimentos de apoio judiciário da competência dos órgãos da segurança social e incidentes de apoio judiciário requeridos por arguidos na acção penal, estes ainda da competência do juiz.

O alcance do benefício do apoio judiciário concedido deve, nesta hipótese, ser determinado à luz do regime anterior.

Deve configurar-se como situação similar à de litispendência e, por isso, indeferir-se o pedido de protecção jurídica formulado ao abrigo da nova lei que se apresente como repetição de idêntico pedido anteriormente formulado ao abrigo da lei antiga e ainda não decidido.

3. Prevê o n.º 3 os processos judiciais pendentes em 1 de Setembro de 2004 em que ainda não tenha sido requerido o benefício de apoio judiciário, e estatui que este poderá ser requerido até ao trânsito em julgado da decisão final.

Este normativo tem a sua razão de ser no que se prescrevia no artigo 18.º, n.ºs 2 e 3, da Lei n.º 34/2004, de 29 de Julho, segundo os quais, o apoio judiciário deve ser requerido antes da primeira intervenção processual do requerente, salvo se a situação de insuficiência económica lhe for superveniente, ou se, por virtude do decurso da acção, ocorrer um encargo excepcional, casos em que o benefício deve ser requerido antes da primeira intervenção processual posterior ao conhecimento da respectiva situação.

Visa, pois, este normativo, na área civilística, quanto aos processos pendentes no dia 1 de Setembro de 2004, em que não tenha sido requerido o apoio judiciário nas modalidades de patrocínio judiciário e de assistência judiciária, que as partes o possam requerer até ao trânsito em julgado da sentença final.

Não tinha este normativo relevo quanto ao pedido de apoio judiciário requerido por arguidos em processo penal, visto que a lei estabelecia que eles o podiam fazer até ao trânsito em julgado da decisão final (artigo 44.º, n.º 1).

Não tem qualquer justificação a admissibilidade de requerimento do apoio judiciário na modalidade de assistência judiciária formulado depois da prolação da sentença final e antes do seu trânsito em julgado, se dela não se pretender interpor recurso.

Já se suscitou a questão de saber se nos casos a que alude este normativo se aplicava o disposto na Lei de Apoio Judiciário n.º 34/2004, de 29 de Julho, ou na Lei n.º 30-E/2000, de 20 de Dezembro. Tendo em conta que esta última Lei foi revogada e a sua aplicação não está ressalvada para aplicação nos casos a que alude o normativo em análise, entendemos que, na espécie, é aplicável a primeira.

4. Tendo em conta o que prescrevem, a propósito do regime transitório, os artigos 6.º e 8.º do diploma preambular consubstanciado na Lei n.º 47/2007, de 28 de Agosto, as alterações por esta introduzidas apenas se aplicam aos pedidos de protecção jurídica apresentados após a sua entrada em vigor, ou seja, depois de 1 de Janeiro de 2008.

Importa, todavia, ter em conta as normas de direito transitório constantes da portaria de regulamentação do apoio judiciário, a que, na sede própria, se fará detalhada referência.

5. Melhoria do acesso à justiça nos litígios transfronteiriços

Sobre a melhoria do acesso à justiça nos litígios transfronteiriços, sob a epígrafe *transposição*, rege o artigo 52.º da lei do Apoio Judiciário, do seguinte teor:

"A presente lei efectua a transposição parcial da Directiva n.º 2003/8/CE do Conselho, de 27 de Janeiro, relativa à melhoria do acesso à justiça nos litígios transfronteiriços, através do estabelecimento de regras mínimas comuns relativas ao apoio judiciário no âmbito desses litígios".

Prevê este artigo a Directiva n.º 2003/8/CE, de 27 de Janeiro de 2003, relativa à melhoria do acesso à justiça nos litígios transfronteiriços, através do estabelecimento de regras mínimas comuns relativas ao apoio judiciário no âmbito desses litígios, e estatui ser efectuada a sua transposição parcial por via desta Lei do Apoio Judiciário.

Está de algum modo conexionado com os artigos 6.º, n.º 4, e 16.º, n.º 4, e 53.º, todos desta Lei, sendo que o último relega para o dia 30 de Novembro de 2004 o início da vigência dos primeiros.

Entretanto, por via do Decreto-Lei n.º 71/2005, de 17 de Março, foi completada a transposição da referida Directiva para a nossa ordem jurídica interna.

6. Início de vigência da Lei do Apoio Judiciário

Sobre o início da vigência da nova Lei do Apoio Judiciário, sob a epígrafe *entrada em vigor*, rege o artigo 53.º da Lei do Apoio Judiciário, do seguinte teor:

"A presente lei entra em vigor em 1 de Setembro de 2004, salvo o n.º 4 do artigo 6.º e o n.º 4 do artigo 16.º que entram em vigor no dia 30 de Novembro de 2004".

1. Prevê este artigo o início da vigência da Lei do Apoio Judiciário de 2004, e estatui a regra de que ele ocorre no dia 1 de Setembro de 2004, e a excepção quanto ao disposto nos n.ºs 4 dos artigos 6.º e 16.º.

O n.º 4 do artigo 6.º da referia Lei, a que este artigo alude como primeira excepção ao regime geral do início de vigência, reporta-se aos litígios transfronteiriços cujos tribunais competentes pertençam a outro Estado da União Europeia, em que a protecção jurídica também abrange o apoio pré-contencioso e os encargos específicos decorrentes do carácter transfronteiriço do litígio, em termos a definir por lei.

E a segunda excepção ao regime do início da vigência a que alude o mesmo normativo reporta-se aos pedidos de apoio judiciário formulados por residentes noutro Estado da União Europeia para acção da competência dos tribunais portugueses, em que o apoio judiciário também abrange os encargos específicos decorrentes do carácter transfronteiriço do litígio em termos a definir por lei.

2. Tendo em conta o que resulta do artigo 8.º da Lei n.º 47/2007, de 28 de Agosto de 2004, o regime por esta instituído só entra em vigor no dia 1 de Janeiro de 2008.

**B) CÁLCULO DO RENDIMENTO RELEVANTE
PARA EFEITOS DE PROTECÇÃO JURÍDICA (ANEXO)**

É a seguinte a estrutura normativa do Anexo relativo ao rendimento relevante para efeitos de protecção jurídica, instrumental ao preceituado no artigo 8.º-A desta Lei.

I – Rendimento relevante para efeitos de protecção jurídica

1. O rendimento relevante para efeitos de protecção jurídica (Y_{AP}) é o montante que resulta da diferença entre o valor do rendimento líquido completo do agregado familiar (Y_C) e o valor da dedução relevante para efeitos de protecção jurídica (A), ou seja, $Y_{AP} = Y_C - A$.
2. O rendimento relevante para efeitos de protecção jurídica (Y_{AP}) é expresso em múltiplos do indexante de apoios sociais.

1. Reporta-se este artigo, no quadro da apreciação administrativa do mérito dos requerimentos de protecção jurídica, ao rendimento relevante para esse efeito, ou seja, à concretização do segmento normativo *rendimento relevante para efeitos de protecção jurídica*, a que alude o artigo 8.º-A, n.º 2, desta Lei, segundo o qual, tal rendimento consubstancia-se no montante resultante da diferença entre o valor do rendimento líquido completo do agregado familiar e o valor da dedução relevante para efeitos de protecção jurídica.

Por via dele, estabelece-se uma fórmula de cálculo do mencionado rendimento como critério de avaliação da insuficiência económica do requerente de protecção jurídica.

Trata-se de complexa fórmula de cálculo do rendimento relevante para efeitos de protecção jurídica, cuja estrutura, pensada em termos de objectivar e uniformizar os critérios decisórios, não se harmoniza com a realidade da matéria envolvente, designadamente com a necessidade de formulação de juízos de equidade e de proporcionalidade.

2. Prevê o n.º 1 deste artigo o cálculo do rendimento relevante para

efeitos de protecção jurídica, utilizando fórmulas sinalaléticas constituídas por uma, duas ou três letras, conforme os casos.

E estatui que esse rendimento relevante se cifra na diferença entre a soma do rendimento líquido de todos os membros do agregado familiar do requerente da protecção jurídica e o montante da dedução relevante para efeito de protecção jurídica.

O segmento normativo *agregado familiar* do requerente de protecção jurídica significa, face ao disposto no n.º 3 do artigo 8.º-A desta Lei, as pessoas que com ele vivam em economia comum.

O modo de cálculo do referido rendimento do agregado familiar do requerente da protecção jurídica e da dedução relevante para o mesmo efeito, e a forma de cálculo do valor relevante para esse efeito constam nos artigos do Anexo II, III e IV, respectivamente.

3. Prevê, por seu turno, o n.º 2, conexionado com o que se prescreve no artigo 8.º-A, n.º 1, desta Lei, a expressão do rendimento relevante para efeito de protecção jurídica, e estatui que ele é expresso em múltiplos do indexante de apoios sociais.

Decorrentemente, o rendimento relevante para efeito de protecção jurídica é expresso num número plural do indexante de apoios sociais.

Todavia, conforme resulta do artigo 8.º-A, n.º 1, desta Lei, o rendimento relevante para efeito de protecção jurídica pode ser expresso em submúltiplos do indexante de apoios sociais.

Verifica-se, pois, que se substituiu o conceito de salário mínimo nacional, que constava no regime de pretérito, pelo conceito de indexante de apoios sociais.[217]

O indexante dos apoios sociais foi criado pela Lei n.º 53-B/2006, de 29 de Dezembro, e constitui o referencial determinante da fixação, cálculo e actualização dos apoios e outras despesas e das receitas da administração central do Estado, das Regiões Autónomas e das autarquias locais, qualquer que seja a sua natureza, previstos em actos legislativos ou regulamentares (artigos 1.º e 2.º, n.º 1).

---

[217] O montante da remuneração mínima mensal garantida, a que se refere o n.º 1 do artigo 266.º do Código do Trabalho, foi fixado para o ano de 2008 no quantitativo de € 426 (artigo 1.º do Decreto-Lei 397/2007, de 31 de Dezembro.

Relevam, para o efeito, os apoios concedidos e as receitas cobradas a pessoas singulares ou colectivas de natureza privada e a entidades públicas de natureza empresarial (artigo 2.°, n.° 2).

O valor do mencionado indexante para o ano de 2007 foi fixado pela Portaria n.° 106/2007, de 23 de Janeiro, emitida pelos membros do Governo responsáveis pelas áreas das finanças e do trabalho e da solidariedade social, com base no valor da retribuição mínima mensal garantida em vigor no ano de 2006, actualizada pelo índice de preços no consumidor sem habitação, correspondente à variação média dos últimos 12 meses, disponível em 30 de Novembro de 2006, no montante de € 397,86 (artigos 3.° da Lei n.° 53-B/2006, de 29 de Dezembro, e 1.° daquela Portaria).

O valor do indexante de apoios sociais é actualizado anualmente, com efeitos a partir do dia 1 de Janeiro de cada ano, com base nos indicadores de referência a que se reportam os artigos 4.° e 5.° da Lei n.° 53-B/2006, de 29 de Dezembro.

O referido valor para o ano de 2008 é do montante de 407,41 € (Portaria n.° 9/2008, de 3 de Janeiro).

II – RENDIMENTO LÍQUIDO COMPLETO DO AGREGADO FAMILIAR

1. O valor do rendimento líquido completo do agregado familiar (Y_C) resulta da soma do valor da receita líquida do agregado familiar (Y) com o montante da renda financeira implícita calculada com base nos activos patrimoniais do agregado familiar (Y_R), ou seja, $Y_C = Y + Y_R$.

2. Por receita líquida do agregado familiar (Y) entende-se o rendimento depois da dedução do imposto sobre o rendimento e das contribuições obrigatórias para regimes de protecção social.

3. O cálculo da renda financeira implícita é efectuado nos termos previstos no n.° V.

1. Reporta-se este artigo, em concretização do conceito de rendimento relevante para efeito de protecção jurídica a que se reporta o artigo anterior, ao cálculo do rendimento líquido completo do agregado familiar do requerente daquele benefício.

2. Prevê o n.° 1 deste artigo o modo de cálculo do rendimento líquido completo do agregado familiar do requerente de protecção jurídica.

E estatui que o mencionado rendimento líquido global decorre da soma do valor da receita líquida do agregado familiar do requerente de protecção jurídica com o montante da renda financeira implícita, calculada com base nos activos patrimoniais daquele agregado.

O segmento normativo *agregado familiar* significa, como já se referiu, e resulta do artigo 8.º-A, n.º 3, desta Lei, o envolvido pelas pessoas que com o requerente da protecção jurídica vivam em economia comum.

Os activos patrimoniais a que este normativo se reporta são os previstos no artigo 8.º-A, n.º 5, desta Lei. Ao cálculo da renda financeira específica reporta-se, por seu turno, o artigo V deste Anexo.

3. Prevê o n.º 2, em conexão com o que se prescreve no n.º 1 do artigo anterior, a concretização da receita líquida do agregado familiar do requerente de protecção jurídica.

E estatui que a mesma se traduz no rendimento do mencionado agregado familiar depois da dedução do imposto sobre o rendimento e das contribuições obrigatórias para os regimes de protecção social.

Assim, o rendimento líquido completo do agregado familiar é calculado com base no valor do respectivo rendimento bruto abatido do respectivo imposto sobre o rendimento das pessoas singulares e da taxa social para o regime de segurança social.

Em relação ao regime de pretérito, a diferença consiste na eliminação na lei actual das contribuições dos empregadores para a segurança social.

O segmento normativo *agregado familiar*, tal como o que consta do número anterior, significa o envolvido pelas pessoas que com o requerente da protecção jurídica vivam em economia comum.

4. Prevê o n.º 3, em conexão com o seu n.º 1, o cálculo da renda financeira implícita, e estatui que ele deve operar nos termos previstos no artigo V, que adiante se analisará.

III – DEDUÇÃO RELEVANTE PARA EFEITOS DE PROTECÇÃO JURÍDICA

1. O valor da dedução relevante para efeitos de protecção jurídica (A) resulta da soma do valor da dedução de encargos com necessidades básicas do agregado familiar (D) com o montante da dedução de encargos com a habitação do agregado familiar (H), ou seja, $A = D + H$.

2. O valor da dedução de encargos com necessidades básicas do agregado familiar (D) resulta da aplicação da seguinte fórmula:

$$D = [1 + \text{Ln}\,(1 + \frac{n-1}{2})\,]\, x\, d\, x\, Y_c$$

em que n é o número de elementos do agregado familiar e d é o coeficiente de dedução de despesas com necessidades básicas do agregado familiar, determinado em função dos diversos escalões de rendimento, de acordo com o previsto na tabela do n.º VI.

3. O montante da dedução de encargos com a habitação do agregado familiar (H) resulta da aplicação do coeficiente (h) ao valor do rendimento líquido completo do agregado familiar (Y_C), ou seja, $H = h + Y_C$, em que h é determinado em função dos diversos escalões de rendimento, de acordo com o previsto na tabela do n.º VII.

1. Reporta-se este artigo, em conexão com o n.º 2 do artigo 8.º-A desta Lei e o n.º 1 do artigo II deste Anexo, à dedução relevante para efeito de protecção jurídica, que assenta nos conceitos de encargos com as necessidades básicas do agregado familiar e com a sua habitação.

Em relação ao regime de pretérito, que constava no artigo 8.º da Portaria n.º 1085.º-B/2004, de 31 de Agosto, a diferença consiste apenas no que concerne ao n.º 2, no que concerne à forma matemática atinente à dedução dos encargos com as necessidades básicas do agregado familiar.[218]

O segmento normativo *agregado familiar* constante deste artigo significa, nos termos do artigo 8.º-A, n.º 3, desta Lei, o envolvido pelas pessoas que com o requerente da protecção jurídica vivam em economia comum.

2. Prevê o n.º 1, conexionado com a última parte do n.º 1 do artigo I deste Anexo e com o n.º 2 do artigo 8.º-A desta Lei, o valor da dedução relevante para efeito de determinação do rendimento relevante para efeito de protecção jurídica.

E estatui que aquele valor é o correspondente à soma do valor da dedução de encargos com as necessidades básicas do agregado familiar do requerente da protecção jurídica, ou seja dele e das pessoas que com ele vivam em economia comum, com o valor da dedução de encargos com a respectiva habitação.

---

[218] A referida Portaria foi alterada pela Portaria n.º 288/2005, de 21 de Março.

A fórmula de cálculo da dedução dos encargos com as necessidades básicas do agregado familiar do requerente da protecção jurídica consta no n.º 2, e a fórmula do cálculo do montante da dedução dos encargos com a respectiva habitação consta no n.º. 3, que a seguir se analisarão.

3. Prevê o n.º 2, deste artigo o valor da dedução de encargos com necessidades básicas do agregado familiar do requerente de protecção jurídica.

E estatui que o mesmo corresponde à soma de um com o número dos elementos do agregado familiar, determinado por via da soma de um com a diferença entre esse número dividido por dois, multiplicado o resultado pelo coeficiente de dedução de despesas com as necessidades básicas do agregado familiar, calculado em função dos diversos escalões de rendimento, multiplicando-se esse resultado pelo valor do rendimento líquido completo do agregado familiar.

4. Prevê o n.º 3, em conexão com o seu n.º 1, o montante da dedução de encargos com a habitação do agregado familiar, com o sentido acima referido, do requerente da protecção jurídica.

E estatui que o mesmo resulta da aplicação do coeficiente determinado em função dos diversos escalões de rendimento em conformidade com tabela do n.º VII deste Anexo, ao valor do rendimento líquido do agregado familiar.

Assim, a dedução do montante de encargos com a habitação é sempre calculada por referência ao coeficiente aplicável em cada caso, prescindindo-se da apresentação dos documentos relativos àqueles encargos.

IV – FÓRMULA DE CÁLCULO DO VALOR DO RENDIMENTO RELEVANTE PARA EFEITOS DE PROTECÇÃO JURÍDICA

O valor do rendimento relevante para efeitos de protecção jurídica, especificado nos n.ºs I a III, é calculado através da seguinte fórmula:

$$Y_{AP} = \left\{ 1 - [1 + \text{Ln}\left(\frac{n+1}{2}\right)] \times d - h \right\} \times Y_c$$

A fórmula de cálculo resulta das seguintes identidades algébricas:

$$Y_{AP} = Y_c - A$$

$$A = D + H$$

$$D = [1 + \underline{Ln} \left(1 + \frac{n-1}{2}\right)] \times d \times Y_c$$

$$H = h \times Y_c$$

Portanto, por operações aritméticas elementares:

$$Y_{AP} = Y_c - (D + H)$$

$$Y_{AP} = Y_c - \{[1 + \underline{Ln} \left(1 + \frac{n-1}{2}\right)] \times d \times Y_c + h \times Y_c\}$$

$$Y_{AP} = Y_c - \{[1 + Ln \left(\frac{n+1}{2}\right)] \times d \times Y_c + h \times Y_c$$

$$Y_{AP} = \{1 - [1 + Ln \left(\frac{n+1}{2}\right)] \times d - h\} \times Y_c$$

V – CÁLCULO DA RENDA FINANCEIRA IMPLÍCITA

1. O montante da renda financeira implícita a que se refere o n.º 1 do n.º II é calculado mediante a aplicação de uma taxa de juro de referência ao valor dos activos patrimoniais do agregado familiar.

2. A taxa de juro de referência é a taxa EURIBOR a seis meses correspondente ao valor médio verificado nos meses de Dezembro ou de Junho últimos, consoante o requerimento de protecção jurídica seja apresentado, respectivamente, no 1.º ou no 2.º semestres do ano civil em curso.

3. Entende-se por valor dos bens imóveis aquele que for mais elevado entre o declarado pelo requerente no pedido de protecção jurídica, o inscrito na matriz predial e o constante do documento que haja titulado a respectiva aquisição.

4. Quando se trate da casa de morada de família, no cálculo referido no n.º 1 apenas se contabiliza o valor daquela se for superior a € 100 000 e na estrita medida desse excesso.
5. O valor das participações sociais e dos valores mobiliários é aquele que resultar da cotação observada em bolsa no dia anterior ao da apresentação do requerimento de protecção jurídica ou, na falta deste, o seu valor nominal.
6. Entende-se por valor dos bens móveis sujeitos a registo o respectivo valor de mercado.

1. Reporta-se este artigo, conexionado com o n.º 1 do artigo II deste Anexo, ao cálculo da renda financeira implícita ou presumida *jure et de jure*.

2. Prevê o seu n.º 1 o cálculo do montante da renda financeira implícita a que se refere o n.º 1 do artigo II deste Anexo, e estatui que a referida renda é calculada por via da aplicação de uma taxa de juro de referência ao valor dos activos patrimoniais do agregado familiar.
O segmento normativo *agregado familiar* a que alude este normativo significa, conforme resulta do n.º 3 do artigo 8.º-A desta Lei, o envolvido pelo requerente da protecção jurídica e pelas pessoas que com ele vivam em economia comum.
Os aludidos activos patrimoniais são os previstos no artigo 8.º-A, n.º 5, desta Lei e outros direitos patrimoniais, e a taxa de juro de referência é a prevista no número seguinte.

3. Prevê o n.º 2 deste artigo a taxa de juro de referência aplicável aos activos patrimoniais a que alude o n.º 1 deste artigo, e estatui que essa taxa é a *Euribor* a seis meses correspondente ao valor médio verificado nos meses de Dezembro ou de Junho últimos, consoante o requerimento de protecção jurídica seja apresentado no primeiro ou no segundo semestre do ano civil em curso.
Aquela taxa de juros é, pois, a correspondente à de concessão de crédito pelo prazo de seis meses, segundo o que resultar da fixação pelo Banco Central Europeu para uma ou outra metade do ano civil, actualmente no valor de 4,627%.
A opção pela aplicação na espécie desta taxa variável, tendo em conta o sistema da sua comunicação pelo Banco Central, envolve um elemento de acrescida complexidade do cálculo.

4. Prevê o n.º 3 deste artigo o que deve entender-se por valor dos bens imóveis, e estatui que ele corresponde ao mais elevado, no confronto do declarado pelo requerente da protecção jurídica, do inscrito na matriz predial e do constante do título documental da respectiva aquisição.

5. Prevê o n.º 4 deste artigo o valor do activo patrimonial do requerente da protecção jurídica correspondente à casa de morada de família para efeito do cálculo da renda financeira, e estatui que nesse cálculo apenas releva o excesso do valor superior a € 100 000.

6. Prevê o n.º 5 deste artigo, conexionado com o disposto no artigo 8.º-A, n.º 5, desta Lei, o valor das participações sociais e dos acervos mobiliários, conforme tenham ou não cotação na bolsa.

E estatui para a primeira das referidas situações, por um lado, que o valor dos activos patrimoniais é o que resultar da cotação da bolsa no dia anterior à apresentação do requerimento de protecção jurídica, e por outro, para a segunda situação, que o valor a considerar é o nominal.

7. Prevê o n.º 6 deste artigo o valor dos bens móveis sujeitos a registo para efeito de cálculo da renda financeira, e estatui, para o mencionado efeito, ser o de mercado. Os veículos automóveis, incluindo os motociclos, navios e aeronaves e o valor de mercado respectivo é, naturalmente, o da altura da apresentação do requerimento de protecção jurídica.

Parece-nos do contexto da lei que o procedimento administrativo não comporta a prova pericial tendente a determinar o valor dos veículos automóveis.

Em consequência, a solução deverá ser a de os serviços de segurança social atenderem, para o efeito, ao valor declarado pelos requerentes de protecção jurídica ou ao constante de alguma tabelas, a exemplo do que acontece no quadro das empresas seguradoras por danos próprios do ramo automóvel.

VI – Tabela a que se refere o n.° 2 do n.° III

Escalões de rendimento líquido completo do agregado familiar (Y_C) – valores anuais expressos em euros:	Coeficientes de dedução de despesa (d)
4 500 ≤ Y_C < 9 000	0,320
9 000 ≤ Y_C < 13 500	0,288
13 500 ≤ Y_C < 18 000	0,264
Y_C ≥ 18 000	0,217

VII – Tabela a que se refere o n.° 3 do n.° III

Escalões de rendimento líquido completo do agregado familiar (Y_C) (valores anuais expressos em euros)	Coeficientes de dedução de despesa (h)
4 500 ≤ Y_C < 9 000	0,238
9 000 ≤ Y^C < 13 500	0,207
13 500 ≤ Y_C < 18 000	0,198
Y_C ≥ 18 000	0,184

Em breve síntese, dir-se-á resultarem deste Anexo os critérios do cálculo do rendimento relevante para efeitos de protecção jurídica requerida pelas pessoas singulares.

Constituem pressupostos essenciais do mencionado cálculo, o rendimento líquido completo do agregado familiar do requerente da protecção jurídica, a respectiva dedução e a renda financeira implícita.

A lei presume, *juris et de jure*, pertencerem ao agregado familiar do requerente da protecção jurídica as pessoas que com ele vivam em economia comum, o que significa essencialmente conviver com interdependência de cómodos, de meios e interesses e pressupõe uma comunhão de vida, uma vivência em conjunto, no quadro de uma economia doméstica, sob a contribuição de todos ou de alguns para os gastos comuns.

O rendimento relevante para efeitos de protecção jurídica, expresso em múltiplos do indexante de apoios sociais, consubstancia-se na diferença entre o rendimento líquido completo do agregado familiar e o valor da dedução relevante para esse efeito.

O rendimento líquido do agregado familiar traduz-se, por seu turno, no resultado da adição da sua receita líquida à sua renda financeira implícita, que é calculada com base nos respectivos activos patrimoniais; e sua receita líquida no rendimento decorrente da dedução do imposto sobre o rendimento e das contribuições obrigatórias para os regimes de protecção social.

O montante da dedução relevante para efeitos de protecção jurídica é achado por via da soma do valor dos encargos com as necessidades básicas do agregado familiar e do montante da dedução de encargos com a habitação daquele agregado.

Os encargos com as necessidades básicas do agregado familiar são determinados com base no número das pessoas que o integram, nas despesas com as necessidades básicas e os diversos escalões de rendimentos envolventes; e os seus encargos com a habitação têm em conta o seu rendimento líquido em função dos diversos escalões de rendimento.

A renda financeira implícita do agregado familiar de referência é calculada por via da aplicação da taxa de juro Euribor a seis meses média verificada em Dezembro ou Junho últimos consoante o pedido de protecção jurídica seja formulado no primeiro ou no segundo semestre do ano em curso.

O valor dos imóveis é o mais elevado de entre o declarado pelo requerente da protecção jurídica, o matricial e o declarado no documento relativo à sua aquisição, salvo no que concerne à casa de morada de família que só é considerado o valor excedente a € 100 000. O valor dos bens móveis sujeitos a registo, como é o caso dos navios, dos aviões e dos veículos automóveis, por seu turno, é o de mercado.

Finalmente, o valor das participações sociais e dos valores mobiliários é aquele que resultar da cotação observada em bolsa no dia anterior ao da apresentação do requerimento de protecção jurídica ou, na falta deste, o seu valor nominal.

A prova dos referidos elementos deve ser produzida, de harmonia com a portaria relativa à instrução do pedido de protecção jurídica, por via da apresentação, com o requerimento de protecção jurídica formulado pelos interessados, dos documentos concernentes aos rendimentos aos activos patrimoniais do respectivo agregado familiar.

Apurado o rendimento relevante para efeitos de protecção jurídica nos termos deste Anexo, aplicam-se os critérios previstos no artigo 8.º-A desta Lei, e determina-se se o requerente da protecção jurídica a esta tem ou não direito, e, caso afirmativo, em que medida.

C) REGULAMENTAÇÃO
DO SISTEMA DE ACESSO AO DIREITO

a) Exórdio

É a seguinte a motivação expressa pelo legislador a propósito da referida Portaria:

"A presente Portaria procede à regulamentação da Lei n.º 34/2004, de 29 de Julho, na redacção dada pela Lei n.º 47/2007, de 28 de Agosto, nomeadamente quanto à fixação do valor da taxa devida pela prestação da consulta jurídica, à definição das estruturas de resolução alternativa de litígios às quais se aplica o regime de apoio judiciário, à definição do valor dos encargos para efeitos do disposto no n.º 2 do artigo 36.º da Lei referida, à regulamentação da admissão dos profissionais forenses no sistema de acesso ao direito, à nomeação de patrono e de defensor e ao pagamento da respectiva compensação.

Com o regime agora definido permite-se a simplificação de todo o sistema de acesso ao direito e da sua gestão, tendo esta sido arquitectada para funcionar com recurso a aplicações informáticas. A existência de um sistema informático permite a desmaterialização do procedimento desde o pedido de nomeação de patrono ou defensor até ao processamento do pagamento ao profissional forense, com ganhos óbvios na celeridade e eficiência de todo o processo. De igual forma, as comunicações entre os diversos intervenientes e a Ordem dos Advogados devem realizar-se também, preferencialmente, por via electrónica. Estipula-se ainda a exigência de utilização de meios electrónicos pelos profissionais forenses que prestem serviços no âmbito do sistema de acesso ao direito na sua relação com o tribunal, contribuindo-se assim para a celeridade e eficiência do processo judicial em que a parte beneficia do apoio judiciário.

Ainda com o propósito de assegurar um melhor funcionamento do sistema de acesso ao direito, procede-se, por um lado, à criação de um sistema de lotes de processo, que podem corresponder ao acompanhamento de até 50 processos em simultâneo por profissional forense, e de lotes de escalas de prevenção, definindo-se o número de escalas de prevenção – até ao limite de 36 – que cada profissional forense pode realizar por ano. Por esta via cria-se uma relação de estabilidade e regularidade da prestação de serviços, o que permite a existência de pagamentos periódicos ao profissional forense, que passará a saber previamente a regularidade e o valor dos mesmos.

Por outro lado, são criadas escalas de prevenção, ou seja, escalas em que o advogado ou advogado estagiário assume a disponibilidade de, apenas quando para tal for contactado, se deslocar ao local da realização da diligência onde a sua presença é necessária. Evita-se assim que os advogados e advogados estagiários se desloquem e permaneçam em determinado local durante todo o período da escala, independentemente de se vir a realizar ou não diligência onde seja necessária a sua intervenção.

A presente Portaria visa, igualmente, regulamentar aspectos que, em matéria de resolução alternativa de litígios e de consulta jurídica, proporcionam um alargamento do âmbito dos serviços do sistema de acesso ao direito e elevação dos seus padrões.

Procede-se, assim, ao elenco das estruturas de resolução alternativa de litígios nas quais se aplica o regime do apoio judiciário, com especial destaque para os julgados de paz, para os sistemas de mediação e para os centros de arbitragem de conflitos de consumo, que alargam o leque da oferta dos serviços de Justiça, assim contribuindo para melhor cumprir a garantia constitucional de acesso ao direito.

Além disso, é regulamentada a prestação da consulta jurídica e determina-se o valor da taxa devida pelo beneficiário por essa prestação, para efeitos do n.° 4 do artigo 8.°-A da Lei n.° 34/2004.

Finalmente, é criada a Comissão de Acompanhamento do Acesso ao Direito, que deve monitorizar o sistema ora implementado, e apresentar proposta para o seu aperfeiçoamento. O aperfeiçoamento do sistema está previsto para 18 meses após a sua entrada em funcionamento."

b) Articulado da lei

CAPÍTULO I
Protecção jurídica

SECÇÃO I
Consulta jurídica

ARTIGO 1.º
(Prestação de consulta jurídica)

1. Sem prejuízo do disposto nos números seguintes, a prestação de consulta jurídica gratuita ou sujeita ao pagamento de uma taxa, nos termos da Lei n.º 34/2004, de 29 de Julho, na redacção dada pela Lei n.º 47/2007, de 28 de Agosto, é definida por protocolo a celebrar entre o Ministério da Justiça e a Ordem dos Advogados.

2. A consulta jurídica pode ser prestada nos Gabinetes de Consulta Jurídica e nos escritórios dos advogados participantes no sistema de acesso ao direito.

3. A nomeação dos profissionais forenses para a prestação de consulta jurídica é efectuada pela Ordem dos Advogados a pedido dos serviços de segurança social, podendo essa nomeação ser efectuada de forma totalmente automática, através de sistema electrónico gerido por aquela entidade.

4. O valor da taxa devida pela prestação da consulta jurídica, nos termos do n.º 4 do artigo 8.º-A da Lei n.º 34/2004, de 29 de Julho, é de 30 €.

5. O pagamento da taxa a que se refere o número anterior é efectuado directamente na Caixa Geral de Depósitos ou através de sistema electrónico, a favor do Instituto de Gestão Financeira e de Infra--Estruturas de Justiça, I.P. (IGFIJ, I.P.).

1. Estamos perante o principal texto de regulamentação da Lei do Apoio judiciário aprovada pela Lei n.º 34/2004, de 29 de Julho, alterada pela Lei n.º 47/2007, de 28 de Agosto, especialmente por via do desenvolvimento dos seus artigos 8.º-A, n.º 4, 17.º, n.º 1, 36.º, n.º 2 e 45.º, n.º 2.

Envolve, além do mais, a fixação do valor da taxa devida pela prestação da consulta jurídica, a definição das estruturas de resolução alternativa de litígios às quais se aplica o regime de apoio judiciário, a definição do valor dos encargos para efeitos da concessão do apoio judiciário na modalidade de pagamento faseado, a regulamentação da admissão dos profissionais forenses no sistema de acesso ao direito, a nomeação de patrono e de defensor e o pagamento da respectiva compensação.

Todavia, o disposto nos n.ᵒˢ 1 a 3 deste artigo só entra em vigor no dia 1 de Março de 2008 (artigo 37.°, n.° 2).

2. Depois de salvaguardar o disposto nos números seguintes, prevê o n.° 1 deste artigo a prestação de consulta jurídica gratuita ou sujeita ao pagamento de uma taxa, nos termos da Lei do Apoio Judiciário, e estatui dever ser definida por protocolo a celebrar entre o Ministério da Justiça e a Ordem dos Advogados.

Temos, assim, que a prestação de protecção jurídica na modalidade de consulta jurídica a que se reportam os artigos 14.° e 15.° da Lei do Apoio Judiciário é definida por via de protocolo a outorgar entre a Ordem dos Advogados e o Ministério da Justiça.

3. Prevê o n.° 2 deste artigo, reproduzindo o que estabelece o artigo 15.°, n.° 1, da Lei do Apoio Judiciário, a prestação da consulta jurídica, e estatui que ela pode operar nos gabinetes de consulta jurídica e nos escritórios dos advogados participantes no sistema de acesso ao direito.

A inovação consiste na possibilidade de a consulta jurídica poder ser prestada nos escritórios de advogados participantes no sistema de acesso ao direito.

4. Prevê o n.° 3 deste artigo a nomeação dos profissionais forenses para a prestação de consulta jurídica, e estatui, por um lado, dever a mesma ser feita pela Ordem dos Advogados a pedido dos serviços de segurança social.

E, por outro, poder essa nomeação ser efectuada de forma totalmente automática, através de sistema electrónico gerido pela Ordem dos Advogados.

Resulta, assim, deste normativo que os serviços da segurança social decidem quem tem direito à protecção jurídica na modalidade de consulta jurídica gratuita ou sujeita ao pagamento de taxa e que requisitam à Ordem dos Advogados a nomeação de causídicos para o efeito.

Não é obrigatório, por ora, que tal nomeação seja realizada automaticamente por via do sistema electrónico que a Ordem dos Advogados gere. Mas o escopo finalístico da lei é no sentido desse automatismo.

5. Prevê o n.° 4 deste artigo o valor da taxa devida pela prestação da consulta jurídica, nos termos do n.° 4 do artigo 8.°-A da Lei n.° 34/2004, de 29 de Julho, e estatui que a mesma se cifra no montante de € 30.

Trata-se da regulamentação do mencionado normativo da Lei do Apoio Judiciário, segundo o qual, o valor da taxa devida pela prestação da consulta jurídica é fixado por portaria do membro do Governo responsável pela área da justiça.

O pagamento da referida taxa pelos utentes da protecção jurídica na modalidade de consulta jurídica tem como pressuposto que eles não tenham direito a esse serviço em termos de gratuitidade.

6. Prevê o n.° 5 deste artigo o pagamento da taxa a que se refere o número anterior, e estatui ser o mesmo efectuado a favor do Instituto de Gestão Financeira e de Infra-Estruturas de Justiça, I.P, directamente na Caixa Geral de Depósitos ou através de sistema electrónico.

Assim, o montante da referida taxa é objecto de autoliquidação e realizado directamente naquela instituição de crédito ou por sistema electrónico, neste caso nos terminais do multibanco ou através do sistema *home-banking*.

SECÇÃO II
Apoio judiciário

ARTIGO 2.°
(Nomeação de patrono e de defensor)

**1. Sem prejuízo do disposto no artigo seguinte, a nomeação de patrono ou de defensor é efectuada pela Ordem do Advogados, podendo ser realizada de forma totalmente automática, através de sistema electrónico gerido por esta entidade.
2. Para efeitos do disposto no número anterior, os tribunais, as secretarias ou serviços do Ministério Público, os órgãos de polícia criminal e os serviços de segurança social devem solicitar a nomeação de**

patrono ou de defensor à Ordem do Advogados, sempre que, nos termos da lei, se mostre necessária.

1. Reporta-se este artigo à nomeação de patrono ou de defensor na perspectiva da entidade nomeante e de quem a requer.

Regulamenta, por um lado, o disposto no artigo 30.º, n.º 1, da Lei do Apoio Judiciário, segundo o qual, a nomeação de patrono, sendo concedida, é realizada pela Ordem dos Advogados.

E, por outro, o que se prescreve no artigo 39.º, n.º 1, daquela Lei, segundo o qual a nomeação de defensor ao arguido, a dispensa de patrocínio e a sua substituição é feita nos termos do Código de Processo Penal, daquela Lei e do diploma em análise.

2. Prevê o n.º 1 deste artigo, depois de salvaguardar o que se prescreve no artigo seguinte, a nomeação de patrono ou de defensor, e estatui, por um lado, dever ser efectuada pela Ordem do Advogados, e, por outro, poder sê-lo de forma automática, através de sistema electrónico gerido por aquela entidade.

Conforme resulta do artigo 16.º, n.ºs 1, alíneas b) e c), da Lei do Apoio Judiciário, a designação de patrono reporta-se ao causídico nomeado para a realização de serviço de patrocínio que não seja a defesa de arguidos em processo penal ou de contra-ordenação, enquanto a designação de defensor oficioso se refere ao causídico nomeado para essa última defesa.

Não é obrigatório, por ora, que tal nomeação seja realizada automaticamente por via do sistema electrónico que a Ordem dos Advogados gere; mas o escopo finalístico da lei é no sentido desse automatismo.

3. Prevê o n.º 2 deste artigo, por referência ao que se prescreve no n.º 1, quem deve solicitar a nomeação de patrono ou de defensor à Ordem dos Advogados, sempre que, nos termos da lei, a mesma seja necessária, e estatui deverem ser os tribunais, as secretarias ou os serviços do Ministério Público, os órgãos de polícia criminal e os serviços de segurança social.

Uma das situações de requisição pelos serviços de segurança social de nomeação de patrono à Ordem dos Advogados é a prevista no artigo 6.º deste diploma.

A solicitação de nomeação de causídico pelos serviços do Ministério Público e pelos órgãos de polícia criminal tem, em regra, razão de ser apenas no que concerne às diligências de processo penal.

ARTIGO 3.º
(Nomeação para diligências urgentes)

1. A nomeação para assistência ao primeiro interrogatório de arguido detido, para audiência em processo sumário ou para outras diligências urgentes previstas no Código de Processo Penal é efectuada pelo tribunal através da secretaria, com base na designação feita pela Ordem dos Advogados constante da lista de escala de prevenção de advogados e de advogados estagiários.

2. A nomeação referida no número anterior pode ser feita:

a) **Pelo Ministério Público, através da secretaria ou dos seus serviços, e pelos órgãos de polícia criminal, nos casos previstos na alínea *c)* do n.º 1 do artigo 64.º do Código de Processo Penal;**

b) **Pelo Ministério Público através da secretaria ou dos seus serviços, nos casos previstos no n.º 3 do artigo 64.º e no n.º 2 do artigo 143.º do Código de Processo Penal.**

3. A nomeação, efectuada nos termos deste artigo, deve ser comunicada à Ordem dos Advogados.

4. A manutenção da nomeação referida nos números anteriores para as restantes diligências do processo depende de confirmação da mesma pela Ordem dos Advogados, tendo em conta a eventual inscrição do defensor em lote de processos, nos termos do artigo 22.º.

5. Havendo mandatário constituído ou defensor nomeado, ou não se encontrando o defensor inscrito em lote de processos, a nomeação efectuada nos termos do n.º 1 é feita apenas para a diligência em causa.

1. Reporta-se este artigo à nomeação de causídico para diligências urgentes na área do processo penal, regulamentando o que se prescreve no artigo 41.º, n.º 1, da Lei do Apoio Judiciário, que se reporta à nomeação em referência e à organização de escalas de prevenção de advogados e de advogados estagiários.

Importa, porém, ter em linha de conta que o disposto nos n.ºs 4 e 5 deste artigo só entra em vigor no dia 1 de Março de 2008 (artigo 37.º, n.º 2).

2. Prevê o n.º 1 deste artigo a nomeação para assistência ao primeiro interrogatório de arguido detido, para audiência em processo sumário ou

para outras diligências urgentes previstas no Código de Processo Penal, e estatui dever ser efectuada pelo tribunal através da secretaria, com base na designação feita pela Ordem dos Advogados constante da lista de escala de prevenção de advogados e de advogados estagiários.

A utilidade deste normativo reporta-se à enunciação das diligências em processo penal em que os tribunais devem nomear defensor ao arguido – advogado ou advogado estagiário – se for caso disso, na sequência da sua prévia designação pela Ordem dos Advogados, materializada nas referidas escalas de prevenção.

As referidas nomeações nos tribunais, sem necessidade de intervenção do juiz, tendo em conta a necessidade de coordenação envolvente, parece dever ser realizada pelo secretário, ou seja, nas secretarias judiciais.

Temos, assim, que a defesa oficiosa em processo penal continua a poder ser realizada por advogados estagiários. Todavia, a sua nomeação ou de advogados para o exercício da defesa em causa deveria ter em linha de conta a natureza do caso objecto do processo penal, ou seja, a sua maior ou menor complexidade e gravidade.

O sistema de nomeação de causídicos para escalas de prevenção não parece susceptível de atingir tal desiderato. Importa, porém, ter em linha de conta que, em qualquer caso, a nomeação é antecedida da advertência ao arguido do seu direito a constituir advogado para as subsequentes diligências processuais.

3. Prevê o n.º 2 deste artigo, excepcionalmente, a nomeação de advogado ou de advogado estagiário, para determinadas diligências, e estatui que ela deve ser feita pelo Ministério Público, através da secretaria ou dos seus serviços e pelos órgãos de policia criminal.

Trata-se, no primeiro caso, de actos processuais, à excepção da constituição de arguido, quando o arguido seja cego, surdo, analfabeto, desconhecedor da língua portuguesa, menor de 21 anos, ou no caso de se suscitar a questão da sua inimputabilidade ou imputabilidade diminuída (artigo 64.º, n.º 1, alínea c), do Código de Processo Penal).

A nomeação no segundo caso ocorre se o arguido não tiver advogado constituído ou defensor nomeado e contra ele for deduzida acusação, situação em que o defensor deve ser identificado no despacho de encerramento do inquérito (artigo 64.º, n.º 3, do Código de Processo Penal.

A nomeação no terceiro caso tem a ver com a circunstância de o arguido detido não ser interrogado pelo juiz de instrução em acto seguido à detenção, caso em que é apresentado ao Ministério Público competente na área em que ela ocorreu, situação em que o pode ouvir sumariamente (artigo 143.º, n.º 1, do Código de Processo Penal).

Nessa situação, o interrogatório obedece, na parte aplicável, às disposições relativas ao primeiro interrogatório judicial de arguido detido (artigo 143.º, n.º 2, do Código de Processo Penal).

No caso de o advogado ou o advogado estagiário dever ser nomeado no quadro da referida actividade do Ministério Público, a nomeação incumbe ao secretário do tribunal no que concerne aos serviços do Ministério Público dele dependentes ou ao secretário desses serviços no caso contrário.

No caso dos órgãos de polícia criminal, a mencionada nomeação deve ser feita pela entidade que neles superintenda.

4. Prevê o n.º 3 deste artigo a nomeação de advogado ou de advogado estagiário feita nos termos acima referidos, e estatui dever ser comunicada à Ordem dos Advogados.

A referida comunicação é harmónica com a circunstância de ser a Ordem dos Advogados quem gere o sistema e de o pagamento aos mencionados causídicos depender de informação por ela remetida ao Instituto de Gestão Financeira e de Infra-Estruturas da Justiça, IP e de confirmação pelas secretarias dos tribunais e das entidades mencionadas no n.º 2 deste artigo (artigo 28.º, n.º 3, deste diploma).

5. Prevê o n.º 4 deste artigo a manutenção da nomeação referida nos números anteriores para as restantes diligências do processo, e estatui que ela depende de confirmação pela Ordem dos Advogados, tendo em conta a eventual inscrição do defensor em lotes de processos, nos termos do artigo 22.º.

Resulta do artigo 22.º, para que o normativo em análise remete, que se o advogado estiver inscrito para determinado lote de processos, a sua nomeação para alguma das diligências a que alude este artigo pode ou não implicar a sua nomeação para todo o processo, consoante a espécie de lotes de processos para os quais se inscreveu.

Daí que o normativo em análise faça depender da confirmação da Ordem dos Advogados, que selecciona os profissionais forenses para participar no sistema de acesso ao direito, a manutenção da nomeação em causa.

6. Prevê o n.º 5 deste artigo a circunstância de o arguido sujeito de qualquer das diligências previstas no n.º 1 ter mandatário constituído ou defensor nomeado, ou de não se encontrar o defensor inscrito em lote de processos, e estatui que a nomeação feita para as mesmas a elas se limita.

Esta nomeação pode, assim, ter lugar ainda que o arguido tenha mandatário constituído ou defensor nomeado, o que pode acontecer, por exemplo, no caso de o respectivo causídico não conseguir estar presente no local da diligência em causa ou aquando do seu início.

Trata-se, por um lado, da conciliação entre o direito do arguido a constituir advogado e a dinâmica do funcionamento dos órgãos da administração judiciária, que, em relação às diligências a que se reporta o n.º 1 deste artigo, têm que cumprir prazos muito curtos, que se não compadecem com atrasos ou delongas.

E, por outro, da preponderância do interesse do defensor nomeado, incluindo para lotes de processos.

ARTIGO 4.º
(Escalas de prevenção)

1. A Ordem dos Advogados elabora listas de escalas de prevenção de advogados e de advogados estagiários disponíveis para se deslocar, quando tal for solicitado, ao local em que decorra determinada diligência urgente.

2. A escala de prevenção não importa a efectiva permanência do advogado ou advogado estagiário no local da eventual realização da diligência, salvo nos casos em que a Direcção-Geral da Administração da Justiça o solicite à Ordem dos Advogados, com, pelo menos, um mês de antecedência relativamente à data da escala de prevenção.

3. No caso de haver lugar a diligências urgentes, as entidades referidas nos n.ºs 1 e 2 do artigo anterior devem contactar, directamente e por qualquer meio idóneo, os advogados ou advogados estagiários constantes da lista, em número estritamente necessário à assistência e defesa dos beneficiários envolvidos.

4. Os advogados ou advogados estagiários contactados nos termos do número anterior devem deslocar-se ao local da diligência no prazo máximo de uma hora após o contacto.

5. Os advogados ou advogados estagiários de escala de prevenção podem ser contactados para a participação em mais do que uma diligência, mesmo que estas se reportem a processos distintos.

1. Reporta-se este artigo às listas de escalas de prevenção de advogados e advogados estagiários disponíveis, em quadro de regulamentação do que se prescreve no artigo 41.°, n.° 1, da Lei do Apoio Judiciário, que determina a sua elaboração para as diligências urgentes a que se refere.

2. Prevê o n.° 1 deste artigo as listas de escalas de prevenção de advogados e advogados estagiários disponíveis para se deslocarem, ou seja, que assumam a disponibilidade de se deslocar, quando tal for solicitado, ao local em que decorra determinada diligência urgente, e estatui que elas são elaboradas pela Ordem dos Advogados.

Trata-se, pois, das escalas de prevenção de advogados e de advogados estagiários com vista à sua nomeação para as diligências urgentes a que se reporta o n.° 1 do artigo 41.° da Lei do Apoio Judiciário e o artigo anterior deste diploma.

Assim, os referidos causídicos não têm de estar previamente presentes nos tribunais ou outros serviços onde devam ocorrer as mencionadas diligências, mas devem estar disponíveis para lá se deslocarem quanto solicitada a sua comparência.

Eles assumem o compromisso de disponibilidade quando para tal forem contactados para se deslocarem ao local da realização da diligência onde a sua presença é necessária. Evita-se, por esta via, a deslocação e a permanência demorada em determinado local em quadro de incerteza sobre a efectivação de alguma diligência.

Nas aludidas listas de escalas de prevenção devem constar, como é natural, causídicos suficientemente informados do direito penal e do direito processual penal, preparação que, naturalmente, é do conhecimento da Ordem dos Advogados.

3. Prevê o n.° 2 deste artigo a conexão entre a escala de prevenção e a disponibilidade efectiva dos causídicos que a integram, e estatui que ela, em regra, não implica a efectiva permanência do advogado ou advogado estagiário no local da eventual realização da diligência.

Salvaguarda, porém, com vista à efectiva permanência de advogados ou advogados estagiários nos locais das diligências, os casos em que a Direcção-Geral da Administração da Justiça a solicite à Ordem dos Advogados, com pelo menos um mês de antecedência relativamente à data da escala de prevenção.

A natureza urgente das diligências para quais a lei exige a existência de escalas de prevenção de advogados e advogados estagiários não se harmoniza, em regra, com os termos de que depende a sua efectiva permanência.

Com efeito, raras são as situações de diligências urgentes em processo penal de previsível ocorrência de modo a configurar-se a mencionada antecedência de trinta dias em relação à data da escala de prevenção.

4. Prevê o n.º 3 deste artigo o caso de haver lugar a diligências urgentes, e estatui que as entidades referidas no artigo anterior devem contactar, directamente e por qualquer meio idóneo, os advogados ou advogados estagiários constantes das listas, em número estritamente necessário à assistência e defesa dos beneficiários envolvidos.

Parece resultar deste artigo que, no conjunto das diligências a que alude o n.º 1 do artigo 41.º da Lei do Apoio Judiciário, para as quais a lei impõe a existência de escalas de prevenção de causídicos, há diligências urgentes e não urgentes, o que nos parece não ser o caso, dado que todas elas se configuram como urgentes.

É normal que entre o conhecimento pelo tribunal, pelos serviços do Ministério Público ou pelos serviços dos órgãos de polícia criminal dos factos que implicam a realização das diligências e a sua efectivação decorra algum tempo.

É nesse período de tempo que os mencionados órgãos da administração judiciária devem contactar, por qualquer meio, designadamente por telefone, fax ou correio electrónico, os causídicos constantes das listas disponibilizadas pela Ordem dos Advogados que sejam necessários à defesa dos arguidos.

5. Prevê o n.º 4 deste artigo, directamente conexionado com que o que se prescreve no n.º 3, o contacto dos aludidos serviços judiciários com os advogados ou advogados estagiários, nos termos do número anterior, e estatui que eles devem deslocar-se ao local da diligência no prazo máximo de uma hora após o contacto.

No caso de os referidos causídicos não comparecerem no local da diligência em causa no mencionado período de tempo, devem as respectivas entidades da administração nomear outro ou outros da mesma lista de escala de prevenção.

6. Prevê o n.º 5 deste artigo os advogados ou advogados estagiários de escala de prevenção, e estatui poderem ser contactados para a participação em mais do que uma diligência, mesmo que estas se reportem a processos distintos.

Trata-se de um normativo de extrema oportunidade, tendo em conta o princípio da proporcionalidade entre a natureza e duração de determinadas diligências e os meios necessários à sua realização, que também consta do n.º 1 deste artigo.

ARTIGO 5.º
(Apreciação da insuficiência económica do arguido)

Para efeitos do disposto no n.º 4 do artigo 39.º da Lei n.º 34/2004, de 29 de Julho, a secretaria do tribunal aprecia a insuficiência económica do arguido, em função da declaração emitida e dos critérios estabelecidos na referida lei, mediante o recurso, sempre que possível, a simulador electrónico.

1. Reporta-se este artigo, inovador, à apreciação da insuficiência económica do arguido pela secretaria do tribunal.

Regulamenta o disposto no n.º 4 do artigo 39.º da Lei do Apoio Judiciário, segundo o qual a secretaria do tribunal deve apreciar a insuficiência económica do arguido em função da declaração por ele emitida e dos critérios estabelecidos naquela Lei.

Trata-se de uma importante decisão da secretaria, visto que, se for no sentido positivo, deve ser-lhe nomeado defensor oficioso, provisoriamente embora, e, se for no sentido negativo, deve advertir o arguido para constituir advogado.

2. Prevê este artigo a apreciação da insuficiência económica do arguido pela secretaria, e estatui que a mesma deve basear-se na declaração por ele emitida e nos critérios da lei, sempre que possível por via de simulador electrónico.

A lei não distingue para efeitos do disposto neste artigo entre as diligências para as quais exige a nomeação de defensor ao arguido, e não há razões de sistema que impliquem essa distinção.

Por isso, o normativo em análise abrange, além de outras, as situações a que se reporta o artigo 41.°, n.° 1, da Lei do Apoio Judiciário, ou seja, os casos de urgência envolventes da nomeação de defensor para a assistência ao primeiro interrogatório de arguido detido, na audiência em processo sumário e em outras diligências urgentes previstas no Código de Processo Penal.

A referida declaração do arguido sobre a sua situação económica deve ser prestada aquando da prestação do termo de identidade e residência, e os critérios legais que a secretaria deve ter em linha de conta para o efeito são os estabelecidos nos artigos 8.° e 8.°-A da Lei do Apoio Judiciário e do Anexo a esta Lei.

O simulador electrónico a que a lei se reporta é o programa informático que envolve os dados constantes do Anexo à Lei do Apoio Judiciário, similar ao utilizado pelos serviços da segurança social para a determinação da situação de suficiência ou insuficiência económica do requerente para efeitos de concessão de protecção jurídica.

A Direcção-Geral da Administração da Justiça veiculou as seguintes instruções para a apreciação da insuficiência económica dos arguidos:

- incumbe à secretaria do tribunal, no âmbito do processo penal, proceder à apreciação da insuficiência económica do arguido, tendo em conta, nomeadamente, as suas declarações, não carecendo de prova documental;
- no momento em que presta termo de identidade e residência, deve o arguido emitir a declaração de modelo anexo, que permitirá ao oficial de justiça proceder à apreciação provisória da insuficiência económica daquele, através do simulador eléctrico;
- o arguido que, em virtude do resultado da aplicação do simulador, tenha direito a apoio judiciário, a título provisório, em qualquer das modalidades previstas no Regime do Acesso ao Direito e aos Tribunais, será advertido que deverá requerer junto dos serviços da segurança social a concessão do respectivo benefício, sob pena de incorrer nas consequências previstas no artigo 39.° daquele Regime;
- o artigo deverá ser especialmente advertido de que se:

a) posteriormente à concessão provisória os serviços da segurança social decidiram não lhe conceder o benefício de apoio judiciário, será responsável pelo pagamento de € 150;

b) demonstrado que a sua declaração é manifestamente falsa, será responsável pelo pagamento de € 750;

c) não tiver direito a apoio judiciário e a constituição de defensor seja obrigatória ou considerada necessária ou conveniente deverá proceder à constituição de mandatário; não o fazendo, ser-lhe-á nomeado um oficiosamente, ficando responsável pelo pagamento de € 450.

Os referidos montantes são liquidados na conta do respectivo processo (Ofício Circular n.º 78, de 28 de Dezembro de 2007).

A declaração do arguido sobre a sua situação económica será registada em impresso que insere o nome do arguido, o rendimento líquido anual do agregado familiar – deduzidos os impostos – o número de elementos do agregado familiar, o valor da casa de morada de família – valor mais elevado entre o inscrito na matriz, o declarado e ou de aquisição – o valor de outros imóveis, o valor do automóvel, o valor nas contas bancárias e o das participações sociais – acções, obrigações, quotas de sociedades.

É a seguinte a estrutura do simulador por via do qual é realizado o cálculo provisório do valor do rendimento dos arguidos para efeitos de protecção jurídica:

CÁLCULO PROVISÓRIO DO VALOR DE RENDIMENTO PARA EFEITOS DE PROTECÇÃO JURÍDICA	
Designação	Valores
RENDIMENTO LÍQUIDO (Y) - ANUAL	
ACTIVOS PATRIMONIAIS	
Valor da Casa de Morada de Família	- €
Valor da Casa de Morada de Família Para Efeitos de Protecção Jurídica	- €
Valor de Outros Imóveis	- €
Valor dos Imóveis Relevante Para Efeitos de Protecção Jurídica	- €
Automóveis	
Contas Bancárias	- €
Participações Sociais	- €
Valor Total dos Activos	- €
Taxa de Juro (Euribor a seis meses)	4,774%
RENDIMENTO FINANCEIRO (Y_R)	- €
RENDIMENTO COMPLETO ($Y_C = Y + Y_R$)	- €
DIMENSÃO DO AGREGADO FAMILIAR (n)	
Número de Elementos do Agregado Familiar	1
Número Aplicável de Elementos do Agregado Familiar	0
DEDUÇÃO DE ENCARGOS PARA EFEITOS DE PROTECÇÃO JURÍDICA (A)	
ENCARGOS COM NECESSIDADES BÁSICAS (D)	
Coeficiente de Dedução de Despesa (d)	0,000
Coeficiente de Dedução Aplicável	1,000
Despesas Básicas Dedutíveis do Agregado Familiar	- €
ENCARGOS COM HABITAÇÃO (H)	
Coeficiente de Dedução da Habitação (h)	0,000
Despesas de Habitação	- €
DEDUÇÃO PARA EFEITOS DE PROTECÇÃO JURÍDICA (A = D + H)	- €
RENDIMENTO ANUAL PARA EFEITOS DE PROTECÇÃO JURÍDICA ($Y_{AP} = Y_C - A$)	- €
Rendimento Mensal Para Efeitos de Protecção Jurídica ($Y_{AP}/12$)	0,00€
Rendimento Mensal para Efeitos de Protecção Jurídica em Múltiplos do I.A.S.	0,00€
APRECIAÇÃO DA INSUFICIÊNCIA ECONÓMICA - RESULTADO:	
VALOR CALCULADO DA PRESTAÇÃO MENSAL	Sem Efeito
PERIODICIDADE DA LIQUIDAÇÃO	Sem efeito
VALOR DA PRESTAÇÃO PERIÓDICA	Sem Efeito
VALOR A LIQUIDAR	Sem efeito

ARTIGO 6.º
(Nomeação de patrono na sequência de acto tácito de deferimento)

Quando o pedido de protecção jurídica tenha sido concedido tacitamente nos termos do n.º 2 do artigo 25.º da Lei n.º 34/2004, de 29 de Julho, e esteja em causa um pedido de nomeação de patrono sem que se encontre pendente uma acção judicial, o interessado deve pedir a nomeação de patrono junto da segurança social, para que esta, no prazo máximo de dois dias úteis, solicite a nomeação à Ordem dos Advogados.

1. Reporta-se este artigo à nomeação de patrono na sequência de acto tácito de deferimento, visando a regulamentação do que se prescreve na alínea b) do n.º 3 do artigo 25.º da Lei do Apoio Judiciário, segundo o qual, se o pedido não tiver sido apresentado na pendência de acção judicial, incumbe ao interessado solicitar a nomeação de patrono nos termos deste diploma.

A formação do acto tácito a que alude este artigo consta do n.º 2 do artigo 25.º da Lei do Apoio Judiciário, segundo o qual, decorrido o prazo de trinta dias para a conclusão do procedimento administrativo e decisão pelos serviços de segurança social sem que tenha sido proferida uma decisão, se considera tacitamente deferido o pedido de protecção jurídica.

2. Prevê este artigo a situação em que está em causa um pedido de nomeação de patrono deferido tacitamente, sem que esteja pendente acção judicial, e estatui, por um lado, dever o interessado pedir a nomeação de patrono aos serviços de segurança social em que formulou o pedido de apoio judiciário.

E, por outro, deverem os mencionados serviços, no prazo de dois dias úteis, requisitarem à Ordem dos Advogados a respectiva nomeação, situação a que se reporta o n.º 2 do artigo 2.º deste diploma.

São dias úteis aqueles em que os serviços de segurança social e os da Ordem dos Advogados estão em funcionamento, ou seja, não os são os sábados, os domingos e os feriados.

O início do referido prazo começa no dia seguinte ao do recebimento por aqueles serviços do pedido formulado pelo interessado beneficiário do referido acto tácito de deferimento do pedido de apoio judiciário na vertente de patrocínio.

A mencionada requisição feita pelos serviços de segurança social revela a confirmação tácita da existência do acto tácito de deferimento do pedido de apoio judiciário (artigo 217.º, n.º 1, do Código Civil).

Importa ter em linha de conta que os serviços de segurança social dispõem dos mesmos dias úteis para confirmarem junto da Ordem dos Advogados e dos tribunais, na sequência da sua solicitação, a formação do mencionado acto tácito (artigo 25.º, n.º 4, da Lei do Apoio Judiciário).

ARTIGO 7.º
(Pluralidade de processos resultantes do mesmo facto)

1. Quando o mesmo facto der causa a diversos processos, o sistema deve assegurar, preferencialmente, a nomeação do mesmo patrono ou defensor oficioso ao beneficiário.

2. O disposto no número anterior só se aplica às situações em que o profissional forense está inscrito para lotes de processos, nos termos da alínea *a)* do n.º 1 do artigo 18.º.

1. Reporta-se este artigo à pluralidade de processos resultante dos mesmos factos, sejam de natureza cível *lato sensu* ou criminal, e à preferência de nomeação ao interessado do mesmo patrono ou do mesmo defensor oficioso.

Regulamenta o que se prescreve na alínea d) do n.º 1 do artigo 45.º da Lei do Apoio Judiciário, segundo a qual, se o mesmo facto der causa a diversos processos, o sistema deve assegurar, preferencialmente, a nomeação ao beneficiário do mesmo mandatário ou do mesmo defensor oficioso.

O disposto no n.º 2 deste artigo apenas entra em vigor no dia 1 de Março de 2008 (artigo 37.º, n.º 2).

2. Prevê o n.º 1 deste artigo a circunstância de o mesmo facto dar causa a diversos processos, e estatui dever o sistema assegurar preferencialmente a nomeação do mesmo mandatário ou defensor oficioso ao beneficiário.

Trata-se de situações em que ao arguido são imputados factos de crime ou de contra-ordenação objecto de mais do que um processo penal ou contra-ordenacional, ou factos de responsabilidade contratual ou extracontratual objecto de diversas acções.

A referência à mera preferência de nomeação de mandatário ou defensor oficioso único para a pluralidade de espécies processuais e a limitação constante do n.º 2 deste artigo, deixa transparecer que se trata de regime meramente tendencial.

Essa característica é, aliás, a que melhor se conforma com a normalidade da escassez da informação sobre a pendência processual plural e a circunstância de os lotes de processos atribuídos a cada um dos profissionais forenses estar referenciado geograficamente a determinada ou determinadas circunscrições.

3. Prevê o n.º 2 deste artigo o conteúdo do seu n.º 1, e estatui que ele só se aplica às situações em que os profissionais forenses estão nomeados para lotes de processos, nos termos da alínea a) do n.º 1 do artigo 18.º.

As normas para que este normativo remete estabelecem que os profissionais forenses devem optar, no momento da sua candidatura ao sistema de acesso ao direito, pela nomeação pela prestação de serviços relativos a lotes de processos, ou, mais rigorosamente, lotes de acompanhamento de processos, que variam entre o máximo de cinquenta e o mínimo de dez.

Assim, a preferência a que alude o n.º 1 deste artigo depende, além do mais, de o respectivo causídico haver optado pela nomeação para um dos mencionados lotes de processos. Todavia, mesmo nesse caso, em regra, é configurável a inviabilidade da mencionada nomeação preferencial, pelos motivos acima referenciados.

ARTIGO 8.º
(Encargos decorrentes da concessão de apoio judiciário)

Para efeitos do disposto no n.º 2 do artigo 36.º da Lei n.º 34/2004, de 29 de Julho, o valor dos encargos decorrentes da concessão de apoio judiciário, nas modalidades previstas nas alíneas b), c), e) e f) do n.º 1 do artigo 16.º do mesmo diploma, é de € 150 por processo.

1. Reporta-se este artigo aos encargos decorrentes da concessão de apoio judiciário, visando regulamentar o que prescreve o n.º 2 do artigo 36.º da Lei do Apoio Judiciário, segundo o qual, os encargos decorrentes da concessão do apoio judiciário nas modalidades previstas nas alíneas b), c), e) e f) do n.º 1 do artigo 16.º daquele diploma são determinados nos termos da portaria do membro do Governo responsável pela área da justiça.

Trata-se de um normativo relevante de cálculo, certo que, havendo um processo judicial, os encargos decorrentes da concessão de protecção jurídica em qualquer das suas modalidades são levados, a final, a regra de custas.

2. Prevê este artigo o valor dos encargos decorrentes da concessão do apoio judiciário nas modalidades previstas nas alíneas b), c), e) e f) do

n.º 1 do artigo 16.º da Lei do Apoio Judiciário, e estatui, para essas hipóteses, ser o seu montante de cento e cinquenta euros por processo.

Trata-se, respectivamente, das modalidades de apoio judiciário concernentes à nomeação e pagamento da compensação de patrono, de pagamento da compensação de defensor oficioso, de nomeação e pagamento faseado da compensação de patrono e de pagamento faseado da compensação de defensor oficioso.

Assim, resulta deste normativo que, independentemente do que foi efectivamente pago aos aludidos causídicos pelos serviços de patrocínio judiciário ou de defesa de arguidos em processo penal ou contra-ordenacional, os encargos em causa são considerados do montante de € 150 por processo.

É esse o valor que, nos termos do n.º 1 do artigo 36.º da Lei do Apoio Judiciário, deve ser considerado na conta de custas ou na liquidação.

ARTIGO 9.º
(Estruturas de resolução alternativa de litígios)

Para efeitos do disposto no n.º 1 do artigo 17.º da Lei n.º 34/2004, de 29 de Julho, as estruturas de resolução alternativa de litígios em que se aplica o regime do apoio judiciário são as constantes do anexo ao presente diploma e do qual faz parte integrante.

1. Reporta-se este artigo às estruturas de resolução alternativa de litígios, visando regulamentar o disposto no n.º 1 do artigo 17.º da Lei do Apoio Judiciário, segundo o qual o regime de apoio judiciário se aplica nos julgados de paz e em outras estruturas de resolução alternativa de litígios a definir por portaria do membro do Governo responsável pela área da justiça.

2. Prevê as estruturas de resolução alternativa de litígios em que se aplica o regime de apoio judiciário para efeitos do disposto no n.º 1 do artigo 17.º da Lei n.º 34/2004, de 29 de Julho, e estatui serem as constantes do anexo a este diploma.

O efeito visado pelo n.º 1 do artigo 17.º da Lei do Apoio Judiciário é a definição do âmbito objectivo de aplicação do regime do apoio judiciário, onde se incluem determinadas estruturas de resolução alternativa de litígios, sob o desiderato de atenuação das pendências processuais nos tribunais.

As referidas estruturas de resolução alternativa de litígios envolvem, além dos julgados de paz, os Sistemas de Mediação Laboral, de Mediação familiar, de Mediação Penal, o Centro de Arbitragem de Conflitos de Consumo de Lisboa, o Centro de Arbitragem do Sector Automóvel, o Centro de Informação de Consumo e Arbitragem do Porto, o Centro de Informação, Mediação e Arbitragem de Consumo de Vale do Cavado, o Centro de Arbitragem de Conflitos de Consumo de Coimbra, o Centro de Arbitragem de Conflitos de Consumo do Vale do Ave, o Centro de Informação, Mediação e Arbitragem de Conflitos de Consumo do Algarve e o Centro de Informação, Mediação e Arbitragem de Seguros Automóveis.

CAPÍTULO II
Participação dos profissionais forenses no sistema de acesso ao direito

SECÇÃO I
(Profissionais forenses e admissão ao sistema de acesso ao direito)

ARTIGO 10.º
(Selecção dos profissionais forenses)

1. Sem prejuízo do disposto no Estatuto da Ordem dos Advogados, a candidatura para participar no sistema de acesso ao direito é voluntária.
2. A selecção dos profissionais forenses para participar no sistema de acesso ao direito é efectuada em termos a definir pela Ordem dos Advogados.
3. A selecção deve procurar assegurar a qualidade dos serviços prestados aos beneficiários de protecção jurídica no âmbito do sistema de acesso ao direito.

1. Integrado no capítulo intitulado *participação dos profissionais forenses no sistema de acesso ao direito* e na secção epigrafada de *profissionais forenses e admissão ao sistema de acesso ao direito*, reporta-se este artigo à selecção dos profissionais forenses.

Visa regulamentar o que se prescreve no n.º 2 do artigo 45.º da Lei do Apoio Judiciário, segundo o qual a admissão dos profissionais forenses ao sistema de acesso ao direito, a nomeação de patrono e de defensor e o pagamento da respectiva compensação são regulamentados por portaria do membro do Governo responsável pela área da justiça.

Este artigo só entra em vigor no dia 1 de Março de 2008 (artigo 37.º, n.º 2).

2. Prevê o n.º 1 deste artigo, depois de salvaguardar o disposto no Estatuto da Ordem dos Advogados, a candidatura para participar no sistema de acesso ao direito, e estatui ser a mesma voluntária.

Embora este normativo se refira ao Estatuto da Ordem dos Advogados, deve considerar-se, por igualdade de razão, no caso de concorrerem solicitadores ao sistema de acesso ao direito ao abrigo do convénio previsto no artigo seguinte, o que se prescreve no Estatuto da Câmara dos Solicitadores.

A referência à participação voluntária dos profissionais forenses no sistema de acesso ao direito significa que ela depende da sua vontade, verificados os respectivos pressupostos estatutários, ou seja, não é imposta nem pelo Estado nem pela Ordem dos Advogados ou pela Câmara de Solicitadores, associações em que os candidatos devem estar inscritos.

3. Prevê o n.º 2 deste artigo a selecção dos profissionais forenses para participar no sistema de acesso ao direito, e estatui dever a mesma ser efectuada em termos a definir pela Ordem dos Advogados.

A lei não impõe qualquer forma para a definição das regras da referida selecção. Deve, porém, ao que parece, constar de deliberação do Conselho Geral vertida em regulamento (artigo 45.º, n.º 1, alínea g), do Estatuto da Ordem dos Advogados).

4. Prevê o n.º 3 deste artigo a selecção dos profissionais forenses pela Ordem dos Advogados para o sistema de acesso ao direito, e estatui dever a mesma procurar assegurar a qualidade dos serviços prestados aos beneficiários de protecção jurídica.

Trata-se de normativo idêntico ao da alínea a) do n.º 1 do artigo 45.º da Lei do Apoio Judiciário, por isso repetitivo, mas, de qualquer modo, significativo.

Os critérios de selecção dos candidatos à prestação de serviços no sistema de acesso ao direito, dado o desiderato da consecução da qualidade e eficácia de tais serviços, envolverão os factores dos conhecimentos jurídicos, da experiência e da dedicação à defesa dos interesses de quem dispõe de menores rendimentos.

ARTIGO 11.º
(Solicitadores)

A participação de solicitadores no sistema de acesso ao direito é efectuada de acordo com critérios definidos em protocolo celebrado entre a Câmara dos Solicitadores e a Ordem dos Advogados.

1. Sobre a rubrica *Solicitadores*, reporta-se este artigo à sua participação no sistema de acesso ao direito.

Visa regulamentar a alínea b) do n.º 1 do artigo 45.º da Lei do Apoio Judiciário, segundo a qual os solicitadores podem participar no sistema de acesso ao direito.

2. Prevê este artigo a participação de solicitadores no sistema de acesso ao direito, e estatui ser efectuada de acordo com os critérios definidos em protocolo celebrado entre a Câmara dos Solicitadores e a Ordem dos Advogados.

A referida participação dos solicitadores na prestação de serviços de patrocínio no sistema de acesso ao direito cingir-se-á, naturalmente, aos processos da área civilística *lato sensu*.

ARTIGO 12.º
(Advogados estagiários)

Sem prejuízo das competências estatutárias que lhes estão cometidas, os advogados estagiários podem, a título individual e sem qualquer acompanhamento por parte do seu patrono, inscrever-se nos lotes referidos na alínea c) do n.º 1 do artigo 18.º, para designação isolada para escalas de prevenção e para designação para consulta jurídica e, mediante acompanhamento por parte do seu patrono, participar em todas as diligências e processos a este atribuídos.

1. Epigrafado de *advogados estagiários*, reporta-se este artigo ao âmbito possível da sua intervenção a título individual na prestação de serviços integrados no sistema de acesso ao direito.

Reporta-se às condições de participação de advogados estagiários no sistema de acesso ao direito em análise.

Visa regulamentar o que se prescreve no na alínea b) do artigo 1.º do artigo 45.º da Lei do Apoio Judiciário, segundo a qual, os advogados estagiários podem participar no sistema de acesso ao direito.

Este artigo apenas entra em vigor no dia 1 de Março de 2008 (artigo 37.º, n.º 2).

2. Prevê este artigo, depois de salvaguardar as respectivas competências estatutárias, o âmbito da inscrição dos advogados estagiários, e estatui, por um lado, que ela pode abranger, a título individual, sem o acompanhamento do respectivo patrono, os lotes referidos na alínea c) do n.º 1 do artigo 18.º deste diploma.

E, por outro, que ela pode abranger a designação isolada para escalas de prevenção, a designação para consulta jurídica, e ainda, mediante acompanhamento por parte do respectivo patrono, participar em todas as diligências e processos a este último atribuídos.

Os referidos lotes consubstanciam-se nas escalas de prevenção previstas na alínea c) do n.º 1 do artigo 18.º deste diploma.

As competências dos advogados estagiários são as previstas no Estatuto da Ordem dos Advogados, variando conforme o período de estágio que eles frequentem.

Na segunda fase do estágio, os advogados estagiários podem intervir judicialmente de forma tutelada pelo respectivo patrono.

Obtida a cédula profissional como advogados estagiários, podem autonomamente, sob orientação do patrono, exercer a consulta jurídica, praticar os actos da competência dos solicitadores, exercer a advocacia em processos da competência do tribunal singular e em processos não penais quando o respectivo valor caiba na alçada do tribunal da primeira instância, em processos da competência de tribunais de menores e de divórcio por mútuo consentimento (artigos 188.º, n.º 2 e 189.º, n.º 1, do Estatuto da Ordem dos Advogados).

Ademais, obtida a mencionada cédula, pode o advogado estagiário praticar actos em todos os outros processos, independentemente da sua natureza e valor, se efectivamente acompanhado do patrono ou do patrono formador que assegure a tutela do seu patrocínio (artigo 189.º, n.º 2, do Estatuto da Ordem dos Advogados).

Perante este quadro de competências dos advogados estagiários, é problemática a possibilidade de poderem realizar as diligências relativas às escalas de prevenção e de consulta jurídica a que se reporta o artigo em análise fora da orientação do respectivo patrono.

SECÇÃO II
Regras de participação no sistema de acesso ao direito

ARTIGO 13.º
(Utilização de meios electrónicos)

Os profissionais forenses participantes no sistema de acesso ao direito devem utilizar todos os meios electrónicos disponíveis no contacto com os tribunais, designadamente no que respeita ao envio de peças processuais e documentos por transmissão electrónica de dados, nos termos definidos no artigo 150.º do Código de Processo Civil e na portaria prevista no n.º 1 do artigo 138.º-A do mesmo Código.

1. Integrado na secção relativa às regras de participação no sistema de acesso ao direito, sob a epígrafe *utilização de meios electrónicos*, reporta-se este artigo à obrigatoriedade de utilização de meios electrónicos disponíveis pelos causídicos que participem no sistema de acesso ao direito.

Visa regulamentar o que se prescreve na alínea f) do n.º 1 do artigo 45.º da Lei do Apoio Judiciário, segundo a qual os profissionais forenses participantes no sistema de acesso ao direito devem utilizar todos os meios electrónicos disponíveis no contacto com os tribunais, designadamente no que respeita ao envio de peças processuais e requerimentos autónomos.

Este artigo apenas entra em vigor no dia 1 de Março de 2008 (artigo 37.º, n.º 2).

2. Prevê este artigo os contactos dos profissionais forenses participantes no sistema de acesso ao direito com os tribunais, e estatui deverem utilizar todos os meios electrónicos disponíveis, designadamente no que respeita ao envio de peças processuais e documentos por transmissão electrónica de dados, nos termos definidos no artigo 150.º do Código de Processo Civil e na Portaria prevista no n.º 1 do artigo 138.º-A do mesmo Código.

Decorre do mencionado artigo que os actos processuais a praticar por escrito pelas partes são apresentados em juízo preferencialmente por transmissão electrónica de dados, nos termos definidos na portaria prevista no n.º 1 do artigo 138.º-A do Código de Processo Civil, valendo como data da prática do acto processual a da respectiva expedição (n.º 1).

A parte que pratique o acto processual nos termos do n.º 1 deve apresentar, por transmissão electrónica de dados, a peça processual e os documentos que a devam acompanhar, ficando dispensada de remeter os respectivos originais (n.º 3).

A apresentação por transmissão electrónica de dados dos documentos previstos no número anterior não tem lugar quando o seu formato ou a dimensão dos ficheiros a enviar não o permitir, nos termos definidos na portaria prevista no n.º 1 do artigo 138.º-A deste diploma (n.º 4).

A lei, ao referir-se aos meios electrónicos disponíveis, salvaguarda a hipótese da sua não utilização, naturalmente por motivos justificados.

ARTIGO 14.º
(Exclusão do sistema de acesso ao direito)

1 – A exclusão do sistema de acesso ao direito de profissionais forenses que não observem as regras de exercício do patrocínio e da defesa oficiosas é efectuada nos termos definidos pela Ordem dos Advogados.

2 – O Juiz, o Ministério Público e os órgãos de polícia criminal devem informar a Ordem dos Advogados da inobservância, por parte de um profissional forense, das regras de exercício do patrocínio e da defesa oficiosas.

1. Sob a epígrafe *exclusão do sistema de acesso ao direito*, reporta-se este artigo à exclusão do sistema de acesso ao direito de profissionais forenses que nele foram admitidos.

Visa regulamentar o disposto na alínea g) do n.º 1 do artigo 45.º da Lei do Apoio Judiciário, segundo a qual, os profissionais forenses que não observem as regras do exercício do patrocínio e da defesa oficiosa podem ser excluídos do sistema de acesso ao direito.

Este artigo apenas entra em vigor no dia 1 de Março de 2008 (artigo 37.º, n.º 2).

2. Prevê o n.º 1 deste artigo a exclusão do sistema de acesso ao direito de profissionais forenses que não observem as regras de exercício

do patrocínio e da defesa oficiosas, e estatui dever a mesma operar nos termos definidos pela Ordem dos Advogados.

A lei remete, pois, a definição das causas de exclusão de causídicos do sistema de acesso ao direito para a associação pública que regula o exercício da profissão forense da advocacia.

Não se refere à forma que deve consubstanciar a mencionada definição, designadamente se o deve ser por regulamento, mas é natural que o seja por essa forma.

3. Prevê o n.º 2 deste artigo a inobservância por parte dos profissionais forenses admitidos no sistema de acesso ao direito das regras de exercício do patrocínio e da defesa, e estatui deverem o Juiz, o Ministério Público e os órgãos de polícia criminal informar a Ordem dos Advogados dessa inobservância.

Não se trata de uma obrigação de fiscalização nem de um julgamento pelos juízes, magistrados do Ministério Público ou órgãos de polícia criminal sobre o não cumprimento pelos profissionais forenses participantes no sistema de acesso ao direito das regras do exercício do patrocínio e da defesa oficiosas.

O que a lei pretende significar é que se as referidas entidades, se tiverem conhecimento da inobservância das aludidas regras, devem mandar comunicar à Ordem dos Advogados os factos que a revelem.

Tratando-se de regras de patrocínio violadas por solicitadores aderentes ao sistema de acesso ao direito, a referida comunicação deverá ser dirigida, como é natural, à Câmara dos Solicitadores.

ARTIGO 15.º
(Saída do sistema de acesso ao direito)

1. Os profissionais forenses participantes no sistema de acesso ao direito que saiam do sistema, independentemente do motivo, antes do trânsito em julgado de um processo ou do termo definitivo de uma diligência para que estejam nomeados devem restituir, no prazo máximo de 30 dias, todas as quantias entregues por conta de cada processo ou diligência em curso.

2. Exceptuam-se do disposto no número anterior as situações em que haja lugar a integral substituição do profissional forense a quem

foi atribuído um dos lotes referidos no n.º 2 do artigo 18.º por outro participante do sistema.

3. Compete à Ordem dos Advogados a determinação dos termos em que se deve processar a integral substituição num lote referida no número anterior.

4. A integral substituição do profissional forense a quem foi atribuído um lote de processos implica o reinício da contagem dos prazos relevantes para efeitos de verificação do facto determinante da compensação.

1. Sob a epígrafe *saída do sistema de acesso ao direito,* reporta-se este artigo às consequências jurídicas do seu abandono pelos profissionais forenses antes do termo de processos ou de diligências, bem como à excepção decorrente da sua substituição em algum dos lotes de processos previstos no n.º 2 do artigo 18.º

Visa, regular, além do mais, o disposto na alínea h) do n.º 1 do artigo 45.º da Lei do Apoio Judiciário, segundo a qual, os profissionais forenses participantes no sistema de acesso ao direito que saiam do sistema, independentemente do motivo, antes do trânsito em julgado de um processo ou do termo definitivo de uma diligência para que estejam nomeados, devem restituir, no prazo máximo de trinta dias, todas as quantias entregues por conta de cada processo ou diligência em curso.

Na realidade, o disposto no n.º 1 deste artigo nada contém de regulamentador, certo que reproduz o normativo que pretensamente visa regulamentar.

Este artigo apenas entra em vigor no dia 1 de Março de 2008 (artigo 37.º, n.º 2).

2. Prevê o n.º 1 deste artigo a saída do sistema de acesso ao direito, independentemente do motivo, pelos profissionais forenses, antes do trânsito em julgado de um processo ou do termo definitivo de uma diligência para que estejam nomeados.

E estatui deverem restituir, no prazo máximo de 30 dias, todas as quantias entregues por conta de cada processo ou diligência em curso.

As mencionadas quantias são as recebidas pelos referidos profissionais forenses por referência ao processo ou à diligência, ou seja, que lhes tenham sido entregues em quadro de pagamento continuado.

O referido prazo é de natureza substantiva, pelo que é contado nos termos dos artigos 279.°, alíneas b) e e), do Código Civil e 72.° do Código do Procedimento Administrativo.

Trata-se de uma norma sancionatória motivada pelo desiderato de ponderação pelos profissionais forenses antes da sua candidatura ao sistema de acesso ao direito da sua real disponibilidade e, sobretudo, de assegurar a qualidade e a eficácia dos serviços prestados aos utentes do sistema do acesso ao direito.

Assim, não releva o motivo do abandono do sistema de acesso ao direito pelos profissionais forenses, e o referencial temporal é o do trânsito em julgado da sentença proferida no processo ou o do termo de alguma diligência em que devam participar.

A decisão final transita em julgado quando já não for susceptível de recurso ordinário ou de reclamação – artigo 677.° do Código de Processo Civil – e o termo das diligências é determinado pela sua estrutura no confronto com as normas processuais pelas quais são regidas.

As referidas diligências são diversas daquelas que integram os processos dos lotes que os profissionais forenses se comprometeram a acompanhar. É o caso, por exemplo, das diligências integradas em lotes de escalas de prevenção.

3. Prevê o n.° 2 deste artigo as situações de integral substituição dos profissionais forenses, a quem tenha sido atribuído um dos lotes referidos no n.° 2 do artigo 18.°, por outro participante do sistema, e estatui, em jeito de excepção, que se lhes não aplicam as normas do n.° 1.

Trata-se de situações de substituição de um causídico por outro, legalmente enquadradas no âmbito da competência da Ordem dos Advogados, portanto diversas do mero abandono do sistema de acesso ao direito.

Os referidos lotes reportam-se ao acompanhamento simultâneo de cinquenta processos, de trinta processos, de vinte processos e de dez processos, respectivamente.

4. Prevê o n.° 3 deste artigo os termos da integral substituição dos profissionais forenses no acompanhamento dos processos do respectivo lote por outros também aderentes ao sistema de acesso ao direito, e estatui competir à Ordem dos Advogados a sua determinação.

À luz da perfeita transparência da estrutura integral do sistema de acesso ao direito, é natural que a Ordem dos Advogados insira em regulamento as condições de substituição em causa, ou seja, os seus pressupostos de justificação.

5. Prevê o n.º 4 deste artigo a integral substituição do profissional forense a quem foi atribuído um lote de processos, e estatui que ela implica o reinício da contagem dos prazos relevantes para efeitos de verificação do facto determinante da compensação.

Os prazos relevantes para efeitos de determinação da compensação relativa aos lotes de acompanhamento de cinquenta, trinta, vinte e dez processos são, respectivamente, bimestrais, trimestrais, quadrimestrais e semestrais (artigo 25.º, n.º 1, alíneas a) a d)).

São esses prazos que se reiniciam na sequência da substituição de um profissional forense por outro no acompanhamento da totalidade dos processos integrantes do respectivo lote.

ARTIGO 16.º
(Escusa e dispensa de patrocínio)

O disposto no artigo anterior aplica-se aos casos de escusa e de dispensa de patrocínio, relativamente aos processos em que cesse o patrocínio e a defesa oficiosas.

1. Epigrafado de *escusa e dispensa de patrocínio,* determina este artigo a aplicação das regras sancionatórias da saída dos profissionais forenses do sistema de acesso ao direito a que aderiram às situações de pedido de escusa e ou de dispensa de patrocínio.

Visa regulamentar o que se prescreve na alínea i) do n.º 1 do artigo 45.º da Lei do Apoio Judiciário, segundo a qual, o disposto na alínea anterior – correspondente ao que se prescreve no n.º 1 do artigo 3.º deste diploma – aplica-se aos casos de escusa e de dispensa de patrocínio, relativamente aos processos em que cesse o patrocínio e a defesa oficioso.

Considerando a natureza das situações em confronto – abandono do sistema do acesso ao direito ou substituição integral em lote de processos – e pontual escusa ou dispensa de patrocínio – parece que só o disposto no n.º 1 do artigo 15.º é susceptível de se aplicar por via do disposto no artigo em análise.

Este artigo apenas entra em vigor no dia 1 de Março de 2008 (artigo 37.º, n.º 2).

2. Prevê este artigo o conteúdo normativo do artigo 15.º deste diploma, e estatui a sua aplicação aos casos de escusa e de dispensa de patrocínio, relativamente aos processos em que cesse o patrocínio e a defesa oficiosos.

Os pedidos de escusa na área do processo civil *lato sensu* e de dispensa de patrocínio na área do processo penal *lato sensu* constam, respectivamente, dos artigos 34.º e 42.º da Lei do Apoio Judiciário.

Os pedidos de escusa e de dispensa de patrocínio são susceptíveis de implicar ou não a cessação do patrocínio ou da defesa oficiosos de arguidos, conforme os casos.

Só nos casos em que ocorra essa cessação é que funciona o disposto no n.º 1 do artigo 15.º, ou seja, a sanção ao causídico que pediu a escusa ou a dispensa de patrocínio, de restituição, no prazo de trinta dias, do que recebeu em função do processo que lhe foi distribuído ou da diligência para que foi nomeado.

ARTIGO 17.º.
(Substituição em diligência processual)

1. O patrono ou defensor nomeado pode substabelecer, com reserva, para diligência determinada, desde que indique substituto.
2. A remuneração do substabelecido é da responsabilidade do patrono ou defensor nomeado.

1. Epigrafado de *substituição em diligência processual,* reporta-se este artigo ao substabelecimento, quanto a determinada diligência, pelos profissionais forenses aderentes ao sistema de acesso ao direito, sejam patronos ou defensores, em outro profissional forense aderente ao mesmo sistema.

Integrado embora em diploma de regulamentação da Lei do Apoio Judiciário, não assume essa natureza, salvo quanto à inclusão do defensor, certo que no mais se limita a reproduzir o que consta do artigo 35.º daquela Lei.

2. Prevê o n.º 1 deste artigo o substabelecimento com reserva para diligência determinada, e estatui que a pode operar o patrono ou o defensor nomeados, sob condição de indicar substituto.

Este normativo esclarece, assim, que a expressão *patrono*, que consta no n.º 1 do artigo 35.º da Lei do Apoio Judiciário, abrange não só o patrono propriamente dito, que assiste, em quadro de patrocínio, utentes do apoio judiciário que não sejam arguidos em processo penal ou equiparados, como também os próprios defensores dos referidos arguidos.

Não é, pois, permitido o substabelecimento sem reserva, sob pena da sua nulidade, nos termos do artigo 280.º, n.º 1, do Código Civil, com reflexos negativos na eficácia dos actos processuais praticados com base nele (Ac. do STJ, de 31.1.2007, CJ, Ano XV, Tomo I, página 46).

3. Prevê o n.º 2 deste artigo a responsabilidade pelo pagamento da remuneração ao causídico substabelecido pelo apoio judiciário na modalidade de patrocínio, prestado em vez do causídico substituído, e estatui que a mesma se inscreve no causídico que substabeleceu.

Esta solução jurídica conforma-se com o novo sistema de compensação dos causídicos pela sua intervenção no sistema de acesso ao direito, designadamente por via de valor fixo periódico ou por referência a determinada diligência.

CAPÍTULO III
Lotes de processos e escalas de prevenção

ARTIGO 18.º
(Lotes)

1. Os profissionais forenses devem optar, no momento da sua candidatura, pela designação para as seguintes modalidades de prestação de serviços no sistema de acesso ao direito:

a) **Lotes de processos;**
b) **Nomeação isolada para processos;**
c) **Lotes de escalas de prevenção;**
d) **Designação isolada para escalas de prevenção;**
e) **Designação para consulta jurídica.**

2. Os lotes de processos podem ter a seguinte composição

a) **Lote de acompanhamento de 50 processos em simultâneo;**

b) Lote de acompanhamento de 30 processos em simultâneo;
c) Lote de acompanhamento de 20 processos em simultâneo;
d) Lote de acompanhamento de 10 processos em simultâneo.

3. Os lotes de escalas de prevenção podem ter a seguinte composição:

a) Lote de 36 escalas de prevenção por ano;
b) Lote de 24 escalas de prevenção por ano;
c) Lote de 12 escalas de prevenção por ano;
d) Lote de 6 escalas de prevenção por ano.

4. O profissional forense não pode inscrever-se:

a) Para mais do que um lote de processos;
b) Para um lote de processos e para nomeação isolada para processos;
c) Para mais do que um lote de escalas de prevenção;
d) Para um lote de escalas de prevenção e para designação isolada para escalas de prevenção.

1. Integrado no capítulo relativo aos lotes de processos e escalas de prevenção, epigrafado de *lotes*, reporta-se este artigo à opção, aquando da inscrição no sistema de acesso ao direito, pela nomeação para determinados lotes de processos e de outras diligências, aos limites de tal inscrição e à composição dos lotes e das escalas de prevenção.

Visa regular o que se prescreve nos artigos 15.°, n.° 1 e 45.°, n.° 1, alínea c), da Lei do Apoio Judiciário, segundo os quais a consulta jurídica pode ser prestada nos escritórios de advogados que adiram ao sistema de acesso ao direito e que podem ser nomeados para lotes de processos e escalas de prevenção.

Altera-se, assim, o quadro tradicional de nomeação de patrono e de defensor oficioso processo a processo, com a consequência de se possibilitar a existência de advogados privados com actividade exclusiva no quadro do apoio judiciário, ou seja, no âmbito da administração pública judiciária, de quem percebem aquilo que a lei designa por compensação.

É uma experiência nova, arriscada por constituir uma ruptura com o sistema de pretérito, cuja vantagem não é possível desde já descortinar, que, por isso, aconselhava a sua aplicação experimental em número limitado de tribunais.

Este artigo apenas entra em vigor no dia 1 de Março de 2008 (artigo 37.º, n.º 2).

2. Prevê o n.º 1 deste artigo as modalidades de prestação de serviços no sistema de acesso ao direito, e estatui, por um lado, que elas se consubstanciam em lotes de processos, nomeação isolada para processos, lotes de escalas de prevenção, designação isolada para escalas de prevenção e designação para consulta jurídica.

E, por outro, que os profissionais forenses devem optar, no momento da respectiva candidatura, pela designação para uma das referidas modalidades.

Os números seguintes deste artigo versam sobre a composição dos lotes de acompanhamento de processos e de escalas de prevenção.

3. Prevê o n.º 2 deste artigo a composição dos lotes de processos, e estatui que ela se consubstancia no acompanhamento simultâneo de cinquenta processos, de trinta processos de vinte processos e de dez processos.

Temos, assim, quatro lotes de processos, com composição quantitativamente diversa, segundo uma ordem decrescente de relevo.

Os limites geográficos dos lotes, o seu número por circunscrição e o respectivo preenchimento constam, respectivamente, nos artigos 19.º a 22.º deste diploma.

Ao critério da quantidade escapa a característica da complexidade e da simplicidade de cada processo, o que pode desvirtuar o funcionamento equitativo do sistema, designadamente no plano da compensação aos causídicos, não obstante o que resulta da chamada lei dos grandes números.

4. Prevê o n.º 3 deste artigo a composição dos quatro lotes de escalas de prevenção por ano, e estatui que o primeiro envolve trinta e seis, o segundo vinte e quatro, o terceiro doze e o quarto seis.

Temos assim, quatro lotes de escalas de prevenção com composição quantitativamente diversa, segundo uma ordem decrescente de relevo.

Tal como acima já se referiu, ao critério da quantidade escapa a característica da complexidade e simplicidade de cada diligência realizada pelos profissionais forenses no âmbito das escalas de prevenção, factor sempre gerador de desigualdade de prestação efectiva de serviço e de contrapartida de compensação.

5. Prevê o n.º 4, a proibição de inscrição dos profissionais forenses, e estatui que ela envolve a relativa a mais do que um lote de processos, a um lote de processos e nomeação isolada para processos, a mais do que um lote de escalas de prevenção, e para um lote de escalas de prevenção e para designação isolada para escalas de prevenção.

Trata-se, além do mais, de um limite necessário à exigência da lei de qualidade e eficácia dos serviços prestados pelos profissionais forenses no âmbito do sistema de acesso ao direito e aos tribunais.

ARTIGO 19.º
(Limites geográficos)

1. Os lotes, nomeações e designações definidos no artigo anterior têm de respeitar a processos, escalas de prevenção e consultas jurídicas da mesma circunscrição.
2. Para os efeitos definidos no número anterior, a Ordem dos Advogados pode agregar comarcas para formar circunscrições de maiores dimensões.
3. Para os efeitos deste artigo são consideradas como pertencentes à mesma circunscrição:

a) As comarcas da área metropolitana de Lisboa;
b) As comarcas da área metropolitana do Porto.

1. Sob a epígrafe *limites geográficos,* reporta-se este artigo à conformação dos lotes a que alude o artigo anterior com a problemática das circunscrições judiciais, à sua agregação e às escalas de prevenção, às nomeações e designações e às consultas jurídicas.

Trata-se, pois, de um normativo de desenvolvimento e concretização das normas do artigo anterior.

Este artigo só entra em vigor no dia 1 de Março de 2008 (artigo 37.º, n.º 2).

2. Prevê o n.º 1 deste artigo os lotes, as nomeações e as designações definidos no artigo anterior, e estatui deverem respeitar a processos ou as escalas de prevenção e consultas jurídicas da mesma circunscrição.

No quadro actual a circunscrição jurisdicional base na ordem judicial é a comarca, cujo agrupamento constitui o círculo, ao que acrescem quatro distritos judiciais.

Está em curso actividade legislativa tendente à alteração desse quadro, com base em unidades territoriais de primeiro, de segundo e de terceiro grau, que, a ser aprovada, poderá afectar o disposto neste normativo.

Tendo em conta a agregação de comarcas a que alude o número seguinte, o preceito em análise reporta-se à circunscrição comarca.

Assim, a Ordem dos Advogados, sem prejuízo do que se prescreve no n.º 2 deste artigo, deve ter em conta o âmbito da mesma comarca na elaboração dos lotes de processos e de escalas de prevenção, nomeação isolada para processos, designação isolada para escalas de prevenção e designação para consulta jurídica a que se reporta o artigo anterior.

3. Prevê o n.º 2 deste artigo a agregação de comarcas com vista à formação de circunscrições de maiores dimensões, e estatui que a Ordem dos Advogados, para os efeitos previstos no n.º 1, as pode agregar.

Esta agregação justificar-se-á, naturalmente, no que concerne a comarcas do interior do País de menor pendência processual, ou, em qualquer caso, por virtude de critérios de maior proximidade e de melhor acesso rodoviário.

Não será despiciendo considerar, no referido tema de agregação de comarcas com vista à formação de circunscrições de maior dimensão, os estudos relativos às novas unidades territoriais a que acima se fez referência.

Acresce que, na formação das referidas circunscrições, não poderão deixar de se ter em linha de conta as áreas jurisdicionais da competência dos tribunais administrativos e fiscais, a que este normativo se não refere expressamente.

4. Prevê o n.º 3 deste artigo as comarcas das áreas metropolitanas de Lisboa e do Porto, e estatui que, para os efeitos do artigo em análise, são consideradas como pertencentes à mesma circunscrição.

Configuram-se, assim, duas grandes circunscrições de definição de lotes de processos e escalas de prevenção, a da Área Metropolitana de Lisboa e a da Área Metropolitana do Porto, que terão o maior número de lotes, conforme resulta do n.º 2 do artigo seguinte.

A motivação da lei assenta, neste ponto, no critério da proximidade, mas em quadro de grande incidência processual, de consequente maior morosidade na finalização dos processos e de prolongamento do serviço judiciário de patrocínio e de defesa oficiosa de arguidos.

ARTIGO 20.º
(Número de lotes por circunscrição)

1. A Ordem dos Advogados determina o número de lotes com a composição referida na alínea *a)* do n.º 2 do artigo 18.º existentes em cada circunscrição.

2. Sem prejuízo do disposto no número anterior, devem ser criados pelo menos 200 lotes na área metropolitana de Lisboa e 100 lotes na área metropolitana do Porto, com a composição referida na alínea *a)* do n.º 2 do artigo 18.º.

1. Epigrafado de *número de lotes por circunscrição*, reporta-se este artigo à determinação pela Ordem dos Advogados do número de alguns dos lotes a que alude o artigo 18.º deste diploma, com observância de determinado limite mínimo nas grandes circunscrições de Lisboa e do Porto.

Trata-se de um normativo de desenvolvimento e concretização das normas do artigo 18.º, que só entra em vigor no dia 1 de Março de 2008 (artigo 37.º, n.º 2).

2. Prevê o n.º 1 deste artigo o número de lotes que devem existir em cada circunscrição com a composição prevista na alínea a) do n.º 2 do artigo 18.º deste diploma, e estatui que o mesmo é determinado pela Ordem dos Advogados.

Trata-se, pois, de um lote de acompanhamento simultâneo de cinquenta processos. A lei limita, porém, por força do disposto no n.º 2 deste artigo, a faculdade de determinação global de lotes, estabelecendo um limite mínimo para as grandes áreas metropolitanas.

3. Prevê o n.º 2 deste artigo, depois de salvaguardar o disposto no número anterior, a criação de lotes de processos mencionados na alínea a) do n.º 2 do artigo 18.º deste diploma nas circunscrições envolvidas pelas Áreas Metropolitanas de Lisboa e do Porto, e estatui o mínimo de duzentos lotes na primeira e de cem lotes na última.

É a lei a marcar o passo à Ordem dos Advogados nesta matéria, perspectivando a grande pendência processual naquelas áreas metropolitanas das grandes cidades, onde é de recear a menor utilidade do novo sistema.

ARTIGO 21.º
(Preenchimento dos lotes)

1. Os lotes são de preenchimento sucessivo, pelo que dentro de cada circunscrição só se inicia o preenchimento de um lote após o total preenchimento do lote anterior.
2. Compete à Ordem dos Advogados hierarquizar os profissionais forenses pertencentes ao sistema de acesso ao direito, determinando por essa via a ordem de preenchimento dos lotes.
3. Independentemente da competência da Ordem dos Advogados a que se refere no número anterior, os profissionais forenses que optarem por lotes de maior dimensão têm prioridade no preenchimento dos lotes e aqueles que optarem por lotes têm prioridade relativamente aos que se inscreverem para as modalidades referidas nas alíneas b) e d) do n.º 1 do artigo 18.º.
4. Nos lotes de processos, a remoção de um processo do lote, designadamente por trânsito em julgado ou constituição de mandatário pelo beneficiário, determina a substituição automática por outro processo, respeitando sempre as regras de prioridade no preenchimento dos lotes.
5. Sem prejuízo do disposto no n.º 1, os profissionais forenses não devem ser designados para mais do que duas escalas de prevenção por semana, devendo procurar-se garantir a distribuição homogénea do número de designações pelo período temporal de duração do lote.
6. Apenas são contabilizadas para efeitos de preenchimento dos lotes as escalas de prevenção em que tenha ocorrido efectiva deslocação ao local de realização da diligência.
7. Para todos os efeitos, é contabilizada em duplicado a escala de prevenção que, em virtude do número de diligências ou da particular complexidade de uma ou de algumas delas, implique a permanência no local das diligências por período superior a 12 horas.

1. Epigrafado de *preenchimento dos lotes*, reporta-se este artigo à ordem geral de preenchimento dos lotes de processos e de escalas de prevenção, aos respectivos limites, à hierarquização dos profissionais forenses aderentes ao sistema, à prioridade no preenchimento dos lotes, à remoção de processos dos lotes e ao subsequente novo preenchimento.

Trata-se de mais um normativo de desenvolvimento e concretização das normas do artigo 18.º deste diploma, que se limita a definir o âmbito do objecto dos lotes de processos e das escalas de prevenção, como que a funcionar como regra geral.

Só entra em vigor no dia 1 de Março de 2008 (artigo 37.º, n.º 2).

2. Prevê o n.º 1 deste artigo o preenchimento dos lotes previstos no artigo 18.º deste diploma, e estatui, por um lado, que ele é sucessivo, e, por outro, que dentro de cada circunscrição só se inicia o preenchimento de um lote após o total preenchimento do lote anterior.

A formulação deste normativo não é assaz conseguida, porque não é de boa técnica legislativa a frase iniciada pela conjunção causal *pelo que*. Melhor seria, por isso, substituir a segunda parte do normativo no sentido de expressar *iniciando-se o preenchimento de um lote após o preenchimento do lote anterior*.

É um normativo dirigido à Ordem dos Advogados, cujo escopo finalístico é o de que, relativamente aos lotes referenciados a cada uma das circunscrições, nos termos dos artigos 19.º e 20.º deste diploma, no âmbito dos lotes previstos no artigo 18.º, o preenchimento do primeiro ocorre preenchido que esteja o segundo, e assim sucessivamente.

O preenchimento de cada um dos mencionados lotes há-de, naturalmente, resultar dos pedidos de nomeação de patrono e de defensor oficioso que à Ordem dos Advogados sejam dirigidos pelos tribunais, pelos serviços de segurança social, pelos serviços do Ministério Público ou pelos serviços dos órgãos de polícia criminal.

O referido sistema de preenchimento implica, naturalmente, a prévia hierarquização dos profissionais forenses aderentes ao sistema de acesso ao direito no confronto com os referidos lotes.

3. Prevê o n.º 2 deste artigo a hierarquização dos profissionais forenses integrados no sistema de acesso ao direito, e estatui, por um lado, que ela compete à Ordem dos Advogados, e, por outro, que determina a ordem de preenchimento dos lotes.

Temos, assim, que após a aceitação das candidaturas dos profissionais forenses ao sistema de acesso ao direito, a Ordem dos Advogados procede à respectiva hierarquização pessoal, com base nos critérios que eleger, designadamente, por exemplo, a antiguidade na profissão, a particularidade de formação ou de prática profissional, de maior participação anterior em tarefas de patrocínio ou de defesa de arguidos ou de anterioridade de inscrição.

Definida a estrutura da referida hierarquização, deve a Ordem dos Advogados atribuir os lotes à medida da sua formação, tendo em conta o que se prescreve no n.º 1 deste artigo, sem prejuízo da prioridade mencionada no número seguinte.

4. Prevê o n.º 3 deste artigo, independentemente da competência da Ordem dos Advogados, referida no número anterior, a opção dos profissionais forenses por lotes de maior dimensão, e estatui a sua prioridade na sua atribuição, tal como a dos que optaram por lotes de menor dimensão em relação aos que se inscreveram nas modalidades mencionadas nas alíneas b) e d) do n.º 1 do artigo 18.º, ou seja para a nomeação isolada para processos e designação isolada para escalas de prevenção.

Assim, não obstante a competência da Ordem dos Advogados para hierarquizar os profissionais forenses, hierarquização que, em princípio, determina a distribuição ou afectação dos lotes de processos previstos no artigo 18.º, n.º 2, deste diploma, prevalece nessa atribuição a opção daqueles que optaram por lotes de maior dimensão segundo a ordem de grandeza configurada sucessivamente em cada uma das suas alíneas.

Nessa conformidade, um profissional forense inserido na escala de hierarquização em posição inferior pode obter a atribuição de um dos lotes com preterição daquele que consta em posição superior, se este optou pela atribuição de um lote de menor amplitude.

Acresce que os inscritos para lotes de menor dimensão tem prioridade de atribuição em relação aos que se inscreveram para a nomeação isolada para processos ou para a designação isolada para escalas de prevenção.

5. Prevê o n.º 4 deste artigo a remoção de um processo do lote, designadamente por trânsito em julgado ou constituição de mandatário pelo beneficiário, e estatui, para essa hipótese, a substituição automática por outro processo, com observância das regras de prioridade no preenchimento dos lotes.

Trata-se, pois, do lote de processos que esteja constituído e atribuído, caso em que, o findar de um processo por trânsito em julgado da sentença final ou o termo do patrocínio ou da defesa oficiosa por virtude de o utente do acesso ao direito e aos tribunais constituir mandatário, implica a sua substituição por outro.

As regras de prioridade no preenchimento dos lotes que este normativo manda observar são as que resultam da hierarquização dos profissionais forenses e da opção por lotes de maior dimensão acima referidos.

Todavia, estando feita a atribuição de lotes com base nas mencionadas regras de prioridade, e tratando-se de mera substituição de processos dentro do mesmo lote, parece não se justificar a referência ao respeito das regras de prioridade no preenchimento dos lotes.

6. Prevê o n.º 5 deste artigo, depois de salvaguardar o disposto no n.º 1, a proibição de designação, e estatui, por um lado, que ela envolve a designação para mais do que duas escalas de prevenção por semana, e, por outro, dever procurar-se garantir a distribuição homogénea do número de designações pelo período temporal de duração do lote.

A referida ressalva tem a ver com o preenchimento sucessivo dos lotes no âmbito de cada circunscrição.

O limite de designação para duas escalas de prevenção semanais visa não só a qualidade e eficácia dos serviços prestados pelos profissionais forenses, como também a distribuição homogénea do número de designações pelo tempo previsto para o respectivo lote.

7. Prevê o n.º 6 deste artigo a contabilização das escalas de prevenção com vista ao preenchimento dos lotes, e estatui que só o são aquelas em que tenha havido deslocação ao local da diligência.

Está conexionado com o que se prescreve no n.º 3 do artigo 18.º deste diploma, e determina a irrelevância para o efeito mencionado da integração meramente formal nas escalas de prevenção, ou seja, sem participação efectiva em qualquer diligência de processo penal.

Com efeito, as entidades competentes para a nomeação destes profissionais forenses só o fazem e solicitam a sua comparência nas situações em que tal é estritamente necessário.

8. Prevê o n.º 7 deste artigo a escala de prevenção envolvente de número de diligências ou de complexidade particular que implique a permanência no local por período superior a doze horas, e estatui ser contabilizada em duplicado.

Trata-se de um normativo que serve de contraponto ao disposto no número anterior, em que os profissionais forenses não se deslocam para assistir em alguma diligência processual. Na situação particular de tempo de prestação de serviço respectivo, em razão da quantidade de diligências ou da sua complexidade, duplica-se o referencial de preenchimento do lote.

ARTIGO 22.º
(Regras especiais de preenchimento dos lotes)

1. Sem prejuízo do disposto no n.º 5 do artigo 3.º, a nomeação para diligência, nos termos do artigo 3.º, tratando-se de advogado que esteja igualmente inscrito para lote de processos, determina a sua nomeação para todo o processo, mesmo que isso signifique o aumento temporário do número de processos correspondente ao seu lote.

2. Verificando-se a situação prevista na parte final do número anterior, não há lugar a substituição de um processo que tenha sido removido do lote enquanto o número de processos não for inferior ao valor máximo previsto para esse lote.

1. Epigrafado de *regras especiais de preenchimento dos lotes*, reporta--se este artigo à particularidade de nomeação de causídicos com lotes a si distribuídos para intervenção em diligências urgentes de processo penal e às suas consequências jurídicas.

Trata-se de mais um normativo de desenvolvimento e de concretização de algumas das normas do artigo 18.º deste diploma, que só entra em vigor no dia 1 de Março de 2008 (artigo 37.º, n.º 2).

2. Prevê o n.º 1 deste artigo, depois de salvaguardar o disposto no n.º 5 do artigo 3.º, a nomeação para alguma das diligências nele previstas de advogado inscrito para os lotes de processos, e estatui que tal nomeação envolve todo o processo, independentemente do aumento temporário de processos concernentes ao lote atribuído.

O n.º 5 do artigo 3.º deste diploma reporta-se à situação em que haja mandatário constituído ou defensor nomeado, caso em que a nomeação para as diligências urgentes previstas no seu n.º 1 não se estende a todo o processo.

O n.º 1 do referido artigo reporta-se à nomeação de defensor para a assistência ao primeiro interrogatório de arguido detido, para a audiência em processo sumário ou para outras diligências urgentes previstas no Código de Processo Penal.

Os lotes de processos a que este normativo se reporta são os que implicam acompanhamento de cinquenta, trinta, vinte e dez processos, respectivamente, a que alude o artigo 18.º, n.º 2, deste diploma.

Resulta, assim, deste normativo, por um lado, não ser aplicável na hipótese prevista no n.º 5 do artigo 3.º deste diploma, e, por outro que, fora disso, a nomeação para as aludidas diligências de processo penal de causídico a quem tenha sido atribuído algum dos referidos lotes de processos passa também a acumular o processo em que interveio na realização daquelas diligências.

Assim, a lei permite tal acumulação ainda que o referido causídico exceda o número de processos previsto para cada um dos mencionados lotes, caso em que se aplica o disposto no número seguinte.

3. Prevê o n.º 2 deste artigo a situação prevista na parte final do número anterior – aumento temporário do número de processos correspondente ao respectivo lote – e estatui não haver substituição de processo que tenha sido removido do lote enquanto o número de processos não for inferior ao quantitativo máximo previsto para esse lote.

Decorre, pois, deste normativo a correcção do excesso de processos em relação ao número legalmente previsto para o respectivo lote, por via da proibição da substituição de processo que tenha deixado de o integrar por via de sentença final transitada em julgado ou constituição de mandatário pelo utente do apoio judiciário na modalidade de patrocínio.

Trata-se, assim, de um normativo especial face ao normativo geral do n.º 4 do artigo anterior, que constitui a regra geral nesta matéria.

ARTIGO 23.º
(Renovação de lotes de escalas de prevenção)

1. Os lotes de escalas de prevenção renovam-se automaticamente no dia 1 de Janeiro de cada ano.

2. O profissional forense que não pretenda a renovação do lote de escalas de prevenção em que se encontra inscrito deve comunicá-lo à Ordem dos Advogados, em termos a definir por esta entidade.

1. Epigrafado de *renovação de lotes de escalas de prevenção*, reporta-se este artigo a tal matéria, em regulamentação do que se prescreve no artigo 18.º, n.º 3, deste diploma.

Só entra em vigor no dia 1 de Março de 2008 (artigo 37.º, n.º 2).

2. Prevê o n.º 1 deste artigo a renovação dos lotes de escalas de prevenção, e estatui que eles se renovam automaticamente no dia 1 de Janeiro de cada ano.

A duração de cada um dos quatro lotes de escalas de prevenção é anual. Todavia, por força deste normativo, renovam-se automaticamente por igual prazo no dia 1 de Janeiro do ano seguinte.

É condição da sua não renovação do ponto de vista subjectivo que o causídico titular do lote de escala de prevenção comunique esse desiderato negativo à Ordem dos Advogados.

3. Prevê o n.º 2 deste artigo a pretensão de não renovação do respectivo lote por parte do causídico dele titular, e estatui, por um lado, que, para o efeito, ele deve comunicar a sua intenção à Ordem dos Advogados.

E, por outro, que os termos dessa comunicação devem ser definidos por aquela associação pública.

Provavelmente, a referida definição será consubstanciada em regulamento decorrente de deliberação daquela entidade.

ARTIGO 24.º
(Nomeações e designações isoladas)

1. As nomeações isoladas para processos consistem na nomeação ocasional dos profissionais forenses para um processo concreto.
2. Não está limitado o número de processos em que o profissional forense, que optou por esta modalidade de nomeação isolada para processos, pode ser nomeado, mas as nomeações devem respeitar sempre as regras de prioridade na atribuição de processos.
3. Não se considera nomeação isolada para um processo a nomeação para uma diligência durante uma escala de prevenção.
4. As designações isoladas para escalas de prevenção consistem na designação ocasional dos profissionais forenses para uma escala de prevenção em concreto, aplicando-se o disposto no n.º 2.

1. Epigrafado de *nomeações e designações isoladas*, reporta-se este artigo à sua caracterização e extensão, regulamentando o que se prescreve nas alíneas b) e d) do n.º 1 do artigo 18.º deste diploma.

Só entra em vigor no dia 1 de Março de 2008 (artigo 37.º, n.º 2).

2. Prevê o n.º 1 deste artigo as nomeações isoladas para processos, e estatui que estas consistem na nomeação ocasional dos profissionais forenses para determinado processo em concreto.

É susceptível de incidir sobre processos integrados em lotes de processos cíveis em geral ou penais, visando colmatar a rigidez e as contingências da atribuição de lotes de processos e de escalas de prevenção.

3. Prevê o n.º 2 deste artigo a extensão da quantidade de processos afectados aos profissionais forenses nomeados para a nomeação isolada para processos, e estatui, por um lado, ser o seu número ilimitado.

E, por outro, que as nomeações devem respeitar as regras de prioridade na atribuição de processos.

As referidas regras de prioridade são as que resultarem da circunstância de os causídicos se terem ou não inscrito para lotes de processos, sendo que os optantes por lotes de processos de menor dimensão preferem em relação aos que se candidataram a nomeação e designação isoladas (artigo 21.º, n.º 2).

4. Prevê o n.º 3 deste artigo a nomeação para uma diligência durante uma escala de prevenção, e estatui que ela se não considera nomeação isolada para um processo.

Assim, importa distinguir, como é natural, entre a mera nomeação para determinada diligência durante uma escala de prevenção de quem dela não faça parte, e aquilo que a lei considera nomeação isolada para um processo, conforme resulta do disposto no número seguinte.

5. Prevê o n.º 4 deste artigo as designações isoladas para escalas de prevenção, e estatui, por um lado, que elas consistem na designação ocasional dos profissionais forenses para uma dessas escalas em concreto, e, por outro, que se aplica o disposto no n.º 2 deste artigo.

A referida escala de prevenção em concreto é aquela em relação à qual estão a ser nomeados profissionais forenses para a realização das diligências em determinados processos.

É uma nomeação meramente ocasional, exclusivamente de quem se tenha candidatado a prestar serviços no sistema de acesso ao direito.

Não há para esta situação qualquer limite de designações, mas devem ter-se em linha de conta as regras de prioridade a que acima se fez referência.

CAPÍTULO IV
Compensação dos profissionais forenses

ARTIGO 25.º
(Tabela de compensações pelas nomeações para processos)

1 – Para efeitos de compensação pela prestação de serviços dos profissionais forenses inscritos para lotes de processos ou para nomeação isolada para processos é aprovada a seguinte tabela:

a) Nos lotes com a composição referida na alínea *a)* do n.º 2 do artigo 18.º, o pagamento de € 640 bimestrais;

b) Nos lotes com a composição referida na alínea *b)* do n.º 2 do artigo 18.º, o pagamento de € 570 trimestrais;

c) Nos lotes com a composição referida na alínea *c)* do n.º 2 do artigo 18.º, o pagamento de € 500 quadrimestrais;

d) Nos lotes com a composição referida na alínea *d)* do n.º 2 do artigo 18.º, o pagamento de € 350 semestrais;

e) Nos processos de nomeação isolada, nos termos da alínea b) do n.º 1 do artigo 18.º, o pagamento de € 120, após o trânsito em julgado de cada processo ou € 100 após a constituição de mandatário pelo beneficiário.

2. Nos casos em que, em virtude do número reduzido de processos da circunscrição, não haja total preenchimento de algum lote, a compensação devida é proporcionalmente reduzida.

3. Nos casos previstos nas alíneas *a)* a *d)* do n.º 1 são ainda devidas as seguintes quantias a título de compensação:

a) € 50 após o trânsito em julgado de cada processo;

b) € 100 após a resolução do litígio, que ponha termo ao processo, se esta ocorrer antes da audiência de julgamento.

4. No caso previsto na alínea e) do n.º 1, acresce a compensação de € 40 nos casos em que a resolução do litígio, que ponha termo ao processo, ocorra antes da audiência de julgamento.

5. Nos casos em que a nomeação referida nos n.º 1 e 2 do artigo 3.º resulte da não comparência do defensor previamente nomeado, ao

valor da compensação devida a este participante do sistema de acesso ao direito é descontada a quantia de € 75.

6. Nos casos em que a nomeação referida nos n.ᵒˢ 1 e 2 do artigo 3.º resulte da não comparência de mandatário constituído, o arguido suporta a quantia de € 75, que entra em regra de custas.

7. A verificação da situação prevista na parte final do n.º 1 do artigo 22.º não implica o aumento do valor da compensação periódica fixada, mas aplica-se a estes processos o disposto no n.º 3.

8. No montante da compensação referida nos números anteriores estão igualmente compreendidas as despesas em que os profissionais forenses venham a incorrer em virtude da participação no sistema de acesso ao direito.

1. Integrado no capítulo relativo à compensação dos profissionais forenses, epigrafado de *tabela de compensações pelas nomeações para processos*, reporta-se este artigo à compensação a atribuir aos profissionais forenses pelos serviços de patrocínio e de defesa de arguidos prestados no âmbito do sistema do acesso ao direito.

É instrumental de uma das mais profundas reformas do regime de pretérito, durante décadas assente em tabelas de honorários, ultimamente sem conexão com a quantidade e qualidade do serviço judiciário de patrocínio prestado pelos causídicos nomeados no quadro do apoio judiciário.

Abandonado o projecto de criação do Instituto do Acesso ao Direito no âmbito da Ordem dos Advogados e o pagamento aos profissionais forenses intervenientes no sistema de acesso ao direito com base em contratos de avença, vingou um regime aproximado de prestação de serviços de patrocínio ou de defesa oficiosa diverso apenas quanto ao regime financeiro, em que o Instituto de Gestão Financeira e de Infra-Estruturas da Justiça, IP gere os meios financeiros destinados ao funcionamento do sistema.

Dir-se-á que este sistema faz pensar que, na sua evolução, tenda à constituição do quadro de defensores públicos, ou seja, com juristas que se candidatem ao exercício dessa profissão, que outrora tão contestado foi.

O disposto neste artigo só entra em vigor no dia 1 de Março de 2008 (artigo 37.º, n.º 2).

2. Prevê o n.º 1 deste artigo a compensação devida aos profissionais forenses pelo desenvolvimento das suas actividade no âmbito do acesso ao

direito, e estatui, por um lado, que nos lotes de acompanhamento com a composição simultânea de 50 processos, de 30 processos, de 20 processos e de 10 processos, a mesma corresponde, respectivamente, a € 640 bimestrais, a € 570 trimestrais, a € 500 quadrimestrais e a € 350 semestrais.

E, por outro, em conexão com o que se prescreve no n.º 4 do artigo 21.º deste diploma, quanto aos processos de nomeação isolada, previstos na alínea b) do n.º 1 do artigo 18.º, estatui o pagamento de € 120 após o trânsito em julgado de cada processo, ou de € 100 após a constituição de mandatário pelo beneficiário.

Onde a lei refere o trânsito em julgado do processo, deve entender-se, como é natural, o transito em julgado da decisão que ponha termo ao processo.

3. Prevê o n.º 2 deste artigo os casos em que, por virtude do número reduzido de processos da circunscrição, não haja total preenchimento de algum lote, e estatui, para essa hipótese, dever a compensação ser proporcionalmente reduzida.

Como o referencial da formação dos lotes de processos são as circunscrições consideradas, e a litigância processual varia entre elas, em termos de os lotes formados pela Ordem dos Advogados ficarem aquém dos números legalmente previstos para cada um deles, temos que este artigo, envolvido pelos princípios da proporcionalidade e da igualdade, face ao serviço de patrocínio ou de defesa oficiosa realizado, viabiliza o cumprimento desses princípios.

4. Prevê o n.º 3 deste artigo os lotes de acompanhamento simultâneo de 50, 30, 20 e 10 processos, e estatui, em relação a cada desses processos, o acréscimo de compensação devida aos respectivos causídicos, de € 50 após o trânsito em julgado do processo ou de € 100 se ele tiver terminado por resolução do litígio que lhe ponha termo antes da audiência de julgamento.

Visa regulamentar o disposto na alínea l) do n.º 1 do artigo 45.º da Lei do Apoio Judiciário, segundo a qual, a resolução extrajudicial dos litígios, antes da audiência de julgamento, deve ser incentivada mediante a previsão de um montante de compensação acrescido.

Onde a lei se refere ao trânsito em julgado do processo, deve entender-se, como é natural, o trânsito em julgado da sentença ou do despacho finais.

Outrora, a lei estabelecia, para os casos em que o processo terminasse antes do fim da audiência de julgamento por desistência, confissão, transacção ou impossibilidade superveniente da lide, poderem os honorários ser reduzidos até metade, por decisão do juiz, ponderando o trabalho realizado (artigo 7.º da Portaria n.º 1386/2004, de 10 de Novembro).

Parece que a lei, ao reportar-se à resolução do litígio, pretende configurar o seu termo na sequência de desistência do pedido, de confissão do pedido ou de transacção.

O referido reforço de composição premeia, no primeiro caso, sobretudo, a adesão aos lotes de processos de maior dimensão e relevo, e, no segundo, o esforço presumido de consecução da economia de meios e diminuição da morosidade processual.

5. Prevê o n.º 4 deste artigo a situação prevista na alínea e) do n.º 1, e estatui acrescer a compensação de € 40 nos casos em que a resolução do litígio, que ponha termo ao processo, ocorra antes da audiência de julgamento.

Trata-se de processos de nomeação isolada em que é devido o pagamento de € 120 após o trânsito em julgado da decisão que ponha termo ao processo.

Nesse caso, se o termo do processo decorrer de sentença de homologação de desistência do pedido, da confissão do pedido ou de transacção, pelos motivos acima referidos, tem o respectivo causídico o direito a perceber o mencionado acréscimo compensatório de € 40.

6. Prevê o n.º 5 deste artigo a nomeação referida nos n.ᵒˢ 1 e 2 do artigo 3.º deste diploma motivada pela não comparência de defensor previamente nomeado, e estatui que à compensação ao mesmo devida é descontada a quantia de € 75.

Está conexionado com o que se prescreve no n.º 5 do referido artigo 3.º, segundo o qual, havendo defensor nomeado, a nomeação é exclusivamente para a diligência prevista no n.º 1.

Trata-se de situações em que o defensor já nomeado para lote de acompanhamento de processos ou para escalas de prevenção em que se inclua a mencionada diligência não compareceu no local onde ela devia decorrer.

O referido desconto nada tem a ver com a censura ético-jurídica da falta de comparência do causídico envolvido, certo que pode, na mesma altura, estar a desenvolver a sua actividade profissional no âmbito do sistema de acesso ao direito.

Mas o defensor nomeado, sabendo dessa situação de impossibilidade de comparência, pode substabelecer com reserva, em relação a tal diligência, noutro causídico aderente ao sistema de acesso ao direito.

É uma solução absolutamente lógica, que estimula o cumprimento pelos causídicos aderentes ao sistema de acesso ao direito das obrigações assumidas nesse âmbito. Mas constitui um elemento de complexidade do sistema por virtude da necessidade de comunicações e de registos.

7. Prevê o n.º 6 deste artigo a nomeação referida nos n.ºs 1 e 2 do artigo 3.º deste diploma motivada pela não comparência de mandatário constituído, e estatui, por um lado, que o arguido suporta a quantia de € 75, e, por outro, que esta entra em regra de custas.

Está conexionado com o que se prescreve no n.º 5 do aludido artigo, segundo o qual, havendo mandatário constituído, a nomeação é exclusivamente para a diligência prevista no n.º 1.

Assim, se o advogado constituído pelo arguido não comparecer em alguma das diligências urgentes a que se reportam os n.ºs 1 e 3 do artigo 3.º deste diploma, falta motivadora da nomeação de defensor para a mesma, o arguido é responsável pelo pagamento de € 75 por via da sua inserção, a final, no acto de liquidação.

8. Prevê o n.º 7 deste artigo a situação referida na parte final do n.º 1 do artigo 22.º, e estatui, por um lado, que ela não implica o aumento do valor da compensação mensal ou trimestral fixada, e, por outro, que se aplica a estes processos o disposto no n.º 2.

A situação prevista na parte final do n.º 1 do artigo 22.º reporta-se ao advogado inscrito para algum dos lotes de acompanhamento simultâneo de processos, cuja nomeação para alguma diligência das previstas no n.º 1 do artigo 3.º deste diploma implique a abrangência de todo o processo independentemente do aumento temporário do número de processos correspondente ao lote que lhe foi atribuído.

Ora, decorre do normativo em análise, por um lado, que a sua compensação periódica não aumenta por virtude do acréscimo temporário do número de processos correspondente ao lote atribuído a esse causídico, e, por outro, que se aplica a tais processos, conforme os casos, o acréscimo de € 50 após o trânsito em julgado da decisão que ponha termo ao processo ou

€ 100 se o processo terminar antes da audiência de julgamento por virtude de desistência do pedido, de confissão do pedido ou de transacção.

9. Prevê o n.º 8 deste artigo a compensação referida nos números anteriores, e estatui que nela estão compreendidas as despesas em que os profissionais forenses venham a incorrer em virtude da participação no sistema de acesso ao direito.

Assim, não têm os causídicos aderentes ao sistema de acesso ao direito e aos tribunais direito a qualquer compensação por despesas específicas, como, por exemplo, as implicadas por utilização de algum meio de comunicação, de expediente, de deslocações ou de transportes.

ARTIGO 26.º
(Tabela de compensações pelas designações
para escalas de prevenção)

1 – Pela prestação de serviços dos profissionais forenses inscritos para lotes de escalas de prevenção ou para designação isolada para escalas de prevenção é devida a seguinte compensação:

a) Nos lotes com a composição referida na alínea *a)* do n.º 3 do artigo 18.º, o pagamento de € 1 800;

b) Nos lotes com a composição referida na alínea b) do n.º 3 do artigo 18.º, o pagamento de € 1 080;

c) Nos lotes com a composição referida na alínea *c)* do n.º 3 do artigo 18.º, o pagamento de € 480;

d) Nos lotes com a composição referida na alínea *d)* do n.º 3 do artigo 18.º, o pagamento de € 210;

e) Em caso de designação isolada para escala de prevenção, referida na alínea d) do n.º 1 do artigo 18.º, o pagamento de € 30 por escala de prevenção em que tenha ocorrido efectiva deslocação ao local da diligência.

2. As compensações das escalas de prevenção previstas no número anterior são devidas mensalmente, em função do número de escalas de prevenção realizadas no mês anterior, de acordo com as seguintes regras:

a) Nos lotes referidos na alínea a) do número anterior, um trinta e seis avos do valor definido nessa alínea por cada escala de prevenção realizada;

b) Nos lotes referidos na alínea b) do número anterior, um vinte e quatro avos do valor definido nessa alínea por cada escala de prevenção realizada;

c) Nos lotes referidos na alínea c) do número anterior, um doze avos do valor definido nessa alínea por cada escala de prevenção realizada;

d) Nos lotes referidos na alínea d) do número anterior, um sexto do valor definido nessa alínea por cada escala de prevenção realizada.

1. Epigrafado de *tabela de compensações pelas designações para escalas de prevenção,* reporta-se este artigo à referida matéria, na perspectiva de nomeação para lotes e de designações isoladas.

O referido artigo só entra em vigor no dia 1 de Março de 2008.

2. Prevê o n.º 1 deste artigo a compensação pela prestação de serviços dos profissionais forenses aderentes ao sistema de acesso ao direito inscritos para lotes de escalas de prevenção ou para designação isolada para essas escalas.

E estatui, para os referidos lotes anuais de 36 escalas, 24 escalas, 12 escalas e 6 escalas, a compensação, respectivamente de € 1 800, € 1 080, € 480 e € 210.

Prevê ainda a designação isolada para uma escala de prevenção, e estatui o pagamento de € 30 por escala de prevenção em que tenha ocorrido efectiva deslocação ao local da diligência. Trata-se, pois, de escalas de prevenção em concreto, isto é, com efectiva realização da diligência.

Conforme resulta do disposto no número seguinte, a periodicidade de pagamento das referidas compensações é a mensal, em função do número de escalas realizado no mês anterior.

3. Prevê o n.º 2 deste artigo a periodicidade relativa ao pagamento das compensações pelas escalas de prevenção previstas no número anterior, e estatui, por um lado, serem devidas mensalmente, e por outro, em função do número de escalas de prevenção realizadas no mês anterior.

Assim, em relação a cada escala de prevenção efectivamente realizada, nos lotes de trinta e seis escalas de prevenção um trinta e seis avos de € 1 800; nos de 24 escalas, um vinte e quatro avos de € 1 080; nos de 12 escalas um doze avos de € 480; e, nos de 6 escalas, um sexto de € 210.

ARTIGO 27.º
(Tabela de compensação da consulta jurídica)

Pela realização de uma consulta jurídica é devido o pagamento de € 25, após a efectiva realização da consulta.

1. Epigrafado de *tabela de compensação da consulta jurídica*, reporta-se este artigo a tal matéria, estabelecendo o respectivo montante.
Está conexionado com o que se prescreve no artigo 18.º, alínea d), deste diploma, segundo o qual, os profissionais forenses podem optar pela modalidade de designação para consulta jurídica.
É um dos poucos artigos deste diploma que entra em vigor no dia 1 de Janeiro de 2008.

2. Prevê este artigo a realização de consulta jurídicas, e estatui ser devido, após a sua efectivação, o pagamento de € 25.
Em contrapartida, nos casos em que as consultas jurídicas não devam ser gratuitas, é devida pelos utentes, por cada consulta jurídica, a quantia de € 30 (artigo 1.º, n.º 4).

ARTIGO 28.º
(Processamento e meio de pagamento da compensação)

1. O pagamento da compensação devida aos profissionais forenses deve ser processado pelo IGFIJ, IP, até ao termo do mês seguinte àquele em que se verifica o facto determinante da compensação.
2. Para efeitos do disposto no número anterior, os factos determinantes da compensação são os seguintes:

a) Na compensação com carácter periódico, o decurso dos prazos previstos no n.º 1 do artigo 25.º e no n.º 2 do artigo 26.º;

b) No caso previsto na alínea e) do n.º 1 do artigo 25.º, o trânsito em julgado ou a constituição de mandatário, consoante os casos;

c) Na situação referida na alínea a) do n.º 3 do artigo 25.º, o trânsito em julgado de cada processo;

d) Na situação referida na alínea b) do n.º 3 do artigo 25.º, a resolução do litígio;

e) No caso previsto na alínea e) do n.º 1 do artigo 26.º, a realização da escala de prevenção com efectiva deslocação ao local da diligência;
f) Na consulta jurídica, a sua realização.

3. O pagamento é sempre efectuado por via electrónica, tendo em conta a informação remetida pela Ordem dos Advogados ao IGFIJ, IP, e confirmada pelas secretarias dos tribunais ou pelas entidades referidas no n.º 2 do artigo 3.º.

4. O IGFIJ, I.P., pode realizar auditorias ao sistema do acesso ao direito e aos tribunais.

1. Epigrafado de *processamento e meio de pagamento da compensação*, reporta-se este artigo ao processamento da compensação devida aos profissionais forenses pelo exercício da sua actividade no âmbito do sistema do acesso ao direito e ao tempo e modo do seu pagamento.

Trata-se de uma solução legal de considerável oportunidade, necessariamente instrumental do cumprimento do desiderato de qualidade e eficácia dos serviços profissionais forenses prestados no quadro do sistema do acesso ao direito.

O disposto neste artigo só entra em vigor no dia 1 de Março de 2008 (artigo 37.º, n.º 2).

2. Prevê o n.º 1 deste artigo o processamento do pagamento aos profissionais forenses que prestem serviços no âmbito do sistema do acesso ao direito, e estatui, por um lado, dever sê-lo pelo Instituto de Gestão Financeira e de Infra-Estruturas da Justiça, IP, e, por outro, até ao termo do mês seguinte àquele em que se verifica o facto determinante da compensação.

Este Instituto sucedeu ao Instituto de Gestão Financeira e Patrimonial da Justiça que, por seu turno, havia sucedido ao Cofre Geral dos Tribunais.

Os factos determinantes da compensação são os consignados no número seguinte. Assim, por exemplo, se o facto determinante da compensação ocorreu no dia 1 de Julho, o pagamento deve ser realizado até ao dia 31 de Agosto seguinte.

Os factos determinantes da compensação são, conforme resulta do disposto no número seguinte, de estrutura variada e complexa.

3. Prevê o n.º 2 deste artigo, os factos determinantes da compensação pelos serviços prestados pelos profissionais forenses no âmbito do sistema do acesso ao direito e aos tribunais, e estatui serem os mencionados nas suas seis alíneas.

Temos, assim, que para os lotes de 50, 30, 20 e 10 processos é o vencimento bimestral, trimestral, quadrimestral e semestral, e, para as escalas de prevenção, mensal.

Por seu turno, quanto à consulta jurídica, o facto determinante é a sua própria realização, como é natural e já decorre do artigo 27.º deste diploma.

No que concerne às outras situações a que alude este normativo, o facto determinante da compensação é, conforme os casos, o trânsito em julgado da sentença final proferida no processo ou a constituição de mandatário pelo beneficiário, o trânsito em julgado da decisão proferida em cada processo, a resolução do litígio antes do início da audiência de julgamento ou a realização da escala de prevenção com efectiva deslocação ao local da diligência.

4. Prevê o n.º 3 deste artigo o modo de pagamento da referida compensação, e estatui, por um lado, dever ser sempre efectuado por via electrónica, e, por outro, tendo em conta a informação remetida pela Ordem dos Advogados ao Instituto de Gestão Financeira e de Infra-Estruturas da Justiça, IP confirmada pelas secretarias dos tribunais, os serviços do Ministério Público ou dos órgãos de polícia criminal, conforme os casos.

Temos, assim ser ao referido Instituto que incumbe o pagamento da compensação aos causídicos, por via electrónica, na sequência da comunicação operada pela Ordem dos Advogados, que gere, em regra, o sistema de acesso ao direito, confirmada pelas mencionadas entidades.

5. Prevê o n.º 4 deste artigo a realização de auditorias ao sistema do acesso ao direito e aos tribunais, e estatui que o Instituto de Gestão Financeira e de Infra-Estruturas da Justiça, IP as pode realizar.

É uma diligência importante para salvaguardar o interesse da correspondência do gasto do erário público com o sistema de acesso ao direito e a eficácia e qualidade dos serviços que são prestados no seu âmbito.

CAPÍTULO V
Sistema de gestão, monitorização
e informação do acesso ao direito

ARTIGO 29.º
(Notificações, pedidos de nomeação e outras comunicações)

Todas as notificações, pedidos de nomeações e outras comunicações entre a Ordem dos Advogados e os tribunais, as secretarias ou serviços do Ministério Público, os órgãos de polícia criminal, os profissionais forenses participantes no sistema de acesso ao direito, os serviços da segurança social e o IGFIJ, IP., devem realizar-se por via electrónica, através de sistema gerido pela Ordem dos Advogados.

1. Integrado no capitulo relativo ao *sistema de gestão, monitorização e informação do acesso ao direito*, epigrafado de *notificações, pedidos de nomeação e outras comunicações,* reporta-se este artigo ao modo de realização dos actos de comunicação entre a Ordem dos Advogados e as outras entidades envolvidas no sistema de acesso ao direito.

Visa regulamentar o que se prescreve na alínea e) do n.º 1 do artigo 45.º da Lei do Apoio Judiciário, segundo a qual, todas as notificações e comunicações entre os profissionais forenses, a Ordem dos Advogados, os serviços de segurança social, os tribunais e os requerentes, previstos no sistema de acesso ao direito, devem realizar-se, sempre que possível, por via electrónica.

Só entra em vigor no dia 1 de Março de 2008 (artigo 37.º, n.º 2).

2. Prevê este artigo as notificações, pedidos de nomeações e outras comunicações entre a Ordem dos Advogados e os tribunais, as secretarias, os serviços do Ministério Público, os serviços dos órgãos de polícia criminal, os profissionais forenses participantes no sistema de acesso ao direito, os serviços da segurança social e o Instituto de Gestão Financeira e de Infra-Estruturas da Justiça, IP.

E estatui, por um lado, deverem realizar-se por via electrónica, e, por outro, que tal realização deve operar através de sistema gerido pela Ordem dos Advogados.

Trata-se de um normativo paralelo ao do artigo 13.º deste diploma, segundo o qual, os profissionais forenses participantes no sistema de acesso ao direito devem utilizar todos os meios electrónicos disponíveis no contacto com os tribunais, designadamente no que respeita ao envio de peças processuais e documentos, por transmissão electrónica de dados, nos termos definidos no artigo 150.º do Código de Processo Civil e na portaria prevista no artigo 138.º-A deste último Código.

O desiderato implementado por via deste normativo enquadra-se na ideia de simplificação processual, no limite a intenção da integral desmaterialização processual que está em curso na área da justiça.

Mas nem sempre é possível aos profissionais forenses utilizarem os meios electrónicos, motivo por que a Lei do Apoio Judiciário se lhes refere, mas apenas com a ressalva sempre que possível.

ARTIGO 30.º
(Informação financeira)

O sistema referido no artigo anterior deve assegurar a produção, por via informática, da informação financeira relevante para garantir a verificação da elegibilidade das despesas e a transparência e auditabilidade das contraprestações financiadas.

1. Epigrafado de *informação financeira*, reporta-se este artigo à necessidade de o sistema de acesso ao direito a produzir.

Trata-se de um normativo de estrutura essencialmente financeira, com algum cariz programático.

Só entra em vigor no dia 1 de Março de 2008 (artigo 37.º, n.º 2).

2. Prevê, pois, este artigo, a informação financeira relevante para garantia da verificação da elegibilidade das despesas e a transparência e auditabilidade das contraprestações financiadas, e estatui que o sistema gerido pela Ordem dos Advogados a deve assegurar por via informática.

Mas para que seja conseguido o mencionado desiderato, deve ser definido o concreto tipo de informação que tal sistema tem de proporcionar a quem de direito.

ARTIGO 31.º
(Informação estatística)

A Ordem dos Advogados deve disponibilizar periodicamente e por meios electrónicos informação estatística sobre o sistema de acesso ao direito à Direcção-Geral de Política de Justiça.

1. Epigrafado de *informação estatística*, reporta-se este artigo à comunicação de dados estatísticos à Direcção-Geral de Política de Justiça pela Ordem dos Advogados, principal interveniente no sistema de acesso ao direito.
Só entra em vigor no dia 1 de Março de 2008.

2. Prevê este artigo a informação estatística periódica sobre o sistema do acesso ao direito, e estatui que ela deve ser proporcionada pela Ordem dos Advogados à Direcção-Geral de Política de Justiça.
Esta informação é essencial para definir a política de reajustamento do sistema de acesso ao direito, mas a lei não concretiza o âmbito dessa prestação.
Atendendo ao relevo da matéria em causa, deveria a mencionada informação de dados estatísticos ser prestada semestralmente.

ARTIGO 32.º
(Comissão de acompanhamento do sistema de acesso ao direito)

1. Sem prejuízo das competências da Ordem dos Advogados e do Ministério da Justiça, a monitorização do sistema de acesso ao direito compete a uma Comissão de Acompanhamento do Acesso ao Direito.
2. A comissão é composta por dois representantes designados pelo membro do Governo responsável pela área da Justiça, dois representantes designados pela Ordem dos Advogados e um representante designado pelo membro do Governo responsável pela área da Segurança Social.
3. A comissão tem por competência a apresentação de relatórios anuais de monitorização do sistema de acesso ao direito, bem como apresentar propostas de aperfeiçoamento do sistema.

4. O primeiro relatório de monitorização, acompanhado de propostas de aperfeiçoamento do sistema, deve ser apresentado ao membro do Governo responsável pela área da Justiça até 2 de Março de 2009.

1. Epigrafado de *comissão de acompanhamento do sistema de acesso ao direito*, reporta-se este artigo à entidade criada para acompanhar e emitir pareceres sobre o funcionamento do sistema de acesso ao direito e ao respectivo aperfeiçoamento.

2. Prevê o n.º 1 deste artigo, depois de salvaguardar as competências da Ordem dos Advogados e do Ministério da Justiça, a monitorização do sistema de acesso ao direito, e estatui que ela compete a uma comissão de acompanhamento do referido sistema.

3. Prevê o n.º 2 deste artigo a composição da mencionada Comissão, e estatui dever ser integrada por dois representantes designados pelo Ministro da Justiça, dois representantes designados pela Ordem dos Advogados e um representante designado pelo membro do Governo responsável pela área da segurança social.

Trata-se, assim, de uma comissão que integra representantes das principais entidades envolvidas no sistema de acesso ao direito, porventura com défice em relação ao Ministério da Justiça, por ter a responsabilidade politica e financeira nesta matéria.

4. Prevê o n.º 3 deste artigo o âmbito de competência da mencionada Comissão, e estatui que ela envolve a apresentação de relatórios anuais de monitorização do sistema de acesso ao direito e a apresentação de propostas tendentes ao seu aperfeiçoamento.

Tendo em conta que o actual sistema de acesso ao direito, tal como foi delineado na Lei do Apoio Judiciário e nos diplomas que a regulamentam, envolve incógnitas que só a sua aplicação prática poderá esclarecer, muito trabalho se afigura dever ser realizado em tema de acompanhamento, de selecção de deficiências e de propostas de alteração.

5. Prevê o n.º 4 deste artigo, em conexão com o número anterior, o primeiro relatório de monitorização, acompanhado de propostas de aperfeiçoamento do sistema, e estatui que ele deve ser apresentado ao membro do Governo responsável pela área da Justiça até 2 de Março de 2009.

Tendo em conta que este regime só entra, na prática, em vigor no dia 1 de Março de 2008, é razoável que a apresentação do primeiro relatório ocorra um ano depois. No futuro, porém, a periodicidade deveria ser semestral.

CAPÍTULO VI
Disposições finais e transitórias

ARTIGO 33.º
(Encargos decorrentes da gestão do sistema de acesso ao direito)

Os encargos decorrentes da gestão do sistema de acesso ao direito são suportados em termos a definir por protocolo celebrado entre o Ministério da Justiça e a Ordem dos Advogados.

1. Integrado no capítulo relativo às *disposições finais e transitórias*, sob a epígrafe *encargos decorrentes da gestão do sistema de acesso ao direito*, reporta-se este artigo à definição da entidade ou das entidades que os devem suportar financeiramente.

Só entra em vigor no dia 1 de Março de 2008 (artigo 37.º, n.º 2).

2. Prevê este artigo os encargos decorrentes da gestão do sistema de acesso ao direito, e estatui serem suportados em termos a definir por protocolo celebrado entre o Ministério da Justiça e a Ordem dos Advogados.

É indubitável que a gestão desta vertente do sistema do acesso ao direito, tal como aquela que é processada nos serviços da segurança social, assume considerável relevância financeira, pelos meios materiais e humanos que vai envolver.

A lei remete, porém, para convénio entre o Ministério da Justiça e a Ordem dos Advogados a definição de quem suportará estes encargos, sendo a alternativa o Estado apenas, ou este e a Ordem dos Advogados.

ARTIGO 34.º
(Aperfeiçoamento do sistema de acesso ao direito)

1. O sistema de acesso ao direito deve ser objecto de revisão e

aperfeiçoamento decorridos 18 meses da sua entrada em funcionamento.

2. A revisão referida no número anterior deve ser realizada com a participação da Ordem dos Advogados e ter em conta o relatório de monitorização e as propostas de aperfeiçoamento da Comissão de Acompanhamento do Sistema de Acesso ao Direito, referidas no n.º 4 do artigo 32.º

1. Epigrafado de *aperfeiçoamento do sistema de acesso ao direito*, reporta-se este artigo a tal aperfeiçoamento, que implica, como é natural, a sua revisão, com a participação das entidades a que se reporta.
Só entra em vigor no dia 1 de Março de 2008 (artigo 37.º, n.º 2).

2. Prevê o n.º 1 deste artigo o aperfeiçoamento e a revisão do sistema de acesso ao direito, e estatui que tal deve ocorrer decorridos 18 meses sobre a sua entrada em funcionamento.
Como este sistema começa a vigorar em pleno no dia 1 de Março de 2008, a referida revisão deverá começar no início do mês de Outubro de 2009.
A lei já considera, mesmo antes do início do funcionamento efectivo do sistema em causa, a necessidade do seu aperfeiçoamento e revisão.
É uma sensata perspectiva face à complexidade e à novidade da matéria, envolvida pela intervenção de variados agentes, que, só por isso, tornaria problemática esta regulamentação.

3. Prevê o n.º 2 deste artigo a revisão referida no número anterior, e estatui, por um lado, dever ser realizada com a participação da Ordem dos Advogados.
E, por outro, ter em conta o relatório de monitorização e as propostas de aperfeiçoamento que a Comissão de Acompanhamento do Sistema de Acesso ao Direito deve apresentar ao Ministro da Justiça até 2 de Março de 2009.

ARTIGO 35.º
(Aplicação no tempo e direito transitório)

1. A presente portaria aplica-se aos pedidos, dirigidos à Ordem

dos Advogados, de nomeação de patrono, defensor e de consulta jurídica realizados após a sua entrada em vigor.

2. Até ao dia 29 de Fevereiro de 2008 mantêm-se em vigor as regras relativas à selecção e participação dos profissionais forenses envolvidos no sistema de acesso ao direito, bem como as relativas ao pagamento dos honorários e à compensação das despesas.

3. As nomeações efectuadas antes do dia 1 de Janeiro de 2008 para escalas a realizar após essa data são reguladas pelo regime anterior ao estabelecido pela presente portaria.

1. Sob a epígrafe *aplicação no tempo e direito transitório*, reporta-se este artigo à delimitação no tempo, nesta matéria de protecção jurídica, da aplicação da lei de pretérito e da que está aqui em análise.

Entra em vigor no dia 1 de Janeiro de 2008, tal como a lei relativamente à qual funciona a título de regulamentação.

2. Prevê o n.º 1 deste artigo o âmbito objectivo e temporal de aplicação desta Portaria, e estatui, por um lado, que se aplica aos pedidos dirigidos à Ordem dos Advogados de nomeação de patrono, defensor e de consulta jurídica formulados após a sua entrada em vigor.

Assim, é aplicável aos mencionados pedidos dirigidos à Ordem dos Advogados desde o dia 1 de Janeiro de 2008, inclusive, ou seja, que por ela sejam recebidos desde então.

3. Prevê o n.º 2 deste artigo as regras relativas à selecção e participação dos profissionais forenses envolvidos no sistema de acesso ao direito e as relativas ao pagamento dos honorários e à compensação das despesas, e estatui que até ao dia 29 de Fevereiro de 2008 se mantêm em vigor.

Trata-se de um normativo conforme com a circunstância de o sistema de acesso ao direito em causa só entrar em pleno funcionamento no dia 1 de Março de 2008.

Isso significa que a referida matéria é regida pela lei de pretérito até ao dia 29 de Fevereiro de 2008, ainda que se trate dos pedidos mencionados no n.º 1 deste artigo.

4. Prevê o n.º 3 deste artigo as nomeações efectuadas antes do dia 1 de Janeiro de 2008 para escalas a realizar após essa data, e estatui deverem ser reguladas pelo regime anterior ao estabelecido pela presente portaria.

Assim, é aplicável o regime de pretérito às nomeações feitas até 31 de Dezembro de 2007, de causídicos para o processo penal, por exemplo a pedido do Ministério Público, na sequência do despacho de acusação, para a fase de julgamento a ocorrer depois de 1 de Janeiro de 2008.

ARTIGO 36.º
(Norma revogatória)

É revogada a Portaria n.º 1386/2004, de 10 de Novembro.

Prevê este artigo a Portaria n.º 1386/2004, de 10 de Novembro, que se reporta aos honorários devidos aos causídicos participantes no âmbito da protecção jurídica.
E estatui a sua revogação. Mas este normativo revogatório só entra em vigor no dia 1 de Março de 2008, pelo que até lá se mantém em vigor, o que, aliás, se conforma com o que se prescreve no n.º 2 do artigo anterior.

ARTIGO 37.º
(Entrada em vigor)

1. Sem prejuízo do disposto no número seguinte, a presente portaria entra em vigor no dia 1 de Janeiro de 2008.
2. Os n.ºs 1 a 3 do artigo 1.º, 4 e 5 do artigo 3.º e 2 do artigo 7.º e os artigos 10.º, 12.º a 16.º, 18.º a 26.º, 28.º a 33.º e 36.º entram em vigor no dia 1 de Março de 2008.

1. Reporta-se este artigo, que entrou em vigor no dia 1 de Janeiro de 2008, ao início da vigência desta Portaria, por via da regra do n.º 1 e da excepção constante do n.º 2.

2. Estabelece o seu n.º 1 que esta Portaria entra em vigor no dia 1 de Janeiro de 2008, data em que também entra em vigor a lei que ela visa regulamentar, mas excepciona o conjunto significativo de artigos a que se refere.

3. Prescreve o seu n.º 2, por seu turno, que as normas a que se refere só entram em vigor no dia 1 de Março de 2008, do que decorre o adia-

mento da plenitude do funcionamento deste novo sistema por dois meses, que funcionam, relevantemente, como *vacatio legis* deste regulamento.

ANEXO REFERIDO AO ARTIGO 9.º

a) **Julgados de Paz.**

b) **Sistema de Mediação Laboral, criado pelo protocolo celebrado em 5 de Maio de 2006 entre o Ministério da Justiça, a Confederação dos Agricultores de Portugal, a Confederação do Comércio e Serviços de Portugal, a Confederação Geral dos Trabalhadores de Portugal – Intersindical Nacional, a Confederação da Indústria Portuguesa, a Confederação do Turismo Português e a União Geral dos Trabalhadores.**

c) **Sistema de Mediação Familiar, criado pelo despacho n.º 18 778/2007, publicado no Diário da República, 2.ª série, de 22 de Agosto de 2007.**

d) **Sistema de Mediação Penal, criado pela Lei n.º 21/2007, de 12 de Junho.**

e) **Centro de Arbitragem de Conflitos de Consumo de Lisboa, autorizado nos termos conjugados dos despachos n.ºs 5/90, de 2 de Fevereiro, 20/93, publicado no Diário da República, 2.ª série, de 21 de Maio de 1993, e 21 620/2004, publicado no Diário da República, 2.ª série, de 22 de Outubro de 2004.**

f) **Centro de Arbitragem do Sector Automóvel, autorizado nos termos conjugados dos despachos n.ºs 36/93, publicado no Diário da República, 2.ª série, de 24 de Agosto de 1993, 532/99, publicado no Diário da República, 2.ª série, de 13 de Janeiro de 1999, e 26 196/2002, publicado no Diário da República, 2.ª série, de 11 de Dezembro de 2002.**

g) **Centro de Informação de Consumo e Arbitragem do Porto, autorizado nos termos conjugados dos despachos n.ºs 79/95, publicado no Diário da República, 2.ª série, de 24 Junho de 1995, 3294/2001, publicado no Diário da República, 2.ª série, de 16 Fevereiro de 2001, 10 685/2001, publicado no Diário da República, 2.ª série, de 22 Maio de 2001, e 13 518/2001, publicado no Diário da República,2.ª série, de 29 de Junho de 2001.**

h) **Centro de Informação, Mediação e Arbitragem de Consumo do Vale do Cávado**, autorizado nos termos conjugados dos despachos n.ºs 147/95, publicado no Diário da República, 2.ª série, de 14 de Outubro de 1995, 9968/97, publicado no Diário da República, 2.ª série, de 28 de Outubro de 1997, e 5479/2003, publicado no Diário da República, 2.ª série, n.º 67, de 20 de Março de 2003.

i) **Centro de Arbitragem de Conflitos de Consumo de Coimbra**, autorizado nos termos conjugados dos despachos n.ºs 166/95, publicado no Diário da República, 2.ª série, de 9 de Novembro de 1995, e 19 533/2000, publicado no Diário da República, 2.ª série, de 29 de Setembro de 2000.

j) **Centro de arbitragem de Conflitos de Consumo do Vale do Ave**, autorizado nos termos conjugados dos despachos n.ºs 53/93, SEAMJ, publicado no Diário da República, 2.ª série, de 23 de Novembro de 1993, 26/A/SEAMJ/97, publicado no Diário da República, 2.ª série, de 22 de Março de 1997.

l) **Centro de Informação, Mediação e Arbitragem de Conflitos de Consumo do Algarve**, autorizado nos termos conjugados dos despachos n.os 10478/2000, publicado no Diário da República, 2.ª série, de 23 de Maio de 2000, e 10 185/2004, publicado no Diário da República, 2.ª série, de 24 de Maio de 2004.

m) **Centro de Informação, Mediação e Arbitragem de Seguros Automóveis**, autorizado nos termos do despacho n.º 25 380/2000, publicado no Diário da República, 2.ª série, de 13 de Dezembro de 2000.

Este anexo visa regulamentar, por um lado, o disposto na parte final do artigo 17.º da Lei do Apoio Judiciário, segundo o qual o regime de apoio judiciário se aplica nos julgados de paz e noutras estruturas de resolução alternativa de litígios a definir por portaria do membro do Governo responsável pela área da justiça.

E, por outro, o que se prescreve no artigo 9.º desta Portaria, segundo o qual, para efeitos do disposto no n.º 1 do artigo 17.º da Lei n.º 34/2004, de 29 de Julho, as estruturas de resolução alternativa de litígios em que se aplica o regime do apoio judiciário são as constantes do anexo ao presente diploma e do qual faz parte integrante.

D) INSTRUÇÃO DO PROCESSO DE PROTECÇÃO JURÍDICA E REGIME DE PAGAMENTO FASEADO [219]

---

[219] Portaria n.º 1085-A/2004, de 31 de Agosto. Os artigos 6.º a 10.º e 16.º a 18.º desta Portaria foram revogados pelo artigo 5.º, alínea b), da Lei 47/2007, de 28 de Agosto. Até que sejam publicados os diplomas de regulamentação que a substituam, mantém-se em vigor a matéria relativa à instrução dos requerimentos de protecção jurídica e ao regime do pagamento faseado de taxa de justiça e encargos e de compensação a causídicos pelos serviços prestados no âmbito do acesso ao direito e aos tribunais.

CAPÍTULO I
Disposições gerais

ARTIGO 1.º
(Apresentação de documentos)

1. Com o requerimento de protecção jurídica devem ser juntos os documentos referidos nos artigos 3.º a 5.º e 14.º e 15.º da presente portaria.

2. O requerente deve juntar ainda, com o requerimento de protecção jurídica, outros documentos comprovativos das declarações prestadas, incluindo documentos de identificação pessoal do requerente e do respectivo agregado familiar, no caso de se tratar de pessoa singular, ou, tratando-se de pessoa colectiva ou equiparada, *cópia do pacto social actualizado, no caso das sociedades,* e outros documentos de identificação do requerente e respectivos representantes legais, se existirem.

3. Sem prejuízo do pedido de apresentação de provas a que haja lugar nos termos da lei, a falta de entrega dos documentos referidos nos números anteriores suspende o prazo de produção do deferimento tácito do pedido de protecção jurídica.

1. Reporta-se este artigo aos documentos de prova que o requerente da protecção jurídica deve juntar ao respectivo requerimento.

A especificação dos mencionados documentos visa, por um lado, obstar à necessidade de os serviços de segurança social operarem a notificação dos requerentes de protecção jurídica a fim de completarem a documentação probatória, e por outro, proporcionar a respectiva decisão em tempo útil.

Este artigo está tacitamente revogado quanto às sociedades, tal como no que concerne às pessoas colectivas com fins lucrativos, visto que deixaram de ter direito a protecção jurídica no quadro do acesso ao direito e aos tribunais.

2. Prevê o n.º 1 deste artigo os documentos que o requerente da protecção jurídica em qualquer das suas modalidades deve juntar com o respectivo requerimento, e estatui que esse ónus de oferecimento de prova se reporta aos documentos de prova a que aludem os artigos 3.º a 5.º e 14.º e 15.º deste diploma.

Trata-se, pois, por um lado, de documentos relativos ao rendimento, aos activos patrimoniais e a despesas de habitação de pessoas singulares, e, por outro, de documentos concernentes ao rendimento e ao activo e passivo de pessoas colectivas e entidades equiparadas, a que adiante se fará específica referência.

3. Prevê o n.º 2 deste artigo outros documentos comprovativos das declarações prestadas que o requerente da protecção jurídica deve juntar com o respectivo requerimento.

E estatui, a título exemplificativo, em jeito de concretização das espécies documentais em causa, conforme de trate de pessoas singulares ou de pessoas colectivas ou equiparadas sob particularização relativa a sociedades, mas que, quanto a estas e aquelas que tenham fins lucrativos, já não tem aplicação.

Assim, o requerente pessoa singular deverá ainda juntar com o requerimento de protecção jurídica, por um lado, documentos de identificação própria e das pessoas que integram o respectivo agregado familiar e, por outro, os documentos concernentes aos representantes legais que haja.

O agregado familiar do requerente da protecção jurídica corresponde ao próprio e às pessoas que com ele vivam em economia comum, designadamente o cônjuge ou a pessoa que com ele viva em comunhão de facto, os descendentes, ascendentes e outros, conforme os casos.

O conceito de agregado familiar para efeito do rendimento social de inserção abrange os que vivam com o beneficiário, designadamente o cônjuge ou a pessoa que viva com o titular em união de facto há mais de um ano, os menores parentes em linha recta ou colateral até ao 2.º grau ou adoptados plena ou restritamente, os afins e tutelados menores, os menores confiados por decisão judicial ou pelos serviços tutelares de menores e os menores em vias de adopção, desde que o processo legal respectivo tenha sido iniciado (artigo 5.º, n.º 1, da Lei n.º 13/2003, de 21 de Maio).

Ademais, para o referido efeito, considera a lei integrarem o agregado familiar os parentes em linha recta até ao segundo grau, os adoptados plena ou restritamente e os tutelados, apesar de serem maiores, desde que estejam na exclusiva dependência do requerente ou do seu agregado familiar (artigo 5.°, n.° 2, da Lei n.° 13/2003, de 21 de Maio).

Os requerentes da protecção jurídica, devem juntar ao respectivo requerimento cópia do bilhete de identidade, ou do passaporte, ou de autorização de residência, próprios ou das pessoas que com ele vivam em economia comum, conforme os casos.

E no caso de se tratar de pessoas colectivas, naturalmente as de fins não lucrativo, devem juntar cópia do respectivo pacto social.

O segmento normativo relativo a representantes legais reporta-se, em regra, aos representantes estatutários das pessoas colectivas.

4. E o n.° 3 deste artigo, conexionado com o n.° 2 do artigo 25.° da Lei n.° 34/2004, de 29 de Julho, depois de salvaguardar a hipótese do pedido de apresentação de provas a que haja lugar nos termos da lei, prevê a falta de entrega dos documentos acima referidos, e estatui que ela suspende o prazo de produção do deferimento tácito do pedido de protecção jurídica.

Resulta, pois, deste normativo que a suspensão do prazo de produção do deferimento tácito do pedido de protecção jurídica em razão da omissão de apresentação dos mencionados documentos com o respectivo requerimento não prejudica a possibilidade, nos termos da lei, de o órgão decisor notificar o requerente da protecção jurídica para a apresentação de provas.

Não se trata, pois, de interrupção do prazo de 30 dias a que alude o n.° 1 do artigo 25.° da Lei n.° 34/2004, de 29 de Julho, pelo que não começa a contar-se um novo prazo, antes se suspendendo a partir da data da entrada do respectivo requerimento nos serviços da segurança social.

ARTIGO 2.°
(Apreciação em concreto da insuficiência económica)[220]

---

[220] O disposto neste artigo foi tacitamente revogado pelo artigo 5.°, alínea b), da Lei n.° 47/2007, de 28 de Agosto.

CAPÍTULO II
Pessoas singulares

SECÇÃO I
Documentos

ARTIGO 3.º
(Documentos relativos ao rendimento)

1. Os factos relativos ao rendimento do requerente e das pessoas do seu agregado familiar são acompanhados das cópias da última declaração de rendimentos para efeitos de imposto sobre o rendimento das pessoas singulares (IRS) que tenha sido apresentada e da respectiva nota de liquidação, se já tiver sido emitida, ou, na falta da referida declaração, de certidão emitida pelo serviço de finanças competente.

2. É igualmente necessária a junção dos seguintes documentos, quer respeitantes aos requerentes de protecção jurídica, quer às pessoas que com aquele vivam em economia comum:

a) Cópias dos recibos de vencimento emitidos pela entidade patronal nos últimos seis meses, no caso de se tratar de trabalhador dependente;

b) Cópias das declarações de imposto sobre o valor acrescentado (IVA) referentes aos dois últimos trimestres e documentos comprovativos do respectivo pagamento, bem como cópias dos recibos emitidos nos últimos seis meses, no caso de se tratar de trabalhador independente;

c) Documento comprovativo do valor actualizado de qualquer prestação social de que seja beneficiário que tenha sido atribuída por sistema diverso do sistema de segurança social português;

d) Declaração de inscrição no centro de emprego, se se tratar de desempregado que não beneficie de qualquer subsídio.

1. Reporta-se o artigo 3.º desta Portaria, conexionado com o seu artigo 1.º, n.º 1, aos documentos de prova relativos ao rendimento em geral das pessoas singulares que pretendam a concessão do benefício da protecção jurídica.

2. Prevê o n.º 1 deste artigo a prova dos factos relativos ao rendimento do requerente, pessoa singular, de protecção jurídica e das pessoas que constituam o seu agregado familiar.

E estatui, por um lado, que a referida prova é constituída pelas cópias da última declaração de rendimentos apresentada nos respectivos serviços de finanças e das concernentes notas de liquidação que hajam sido emitidas para efeito da liquidação do imposto sobre o rendimento das pessoas singulares.

E, por outro, no caso da não apresentação da mencionada declaração de rendimentos, que a prova disso é produzida por via da junção de certidão emitida pelo respectivo serviço de finanças.

3. Prevê o n.º 2 deste artigo a necessidade de prova complementar do rendimento das pessoas singulares requerentes da protecção jurídica e das pessoas que com eles vivam em economia comum, ou seja, integrantes do respectivo agregado familiar.

E estatui que a referida prova é constituída pelas cópias dos recibos de vencimento emitidos pelas entidades empregadoras no caso de se tratar de trabalhadores por conta de outrem, isto é, na hipótese de se tratar de trabalhadores independentes, pelas cópias das declarações para efeito de liquidação do imposto sobre o valor acrescentado correspondentes aos últimos seis meses e dos documentos comprovativos do respectivo pagamento, bem como cópias dos recibos emitidos naquele período; ou, na hipótese de o requerente da protecção jurídica ou alguma das pessoas que com ele vivam em economia comum perceber prestação social atribuída por sistema de segurança social diverso do português, de documento comprovativo do seu montante actualizado; *ou, no caso de um ou outros estarem desempregados e não beneficiarem de subsídio de desemprego, de declaração de inscrição no centro de emprego*

Esta última documentação pelos interessados é, porém, dispensada, matéria a que abaixo se fará referência..

Os trabalhadores a que se reporta alínea a) são os exercem a sua actividade profissional na dependência técnico-jurídica de outrem.

Os trabalhadores independentes a que alude a alínea b) são, em regra, os que prestam serviços a outrem, incluindo os que o fazem individualmente com base em contrato de mandato, como é o caso dos profissionais liberais.

O documento a que alude a alínea c) é o que se reporte à prestação social concedida por sistema de segurança social estrangeiro ou por alguma instituição de segurança social portuguesa de inscrição não obrigatória.

4. A lei tende à simplificação da instrução do processo de protecção jurídica. Assim, a apresentação dos meios de prova referentes aos rendimentos a que este artigo se reporta é dispensada sempre que a sua comprovação possa ser efectuada oficiosamente, ao abrigo do disposto no Decreto-Lei n.º 92/2004, de 20 de Abril, designadamente da alínea d) do n.º 3 do artigo 7.º desse diploma.

Trata-se do diploma que estabelece a forma, a extensão e os limites de interconexão de dados entre os serviços da administração fiscal e as instituições da segurança social.

Ademais, conforme já se referiu, é dispensada a apresentação da declaração de inscrição no centro de emprego prevista na alínea d) do n.º 2 do artigo em análise (artigo 2.º, n.º 2, da Portaria n.º 11/2008, de 3 de Janeiro).

ARTIGO 4.º
(**Documentos relativos aos activos patrimoniais**)

1. O requerente deve juntar os seguintes documentos relativos aos activos patrimoniais de que ele ou qualquer elemento do seu agregado familiar seja titular:

a) **Cópia da caderneta predial actualizada ou certidão de teor matricial emitida pelo serviço de finanças competente e cópia do documento que haja titulado a respectiva aquisição, no caso de se tratar de bens imóveis;**

b) **Documento comprovativo do valor da cotação verificada no dia anterior ao da apresentação do requerimento ou cópia do documento que haja titulado a respectiva aquisição, tratando-se de valores mobiliários cotados em mercado regulamentado ou de participações sociais;**

c) **Cópias do livrete e do registo de propriedade, no caso de se tratar de veículos automóveis.**

2. Se o requerente ou as pessoas que com ele vivam em economia comum forem titulares dos órgãos de administração de pessoa colectiva ou sócios detentores de uma participação social igual ou superior

a 10% do capital social de uma sociedade devem ser juntos ao requerimento de protecção jurídica os documentos exigidos no artigo 14.º relativamente à pessoa colectiva.

1. Reporta-se o artigo 4.º desta Portaria, conexionado com o que se prescreve no seu artigo 1.º, n.º 1, aos documentos de prova relativos aos activos patrimoniais da titularidade dos requerentes da protecção jurídica ou das pessoas que integrem o seu agregado familiar, ou seja, das pessoas integrantes do respectivo agregado familiar.

2. Prevê o n.º 1 deste artigo os documentos comprovativos dos activos patrimoniais do requerente da protecção jurídica e das pessoas integrantes do seu agregado familiar.

A expressão *agregado familiar* pretende significar as pessoas que com o requerente da protecção jurídica vivam em economia comum, a que acima já se fez referência.

E estatui em termos diversos, consoante se trate de imóveis, de valores mobiliários cotados em mercado regulamentado ou de participações sociais, ou de veículos automóveis.

A referida estatuição, no caso de se tratar de bens imóveis, reporta-se à caderneta predial actualizada ou à certidão de teor matricial emitida pelo serviço de finanças competente e à cópia do documento que haja titulado a respectiva aquisição, designadamente a escritura pública, de compra e venda ou de doação, ou o título de aquisição em execução judicial, conforme os casos.

E, na hipótese de se tratar de valores mobiliários cotados, por exemplo, em bolsa de valores, a aludida estatuição reporta-se ao documento comprovativo do valor da cotação verificada no dia anterior ao da apresentação do requerimento ou à cópia do documento que haja titulado a respectiva aquisição, ou ao documento comprovativo da titularidade de participações sociais.

As participações sociais e os valores mobiliários a que a lei se reporta são, por exemplo, as quotas e ou as acções de participação no capital de sociedades, as obrigações, os títulos de participação e as unidades de participação em instituições de investimento colectivo.

Finalmente, no caso de o activo patrimonial dos requerentes da protecção jurídica e ou das pessoas que com eles vivam em economia comum ser integrado por veículos automóveis, a aludida estatuição reporta-se às cópias dos respectivos livretes e títulos do registo de propriedade.

3. Prevê o n.º 2 deste artigo a hipótese de o requerente da protecção jurídica e ou das pessoas que com ele vivam em economia comum serem titulares de órgãos da administração de uma pessoa colectiva ou sócios detentores de participação social com o mínimo de dez por cento do capital da sociedade, e estatui, para essa hipótese, a obrigatoriedade de junção ao requerimento de protecção jurídica dos documentos exigidos para a pessoa colectiva pelo artigo 14.º deste diploma, a que adiante se fará referência.

Assim, a referida exigência probatória incide sobre os requerentes da protecção jurídica e as pessoas que com ele vivam em economia comum desde que sejam titulares dos órgãos de administração de associações, fundações ou sociedades comerciais, independentemente do valor da participação social respectiva.

4. Tal como já se referiu, em quadro de simplificação da instrução do processo de protecção jurídica, a lei prescreve que a apresentação da prova relativa aos bens móveis e imóveis a que se reporta este artigo é dispensada sempre que a sua comprovação possa ser efectuada oficiosamente, ao abrigo do disposto no Decreto-Lei n.º 92/2004, de 20 de Abril, designadamente na alínea d) do n.º 3 do artigo 7.º desse diploma (artigo 2.º, n.º 1, da Portaria n.º 11/2008, de 3 de Janeiro).

Trata-se, conforme já se referiu, do diploma que estabelece a forma, a extensão e os limites de interconexão de dados entre os serviços da administração fiscal e as instituições da segurança social.

ARTIGO 5.º
(Documentos relativos a despesas com habitação)[221]

SECÇÃO II
Apreciação dos requerimentos

ARTIGO 6.º
(Rendimento relevante para efeitos de protecção jurídica)[222]

---

[221] Revogado pela Portaria n.º 288/2005, de 21 de Março.
[222] Revogado pelo artigo 5.º, alínea b), da Lei n.º 47/2007, de 28 de Agosto.

ARTIGO 7.º
(Rendimento líquido completo do agregado familiar)[223]

ARTIGO 8.º
(Dedução relevante para efeitos de protecção jurídica)[224]

ARTIGO 9.º
(Fórmula de cálculo do valor do rendimento relevante para efeitos de protecção jurídica)[225]

ARTIGO 10.º
(Cálculo da renda financeira implícita)[226]

SECÇÃO III
Modalidade de pagamento faseado

ARTIGO 11.º
(Periodicidade da liquidação)

1. Sem prejuízo do disposto no artigo seguinte, a prestação mensal para pagamento faseado de taxa de justiça e demais encargos com o processo, de honorários de patrono nomeado e de remuneração do solicitador de execução designado, apurada de acordo com os critérios definidos no n.º II do anexo da Lei n.º 34/2004, de 29 de Julho, é liquidada mensal, trimestral, semestral ou anualmente, pelo montante correspondente ao período em referência, nos termos definidos nos números seguintes.

2. Se o valor da prestação apurado de acordo com os critérios definidos no n.º II do anexo da Lei n.º 34/2004, de 29 de Julho, for igual ou superior a 0,5 UC, a liquidação é efectuada mensalmente.

3. Se o valor da prestação apurado de acordo com os critérios definidos no n.º II do anexo da Lei n.º 34/2004, de 29 de Julho, for

---

[223] Revogado pelo artigo 5.º, alínea b), da Lei n.º 47/2007, de 28 de Agosto.
[224] Revogado pelo artigo 5.º, alínea b), da Lei n.º 47/2007, de 28 de Agosto.
[225] Revogado pelo artigo 5.º, alínea b), da Lei n.º 47/2007, de 28 de Agosto.
[226] Revogado pelo artigo 5.º, alínea b), da Lei n.º 47/2007, de 28 de Agosto.

inferior a 0,5 UC, a liquidação é efectuada trimestral ou semestralmente, consoante, respectivamente, o seu triplo ou o seu sêxtuplo perfaçam, no mínimo, 0,5 UC.

4. Nos casos não abrangidos nos números anteriores, a liquidação da prestação apurada de acordo com os critérios definidos no n.º II do anexo da Lei n.º 34/2004, de 29 de Julho, é efectuada anualmente.

1. Reporta-se o artigo 11.º desta Portaria à periodicidade da liquidação das prestações no caso de concessão do apoio judiciário na subespécie de pagamento faseado ou em prestações, a que alude o artigo 16.º, n.ºs 1, alíneas d), e) e f), da Lei n.º 34/2004, de 29 de Julho.

Trata-se da simplificação do procedimento de liquidação e de pagamento das prestações correspondentes ao apoio judiciário na subespécie de pagamento faseado, por via da uniformização dos montantes e das datas de liquidação.

Atenua-se, de algum modo, a turbulência processual derivada da necessidade de movimentação do processo apesar do seu termo por via do trânsito em julgado da sentença final.

2. Prevê o n.º 1 deste artigo, depois de salvaguardar o disposto no artigo seguinte, ou seja, o valor a liquidar constante no Anexo IV, a liquidação da prestação mensal para o pagamento faseado de taxa de justiça e demais encargos com o processo, de honorários de patrono nomeado e de remuneração do solicitador de execução designado.

E estatui, por um lado, que a mesma obedece aos critérios definidos no n.º II do Anexo da Lei n.º 34/2004, de 29 de Julho.

E, por outro, que é liquidada mensal, trimestral, semestral ou anualmente, pelo montante correspondente ao período em referência, nos termos definidos nos números seguintes, ou seja, consoante o respectivo valor, por referência à unidade de conta, actualmente no montante de € 96,00.

3. Prevê o n.º 2 deste artigo, em conexão com o disposto no n.º 1, a hipótese de o valor da prestação, apurado nos termos do n.º II do Anexo da Lei n.º 34/2004, de 29 de Julho, ser igual ou superior a € 48.

E estatui, para essa hipótese, dever a prestação em causa ser liquidada mensalmente.

4. Prevê o n.º 3 deste artigo a hipótese de o valor da prestação, apurado de acordo com os critérios definidos no n.º II do Anexo da Lei n.º 34/2004, de 29 de Julho, ser inferior a € 48.

E estatui, distinguindo conforme o seu triplo ou o seu sêxtuplo perfaçam, no mínimo, € 48, dever a liquidação ser efectuada trimestralmente na primeira situação e, semestralmente, na segunda.

5. Prevê o n.º 4 deste artigo a liquidação da prestação, apurada de harmonia com os critérios definidos n.º II do Anexo da Lei n.º 34/2004 nos casos não abrangidos nos números anteriores, isto é, por um critério de exclusão.

Trata-se de situações em que o valor da prestação é inferior a € 48 e o seu triplo ou sêxtuplo não perfaçam, no mínimo, aquela quantia.

E estatui, para essas situações, dever a liquidação da prestação em causa ser efectuada anualmente.

ARTIGO 12.º
(Valor a liquidar)

O valor a liquidar pelo requerente é o constante da tabela do anexo IV desta portaria, o qual é definido por referência ao montante mensal, trimestral, semestral ou anual apurado nos termos do artigo anterior.

Prevê este artigo o valor a liquidar pelo requerente da protecção jurídica na modalidade de apoio judiciário a que se reporta o artigo 16.º, n.º 1, alíneas d), e) e f) da Lei n.º 34/2004, de 29 de Julho.

E estatui que esse valor é o constante da tabela do Anexo IV e que a sua definição ocorre por referência ao montante mensal, trimestral, semestral ou anual, apurado nos termos no artigo anterior, para cujo comentário remetemos.

O montante constante do Anexo IV desta Portaria é apurado com base no n.º II do Anexo à Lei n.º 34/2004, de 29 de Julho, e no n.º 11 daquela Portaria.

ARTIGO 13.º
(Limitação do número de prestações do pagamento faseado)

1. Se o somatório das prestações pagas pelo beneficiário de apoio judiciário na modalidade de pagamento faseado for, em dado momento, superior a quatro vezes o valor da taxa de justiça inicial, o beneficiário pode suspender o pagamento das restantes prestações; tratando-se de processo em que não seja devida taxa de justiça inicial, a suspensão pode ter lugar quando o somatório das prestações pagas pelo beneficiário for superior a 2 UC.

2. Caso o beneficiário suspenda o pagamento das prestações, nos termos do número anterior, e da elaboração da conta resulte a existência de quantias em dívida por parte do mesmo, o seu pagamento pode ser efectuado, de forma faseada, em prestações de montante idêntico ao anteriormente estipulado pelos serviços de segurança social.

1. Reporta-se o artigo 13.º desta Portaria à limitação do número de prestações do pagamento faseado a que se reportam o artigo 16.º, n.º 1, alíneas d), e) e f) e o Anexo II da Lei n.º 34/2004, de 29 de Julho, e os artigos 11.º, 12.º e 14.º desta Portaria.

Atenta a letra e o espírito deste artigo, o seu campo de aplicação apenas se reporta ao pagamento faseado do valor de cujo pagamento o beneficiário do apoio judiciário na modalidade de assistência judiciária haja ficado dispensado.

2. Prevê o n.º 1 deste artigo, por um lado, a hipótese de o valor das prestações já pagas pelo beneficiário de apoio judiciário na modalidade de assistência judiciária superar quatro vezes o valor da taxa de justiça inicial, e, por outro, a hipótese de o respectivo processo não comportar o pagamento de taxa de justiça inicial, como é o caso, por exemplo, dos processos do foro criminal.

E estatui, para primeira situação, que o devedor tem a faculdade de suspender o pagamento das restantes prestações em débito, e, para a segunda, que ele tem a faculdade de suspensão de pagamento no caso de as prestações já por ele pagas superar o montante correspondente a duas unidades de conta, ou seja, € 192,00.

A referida suspensão deverá ser concretizada por declaração do beneficiário da protecção jurídica no processo, que a secção de processos deve controlar sob a égide do juiz.

3. Prevê o n.º 2 deste artigo a hipótese da suspensão das prestações à luz do disposto no número anterior e de do acto de contagem resultarem quantias em dívida por parte do devedor.

E estatui que o devedor pode realizar o respectivo o pagamento em prestações de quantitativo idêntico ao decidido pelo órgão decisor da segurança social.

O quantitativo estipulado pelos serviços de segurança social é o que por eles foi decidido no confronto com o requerimento de protecção jurídica na modalidade de apoio judiciário envolvente de pagamento faseado de taxa de justiça e demais encargos com o processo, de compensação de patrono ou de defensor.

CAPÍTULO III
Pessoas colectivas e equiparadas

ARTIGO 14.º
(Documentos relativos ao rendimento)

Se o requerente for uma pessoa colectiva, um estabelecimento individual de responsabilidade limitada ou um comerciante em nome individual em causa relativa ao exercício do comércio, o requerimento de protecção jurídica deve ser acompanhado dos seguintes documentos relativos ao seu rendimento:

a) Cópia da última declaração de rendimentos para efeitos de imposto sobre o rendimento das pessoas colectivas (IRC) ou de IRS, consoante os casos, que tenha sido apresentada e da respectiva nota de liquidação, se já tiver sido emitida, ou, na falta da referida declaração, de certidão emitida pelo serviço de finanças competente;

b) Cópias das declarações de IVA referentes aos últimos 12 meses e documentos comprovativos do respectivo pagamento;

c) Cópias dos documentos de prestação de contas dos três últimos exercícios findos ou dos exercícios findos desde a constituição, no caso de esta ter ocorrido há menos de três anos;

d) Cópia do balancete do último trimestre, quando se trate de sociedade.

1. Reporta-se o artigo 14.º desta Portaria aos documentos necessários à prova do rendimento das pessoas colectivas, "stricto sensu", isto é, das associações e fundações, *e das sociedades comerciais, e ainda dos estabelecimentos individuais de responsabilidade limitada e dos comerciantes em nome individual em causas relativas ao exercício do seu comércio.*

É um normativo paralelo ao constante nos artigos 3.º a 5.º desta Portaria, que se reportam aos documentos que devem ser apresentados pelas pessoas singulares com os requerimentos de protecção jurídica.

Todavia, considerando que as sociedades comerciais, os estabelecimentos individuais de responsabilidade limitada, os comerciantes em nome individual nas causas relativas ao seu comércio, bem como as pessoas colectivas *stricto sensu* com fins lucrativos deixaram de ter direito a protecção jurídica, a conclusão é no sentido de que ele só é aplicável, com as necessárias adaptações às pessoas colectivas *stricto sensu* sem fins lucrativos.

2. Prevê o proémio deste artigo, em tanto quanto aqui releva, a hipótese de o requerente da protecção jurídica na modalidade de patrocínio judiciário ou de assistência judiciária ser uma pessoa colectiva, moral, sem fins lucrativos.

Na hipótese de ser uma pessoa colectiva *stricto sensu* a requerer a protecção jurídica, deve fazer acompanhar o respectivo requerimento da cópia da última declaração para efeito de liquidação do imposto sobre o rendimento de pessoas colectivas que tenha sido apresentada e da respectiva nota de liquidação já emitida.

Mas se a mencionada sociedade ou pessoa colectiva *stricto seusu* não tiver apresentado a concernente declaração nos serviços de finanças, deverá juntar ao respectivo requerimento de protecção jurídica certidão pertinente disso comprovativa emitida pelo serviço de finanças competente.

3. A apresentação dos meios de prova referentes aos rendimentos a que se reporta este artigo é dispensada sempre que a sua comprovação possa ser efectuada oficiosamente, ao abrigo do disposto no Decreto-Lei n.º 92/2004, de 20 de Abril, designadamente na alínea d) do n.º 3 do artigo 7.º desse diploma (artigo 2.º, n.º 1, da Portaria n.º 11/2008, de 3 de Janeiro).

Trata-se, conforme acima já se referiu, do diploma que estabelece a forma, a extensão e os limites de interconexão de dados entre os serviços da administração fiscal e as instituições da segurança social.

ARTIGO 15.º
(Documentos relativos ao activo e passivo)

1. Se o requerente for uma pessoa colectiva, um estabelecimento individual de responsabilidade limitada ou um comerciante em nome individual em causa relativa ao exercício do comércio, o requerimento de protecção jurídica deve ser acompanhado dos documentos relativos aos activos patrimoniais, enunciados no n.º 1 do artigo 4.º da presente portaria, de que seja titular e, bem assim, do título de registo de outros bens móveis sujeitos a registo.
2. O requerente deve juntar ainda uma relação de todos os bens móveis sujeitos a registo que detenha por contratos de locação financeira, de aluguer de longa duração ou outros similares, com indicação do tipo, matrícula ou registo, marca, modelo, ano e valor.

1. Reporta-se o artigo 15.º desta Portaria aos documentos de prova relativos aos activos patrimoniais da titularidade de requerentes de protecção jurídica que sejam pessoas colectivas, morais ou sociedades, estabelecimentos individuais de responsabilidade limitada e comerciantes em nome individual em causas relativas ao exercício do seu comércio.

Trata-se de normas paralelas às constantes no artigo 4.º desta Portaria concernentes a pessoas singulares.

2. Prevê o n.º 1 deste artigo os documentos comprovativos dos activos patrimoniais dos requerentes de protecção jurídica que sejam associações ou fundações, sociedades comerciais, estabelecimentos individuais de responsabilidade limitada ou comerciantes em nome individual em causas relativas ao exercício do seu comércio.

E estatui que o requerimento para a concessão de protecção jurídica formulado por alguma das mencionadas entidades deve ser acompanhado dos documentos relativos aos activos patrimoniais previstos no n.º 1 do artigo 4.º desta Portaria, de que o requerente seja titular, e do documento comprovativo do registo de outros bens móveis a ele sujeitos.

Estatui, pois, em termos diversos, consoante se trate de imóveis, de valores mobiliários cotados em mercado regulamentado ou de participações sociais, ou de veículos automóveis.

Reporta-se a referida estatuição, no caso de se tratar de bens imóveis, à caderneta predial actualizada ou à certidão de teor matricial emitida pelo serviço de finanças competente e de cópia do documento que haja titulado a respectiva aquisição, designadamente a escritura pública ou o título de aquisição em execução judicial.

Na hipótese de se tratar de valores mobiliários cotados em mercado regulamentado ou de participações sociais, a aludida estatuição reporta-se ao documento comprovativo do valor da cotação no dia anterior ao da apresentação do requerimento, ou de cópia do documento que haja titulado a respectiva aquisição.

No caso de o activo patrimonial dos referidos requerentes da protecção jurídica ser integrado por veículos automóveis, a aludida estatuição reporta-se às cópias dos respectivos livretes e títulos do registo de propriedade.

Finalmente, na hipótese de os mencionados requerentes de protecção jurídica serem titulares de outros bens móveis sujeitos a registo, como é o caso de aeronaves e ou de embarcações, devem juntar o respectivo título de registo.

Todavia, importa ter em conta que as sociedades comerciais, os estabelecimentos individuais de responsabilidade limitada, os comerciantes em nome individual nas causas relativas ao seu comércio e as pessoas colectivas *stricto sensu* com fins lucrativos deixaram de ter direito a protecção jurídica.

Assim, este normativo só tem aplicação às pessoas colectivas *stricto sensu* sem fins lucrativos.

3. Prevê o n.º 2 deste artigo a hipótese de os referidos requerentes de protecção jurídica deterem bens móveis sujeitos a registo com base em contratos de locação financeira, de aluguer de longa duração ou similares.

E estatui, para essa hipótese, que os requerentes de protecção jurídica devem juntar ao respectivo requerimento uma relação deles, com indicação do tipo, matrícula ou registo, marca, modelo, ano e valor.

Tendo em conta a frequência em Portugal daquele tipo de financiamento na aquisição desses bens duradouros, a exigência da menção dos elementos a que alude o normativo em análise, com vista à apreciação da situação cconómico-financeira de quem os possui e usufrui, revela-se assaz relevante.

4. A apresentação dos meios de prova referentes aos bens móveis e imóveis a que se reporta este artigo é dispensada sempre que a sua comprovação possa ser efectuada oficiosamente, ao abrigo do disposto no Decreto-Lei n.º 92/2004, de 20 de Abril, designadamente na alínea d) do

n.º 3 do artigo 7.º desse diploma (artigo 2.º, n.º 1, da Portaria n.º 11/2008, de 3 de Janeiro).

Refere-se o mencionado Decreto-Lei n.º 92/2004, de 20 de Abril, à forma, extensão e limites de interconexão de dados entre os serviços da administração fiscal e as instituições da segurança social.

CAPÍTULO IV
Comissão de apreciação

ARTIGO 16.º
(**Mandato**)[227]

ARTIGO 17.º
(**Remessa do pedido para a comissão**)[228]

ARTIGO 18.º
(**Funcionamento**)[229]

CAPÍTULO V
Disposição final

ARTIGO 19.º
(**Entrada em vigor**)

A presente portaria produz efeitos a partir do dia 1 de Setembro de 2004.

A produção de efeitos por esta portaria no dia 1 de Setembro de 2004 coincide, nos termos do artigo 53.º da Lei n.º 34/2004, de 29 de Julho, com a data da entrada em vigor daquela Lei, e conforma-se com o facto de a primeira constituir um regulamento necessário da segunda.

---

[227] Revogado pelo artigo 5.º, alínea b), da Lei n.º 47/2007, de 28 de Agosto.
[228] Revogado pelo artigo 5.º, alínea b), da Lei n.º 47/2007, de 28 de Agosto.
[229] Revogado pelo artigo 5.º, alínea b), da Lei n.º 47/2007, de 28 de Agosto.

E) DIPLOMAS COMPLEMENTARES SOBRE LITÍGIOS TRANSFRONTEIRIÇOS

I – DIRECTIVA N.° 2003/8/CE

O texto da referida Directiva n.° 2003/8/CE, do Conselho, de 27 de Janeiro, relativa à melhoria do acesso à justiça nos litígios transfronteiriços, é do seguinte teor:

CAPÍTULO I
Âmbito de Aplicação e Definições

ARTIGO 1.°
(Objectivos e âmbito de aplicação)

1. A presente directiva tem por objecto melhorar o acesso à justiça nos litígios transfronteiriços, através do estabelecimento de regras mínimas comuns relativas ao apoio judiciário no âmbito desses litígios.

2. A presente directiva aplica-se aos litígios transfronteiriços em matéria cível e comercial e independentemente da natureza do órgão jurisdicional. Não abrange nomeadamente as matérias fiscais, aduaneiras ou administrativas.

3. Nos termos da presente directiva, entende-se por "Estado-Membro", com excepção da Dinamarca.[230]

---

[230] O Supremo Tribunal de Justiça entendeu que uma cidadã dinamarquesa residente na Dinamarca tinha direito a apoio judiciário em Portugal, nos termos do artigo 20.° da Convenção da Haia, de 1 de Março de 1954, ratificada por Portugal pelo Decreto-Lei n.° 47097, de 14 de Julho de 1966 (Ac. de 21.10.93, *CJ*, Ano XVIII, Tomo 3, pág. 83).

ARTIGO 2.º
(Litígios transfronteiriços)

1. Para efeitos da presente directiva, entende-se por litígio transfronteiriço o litígio em que a parte que requer apoio judiciário na acepção da presente directiva tem domicílio ou reside habitualmente num Estado-Membro diferente do Estado-Membro do foro ou em que a decisão deve ser executada.
2. O Estado-Membro em que uma parte tem domicílio é determinado nos termos do artigo 59.º do Regulamento (CE) n.º 44/2001 do Conselho, de 22 de Dezembro de 2000, relativo à competência judiciária, ao reconhecimento e à execução de decisões em matéria civil e comercial.
3. O momento relevante para determinar a existência de um litígio transfronteiras é aquele em que é apresentado o pedido de apoio judiciário, nos termos da presente directiva.

CAPÍTULO II
Direito ao Apoio Judiciário

ARTIGO 3.º
(Direito ao apoio judiciário)

1. Toda a pessoa singular envolvida num litígio abrangido pela presente directiva tem o direito a receber apoio judiciário adequado, por forma a garantir o seu acesso efectivo à justiça, nas condições previstas na presente directiva.
2. O apoio judiciário é considerado adequado quando garante:

a) O apoio pré-contencioso tendo em vista um acordo prévio a uma eventual acção judicial;

b) A assistência jurídica e a representação do beneficiário em juízo, bem como a dispensa, nomeadamente os encargos referidos no artigo 7.º e os honorários das pessoas mandatadas pelo tribunal para realizar diligências durante o processo. Nos Estados-Membros em que a parte vencida suporta os encargos da parte contrária, se o beneficiário do apoio judiciário perder a causa, o apoio judiciário cobrirá os encargos imputados à parte contrária caso tais encargos fossem cobertos se o beneficiário tivesse domicílio ou residência habitual no Estado-Membro do foro.

3. Não é necessário que os Estados-Membros facultem assistência jurídica ou representação em juízo nos processos destinados especificamente a permitir que os litigantes pleiteiem por si próprios, salvo decisão em contrário do tribunal ou outra entidade competente para assegurar a igualdade entre as partes ou por o processo ser particularmente complexo.

4. Os Estados-Membros podem exigir aos beneficiários do apoio judiciário uma contribuição razoável para os encargos do processo, tendo em conta as condições referidas no artigo 5.°.

5. Os Estados-Membros podem prever a possibilidade de a autoridade competente decidir que o beneficiário do apoio judiciário tem obrigação de proceder ao reembolso total ou parcial do mesmo, caso a sua situação financeira tenha melhorado consideravelmente ou a decisão de concessão do apoio judiciário tenha sido tomada com base em informações inexactas fornecidas pelo beneficiário.

ARTIGO 4.°
(Não discriminação)

Os Estados-Membros devem conceder apoio judiciário, sem discriminação, aos cidadãos da União e aos nacionais de países terceiros em situação regular de residência num dos Estados-Membros.

CAPÍTULO III
Condições e Âmbito do Apoio Judiciário

ARTIGO 5.°
(Condições relacionadas com os recursos financeiros)

1. Os Estados-Membros devem conceder apoio judiciário às pessoas referidas no n.° 1 do artigo 3.° que o não possam fazer face à totalidade ou a parte dos encargos do processo referidos no n.° 2 do artigo 3.° devido à sua situação económica, a fim de assegurar o seu acesso efectivo à justiça.

2. A situação económica de uma pessoa deve ser avaliada pela autoridade competente do Estado-Membro do foro, tendo em conta diferentes

elementos objectivos, como o rendimento, o património ou a situação familiar, incluindo uma avaliação dos recursos das pessoas que dependam financeiramente do requerente.

3. Os Estados-Membros podem estabelecer limiares acima dos quais se considera que o requerente do apoio judiciário pode fazer face à totalidade ou a parte dos encargos do processo estabelecidos no n.º 2 do artigo 3.º. Estes limiares devem ser fixados com base nos critérios definidos no n.º 2 do presente artigo.

4. Os limiares definidos em conformidade com o n.º 3 do presente artigo não podem impedir que seja concedido apoio judiciário aos requerentes que se situem acima dos limiares, desde que estes apresentem provas de que não podem fazer face aos encargos do processo referidos no n.º 2 do artigo 3.º, nomeadamente devido às diferenças de custo de vida entre os Estados-Membros do foro e de domicílio ou residência habitual.

5. Não é necessário conceder apoio judiciário aos requerentes que, no caso em apreço, possam efectivamente recorrer a outros mecanismos que cubram os encargos do processo referidos no n.º 2 do artigo 3.º.

ARTIGO 6.º
(Condições relacionadas com o fundo do litígio)

1. Os Estados-Membros podem prever que os pedidos de apoio judiciário relativos a uma acção judicial que se afigure manifestamente infundada sejam rejeitados pelas autoridades competentes.

2. Se for prestado apoio pré-contencioso, pode ser recusado ou retirado qualquer apoio judiciário suplementar por motivos relacionados com o mérito da causa, desde que o acesso à justiça esteja garantido.

3. Ao decidirem do mérito do pedido, e sem prejuízo do disposto no artigo 5.º, os Estados-Membros devem ponderar a importância da causa em concreto para o requerente, mas podem também ter em conta a natureza da causa, se o requerente invoca ofensa à sua honra mas não sofreu perda material ou financeira, ou se o pedido de apoio judiciário respeita a pretensão emergente directamente da sua actividade ou de profissão que exerce por conta própria.

ARTIGO 7.º
(Encargos relacionados com o carácter transfronteiriço do litígio)

1. O apoio judiciário concedido no Estado-Membro do foro incluirá os seguintes encargos directamente relacionados com o carácter transfronteiriço do litígio:

a) Interpretação;
b) Tradução dos documentos exigidos pelo tribunal ou pela autoridade competente e apresentados pelo beneficiário que sejam necessários à resolução do litígio; e
c) Despesas de deslocação a suportar pelo requerente, na medida em que a lei ou o tribunal desse Estado-Membro exija a presença física na audiência das pessoas a ouvir e o tribunal decida que estas não podem ser ouvidas satisfatoriamente por quaisquer outros meios.

ARTIGO 8.º
(Encargos cobertos pelo Estado-Membro do domicílio ou da residência habitual)

O Estado-Membro em que o requerente do apoio judiciário tem domicílio ou residência habitual deve prestar-lhe o apoio judiciário a que se refere o n.º 2 do artigo 3.º necessário para cobrir:

a) As despesas suportadas nesse Estado-Membro com a assistência de um advogado local ou outra pessoa habilitada por lei a prestar aconselhamento jurídico até à apresentação do pedido de apoio judiciário no Estado-Membro do foro, nos termos da presente directiva;
b) A tradução do pedido e dos documentos comprovativos quando da apresentação do pedido às autoridades desse Estado-Membro.

ARTIGO 9.º
(Continuidade do apoio judiciário)

1. O apoio judiciário deve continuar a ser concedido, total ou parcialmente, tendo em vista cobrir as despesas suportadas para que uma decisão seja executada no Estado-Membro do foro.

2. O beneficiário que tenha recebido apoio judiciário do Estado--Membro do foro deve receber o apoio judiciário previsto na lei do Estado--Membro a que é pedido o reconhecimento ou a execução.

3. O apoio judiciário deve continuar a estar disponível em caso de interposição de recurso seja contra, seja pelo beneficiário, sob reserva do disposto nos artigos 5.º e 6.º.

4. Os Estados-Membros podem prever o reexame do pedido em qualquer fase do processo pelos motivos referidos nos n.os 3 e 5 do artigo 3.º e nos artigos 5.º e 6.º, inclusive no caso dos processos referidos nos n.os 1 a 3 do presente artigo.

ARTIGO 10.º
(Procedimentos extrajudiciais)

O benefício do apoio judiciário pode também ser extensivo a procedimentos extrajudiciais, nas condições definidas na presente directiva, desde que a sua utilização seja exigida por lei ou ordenada pelo tribunal.

ARTIGO 11.º
(Instrumentos autênticos)

Deve ser concedido apoio judiciário para a execução de instrumentos autênticos noutro Estado-Membro, nas condições definidas na presente directiva.

CAPÍTULO IV
Procedimento

ARTIGO 12.º
(Autoridade que concede o apoio judiciário)

O apoio judiciário é concedido ou recusado pela autoridade competente do Estado-Membro do foro, sem prejuízo do disposto no artigo 8.º.

ARTIGO 13.º
(Introdução e transmissão dos pedidos de apoio judiciário)

1. Os pedidos de apoio judiciário devem ser apresentados:

a) À autoridade competente do Estado-Membro onde o requerente tem domicílio ou residência habitual (autoridade de transmissão); ou

b) À autoridade competente do Estado-Membro do foro ou do Estado--Membro onde a decisão deve ser executada (autoridade de recepção).

2. Os pedidos de apoio judiciário devem ser formulados e os documentos comprovativos traduzidos:

a) Na língua oficial ou numa das línguas do Estado-Membro da autoridade de recepção competente que corresponda a uma das línguas das instituições comunitárias; e

b) Noutra língua que o Estado-Membro tenha indicado como aceitável nos termos do n.º 3 do artigo 14.º.

3. As autoridades de transmissão competentes podem decidir recusar a transmissão de um pedido que, manifestamente:

a) Não tenha fundamento; ou

b) Não se insira no âmbito de aplicação da presente directiva. São aplicáveis a estas decisões as condições referidas nos n.ºs 2 e 3 do artigo 15.º.

4. A autoridade de transmissão competente deve ajudar o requerente a certificar-se de que o pedido é acompanhado de todos os documentos comprovativos que, no seu conhecimento, sejam necessários à apreciação do pedido. Deve ajudar também o requerente a fornecer qualquer tradução necessária dos documentos comprovativos, nos termos da alínea b) do artigo 8.º. A autoridade de transmissão competente deve transmitir o pedido à autoridade de recepção competente do outro Estado-Membro no prazo de 15 dias a contar da data da recepção do pedido, devidamente formulado numa das línguas a que se refere o n.º 2 e dos documentos comprovativos, traduzidos, se necessário, numa dessas línguas.

5. Os documentos transmitidos nos termos da presente directiva estão dispensados de autenticação ou de outra formalidade equivalente.

6. Os Estados-Membros não podem cobrar qualquer taxa pelos serviços prestados nos termos do n.º 4. O Estado-Membro de domicílio ou resi-

dência habitual do requerente de apoio judiciário pode estabelecer que o requerente reembolse as despesas de tradução suportadas pela autoridade de transmissão competente se o pedido de apoio judiciário for rejeitado pela autoridade competente.

ARTIGO 14.º
(Autoridades competentes e línguas)

1. Os Estados-Membros devem designar a autoridade ou autoridades competentes para o envio (autoridades de transmissão) e para a recepção (autoridades de recepção) dos pedidos.

2. Cada Estado-Membro deve fornecer à Comissão as seguintes informações:

– denominações e moradas da autoridade de recepção ou transmissão competentes referidas no n.º 1, áreas geográficas sobre os quais têm jurisdição;
– meios pelos quais estão disponíveis para receber pedidos;
– línguas que poderão ser utilizadas na formulação do pedido.

3. Os Estados-Membros devem notificar a Comissão da língua ou das línguas oficiais das instituições comunitárias, para além da sua própria língua ou línguas, em que as autoridades de recepção aceitam que sejam formulados os pedidos de apoio judiciário a receber, nos termos da presente directiva.

4. Os Estados-Membros devem comunicar à Comissão as informações referidas nos n.ºs 2 e 3 antes de 30 de Novembro de 2004. Qualquer alteração subsequente dessa informação deve ser notificada à Comissão até dois meses antes de essa alteração entrar em vigor no Estado-Membro em questão.

5. As informações a que se referem os n.ºs 2 e 3 devem ser publicadas no Jornal Oficial das Comunidades Europeias.

ARTIGO 15.º
(Apreciação e decisão dos pedidos)

1. As autoridades nacionais competentes para conhecer dos pedidos

de apoio judiciário devem velar por que o requerente seja plenamente informado do tratamento do pedido.

2. As decisões devem ser fundamentadas nos casos de rejeição total ou parcial dos pedidos.

3. Os Estados-Membros devem garantir a possibilidade de revisão ou de interposição de recurso das decisões de rejeição dos pedidos de apoio judiciário. Os Estados-Membros podem isentar os casos em que o pedido de apoio judiciário tenha sido rejeitado por um órgão jurisdicional de cuja decisão não haja recurso judicial previsto no direito interno ou por um tribunal de recurso.

4. Os recursos de uma decisão de recusa ou retirada de apoio judiciário tomada em aplicação do artigo 6.º que sejam de natureza administrativa devem ser, em última instância, susceptíveis de controlo jurisdicional.

ARTIGO 16.º
(Formulário-tipo)

1. A fim de facilitar a transmissão dos pedidos, deve ser criado, nos termos do artigo 17.º, um formulário para os pedidos de apoio judiciário e para a transmissão desses pedidos.

2. O modelo de formulário para a transmissão dos pedidos de apoio judiciário deve ser aprovado até 30 de Maio de 2003. O modelo de formulário para os pedidos de apoio judiciário deve ser aprovado até 30 de Novembro de 2004.

CAPÍTULO V
Disposições Finais

ARTIGO 17.º
(Comité)

1. A Comissão é assistida por um comité.

2. Sempre que se faça referência ao presente número, são aplicáveis os artigos 3.º e 7.º da Decisão 1999/468/CE.

3. O comité aprovará o seu regulamento interno.

ARTIGO 18.º
(Informação)

As autoridades nacionais competentes devem colaborar para assegurar a informação ao público e dos profissionais em relação aos diferentes sistemas de apoio judiciário, nomeadamente por meio de rede judiciária europeia instituída pela Decisão 2001/470/CE.

ARTIGO 19.º
(Disposições mais favoráveis)

As disposições da presente directiva não obstam a que os Estados-Membros estabeleçam disposições mais favoráveis para os requerentes e beneficiários de apoio judiciário.

ARTIGO 20.º
(Relações com outros instrumentos)

No âmbito das relações entre os Estados-Membros, e em relação aos assuntos a que se aplica, a presente directiva prevalece sobre as disposições previstas nos acordos bilaterais e multilaterais celebrados entre os Estados-Membros, nomeadamente:

a) O Acordo Europeu sobre a Transmissão de Pedidos de Assistência Judiciária, assinado em Estrasburgo em 27 de Janeiro de 1977, com as alterações que lhe foram introduzidas pelo protocolo adicional ao Acordo Europeu sobre a Transmissão de Pedidos de Assistência Judiciária, assinado em Moscovo em 2001;

b) A Convenção de Haia de 25 de Outubro de 1980, tendente a facilitar o acesso internacional à justiça.

ARTIGO 21.º
(Transposição para o direito interno)

1. Os Estados-Membros devem pôr em vigor as disposições legislativas, regulamentares e administrativas necessárias para dar cumprimento

à presente directiva até 30 de Novembro de 2004, com excepção da alínea a) do n.º 2 do artigo 3.º em que a transposição da presente directiva para o direito interno deve ter lugar até 30 de Maio de 2006, e informar imediatamente a Comissão desse facto. Quando os Estados-Membros aprovarem essas disposições, estas devem incluir uma referência à presente directiva ou ser acompanhadas dessa referência aquando da sua publicação oficial. As modalidades dessa referência serão aprovadas pelos Estados-Membros.

2. Os Estados-Membros devem comunicar o texto das principais disposições de direito interno que aprovarem nas matérias reguladas pela presente directiva.

ARTIGO 22.º
(Entrada em vigor)

A presente directiva entra em vigor na data da sua publicação no Jornal Oficial das Comunidades Europeias.

ARTIGO 23.º
(Destinatários)

Os Estados-Membros são os destinatários da presente directiva em conformidade com o Tratado que institui a Comunidade Europeia."

II – DECRETO-LEI N.º 71/2005, DE 17 DE MARÇO

O Decreto-Lei n.º 71/2005, de 17 de Março, que completou a transposição para a nosso ordem jurídica interna a Directiva n.º 2003/8/CE, é do seguinte teor:

CAPÍTULO I
Objecto e âmbito

ARTIGO 1.º
(Objecto)

O presente decreto-lei completa a transposição para a ordem jurídica interna da Directiva n.º 2003/8/CE, do Conselho, de 27 de Janeiro, relativa à melhoria do acesso à justiça nos litígios transfronteiriços, através do estabelecimento de regras mínimas comuns relativas ao apoio judiciário no âmbito desses litígios, desenvolvendo o regime previsto na Lei n.º 34/2004, de 29 de Julho.

ARTIGO 2.º
(Âmbito)

1. O presente diploma regula a protecção jurídica no âmbito de litígios transfronteiriços que se achem em conexão com Portugal nos termos do número seguinte.
2. Entende-se por «litígio transfronteiriço» o litígio em que o requerente de protecção jurídica tem à data de apresentação do pedido domicílio ou residência habitual num Estado membro da União Europeia diferente do Estado membro do foro.

3. O domicílio do requerente é determinado nos termos do artigo 59.º do Regulamento (CE) n.º 44/2001, do Conselho, de 22 de Dezembro de 2000, relativo à competência judiciária, ao reconhecimento e à execução de decisões em matéria civil e comercial.

CAPÍTULO II
Protecção jurídica

SECÇÃO I
Acção a instaurar em Portugal

ARTIGO 3.º
(Encargos relacionados com o carácter transfronteiriço do litígio)

No caso de pedido de apoio judiciário apresentado por residente noutro Estado membro da União Europeia para acção em que os tribunais portugueses sejam competentes, o apoio judiciário, a conceder nos termos da Lei n.º 34/2004, de 29 de Julho, abrange ainda os seguintes encargos específicos decorrentes do carácter transfronteiriço do litígio:

a) Serviços prestados por intérprete;

b) Tradução dos documentos exigidos pelo tribunal ou pela autoridade competente e apresentados pelo beneficiário do apoio judiciário que sejam necessários à resolução do litígio;

c) Despesas de deslocação a suportar pelo requerente, na medida em que a lei ou o tribunal exijam a presença física, em audiência, das pessoas a ouvir e o tribunal decida que estas não possam ser ouvidas satisfatoriamente por quaisquer outros meios.

SECÇÃO II
Acção a instaurar noutro Estado membro da União Europeia

ARTIGO 4.º
(Apoio pré-contencioso)

1. No caso de litígio transfronteiriço em que os tribunais competen-

tes pertençam a outro Estado membro da União Europeia, a protecção jurídica abrange o apoio pré-contencioso.

2. O apoio pré-contencioso visa assegurar a assistência jurídica do requerente até à recepção do pedido de protecção jurídica no Estado membro do foro e é prestado nos termos e segundo as regras da consulta jurídica prevista na Lei n.º 34/2004, de 29 de Julho.

ARTIGO 5.º
(Encargos com a tradução)

1. No caso do litígio transfronteiriço previsto no n.º 1 do artigo anterior, a protecção jurídica abrange ainda os encargos específicos decorrentes do carácter transfronteiriço do litígio.

2. Para efeitos do disposto no número anterior, são encargos específicos decorrentes do carácter transfronteiriço do litígio os resultantes da tradução do pedido de protecção jurídica e dos necessários documentos comprovativos pela autoridade nacional de transmissão e recepção, desde que o requerente seja pessoa singular e se trate de um litígio transfronteiriço em matéria civil e comercial.

3, Se o pedido de protecção jurídica for rejeitado pela autoridade do Estado membro competente para decidir da sua concessão, o requerente deve reembolsar a autoridade nacional de transmissão e recepção dos encargos de tradução suportados.

CAPÍTULO III
Procedimento

SECÇÃO I
Transmissão e recepção do pedido

ARTIGO 6.º
(Autoridade nacional de transmissão e recepção)

1. A autoridade nacional competente para, nos termos do número seguinte, transmitir e receber pedidos de protecção jurídica no âmbito de

litígios transfronteiriços é a segurança social, através dos seguintes serviços:

a) Instituto da Segurança Social, I. P., no território continental;
b) Centro da Segurança Social, na Região Autónoma da Madeira;
c) Instituto da Acção Social, na Região Autónoma dos Açores.

2. Compete à autoridade nacional de transmissão e recepção:

a) Transmitir, nos termos e prazo previstos no artigo 9.°, os pedidos de protecção jurídica apresentados por requerente com domicílio ou residência habitual em Portugal à autoridade do Estado membro do foro que seja competente para a sua recepção;
b) Receber, sempre que Portugal seja o Estado membro do foro, os pedidos de protecção jurídica apresentados por residente noutro Estado membro da União Europeia, directamente ou por intermédio da autoridade competente para a transmissão dos pedidos nesse Estado membro;
c) Prestar aos interessados, sempre que requerido, informação acerca do andamento do pedido de protecção jurídica.

3. Compete ainda à autoridade nacional de transmissão e recepção, previamente à transmissão dos pedidos de protecção jurídica:

a) Auxiliar o requerente a certificar-se de que o pedido é acompanhado de todos os documentos comprovativos necessários à sua apreciação;
b) Traduzir, sempre que necessário, os pedidos e os documentos comprovativos.

ARTIGO 7.°
(Idioma do pedido)

1. O pedido de protecção jurídica apresentado por residente noutro Estado membro da União Europeia para acção em que os tribunais portugueses sejam competentes é redigido em português ou em inglês.

2. Sem prejuízo de poder ser redigido em português, nos termos do número seguinte, o pedido de protecção jurídica apresentado por residente em Portugal para acção em que sejam competentes os tribunais de outro Estado membro da União Europeia é redigido numa das seguintes línguas:

a) Língua oficial desse Estado;

b) Outra língua desse Estado, desde que corresponda a uma das línguas das instituições comunitárias;

c) Outra língua, desde que o Estado a indique como aceitável nos termos do n.º 3 do artigo 14.º da Directiva n.º 2003/8/CE, do Conselho, de 27 de Janeiro.

3. O pedido de protecção jurídica referido no número anterior pode ser redigido em português se for apresentado à autoridade nacional de transmissão e recepção, a qual procede à respectiva tradução, se necessário, para uma das línguas previstas no número anterior.

ARTIGO 8.º
(Documentos)

1. Os documentos juntos com o pedido de protecção jurídica apresentado por residente noutro Estado membro da União Europeia para acção em que os tribunais portugueses sejam competentes são acompanhados da respectiva tradução em português ou em inglês.

2. Os documentos juntos com o pedido de protecção jurídica apresentado por residente em Portugal para acção em que sejam competentes os tribunais de outro Estado membro da União Europeia devem ser acompanhados da respectiva tradução numa das línguas previstas nas alíneas do n.º 2 do artigo anterior.

3. Caso os documentos referidos no número anterior sejam apresentados à autoridade nacional de transmissão e recepção sem a correspondente tradução, deve esta traduzi-los, se necessário.

4. Os documentos apresentados nos termos do presente artigo estão dispensados de legalização ou de outra formalidade equivalente.

ARTIGO 9.º
(Transmissão do pedido)

1. O pedido de protecção jurídica é transmitido pela autoridade nacional de transmissão e recepção à autoridade competente, no Estado membro do foro, para a sua recepção no prazo de 15 dias contados da data de apresentação do pedido devidamente redigido numa das línguas a que

se referem as alíneas do n.º 2 do artigo 7.º e dos correspondentes documentos, traduzidos, se necessário, numa dessas línguas.
2. Nos casos previstos no n.º 3 do artigo 7.º e no n.º 3 do artigo 8.º, e sempre que a autoridade nacional de transmissão e recepção tenha de proceder à tradução do pedido e dos documentos comprovativos, o prazo estabelecido no número anterior conta-se da data de conclusão da tradução.
3. Conjuntamente com o pedido de protecção jurídica, é remetido o requerimento para a sua transmissão, o qual é redigido pela autoridade nacional de transmissão e recepção numa das línguas previstas nas alíneas do n.º 2 do artigo 7.º.

ARTIGO 10.º
(Recusa de transmissão e de recepção)

1. A autoridade nacional de transmissão e recepção pode recusar a transmissão de um pedido de protecção jurídica sempre que:

a) Manifestamente, não exista um litígio transfronteiriço, tal como é definido no artigo 2.º;
b) Manifestamente, o pedido de protecção jurídica não tenha fundamento;
c) O requerente não seja pessoa singular ou o litígio não respeite a matéria civil ou comercial.

2. A decisão que recuse a transmissão de um pedido de protecção jurídica é impugnável judicialmente, aplicando-se, com as necessárias adaptações, o disposto nos artigos 27.º e 28.º da Lei n.º 34/2004, de 29 de Julho.
3. Sempre que Portugal seja o Estado membro do foro, a autoridade nacional de transmissão e recepção pode recusar a recepção de um pedido de protecção jurídica quando o mesmo não seja redigido numa das línguas a que se refere o n.º 1 do artigo 7.º.

ARTIGO 11.º
(Requerimentos)

1. Sem prejuízo do disposto no número seguinte, o requerimento de protecção jurídica no âmbito de litígios transfronteiriços e o requerimento

para a sua transmissão são formulados em modelos a aprovar por decisão da Comissão Europeia, publicados no Jornal Oficial da União Europeia.

2. O pedido de apoio pré-contencioso previsto no artigo 4.º é formulado no modelo aprovado nos termos do n.º 2 do artigo 22.º da Lei n.º 34/2004, de 29 de Julho.

SECÇÃO II
Apreciação do pedido

ARTIGO 12.º
(Competência para a decisão)

1. Sem prejuízo do disposto no número seguinte, a decisão sobre a concessão de protecção jurídica incumbe à autoridade competente do Estado membro do foro, que aplica a respectiva lei.

2. No caso de litígio transfronteiriço em que os tribunais competentes pertençam a outro Estado membro da União Europeia, a competência para a decisão sobre a concessão de apoio pré-contencioso é da entidade competente para decidir sobre a concessão de protecção jurídica, nos termos previstos na Lei n.º 34/2004, de 29 de Julho.

ARTIGO 13.º
(Apreciação do pedido)

1. Sem prejuízo do procedimento previsto na Lei n.º 34/2004, de 29 de Julho, a entidade competente para decidir sobre a concessão do pedido de protecção jurídica formulado por residente noutro Estado membro da União Europeia deve ter em conta as diferenças de custo de vida entre Portugal e o Estado membro de domicílio ou da residência habitual do requerente se este fizer prova de que, ainda que não se encontre em situação de insuficiência económica de acordo com os critérios previstos na lei, não tem condições objectivas para suportar pontualmente os custos com o processo em razão dessas diferenças.

2. Para efeitos do disposto no número anterior, o serviço de segurança social que aprecia o pedido pode solicitar ao requerente informação que

permita verificar se este preenche os critérios de elegibilidade para efeitos de concessão de protecção jurídica estabelecidos no Estado membro do domicílio ou da residência habitual.

CAPÍTULO IV
Disposição final

ARTIGO 14.º
(Entrada em vigor)

O presente Decreto-Lei produz efeitos no 1.º dia do 2.º mês subsequente à respectiva publicação.

BIBLIOGRAFIA

A. CATARINO NUNES, "Assistência Judiciária e Impossibilidade de Processo", *Revista do Notariado e Registo Predial*, Ano 30.°, 1957, págs. 33 a 44.

A. LÚCIO VIDAL, "A Assistência Judiciária nos Tribunais Ordinários", Coimbra, 1971.

ADÉLIO PEREIRA ANDRÉ, "Defesa dos Direitos e Acesso aos Tribunais", Lisboa, 1980.

ALMEIDA COSTA, «*Discurso Ministerial*», Separata do «Boletim do Ministério da Justiça", n.° 198, págs. 5 a 20;
"Contribuição para um Efectivo Direito de Acesso aos Tribunais», «Revista do Ministério Público», Ano 3, n.° 11, 1982, págs. 143 a 156.

A. MIGUEL CID CEBRIANI, "La Justicia Gratuita, Realidade e Perspectivas de um Direito Constitucional", Arazadi, 1995.

ANDRE RIALS, L'Accès à La Justice», Que sais-je?, – Année 126, Paris, 1993.

ANDRES DE OLIVA SANTOS, "Sobre el Derecho A La Tutela Jurisdiccionel – La persona ante la Administración de Justicia: derechos básicos", Barcelona, 1980.

ÂNGELO DE ALMEIDA RIBEIRO, "Discurso", *Boletim do Ministério da Justiça*, n.° 280, págs. 19 e segs.

ANTÓNIO DE LIMA CLUNY e JOSÉ LOPES RANITO, "O Acesso ao Direito:Justiça e Cidadania", Comunicação ao Congresso da Justiça, Lisboa, Dezembro de 2003.

ANTÓNIO LEITE RIBEIRO DE MAGALHÃES, "Assistência Judiciária", *Revista dos Tribunais*, Ano 29.°, 1910 a 1911, n.os 673 a 696, págs.193 a 195.

ANTÓNIO DA COSTA NEVES RIBEIRO, "Processo Civil da União Europeia – II, Coimbra, 2006,

ANTUNES VARELA, *Revista de Legislação e Jurisprudência*, Ano 128.°, pág. 241.

ARMANDO GUERRA, "Assistência Judiciária", Coimbra, 1963.

ARMINDO LUCIANO HORTA E MELO, "Assistência Judiciária e Pagamento das Custas", «Revista do Ministério Público», Ano 3, n.° 10, 1982, págs. 133 a 150.

ARNALDO MONTEIRO, "A Assistência Judiciária", *Gazeta da Relação de Lisboa*, Ano 46.°, n.° 23, págs. 353 a 356.

Artur Rodrigues Costa, "Apoio Judiciário em Processo Penal e Remuneração da Defesa", *Revista do Ministério Público*, Ano 11, n.º 42, pág. 97.

C. Ferreira da Silva, "Assistência Judiciária em Matéria Cível", *Scientia Ivridica, Revista de Direito Comparado Português e Brasileiro*, Tomo XXIX, Braga, Julho/Dezembro, págs. 355 a 378.

Carlos Babo, "Assistência Judiciária", Porto, 1944.

Carlos Alegre, "Acesso ao Direito e aos Tribunais", Coimbra, 1989.

Cremilda Maria Ramos Ferreira, "Sigilo Profissional na Advocacia (Responsabilidade Decorrente da Violação do Dever de Sigilo)", Coimbra, 1991.

COMISSÃO EUROPEIA, "Assistência Judiciária em Matéria Civil-Problemas com que se deparam os litigantes em processos transfronteiriços", 2000.

de Plácido e Silva, "Vocabulário Jurídico", vol. II, Rio de Janeiro, Brasil.

Duncan Matheson, "Legal Aid The New Framework – A Guide to the Legal Aid Act, London, 1988.

Elisabeth Vieux, "Le SM et L'Accès au Droit", *Justice,* Année n.º 128, Paris, Mai, 1990.

Eridiano de Abreu, "Recursos-Assistência Judiciária", *O Direito*, Ano 122.º, n.º 1, Lisboa, Janeiro/Março, 1990.

Christian Panier, «L'Assistance Judiciaire et le Pro Deo et la Justice des Pauvres», *Editions du Jeune Barreau de Bruxelles,* Louvain-la-Neuve, Cabay, 1984.

COMISSÃO DA UNIÃO EUROPEIA, "O Acesso dos Consumidores à Justiça e a Resolução dos Conflitos de Consumo no Mercado Único", Bruxelas, 1993.

F. Henriques Goes, "Assistência Judiciária", *Revista dos Tribunais*, Ano 47.º, n.º 1112, pág. 114.

Fernando da Conceição Nunes, "Segredo Profissional no Regime Geral das Instituições de Crédito", Separata da *Revista da Banca,* n.º 29, Janeiro//Março, 1994.

Filipe Gonçalves Carvalho, "Pagamento de Honorários no Apoio Judiciário – Uma Reflexão Crítica", Boletim Informação & Debate" da Associação Sindical dos Juízes Portugueses", IV Série, n.º 2, Dezembro de 2003, págs. 59 a 69.

Giuliano Turone, "La Assistenza giudiziaria tra Italia e Stati Uniti in Materia di Confisca, *L'indice penale,* Ano 21, n.º 3, Settembre-Dicembre, 1987.

INSTITUT INTERNATIONAL D'ETUDES DES DROITS DE L'HOMME, "Aid Judiciaire et Accès à la Justice en Europe", Padova, 1989.

Ireneu Cabral Barreto, "A Convenção Europeia dos Direitos do Homem", Lisboa, 1999.

J. Bernardo Cabral, "Estágio Profissional e Assistência Judiciária", *Revista Forense*, Rio de Janeiro, Abril/Junho, 1981, págs. 53 a 57.

J. GARCIA DE LIMA, "Assistência Judiciária e Manual Preparatório da Concessão", Lisboa, 1914.

J.J. GOMES CANOTILHO e VITAL MOREIRA, "Constituição da República Portuguesa Anotada", Coimbra, 1993.

JACQUES LEROY, "Premier Aperçu Sur le Régime de L'Aide Judiciaire Après le Décret n.º 91-1266 du 19 Dicembre 1991", *La Semaine Juridique, Actualités,* Ano 66, n.º 3, 15 Janvier 1992.

JOÃO DE CASTRO MENDES, "Assistência Judiciária em Tribunal de Trabalho", *Revista da Faculdade de Direito da Universidade de Lisboa,* vol. 31, págs. 129 a 133, Lisboa, 1990.

JOÃO PEDROSO, CATARINA TRINCÃO e JOÃO PAULO DIAS, "E a justiça aqui tão perto? as transformações no acesso ao direito e à justiça", texto da comunicação ao Congresso da Justiça, Lisboa, Dezembro de 2003.

JOÃO RAMOS DE SOUSA, "O Actual Sistema de Patrocínio Judiciário Público e as Suas Falhas", *Sub-Judice, Justiça e Sociedade,* n.º 5, Janeiro/Abril de 1993, págs. 42 a 45.

JOÃO SIMÃO, "Assistência Judiciária", Coimbra, 1972.

JOSÉ ALBERTO DOS REIS, «Código de Processo Civil Anotado», I, Coimbra, 1948; "Comentário ao Código de Processo Civil", vol. 3.º, Coimbra, 1946; "A Assistência Judiciária e o Recurso de Agravo", *Revista de Legislação e de Jurisprudência,* Ano 75.º, n.º 2732, págs. 241 a 247.

JOSÉ DA COSTA PIMENTA, "Código de Processo Penal Anotado", Lisboa. 1991.

JOSÉ DIAS MARQUES, "Acerca da Proposta de Lei da Assistência Judiciária" (Comunicação), *Revista da Ordem dos Advogados,* Ano 30, 1970, págs. 137 a 140.

JOSÉ GUADALBERTO SÁ CARNEIRO, "Assistência Judiciária", *Revista dos Tribunais,* Anos 60.º, n.º 1434, págs. 284 a 294; 62.º, n.º 1470, págs. 82 a 85; 88.º, n.º 1853, págs. 291 a 300, n.º 1854, págs. 339 a 343, 1855, págs. 387 a 395 e n.º 1856, págs. 435 a 447.

JOSÉ MANUEL SANTOS BOTELHO, AMÉRICO PIRES ESTEVES e JOSÉ CÂNDIDO DE PINHO, "Código do Procedimento Administrativo Anotado e Comentado", Coimbra, 2000.

JOSÉ DE OLIVEIRA ASCENSÃO, "O Direito – Introdução e Teoria Geral", Coimbra, 1997.

JOSE PESTANA, "Letra da Lei em Tradução", *ICALP Revista,* Lisboa, Agosto//Dezembro 1985, págs. 92 a 105.

"Estudo Sobre o Seguro de Protecção Jurídica", Segunda Comissão de Acesso ao Direito.

JÚLIO AUGUSTO MARTINS, "Assistência Judiciária", *Gazeta da Relação de Lisboa,* Anos 22.º, n.º 16, págs. 121 e 122; e 23.º, n.º 10, págs. 73 e 74.

JULIO DIAS DA COSTA, "Um Caso Único: Agravo Interposto para o Supremo Tribunal de Justiça", Famalicão, 1933.

Juan-Luis Gomei Colomer, "El Beneficio de Pobreza, La Solutione Espanola al Problema del Acesso Gratuito a Ia Justicia", Barcelona, 1982;
"El Acceso Gratuito a Ia Justicia Civil en Espana, Poder Judicial", Madrid, Junio 1985, págs. 47 a 54.
L'INSTITUT UNIVERSITAIRE EUROPÉEN, "Accès a la Justice et État-Providence", Paris, 1984.
Lopes Cardoso, "Carta", *Boletim da Ordem dos Advogados*, n.º 2/89, 11 Série.
Lorena Bachmaier, "La Asistencia Jurídica Gratuita", Granada, Espanha, 1997.
Lotario Vilaboy Luis e Raquel Castillejo Manzanares, "Comentario AI Anteproyecto de Ley de Assistencia Jurídica Gratuita", *Direito, Revista Jurídica da Universidade de Santiago de Compostela*, vol. 1, n.º 1, e vol. 2, n.º 1, Santiago de Compostela, 1992 e 1993.
Lourenço Martins, "Estudo Sobre Informação Jurídica", Segunda Comissão de Acesso ao Direito.
Luíz Fuzeta da Ponte, "Acesso ao Direito e à Justiça: Apoio Judiciário", Comunicação ao Congresso da Justiça, Lisboa, Dezembro de 2003.
Marcello Caetano, «Manual de Ciência Política e Direito Constitucional», Coimbra, 1993.
Mariano Aguilar Benitez de Lugo, "La Asistencia judicial Gratuita en Derecho Internacional Privado", Ministerio de Justicia, Año LI, 15 Septiembre 1997, n.º 1805, pág. 1887.
Mário Raposo, "Acesso ao direito e a Ordem dos Advogados", *Revista da Ordem dos Advogados"*, Ano 37, Maio/Agosto 1977, pág. 391;
"Nota Sumária Sobre o Artigo 20.º da Constituição», «Revista da Ordem dos Advogados», Ano 44, Dezembro, Lisboa, 1984, págs. 523 a 543;
"O Acesso dos Consumidores ao Direito; Consulta e Apoio Jurídico", *Revista do Ministério Público*, Ano 13, n.º 51, pág. 25;
"Discurso Ministerial", *Boletim do Ministério da Justiça*, n.º 297, págs. 11 a 18.
Mário Ribeiro, Gonçalo Silvano e Pedro Ribeiro, "Estudo Sobre os Atrasos nos Tribunais, Dimensão do Problema, Causas e Soluções", *Boletim Informativo dos Juízes Portugueses*, Setembro/Outubro, 1993.
Martins Leitão, "Acesso ao Direito e aos Tribunais", Porto, 1988.
Mauro Cappelletti, James Gordley and Earl Johnson JR., "Toward Equal Justice: A Comparative Study of Legal Aid in Modern Societies", Milano, 1975.
Mohammes Ahmed Abu Rannat, "Estudio de la Igualdad en la Administración de Justicia", Naciones Unidas, Nueva York, 1972.
Nicolás Rodríguez Garcia, "Justicia Gratuita: Um Imperativo Constitucional", Granada, Espanha, 2000.
Nicolo Trocker, "Acesso Alla Giustizia e Assicurazione Di Difesa Legale", *Rivista Trimestrale di Diritto e Procedura Civile*, Ano 40, n.º 4, Milano, Dicembre 1986.

OCTAVIANO DE SÁ, "Assistência Judiciária, A Humanidade do Processo e a Colaboração do Advogado" (Conferencia), *Revista da Ordem dos Advogados*, Ano 4, 1944, n.ºˢ 1 e 2, págs. 106 a 142.

PATRICIA L. BRANTINGHAM e PAUL J. BRANTINGHAM, "L'Aide Juridique au Canada, en Angleterre et aux États-Unis", *Revue de Droit Pénal et de Criminologie*, Année n.º 69, n.º 5, Bruxelles, Mai, 1989.

SALVADOR DA COSTA, "Os Incidentes da Instância", Coimbra, 2006;
– "Código das Custas Judiciais Anotado e Comentado", Coimbra, 2007.

ÍNDICE GERAL

À GUISA DE INTRODUÇÃO 5

A) LEI DO APOIO JUDICIÁRIO

I – CONCEPÇÃO E OBJECTIVOS 9
    1. Fins e meios do sistema de acesso ao direito e aos tribunais 9
    2. Responsabilidade e cooperação no sistema do acesso ao direito e aos tribunais 26
    3. Qualidade e eficácia do patrocínio e garantia remuneratória 29

II – INFORMAÇÃO JURÍDICA 33
    Incumbência da divulgação jurídica 33

III – PROTECÇÃO JURÍDICA 39
    1. Modalidades e âmbito da protecção jurídica 39
    2. Beneficiários e limites da protecção jurídica 44
    3. Insuficiência económica 58
    4. Apreciação da insuficiência económica 60
    5. Prova da insuficiência económica 69
    6. Isenção de impostos, emolumentos e taxas 72
    7. Cancelamento da protecção jurídica 74
    8. Caducidade da concessão da protecção jurídica 85
    9. Impugnação judicial da decisão revogatória da protecção jurídica   91
    10. Acção de cobrança de quantias cujo pagamento foi dispensado no quadro da protecção jurídica 92

IV – CONSULTA JURÍDICA 107
    1. Natureza e âmbito da consulta jurídica 107
    2. Prestação da consulta jurídica 110

V – APOIO JUDICIÁRIO 118
1. Âmbito objectivo do apoio judiciário 118
2. Âmbito jurisdicional do apoio judiciário 126
3. Âmbito processual, estabilidade da concessão e oportunidade do pedido de apoio judiciário 133
4. Legitimidade *ad causam* para requerer a protecção jurídica ... 143
5. Competência decisória do pedido de protecção jurídica 145
6. Local, forma de apresentação e conteúdo do requerimento de protecção jurídica 153
7. Audiência prévia do requerente da protecção jurídica 163
8. Autonomia do procedimento de protecção jurídica, prova da apresentação do pedido e interrupção de prazos no âmbito da acção 166
9. Prazo de conclusão do procedimento administrativo e de decisão e pressupostos do deferimento tácito 175
10. Notificação e impugnação da decisão sobre o pedido de protecção jurídica 183
11. Legitimidade *ad causam*, prazo, meio de impugnação judicial e reparação da decisão sobre o pedido de protecção jurídica 187
12. Competência jurisdicional para conhecer da impugnação e respectiva estrutura da decisão 192
13. Âmbito da decisão relativa ao pedido de protecção jurídica e suas consequências jurídicas concernentes ao requerente e à causa .. 201
14. Nomeação de patrono 207
15. Notificação da nomeação de patrono a este e ao requerente do apoio judiciário 210
16. Substituição do patrono nomeado no quadro do apoio judiciário 213
17. Obrigações do patrono nomeado para a propositura da acção, consequência jurídica do seu incumprimento e data em que a acção se considera proposta 216
18. Pedido de escusa pelo patrono nomeado 221
19. Substituição pontual do patrono em diligências processuais ... 226
20. Atribuição de agente de execução 229
21. Imputação dos encargos decorrentes da protecção jurídica 230
22. Regime subsidiário aplicável ao procedimento administrativo relativo ao pedido de concessão de protecção jurídica 232
23. Regime de prazos 234

VI – DISPOSIÇÕES ESPECIAIS SOBRE PROCESSO PENAL 237
1. Nomeação e substituição do defensor 237
2. Nomeação de defensor para o primeiro interrogatório de arguido detido, audiência em processo sumário e outros actos processuais urgentes 248

3. Dispensa de patrocínio em processo penal 252
4. Cessação da nomeação do defensor e aceitação de mandato do mesmo arguido 256
5. Regime subsidiariamente aplicável 258

VII – DISPOSIÇÕES FINAIS E TRANSITÓRIAS 263
1. Participação dos profissionais forenses no acesso ao direito 263
2. Responsabilidade pelos encargos a assumir pelos serviços da segurança social 274
3. Revogação da Lei n.º 30-E/2000, de 20 de Dezembro 275
4. Aplicação da lei no tempo 276
5. Melhoria do acesso à justiça nos litígios transfronteiriços 278
6. Início de vigência da Lei do Apoio Judiciário 279

B) CÁLCULO DO RENDIMENTO RELEVANTE PARA EFEITOS DE PROTECÇÃO JURÍDICA (ANEXO)

I – Rendimento relevante para efeitos de protecção jurídica 283
II – Rendimento líquido completo do agregado familiar 285
III – Dedução relevante para efeitos de protecção jurídica 286
IV – Fórmula de cálculo do valor do rendimento relevante para efeitos de protecção jurídica 288
V – Cálculo da renda financeira implícita 289
VI – Tabela a que se refere o n.º 2 do n.º III 292
VII – Tabela a que se refere o n.º 3 do n.º III 292

C) REGULAMENTAÇÃO DO SISTEMA DE ACESSO AO DIREITO

CAPÍTULO I – Protecção jurídica 299
SECÇÃO I – Consulta jurídica 299
SECÇÃO II – Apoio judiciário 301
CAPÍTULO II – Participação dos profissionais forenses no sistema de acesso ao direito 317
SECÇÃO I – Profissionais forenses e admissão ao sistema de acesso ao direito.. 317
SECÇÃO II – Regras de participação no sistema de acesso ao direito ... 321
CAPÍTULO III – Lotes de processos e escalas de prevenção 328
CAPÍTULO IV – Compensação dos profissionais forenses 342

CAPÍTULO V – Sistema de gestão, monitorização e informação do acesso
                ao direito 352
CAPÍTULO VI – Disposições finais e transitórias 356

D) INSTRUÇÃO DO PROCESSO DE PROTECÇÃO JURÍDICA E REGIME DE PAGAMENTO FASEADO

CAPÍTULO I – Disposições gerais 365
CAPÍTULO II – Pessoas singulares 368
SECÇÃO I – Documentos 368
SECÇÃO II – Apreciação dos requerimentos 372
SECÇÃO III – Modalidade de pagamento faseado 373
CAPÍTULO III – Pessoas colectivas e equiparadas 377
CAPÍTULO V – Disposição final 381

E) DIPLOMAS COMPLEMENTARES SOBRE LITÍGIOS TRANSFRONTEIRIÇOS

I – DIRECTIVA N.º 2003/8/CE 385
CAPÍTULO I – Âmbito de Aplicação e Definições 385
CAPÍTULO II – Direito ao Apoio Judiciário 386
CAPÍTULO III – Condições e Âmbito do Apoio Judiciário 387
CAPÍTULO IV – Procedimento 390
CAPÍTULO V – Disposições Finais 393

II – DECRETO-LEI N.º 71/2005, DE 17 DE MARÇO 397
CAPÍTULO I – Objecto e âmbito 397
CAPÍTULO II – Protecção jurídica 398
SECÇÃO I – Acção a instaurar em Portugal 398
SECÇÃO II – Acção a instaurar noutro Estado-membro da União Europeia 398
CAPÍTULO III – Procedimento 399
SECÇÃO I – Transmissão e recepção do pedido 399
SECÇÃO II – Apreciação do pedido 403
CAPÍTULO IV – Disposição final 404

BIBLIOGRAFIA 405

ÍNDICE GERAL 411